震撼之啼

Zhen Han Zhi Ti

若然之由　若然之音 著

中国文联出版社

图书在版编目（CIP）数据

震撼之啼 / 若然之由，若然之音著. -- 北京：中国文联出版社，2018.10（2023.3 重印）

ISBN 978 - 7 - 5190 - 3941 - 7

Ⅰ.①震… Ⅱ.①若…②若… Ⅲ.①家庭教育—通俗读物 Ⅳ.①G78 - 49

中国版本图书馆 CIP 数据核字（2018）第 238450 号

著　　者	若然之由　若然之音	
责任编辑	刘　旭	
责任校对	李佳莹	
装帧设计	中联华文	

出版发行　中国文联出版社有限公司
地　　址　北京市朝阳区农展馆南里 10 号　　　　邮编　100125
电　　话　010 - 85923025（发行部）　　　　　85923091（总编室）
经　　销　全国新华书店等
印　　刷　三河市华东印刷有限公司

开　　本　710 毫米×1000 毫米　　1/16
印　　张　24.75
字　　数　368 千字
版　　次　2023 年 3 月第 1 版第 2 次印刷
定　　价　95.00 元

目 录 contents

/ 001 /
第一章 震撼之啼

震撼之啼   003

如佛之眼   009

玩笑之大   013

断奶之渴   016

威威之冲   019

小手之助   025

砸杯之趣   030

自然之警   035

天性之争   040

樱桃之考   045

/ 051 /
第二章　命运之问

白菜之谜　　　　　　　　　　　053

肩头之梦　　　　　　　　　　　059

上帝之佑　　　　　　　　　　　067

出笼之翔　　　　　　　　　　　072

公园之新　　　　　　　　　　　078

发蒙之辛　　　　　　　　　　　086

叫停之训　　　　　　　　　　　092

天地之间　　　　　　　　　　　099

一笑之辨　　　　　　　　　　　106

命运之问　　　　　　　　　　　116

第三章　天上之校

幽默之作　　　　　　　　　123

一步之差　　　　　　　　　129

谦让之度　　　　　　　　　134

将就之叹　　　　　　　　　139

解围之举　　　　　　　　　144

惶恐之诉　　　　　　　　　150

何来之烟　　　　　　　　　156

劝和之奔　　　　　　　　　162

唯一之礼　　　　　　　　　168

自信之声　　　　　　　　　173

遏贪之旅　　　　　　　　　180

奋斗之火　　　　　　　　　185

活力之源　　　　　　　　　191

冰雪之行　　　　　　　　　197

天上之校　　　　　　　　　203

/ 217 /
第四章　支撑之强

场面之见　　　　　　　　　　219

独立之初　　　　　　　　　　226

失声之泣　　　　　　　　　　240

开发之首　　　　　　　　　　248

无牌之怒　　　　　　　　　　258

情怀之真　　　　　　　　　　264

比较之实　　　　　　　　　　270

支撑之强　　　　　　　　　　276

/291/
第五章　京城之路

我家之拳　　　　　　　　　293

身边之师　　　　　　　　　299

唠叨之重　　　　　　　　　307

不可之由　　　　　　　　　314

大连之缘　　　　　　　　　321

连心之妙　　　　　　　　　331

京城之路　　　　　　　　　337

/ 343 /
第六章　山花之喜

乡音之纯　　　　　　　　　　345

摄牛之狂　　　　　　　　　　349

难咎之错　　　　　　　　　　354

时代之敬　　　　　　　　　　359

知道之惑　　　　　　　　　　363

出门之前　　　　　　　　　　367

山花之喜　　　　　　　　　　372

香火之旺
爸爸妈妈为何而著、著而为何（代后记）　　383

第一章
震撼之啼

后来妈妈喜滋滋地告诉爸爸："当时接生大夫倒提着小子，随着小子'嗡哇'一声报到，对妈妈说：'看啊，是个男儿。'"还说："同产房当天一船送来的八个宝宝，七个是女儿，就小子一个是男儿。"爸爸到现在也质疑妈妈是不是记错了，有重男儿轻女儿的喜乐之好？妈妈说绝对没错，认真的程度，只差点与爸爸反目！

小子的震撼之啼，给爸爸妈妈送来无比欣喜！

小子的震撼之啼，给爸爸妈妈带来无限希望！

震撼之啼

　　叠彩峰岭，江山如画！ 20 世纪 80 年代里一个童话般的春天，在美丽的落霞时分、借金色的天道之光、伴沉静的神灵大气，小子乘自然飞船进入这个充满阳光充满生机充满活力，乃也充满神奇充满梦幻充满艰险的瑰丽世界，开始与爸爸妈妈心连心、面对面、肩并肩，是够幸运的！是够幸福的！

　　爸爸妈妈只是觉得小子"大老爷"，要是能够先悄悄地给爸爸提前下道驾到诏示，就更够意思，保证妈妈不会说小子偏心眼，该打屁股，倒是突然袭击似的未免太有点考验爸爸的应变能力了！

　　妈妈那天早上到单位"金衡量具"上班，直到有临盆征兆了，才忙着给小子找施展拳脚的福地——沙市颐和医院，还是厂医春香姨妈陪着妈妈去的。与早早进医院待产的姐们妹们相比，妈妈的从容淡定，真是够爷们！也够爸爸汗颜！

　　等爸爸赶到医院，妈妈已经进了产房！

　　"女人是世界、男人拼世界"，没见着妈妈咋样，爸爸不免有些紧张，因为爸爸一直认为女人孕育能否顺产和产后有无奶水，真乃"天下第一大两关"！

　　爸爸此时纵有上天揽月下洋捉鳖的心境，也不知怎么为妈妈闯过这

"天下第一大两关"的第一关保驾护航……怎么为小子顺过这"天下第一大两关"的第一关接风贺喜……春香姨妈到底是经验老到，见状不断地对爸爸说："没事没事，不要紧的，不要紧的。"

见有春香姨妈在帮忙，爸爸一度茫然之后还真当没事的，竟慌忙赶回家，给妈妈拿脸盆、水瓶之类住院所需的东西。现在想起来也是有点太大意了，其实拿住院用的东西犯不着这么赶紧，万一出现什么状况，就只春香姨妈一个人在妈妈身边，那该怎么办？

那时也没手机什么的，找个电话联系都相当相当不容易。还好那个年头"调包"盗卖小子的怪事也少有耳闻。这种事情要是放到现在，爸爸坚守在医院不等到母子平安的确切消息，肯定是打都打不走，实在要拿东西也会机会难得地"号令天下"一番……当时爸爸业余得简直跟浑球差不多的水平。

等爸爸挨黑再赶到医院时，妈妈已经顺产生了小子。"闯关"成功！天助我也！

后来妈妈喜滋滋地告诉爸爸："当时接生大夫倒提着小子，随着小子'嗡哇'一声报到，对妈妈说：'看啊，是个男儿。'"还说："同产房当天一船送来的八个宝宝，七个是女儿，就小子一个是男儿。"爸爸到现在也质疑妈妈是不是记错了，有重男儿轻女儿的喜乐之好？妈妈说绝对没错，认真的程度，只差点儿与爸爸反目！

小子的震撼之啼，给爸爸妈妈送来无比欣喜！

小子的震撼之啼，给爸爸妈妈带来无限希望！

"烟出文章'啼'出诗！"在小子震撼之啼的"激将"之下，爸爸妈妈随之激情满怀"嗡哇、嗡哇"了：

清平乐·成长

震撼一啼，
人间添丁喜。
随遇而安阳光系，
从此顶天立地。

路远山高林密，

笑驱饿狼屁驴。

迎来风光一片，

逐梦世界劲旅。

　　爸爸猜想妈妈当时肯定会感到无比骄傲无比欣慰！爸爸当然也心花怒放，喜上眉梢，最佳表现是，见到亲友就报喜就撒烟。那时上点儿档次的烟是什么牌子，爸爸不记得了，反正爸爸撒的是 0.28 元一包的常德牌香烟，不过当时也是很时兴且拿得出手的一种大众烟。要面子没有？！得罪人没有？！压根几没往这方面想，爸爸当时不晓得，现在也不知道，然而表示高兴，并与亲友一起分享得子之喜，则是真真切切的，天地良心，丝毫无假。

　　说小子够幸运就是够幸运的，爸爸那时压根几就不知道，顺产对于母子平安是多么重要！特别是听说了同事有因生子不顺的痛楚之后，对于妈妈顺产小子给我们家带来的福分更加感到来之不易，对于这"天下第一大两关"的第一关，爸爸更是祈盼和祝愿天下的女人孕育皆能如愿以偿地闯关成功……

　　妈妈带着小子之所以美美地闯关成功，这可能得益于妈妈非常勤劳，几乎是个坐不住的人，手头上实在没什么事情可做，也爱串串门子聊聊天，起码是在走动吧。妈妈骑自行车上下班，来回得一个多小时，也是一种孕期运动。妈妈怀孕后期和小子在厂里托儿所期间，才是爸爸用自行车当"奔驰"接送的。

　　小子在爸爸妈妈的自行车上，享受了无篷"奔驰"的风光，也享受了一些自然而然的胎教和早教，如此"教法"或许难有专家学者捧场，但却不同寻常、别有养分爽歪歪！

　　无愧苍天，有慰人间。妈妈在生小子前后顺其自然的表现，按教科书理论能不能打高分？爸爸有心恭维憾无"资质"，不过铁定——有这么一位不为难小子"入世"的伟大母亲，小子是够幸福的！

　　爸爸搭个顺风车，谢了妈妈谢小子，够乐呵！够乐呵！

　　妈妈生小子前后只有三天，母子就平安出院。

说起出院，小子也是够幸运的。那时小车对于国人来说，大多只有想象、羡慕、期盼……爸爸当时上班的"金锦织业"连一台面包车也没有。因小子出院，爸爸背水一战，去求厂里营运部的"冒号"夏香小姨帮忙。夏香小姨倾情相助，找主管局办公室借了一台面包车跑了一趟，将妈妈和小子从沙市颐和医院接回到我们家在盘龙村的老屋。

这事办成，除了局里关照下属单位，夏香小姨有面子的缘由之外，还有个"无名英雄"同事不得不谢谢！那就是面包车司机秋香姨妈的夫君是厂里的职工，这样司机秋香姨妈，一来是厂里的媳妇、二来厂里重臣出面有求，照应起来自然会默契得多。

这么说是诸多因素促成了小子从"入世"临时兵站顺利转移的幸运吧！

那时候不像现在满街都有出租车更不说私家车，不然爸爸去哪里弄台车方便方便？！再用自行车，莫说当"奔驰"、就是当"宝马"也肯定不行，搞得不好只有用拖拉机或人力板车，委屈小子陪着妈妈把家还了。

我们家盘龙村老屋当时是三间砖瓦平房，二百多平方米，东边附建一个厨房约三十平方米，连前后院落一起共有四五百平方米。在蓝天白云之下有青山绿水环顾，虽似一叶小舟，然而也是一片安稳祥和天地！

做老屋房子时，爸爸妈妈的恋爱游戏还处于猫想抓老鼠又怕老鼠，不勇敢的阶段，有几分甜蜜，又有几分神秘！

妈妈蛮重人情，"爱的奉献"……不但跟车帮忙买砖上砖下砖，还提过一刀肉来帮衬爸爸和爷爷奶奶一起兴家壮业……除开情意难得，仅是买肉也不容易，那时一斤肉虽不到一元钱，但要凭票才好买，买到一刀肉就更难了。

妈妈的心意可谓价值连城！

爸爸穷哥们就是以后被上帝收编到，无论是仙山琼阁还是阴曹地府，乃也永远忘不了、伤不起——

妈妈的这份深情厚谊！

妈妈的这片纯情至爱！

妈妈的这道真情之光！

做房子用的红砖是托亲友在金顺农场买的，用石灰和在河堤沟渠边上挖的泥沙搅拌后砌墙粉墙，根本没用水泥。到爸爸准备结婚时，要整一下地坪也是爸爸独自用板车从附近的工厂拖回煤渣和电氧焊灰，再掺和石灰渣炒匀夯实，作为地坪基础，然后把水泥和成稀浆抹上一层，一间房几十个平方米用了不到一包水泥，犹如镀金，典型的"面子工程"，又乃之闪媒着向世人展示美好的智慧之光！

内墙稍微磕碰，就有泥沙成片掉下来的担忧，外砖墙没粉，俗称清水墙。用泥沙灰砌墙，虽然有些难以抵挡历史的风吹雨打，但仍且战且行，不屈不挠。

我们家盘龙村老屋在20世纪70年代初建成，到迎来小子大驾光临已有十年之久，风采依然。

爷爷奶奶住东边，中间是堂屋，爸爸妈妈住西边。

小子到家后，可大大不客气了，嗡哇嗡哇，哭个不停，怎么哄也不行！爸爸妈妈是"新贩子"，手足无措，当然紧张。爷爷奶奶可是老经验了，同样也都搞紧张了，以为小子闹病了。

当天下午五六点钟，爸爸和爷爷一起连忙抱着小子往沙市颐和医院赶。

经大夫一检查，结果是小子自己吃不上奶，饥饿难当，自然"报警"！

可是妈妈的奶水已经是发起来了的呀，粮食足够，原来是小子自己差点少林功夫，力气太小，没有将妈妈的奶头完全吃通而闹的饥荒。

原来如此，爸爸妈妈在如释重负的同时，也感到小子太震撼、"太有才"了，"入世"没几天，不管中文外文都还一无所知就知道"民以食为天"了，也不管是爸爸妈妈的保障不到位还是小子自己的争取不成功，反正没有弄足充饥的粮食，便耍出啼号不休的"吓武器"！唉！小子也是的，虽说通吃有好有不好，但吃不通，就完全不好了。

没有办法，算小子厉害，只得爸爸上阵替小子打工了。现在也有印象，爸爸连续叼了好几回，妈妈的奶头才完全通了。就算不找小子要工钱，只算利息都应该几位数了。

打这之后，小子的粮食吃不完，两个"天然"仓库一个就足够供应，以致妈妈老被小子吃奶水的乳房都略显得大一点了。即使这样，有时妈妈还不得不把奶水挤出来用杯子装着，道理是小子没能及时吃掉，怕妈妈的奶水胀回去，那就又麻烦了。

妈妈也有调皮的时候，小子吃不完的奶水就洒在房里面的墙壁上，人家大师们是泼墨作画，妈妈来了个泼奶作画，为给怀抱中的小子多吃奶加油助兴，天才！

又顺产又有奶水吃，小子来报到，真的是给我们家烧高香了！那时爸爸不说有没有钱给小子买牛奶，在爸爸的《辞海》中压根儿就没有小子还得喝牛奶这个条目，将为人父没有做好相应的知识储备很不应当！小子真得要好好感谢和孝敬妈妈，如果妈妈没有足够奶水便要给小子喂牛奶，连累爸爸半夜鸡叫似的劳顿劳累是小，碰到三聚鎓胺之类的毒牛奶，那该怎么办

小子的到来，带给了爸爸妈妈做爸爸妈妈的莫大权利和无比荣耀，爸爸妈妈能够带给小子的无论什么东西，却皆只能在力所能及的天地之中……乃之难免心有余而力不足的沧桑之憾！

世世代代、祖祖辈辈，像爸爸妈妈这样抚儿抚女的寻常人家，大概就是"可怜天下父母心"这沉沉之吭的锻造之主吧！

（本节底稿于 2012 年 6 月 20 日 15 时 25 分至 24 日 9 时 10 分完成，于 2015 年 6 月 6 日至 8 日誊正）

如佛之眼

　　小子笨熊一个，在周岁之前小脸蛋像个大苹果，圆圆乎乎的，坐相则像乐山大佛，平平稳稳的，特别逗人喜欢，逗小子玩得也特多，因而推小子玩的铁架子小推车，在小子会走之前，就被小子在里面蹦蹦跳跳的给蹦罢工了。

　　爸爸妈妈总不能找捧小子的粉丝的"麻烦"吧，感谢还来不及呢！只好找小子"秋后算账"啰！

　　我们家的盘龙村老屋，与冬香姨妈的家仅隔一条村道。我们家靠西，冬香姨妈家靠东，相距不到一两百米远，冬香姨妈的家自然成了小子的快乐大本营之一。

　　冬香姨妈有两个公子一个千金，爸爸妈妈有次推小子到那里去玩，刚好他们兄妹几个都在家里。

　　大小子逗小小子可能特有兴趣，看到小子来了便在堂屋里面对面地拉开距离，一头将小车送过去，一头把小车推回来，真叫环保，柴油汽油一概不要，小推车在两点之间来回运行自如。

　　坐在推车里的小子摇来摇去晃晃悠悠，不知有多高兴、多高兴……好个悄悄摇篮曲、好来悄悄"摇篮梦"……不大一会儿，爸爸妈妈发现小子竟将推车当摇篮，甜甜美美地睡着了。

只有小子会享受，双目微眯，万事悠悠，真的有那么点儿大佛的范儿！

其实，当年冬香姨妈家不光是小子的快乐大本营，应该还是爸爸妈妈的经济大课堂。

小子睡着了是享受，爸爸虽然没有睡着，由于没有经济头脑、没有洞悉水平，也像睡着了。然而不是享受，而是无限遗憾和不可挽回的无尽损失！何以见得？说来便知。

冬香姨妈家原来是前后两排砖瓦平房。当年，冬香姨妈家就用在村道前面的一排平房作为运作平台，与人合作建起了四层楼房。合作方得西边四层楼，冬香姨妈家得东边四层楼。

这样，冬香姨妈家不仅及时地解决了两个公子一个千金由于成家立业及添丁加口急需用房的当务之急，而且一楼的门面用于出租又可以抓到相当可观的现金收入，里外里几斗米，"翻身"不小。

更为"风水显灵"的是，大约又在冬香姨妈家合建楼房前后不到十年的光景，随着邻近金运超市和奥林匹克竞技广场的兴建与兴旺，城市中心东移，红利显见。

冬香姨妈家门前，原本冷冷清清的一条村道渐渐变成了一条热热闹闹的街市，仅像模像样的宾馆就有好几家，可见盘龙村已有点淘金热土"小深圳"的势头，门面租金自然水涨船高。

换句话说，当年冬香姨妈家与人合作做楼房的前后时段，这条村道两旁的平房连院落，其潜在价值就可以用寸土寸金来形容、来打理了。

可是，爸爸却"死脑筋"一个，没能急转弯，脚下踩着黄金宝地，不知开采，却两眼一抹黑地到别处瞎转悠，可怜巴巴，拓个什么荒！还以什么勤奋自勉，典型的丢了西瓜去捡芝麻——远远不够人才。

相比之下，我们家的老屋平房连院落，最初东西向有十五六米，南北向有三十多米，整个是四五百平方米，可能比冬香姨妈家的平房连院落还略大一点。

不同的是，冬香姨妈家在村道以北，是平房临路，我们家在村道以南，是院落临路。

当年不觉得有何差现在看差别，简直就是冰火两重天，太明显了。

最伤人心的差别是：当年对自家的院落临路不上心被入挤占，后来便是自然临街了。

正是由于当年我们家老屋是院落临路，所以遭到了那些有心机的"超人"翻云覆雨不择手段的挤占。

临路的院落被挤占去一多半是小，丢掉了临街的优势，则是失之大的"循环数"。

仅存的平房连院落与被"超入"挤占去的临街院落的潜在价值相比，前者可能不到后者的百分之几，三年两载不觉得……然而悠悠岁月总有让人如梦醒来既无力回天又似看水流舟，直接经济损失以"百千万"来计绝非痴人说梦，预期利好那就更是地球人都明白的事了。

对于我们家盘龙村老屋平房连院落的潜在价值，不能说爸爸当年一点先知先觉也没有，一点儿发掘意识也没有。

爸爸曾经与爷爷好好商量过，要爷爷在临院落的路边摆个卖水果什么的摊子，反正爷爷已经退休了，只当混混时间，有生意无生意不在意，赚不赚钱是次要的，主要目的是，表示我们家对于自己的院落不可能轻言放弃，只是暂时没有相应力量进行整修而已。

只可惜，爷爷由于精力不济，三天打鱼，两天晒网，所以摆摊买卖没成气候，烽火防线形同虚设被"超人"乘虚而入……加上爸爸又没有把这事当成重中之重抓而不放，所以"超人"更加轻而易举地"心想事成"。

与挤占我们家盘龙村老屋院落的"超人"相比，爸爸承认，可能没有"超人"那么有超常能量，如果仅仅以此为论，爸爸可以永远不服气，永远"耿耿于怀"。

但是，要论"超人"的超强意识及超然见识，爸爸则绝对佩服！佩服！自叹凡人不如"超人"。

以前年轻的时候，爸爸妈妈不太相信一个"转世后生"得长后眼睛……

爸爸妈妈老矣之后回头看了再看，不论是在一片光明还是一片黑暗的境遇中，一个不想被牵着鼻子走的哥们得长后眼睛，确实有偷着乐的爷们真的像是长出了后眼睛。

因而，爸爸妈妈以为简直可以把"人无远虑必有近忧"这句名言直接翻译成"一个不想被牵着鼻子走的哥们不但应长后眼睛，而且可以长后眼睛"，这样似乎更直白、更现实、更好用。

岁月"流金",幡然悔悟,乃小子们可以随遇而安,如佛之眠,老子们则万万不可,非得居安思危,时刻警醒抬头看路,正确解题,不然就容易给后人交白卷,英雄气短,欲哭无泪,欲诉无门……

（本节底稿于 2012 年 6 月 29 日 10 时 20 分至 7 月 1 日 11 时 05 分完成,于 2015 年 6 月 8 日至 10 日誊正）

玩笑之大

　　一个小子从小到大，不说成才成器，就是好好端端、平平安安、顺顺当当，不受什么意外状况的困扰，对于做父母的来说真的没有巨细之分，小小细节也见学问也涉安危，稍有疏忽，便有可能形成一道永远都难以抹去的伤痛。

　　那时我们家仍在盘龙村的老屋住，有天妈妈往脸盆里倒了开水，正准备对冷水后给小子洗洗，恰好在这个节骨眼上金香姨妈来访，妈妈则一下子忘记倒了开水的事，当然更是忘记了小子正想走路、猛然间也能够威两步的事，只顾迎接金香姨妈了。

　　妈妈本身就是个对人士分热情的好客一族，何况娘家有亲友光临，"全力以赴"在情在理不用说。

　　结果小子"乘虚而入"，把小手伸进脸盆里想玩水，开了个大玩笑。刚倒的开水像一只大老虎，把小子狠狠咬了一口……接下来自然是全家总动员，紧紧张张、忙里忙外地给小子治疗烫伤。

　　幸亏小子大概天生有点探险意识，先只把小小的右手伸进去了，如果是玩个双手捉鱼之类的"怪把戏"，那还了得？这都应该怨爸爸妈妈，少给"小哥们"上大大的"老虎课"了……

　　然而，就是给小子治一只小小右手的烫伤，爸爸的求医问药水平，也是大大的不怎么样。

在这件事上，妈妈犯的程序性错误是，不应该先倒热水，而应该是先放冷水，再加热水。

爸爸已接近退休年纪，在旁听单位的老姨老妈唠叨家长里短时，也曾试问过她们当年照顾小子们若遇到这类事应该怎么做。然而是迟到的"考研"，当年爸爸可能是只知当爸爸的乐呵，丝毫没有什么照护小子们的"考研"意识。不然的话，不说给妈妈当个大帮手，就只当个小参谋，经常吹吹"耳边风"念念"小心经"，肯定轮不到小子开这么大个玩笑。

不应该的是之后爸爸自己在这件事上，比妈妈犯的程序性错误更大。

那就是治疗烫伤不应该相信土方子，而是一开始就应该规规矩矩把小子弄到规规矩矩的大医院的相关科室去看。

爸爸那时也不存在对医院不相信之类的任何"愤青"情绪，但那时相信熟人好办事，相信关系是王牌，可能到了迷信的程度！

深刻反省，一个时期的社会风气、社会浪潮，对于一个人的思维模式、行为倾向形成似乎"魅力"无限、法力无边，随之"迷信"而自作自受、不好消受，乃也可见一斑！

用土方子给小子敷药，等到伤口不但不见明显好转，反而发炎之后，爸爸又再找熟人走内线到沙市春和专科医院弄药给治。

可惜为时已晚，烫伤是较快治愈了，但小子的小小右手腕背却留下了明显的疤痕，而且随着年龄的增长而增长，以致小子与国际著名将领巴顿"结缘"，很遗憾地成为带着玩笑之印记的小小"巴顿将军"。

说真的，小子烫伤之后，一直到发炎治好及留下疤痕，在爸爸妈妈印象中，小子当时虽小，好像也没怎么大哭大闹，特别是长大了也从没有"抗议"过，还很有那么点小男子汉的大将风度。

爸爸妈妈应该很感谢小子的坚强与强大，不然会更加心疼、更加自责、更加难过。

虽然小子玩笑开大了，事情也过去了成为历史，但沉静下来好好地想想，爸爸妈妈感觉相信熟人一时走了捷径，可是一旦熟人"心有余而力不足"或会误事，因而好像只有相信科学才是"基本路线"。因为熟人与专家相比，知识系统受限；个人与社会相比，能量整合受限。

要是当年爸爸不犯程序上的错误，给小子求医问药至少不会走弯路，小子或许不会留下如此还原无望的"玩笑印记"，相对而言，那又是多么美好的事……小子右手腕背上鸡蛋般大小的"玩笑印记"，成了小子身体上永远的伤，更是像时钟秒击一样疼在爸爸妈妈心头。

疼在心头，伤在心头。永远之疼，永远之伤。

2012年5月，爸爸妈妈在看北京卫视《养生堂》节目时，听名医讲到"党参加黑豆煲汤"可以治疗疤痕，爸爸急忙拿纸拿笔记录下来。

虽然当时小子远赴巴黎，在单位驻法国代表处做代表工作，爸爸妈妈明知一时半会儿为小子煲汤是不可能的，以后有没有条件给小子煲汤也是不确定的，可是听名医这么一讲，爸爸妈妈眼前一亮的感觉，有如条件反射。

爸爸妈妈还有个条件反射似的做法，也可能是受小子小手烫伤这件事的影响，那就是爸爸妈妈无论到哪里，登门拜访或有事相求，都得先打通电话约好，即使想图方便蹭碗饭也是如此。

一方面出于礼貌，另一方面也是避免闪现，弄得人家仓促"上岗"手忙脚乱，造成不便与尴尬。仅仅这点也不妨好消化，更怕的是，如果因此人家稍有闪失出点什么差错，那就成为很过意不去的事情了。

爸爸以后百年归山见上帝，也可能会自觉地将这个条件反射似的做法带着，不然上帝如果一时疏忽，忘了准备点小酒，等爸爸上了桌子又不好意思说，那就亏大了！

在对待小子玩笑开大，弄得小手烫伤的这件事上，当然也有"美丽的传说"，那就是爸爸妈妈没有因此爆发内战。爷爷奶奶除了心疼小子，配合医治之外，自始至终从无一句重话，不可能爆发婆媳大战乃至家庭大战。

这一方面是妈妈勤劳朴实，贤惠善良，一贯从心底里孝敬爷爷奶奶的自然回报。另一方面是爷爷奶奶把儿媳妇当亲生女儿待的本分为人的自然奉献。不是爸爸自己给自己脸上贴金，另外也是爸爸"威震各方"的自然成绩。

围着小子转，爷爷奶奶爸爸妈妈将"热点焦点"冷处理的表现，老天有眼、苍生注目，可圈可点！

抹不去的伤痛，去不掉的心疼，在爸爸妈妈的心上留存。难以忘怀的善解，弥足珍贵的和谐，在小子的成长中扎根。

（本节底稿于2012年6月26日15时55分至28日16时40分完成，于2015年6月10日至12日誊正）

断奶之渴

　　小子一岁过一点断的奶，俗称隔妈子，开始与五谷杂粮锅碗瓢盆打交道，从此踏上既多姿多彩又必须有勇有谋的生存发展征程。

　　断奶的头天，妈妈把小子抱给奶奶照护。

　　不见妈妈，奶水也得没吃，小子一直哇哇大叫"要妈妈……要妈妈……"快速觉醒，天然抵抗！

　　爷爷奶奶隔代亲，对孙子小不点"大人物"特别心软。

　　小子哭闹不止，怎么也哄不好，不到半天，只有个把多小时的工夫，奶奶就宣布投降，只有把小子抱过来给妈妈哄好，生怕小子哭成怎么样了……

　　后来妈妈学传统战法，将奶头抹上鱼苦胆或牙膏之类的东西，又苦又"脏"，小子当然吃不下去了，没几天就不怎么要吃妈妈的奶水了，挺聪明的！

　　白天爸爸妈妈逗着玩，追着喂饭，小子还能忘乎所以，天真烂漫无所谓。

　　可是到了晚上，还是有些依恋妈妈的奶水，但又有点"贼头贼脑"惶恐畏惧，所以头几天夜里过不了一大会儿，便要叫："爸爸，喝啊（茶），爸爸喝啊（茶）。"爸爸好像成了妈妈的替补……当然是有求必应！

有趣的是，小子反了！"喝啊（茶）喝啊（茶）"，为什么只叫爸爸不叫妈妈？可能是被妈妈奶头的苦味"脏相"搞怕了！

小小笨熊也知道吃一堑长一智，可是犯了不分青红皂白的迷惑哟！真逗。小笨熊逗，大笨熊也逗，那时夜里真的给小子喂的是茶水。

爸爸妈妈不是研究小子们"神奇"成长的专家，猜想小子并不是真有多么饿多么渴，而是一种习惯性的反应，把茶水当奶水过过瘾。现在看来也不是不可以，相比如今有点难得搞清楚之中什么名堂的饮品，要安全得多。

这是歪打正着，当时爸爸妈妈可没有这个"天分"，完全是随性而为。

这样，不到十天半月，小子依偎在妈妈怀里就能一觉睡到太阳晒屁股，再不怎么叫"爸爸喝啊（茶）爸爸喝啊（茶）"啦。劳驾爸爸一番之后就不缠爸爸了，世上只有妈妈好……妈妈好妈妈好……还是小子牛！

一岁过一点就给小子断奶，作为"安理会"龙头老大，爸爸投的究竟是赞成票还是反对票？爸爸好像没怎么上心，反正肯定不是爸爸首先提出来的，后来一直时不时地与妈妈理论一番。

爸爸最牛的理由是说自己吃奶奶的奶水，快到两岁才没吃了。更牛的，是说奶奶怀爸爸怀了十二个月。都是听长辈亲友说的，也没法考证，哪怕可能笑翻全世界，爸爸也当真的拿来，与妈妈穷争不断……

虽说是马后炮，好玩！

爸爸热衷与妈妈理论这些的原因，无不是想强调，如果不那么早给小子断奶，等小子吃到快两岁不想吃了，小子的身体是不是会更壮一些呢？真可谓没有最好、只有更好！

爸爸一直以来身体状况都还算是可以的，是不是跟爸爸小时候吃奶吃得时间相对长一些有关系？

妈妈的理由是，当时奶水已经不够小子吃了，再说实际上小子那时已经会吃饭了。这也是实话实说、实实在在的，不是编辑部的故事。

爸爸相信，妈妈当时绝没有像当下有的年轻母亲害怕给小子们喂奶，或者害怕给小子们喂奶的时间长了，影响自己的身段曲美，影响形象优美，进而影响走秀的回头率、公关的成功率、职场的竞争力，导致颜值打折、负担加重。

即便这样的年轻母亲及"爱美达人们"有值得谅解，甚至有值得同情的苦楚，但以或会有损自己亲生骨肉及下一代的天然权利与天然健康为代价，确实应该三思而行！应该回归"自然"！

纵然什么时代皆有靠形象竞争职业的现象，但在20世纪80年代那段光景中，即使是意识相当前卫的做法，也绝没有当下这么突出、这么强烈、这么流行，这么让别人见到也可能会"有惊讶、有惶恐"——为了改造原装脸面，不怕"刀枪剑戟"，不惜真金白银，不计时间成本，"'唯'美而战、为颜值而战"。

再说妈妈"穷人的孩子天照应"，乃天然美女，没必要有"珍惜"身材雕塑形象的顾忌，还有妈妈做人也不是那种个性。

大多数小子们都是一岁过一点断奶，妈妈只是跟着感觉走。

倒是爸爸老爱提起这个事，有点无厘头，但良心乃是大大的好！基本意思是为那些没有妈妈的奶水吃的小子们有点可惜，更为那些妈妈有奶水因某些害怕，而不给小子们吃的小子们有点"抱憾不平"！

说到天上落到地下，翻来覆去与妈妈常常理论断奶迟早只是闹着玩，也是以爸爸这种特有的方式，对妈妈表达赞美，为小子能够壮些、壮些、更壮些加油！

爸爸妈妈在这点上，绝对是世纪盟友、铁哥们！

（本节底稿于2012年6月24日）15时40分至26日11时00分完成，于2015年6月12日至13日誊正）

威威之冲

春江水暖鸭先知，田地水污人先苦。

这前一句话诗情画意，虽说是书上的，但在我们家盘龙村老屋这一带方圆数里，爸爸妈妈儿时不仅可以随处见到村民们自家散养的鸭子，还可以见到放鸭子的窝棚和成群成群的鸭子，以及它们的主人不需考察公示没有任命书之鸭值。要问问鸭子戏水究竟有多暖，真是分分钟的事情。

可是到爸爸妈妈"由少转青"的年代，大多只能在餐桌上见到鸭之鸭子鸭孙了，能知暖的是老板腰间钱包，顶多作为尊称在前面加个鸭字，即鸭老板，味道不地道、没有什么特色的店家老板还享受不到这鸭字之冠。

这当然不好怪罪鸭，与鸭的生长最密切相关的是水，而地道与特色自然取决于老板们有无独具"鸭心"的经营水准。所以，既不能因水质而怪罪鸭，更不可以因水准而怪罪鸭。

这后一句话，田地水污人先苦，可能有点儿狗屁不通，然而，这可是爸爸妈妈通过既自然又艰难地挖掘记忆，结合当下关乎水的各种版本的告急之声，才慢慢得到的一点点非鸭似鸭般的"先知"。

20 世纪 50 年代末 60 年代初，我们家盘龙村老屋后面向北二三十米的地方，就有一条宽约两米的流水沟，东西长一两里。东西两端相接的流水沟三四米宽，呈南北走向，并且都与当时城市的排水主要通道豉湖渠相贯通。而豉湖渠又与江汉平原的主要水系长湖相贯通。

真是问得沟渠清如许，因有源头湖水来！

那时村里各家各户都是在自家哥们的屋后面沟里打两根木桩，扎上一根横木，再把宽窄以能够站稳两只脚就行了的长木头作为跳板，一头搭在沟边上，一头搭在沟中木桩的横木上，一个简单实用的自家微型码头就算大功告成了。

也有不大愿意费这个周折的人家，哥们直接就在沟边挖两三个坎坎，垫上石块或者砖头就着打水、洗菜、洗衣服。

但是，弄了微型码头的人家用起来自然方便得多，也省力得多。

还有一个，有了这么个微型码头在木跳板上，用"粪桶踩水"挑来浇自留地、浇菜园子，则更方便、更省力，自然费工也少得多，何乐而不为！

城市和工厂慢慢在向乡村推进，村野气息越来越微弱。

当然首当其冲的是水质越来越不行了，村民们无不困惑！

那时好像还谈不上什么环保意识，但村民们的卫生意识倒可能是被迫提高了。以后，村里就在村民们居住比较集中的地段挖了一口一二十平方米的方形吃水塘。

曾经还有两头牯牛在这口吃水塘的边上打过架呢！好像用了"火烧牛角"的招数才平息了这场生死之战，吓人程度不亚于在电视里看到的西班牙斗牛秀。

这两头牯牛也是太过分了，村里大大小小几百号父老乡亲都靠吃这口水生活，你们哥俩将就点不行，有烦恼还显什么本事？人家来挑水怎么敢靠近？麻烦……

对于水，村民们这个历史阶段的"人先苦"，便是得跑比自家屋后要远几倍的路去挑水吃，专门用来做饭弄菜。

那时家家户户的厨房都有水缸，装得少点一两担水、装多装满得三五龄。大大小小的水缸一般都要装满水，不光是为挑满而挑满以避偷懒之嫌，更要紧的原因是防止火烛。

那时有一间瓦屋，也是打土豪分田地的产物，理所当然的归村里做办公室和仓库。

村民们住的全部都是茅草屋，加上又都是烧的柴火灶，家家户户的屋前屋后都堆有大大小小的柴火堆，在当地俗称为"致"（即把捆得大小差不多的柴草，再一层一层地像叠罗汉似的往上堆，大的"致"有的可以堆码到平房那么高，所以不是经验老到的行家里手们还干不了这个活儿），除田里的棉梗、芝麻梗、稻草、麦草之外，还有从路边、沟边、荒坡野地割回来的野草柴火。

一般都是在夏季便储备足来年一年的柴火，上年剩下的则很少很少。

在我们家，奶奶每年热天都要利用上工前和收工后的自家时间，冒着酷暑挥汗如雨，用镰刀一把一把地割好多好多的野草柴火。

先边割边摊在原地，晒个两三天，等晒干，然后再用"要子"（即用稻草绞成的粗细约两厘米的草绳子）捆成一个个大小几十斤的草头，用干担（即用普通木制扁担将两头刨尖，再一头装上一个比牛角要细弧度要小的铁制尖角，专用于撮草头。之所以叫干担，可能就是因为两头的铁制尖角有点儿像干字上面的一撇而得名）一趟挑两捆，来来回回的挑回家"致"着，作为一大家老小九口人冬春时节的储备柴火。有好多？至少有一两百立方米。

奶奶为我们家所做贡献仅此一点，即便用可歌可泣这样的字眼，也不足以表达我们对奶奶的敬重与怀念。

伟大女性，子孙永志！！

爸爸在只有＋一二岁的时候，不但跟着奶奶割过收过野草柴火，有时跟爷爷奶奶一起挑柴火，有时也独自哟响哟哺地一趟一趟往家里挑了不知多少！即使如今在边远乡村的小子们也许没这么沉重，在城里更是一家子围着转的"皇上"。爸爸的"爬坡奋斗型"脊背，可能也跟小时候干过这类小小挑夫活儿有着小小的关系……当然这是小小玩笑，主要是遗传基因和后天塑造形体不够所致，特别是后者。

柴火堆、茅草屋，茅草屋、柴火堆，那时防火形势的严峻程度一点儿也不亚于现在的高层豪宅水泥森林。

20世纪60年代中期盘龙村便遭遇过秋天的一把火，火龙由西向东火气不小一口气吞噬了数户人家祖辈的全部家当，有幸火龙所及只吞"粮草"不噬"良民"，算是村夫村姑们的面子大，得到火爷"人性"关照……

火龙为何"怒火中烧"？乃是火主大老爷们用煤油灯在蚊帐内找夜蚊子而招惹。

水缸满满，也有防不胜防。用煤油灯找夜蚊子得罪火龙而"引火烧身"，真是不比高射炮打蚊子的成本低，估计那时用电还不那么普遍，不然怎么还用煤油灯。

唉，悲哀缘于落后。

不过，后续故事颇具戏剧性。没过几年，烧起"一把火"火主大老爷们的千金，便从一个小村姑跳级成为乡妇联的大"冒号"，挑起万斤重担。"火运"真是不错，传说因有同族村"冒号"火力之大的成功助推。

随着城市及工厂向乡村推进的速度逐步加快，什么生猪屠宰厂、纺织厂、印染厂，还有学校、医院、居民区，对盘龙村的田地形成了吞食之势。

废水污水侵蚀，至少延绵数辈，已经习惯了吃青山绿水的盘龙村"老少神仙们"再想靠专供式的水塘吃水，显然也不行了。

那时在我们家老屋前面不到两百米远，村里一块二三十亩的菜地被省气象学校征用。既是迫不得已，又是东风好借，村里便从气象学校里接出一条自来水管道，位置仍是村里的居中地段。与原来的吃水塘相距两三百米的样子，只是水塘在北，水管在南。

有了自来水，自然是开创了历史新篇章。

说遗憾吧是的，说条件所限吧也是的，反正一个水龙头供一溜几十户人家公用，现在城市的新贵们听起来都是笑话，那时却是村里老乡们天密如赶考的事。

一般只用桶接住往家里挑吃的水还能凑合，排队老等的现象并不严重。如果遇到"先进分子"或者仗势的大爷少奶要占着水龙头就地洗菜洗衣服什么的，那就惨呆了，会让后面的"馋龙饿虎"等得鸡颈项变成鸭颈项，还得和颜悦色，不然又能怎么样？！

当年爸爸不光年岁少小而且志趣也不成"气候"，不像现在的小子们能有那么多的爱好又有那么好的条件，可以利用课余时间去进行"修炼"为未来"冲关夺卡"、冲刺夺标、储备能量而好好奠基，因此有些无所适从，爸爸便自然"早当家"地成了爷爷奶奶的"接水兵"。

庆幸的是，那个"独独玉立"的水龙头，离我们家老屋只隔两三户人家，算是近的。

家里水缸还有水，不着急，爸爸先瞭望一下，见没人便赶紧去接水。天下闻名的游击战法，此乃得以活学活用。不然，硬等断了水着急就得站队，一等半天工夫是常有的事。

遇到水压低到如打点滴，那就心里急得像要去抢火，但等得"神仙们"就会无聊得像打摆子，大半天到一天接一吊子水还蛮高兴，因为不管怎么说，比没水要强上百倍。

家里没有像爸爸这种接水兵的，不少大人只得大材小用半夜起来接水应急。

尽管用水如此着急、如此辛苦，也是盘龙村几十户人家告别水塘吃水，用上自来水的革命性转折。

到了20世纪20世纪70年代末80年代初，我们家老屋用水的着急状况开始有了明显改善。具备条件的家里已经接通自来水管，一时来不及到位的，几户人家就有一个自来水龙头供水了，基本上与长途跋涉、摆长蛇阵等水吃的日子拜拜。

在玉香姨妈家门前靠东边一点，就有了一个水龙头。那时，不知是不讲究还是不知道怎么讲究，也可能是接水用的左邻右舍相对仍是较多的缘故，反正水龙头就仅靠高出地面的水管，本身支撑着摇摇晃晃，也没什么水池子，更不用说在下面倒水泥地坪了，烂泥和水，没法落脚，就用几块砖头垫起来将就跳过去，再加上遇到雨天渍水，就更加坑坑洼洼，泥泞一片。

有次，刚刚学走路的小子跟着爸爸到玉香姨妈家去玩，以为自己就是独立大队了，崴呀崴的！在前面冲呀冲！

在走还没完全学会前，小子们只有带点跑才有可能帆风顺"，好吧！在路过水龙头坑洼地时，还没等爸爸来得及抓壮丁，小子已经来了个人仰马翻的特技表演，连带考验爸爸的保驾功夫！

爸爸是显了身手，以"读秒"速度一把将小子抱了起来，但妈妈一针一针给小子织的淡黄色网眼小马甲还是给弄脏了。回去怎么向妈妈交代！挺好玩……

也算是小子们以这种特别的方式，迎来了盘龙村的巨变！

没过几年，随着国家改革开放的步伐，盘龙村迅速发展成城中村。原来种植水稻、大麦、小麦，棉花、大豆、高粱、蔬菜、瓜果的大片田地，逐步种成了楼房。

标志性的楼房有七八层之高，三层至五层的居多，平房所剩一二，也是主人不忘根本近乎难舍难分的独特爱好与收藏。

地生财，人兴旺，村里已有留学异国他乡二代三代。

如果说盘龙村原来是百家姓，现在已是千家姓。再过些年如果客居洋鼻子，城中村之盘龙村便成"地球村"了。

当然，这里所有的老老少少，不论新贩子老贩子，用水之虞已经成为不可想象的过去，如今倒是只有节水之忧了。

关于"田地水污人先苦"的故事，能够娓娓道来的村夫村姑随着"一江春水向东流"也将渐渐远去自然天国，到那里安详地回望悠悠岁月、回味淡淡乡愁、回放切切心声。

希望再不会因为水而纠结，希望再没有坑洼地，把小子们弄得人仰马翻，非得要保驾的不可……希望妈妈们为小子一针一针织的小马甲，再不会因为坑洼地而受到"坑害"……

威威之冲，崴崴"宝马"任"奔驰"，爽！爽！爽！

（本节底稿于 2012 年 7 月 1 日 16 时 15 分至 5 日 16 时 10 分完成，于 2015 年 6 月 13 日至 15 日誊正）

小手之助

爸爸妈妈现在每每看电视上的相亲节目，最吸引爸爸妈妈眼球的，最令爸爸妈妈刮目相看的，也是最触痛爸爸妈妈心思的，不是什么帅哥美女，不是什么男才女貌，也不是什么机巧奇缘天作之合，更不是什么死缠烂打穷追不舍。

而是就这么些二十岁左右的情哥情妹，以爸爸妈妈月老们的眼光称呼他们，不算小小子顶多也只能算作大小子，初现江湖，根本就谈不上有好多人生经历，怎么就能够把自己的人生规划、职业规划梳理得有板有眼、有模有样。

以至帅哥不为美女的甜言蜜语所动，美女不为帅哥的糖衣炮弹所倒。

爸爸妈妈这里如是说，对于有的把婚姻当跳板做交易，而绞尽脑汁制造有着诱人色彩之婚姻囚笼的阴鬼骗子陈世美之类，绝无丝毫捧场的意思。

斗转星移，像爸爸妈妈这些五六十年前出生的"翻身解放之花"，实在是为近三四十年来出生的"改革开放之花"倍感欣慰。

因为，时差虽有半个世纪左右，但在人类历史长河之中也不过只是一瞬间。然而，不论大气候还是小氛围，却发生了如此巨大的变化。

那个年头，大面积的女士们先生们朋友们，大都被什么什么的不得了不得了高度概括，"齐头并进"。

但是对于没有什么特殊背景特殊关系，或者没有什么特别远见特别坚持的老兄小弟们而言，什么参军提干，什么农转非，以及什么推荐上大学，当然是奢侈品，听到说看不清更摸不着，遥不可及，甚至不敢多谈。

什么走出大山挣大钱，过好日子之类的美好说法，更不说做法，离自己出生的那个年头，还不知道有多远。甚至想都不敢想，即使敢想可能也想不到，当下会如此开放，如此多彩，如此红火……

关于人生规划、职业规划这样的大词汇，当时有没有？类似说法，是怎么个说法？爸爸尚小一概不知，妈妈那时丫头片子一个，也不比爸爸先进……

反正，爷爷奶奶给爸爸上的指导课是："怀抱子脚蹬妻……生意买卖眼前花，大风吹不倒犁尾巴。"

要问是不是爷爷奶奶的原创，似乎没有多大意义。但是爸爸常常好奇：爷爷奶奶为什么会有如此这般很是独立而又略显原始的构想？！

爷爷奶奶都是20世纪20年代出生的人，可能对于战乱与动乱叠加而造成的创痛记忆尤为深刻，所以防范意识也特强烈。因而，对于平安与稳定并行，而带来的福祉也特想争取。

爸爸妈妈已近"黄昏"时分，把电视一打开不是这里出事，就是那里闹事。虽说国家之大，世界之大，出点状况和殃及无辜总是难免，然而更加可见，一路平安一生平安是多不容易多么珍贵，以至如今有了"互联互通合作共赢"、打造人类命运共同体的"中国之音"！

再看爷爷奶奶的构想，不但"好奇"没了，简直觉得是"神奇的超前意识"。

可是，爸爸当年少小，好像对什么都蛮有憧憬又完全不知道天高地厚，因而能够听进去爷爷奶奶的多少话，就跟现在爸爸妈妈给小子上课，而小子有可能存在的疑问一样。

小子们不说容易被时代的潮流翻转、裹挟，就仅仅因为年轻气盛，容易热血、容易冲动这点来说，也够厉害、也够了得。所以来日得没得空心病是不是空心菜，何以沉浮，还得全看小子们自身的把握与造化。

但作为一家之尊一族之尊的长辈，把依据自己经历的所得所失、所悟所省，给尚在天天向上的后辈唠叨唠叨，好像也应当是一种不好马虎的使命，不然百年归山不说孔老夫子会见笑，被上帝撞到了都要被打板子，理由是对后人"交代不力"。

不是假话不是戏言，爸爸妈妈如今在小子当初正上气的时候给小子上的指导课是：冲出亚洲，走向世界！

与爷爷奶奶给爸爸灌注的"犁尾巴论"虽然去向有别，但是，争取平安与稳定并行，力争成器与淡定并重，则一定是高度一致的，期待圆满也是天经地义的。

不过从平安的角度，爸爸妈妈现在又想给小子的课加上一句，"最好人多在家里，而成绩冲出亚洲，走向世界！"岂不是"未入虎穴亦得虎子"！

"人非草木"，大气候小氛围，对于一个个尚未定型有待成器的小子们一生的走向，其影响及左右的程度，不可低估，更不可儿戏。

如此啰唆，爸爸妈妈是个试图把这点说清楚，又说不清楚的"思想家、理论家"。

爸爸更是感叹自己谈不上有什么人生规划，没有这个前提，职业规划即使有，也会无依无靠，何况还压根儿就没这个强烈意识。因而，爸爸一路走来，仅仅凭兴趣闯荡，导致总是处于一种不确定、不稳定、不安定的状况之中。

刚开始接触社会做事，是对木工、工艺之类的自然精巧感兴趣，后来对书法、摄影艺术之类的自然惊奇感兴趣，再后来对写报道、写材料即文字功夫之类的自然惊叹感兴趣，接着把上面这些兴趣，统统都放飞"自然"，又对经商做生意之类的自然惊梦感兴趣。

现在的思想开放先驱们可能理解为跳槽，那时没这个说法。即使有，爸爸也没这么高级。爸爸都是原地转身，再美化一点，顶多算个原地起跳而已。

但在兴趣正浓时每样都花了不少工夫，去学习、去比较、去钻研。比如学木工时有点儿像现在的粉丝赶场，只要听说哪里有知名的师傅，近处的去看人家干活儿一看就是老半天，远在几十里外乡镇的便骑自行车去看，风尘仆仆，用本乡本土话讲就是"瞄瞄，剽学艺"。所以，从一般意义上讲，学的东西搞的事都还像个样子，拿得出手。

可惜，就是兴趣转移太快，好像猴子捡苞谷捡一个丢一个。因而，很失败很对不起观众，包括有点对儿不起小子在内，即小子好梦醒来"该出手时就出手"的神来之助！

此话说来，还是在改革开放之初，工厂开始试点推行厂长负责制，职工思想政治工作如何进行，也进入了一个新的探索阶段。

自从管人头，告别了阶级斗争、一抓就灵的时代之后，靠的就是一把钥匙开一把锁的思想政治工作。但是，随着实行厂长负责制，伴生的奖金挂帅物质刺激，管用是管用灵验是灵验，不讲钱万万不行，只讲钱也万万不行，还有不少的锁打不开，怎么办？

尴尬！纠结！职工思想政治工作这把传统老钥匙，怎么去开诸如"要钱不要命"，或者"要命不要钱"之类的新锁，一时成为全国比较普遍性的难题。

在沙市，当时处理得较为成功的是轻纺行业"金歌印染"的良香厂长。为协助良香厂长的工作，市委某部门安排爸爸主笔一篇题为《厂长应是自觉的思想政治工作者》的论文。作为优秀厂长，她将带着这篇论文参加当年在天津市召开的全国职工思想政治工作研究会年会。

因为距开会的时间并不宽裕，爸爸起草后还得送"冒号"们审改定稿，所以爸爸少不了得白天晚上连着赶稿子。

在单位专门办公室有大写字桌，在家里则是就着床头柜的台灯写。本来也是条件有限，更多的可能是想离母子俩近些，更安详更温馨，当然也更加有动力！什么时候想起这样的情境，都令爸爸感到心旷神怡、美好无限！

有天，爸爸写到快天亮了，睡在妈妈怀里不到两岁的小子醒来，见爸爸正要翻稿纸，不知小子是灵贯还是好奇，连忙伸出小手说："爸爸，我来翻。"

爸爸甚是惊喜！"哥们"大小也算是个人物了，哈哈！真的了不起！爸爸连夜的困盹，全让小子没费吹灰之力给赶跑了。

也算是小子们显了显"少林功夫"的本事，耍了耍"少林小子"的威风，壮哉！妙哉！爽哉！

　　小小的小子，当年不但没给爸爸提出扰民意见，还如此机灵神奇地给爸爸加油，爸爸也没保持兴趣，向学者作家之类的方向发展下去，是不是很失败，很对不起观众，包括有点儿对不起小子呢?！

　　可见，能够有某种兴趣，应该是个好事情、好动力。

　　然而，一个哥们纵是才气过人牛气冲天，如果没有人生规划、职业规划，或者有人生规划、职业规划却没有在其框框之内得到坚持与发展，仅仅凭兴趣"自由散漫"，如同梦游一般，最终难以修成正果和难有适当作为、适当成就，是必然的。

　　爸爸妈妈现在来看，一个哥们如果志存高远，要避免眼高手低，就得毕其一生的专注力、意志力，做成一件对得起观众的事情，就很了不起！因而爸爸妈妈希望小子们千万不要重蹈爸爸这类一时兴趣、三日热情的"游击专家"覆辙哦！

　　应当是保持兴趣，坚持、坚持、再坚持，成为"专家"，深化兴趣，争取、争取、再争取，成就"专业"。

　　（本节底稿于 2012 年 7 月 3 日 16 时 40 分至 7H14 时 50 分完成，于 2015 年 6 月 15 日至 17 日卷正）

砸杯之趣

那时作为景点可以带小子去玩的地方，离我们家卧龙宿舍最近的就是沙市烈士陵园。

但爸爸妈妈要是和小子一起慢慢地崴过去，至少还得半个钟头。小子自打会走路了，要爸爸妈妈抱的时候很少，天性还有点儿坚强，肯听话，好哄！

有次，小子在陵园烈士纪念碑基座的平台上，玩了一会儿开始崴下台阶往广场上去，爸爸抢在前面，准备给小子拍张照片。

不料小子把台阶一下完，刚到广场上，便把手中拿着的小茶杯高高举起，向地上猛砸下去，把个茶杯砸得粉身碎骨、面目全非，然后盯着一阵笑眯眯若无其事。

那天，小子头戴咖啡色与灰白色灯芯绒相间、带帽沿的瓜皮帽，穿一件浅灰色带细格子、从背后系带子的罩衣，妈妈打的绿色毛线裤，配酱红色小皮鞋。既不是京味，也不是港味，是地道的沙市小子土味。

爸爸的手艺还不错，正好把小子这一"破坏分子"砸杯好玩的有趣镜头给抓拍下来了。

那段时间，爸爸正在向老沙市市文化宫的专职晚师王宪数大伯学摄影。

当时用的是 120 海鸥牌照相机，大多用黑白胶卷，打开以后，可以拉出一个方框取景，论抓拍，可能比当下有的高级相机要"直观"。当然这更可能是爸爸早已落伍之后的偏见，但也不乏有点儿曾经"身怀绝技"而难以割舍的情结。

不过进入数码时代，"海鸥"早已飞不动了，渐成古董。

小子上大学准备用的登记照片，就是王大伯给照的，一共冲洗了十几张，王大伯分文未收，大概是对爸爸这个未成器的弟子的关照吧。

这时王大伯已经下海自己开着照相馆，馆址就在与文化宫隔路西邻的天将湖畔，秀色可人，另有洞天。

小子这个王大伯"弟子的弟子"来此照相借光，自然得福不少。

陵园的烈士纪念碑始建于 20 世纪 50 年代，可能因为年久基础沉降的原因，碑身出现裂纹并且略显倾斜，于 2010 年前后拆除，按原貌又进行了重建。

爸爸妈妈对小子在烈士陵园的一个个快乐瞬间，不但多多且记忆犹新。

东威帅舅在烈士陵园后门东边临街住的时候，小子已经上小学了，而且学拉小提琴也已有一两年。

有次，爸爸妈妈和小子，还有缘香姨妈的干金，风香姨妈的干金等一行好多人到陵园玩。小子带着小提琴，在陵园展览馆的一片花木前乘兴演奏了几个曲子。也算是奉爸爸妈妈之命，练手练胆，不虚此行。

缘香姨妈的干金那时正在陵园照相馆工作，同样乘兴按下快门，给小子留下了快乐而又难忘的瞬间。

东威帅舅在临近烈士陵园的天姿湖承包养鱼的时候，爸爸妈妈带着小子还乘兴坐过东威帅舅的渔船，在不知"鱼哥们"欢迎与否的打趣中，当作小舟轻轻静静地游弋了一番。

完了，还多谢东威帅舅小宴款待我们一家子。爸爸自然少不了要与东威帅舅对酌几杯，论酒量爸爸自然也不是东威帅舅的对手，在乎乐，在乎气氛。

我们全家都要永记东威帅舅的盛情！

要说天姿湖，爸爸妈妈在不知世界上还有彼此的小时候就对她一往情深，论景色简直就是人间仙境！

那时，天姿湖通过豉湖渠与现在尚存的长湖都是相通的，流水不腐乃之清澈见底。

乘船而行，可以用作猪饲料的几种水草，如水夹子等，宛如托着船儿。软软绵绵而又摇曳着的绿色丛林，生命力特显旺盛，简直令人欲取方甘。

其灵动、其美色、其魅力，一点儿不亚于当下电视里常常呈现的风光片，要是能够复原，游子归来，置身"仙境"重叙乡愁重温乡恋，那又会是何等的一派风光！

这里提及豉湖渠，往事钩沉，不由得使爸爸想起一个与之相关的人文趣事！

我们家在盘龙村最先的老屋是两间茅草屋，后又加了大半间茅草屋厨房，门前有几棵大杨树，热天便发挥点自然空调的功能。虽无智圣孔明初出茅庐之茅庐的仙气，但也别具风情别有魅力！

最热的时候不说散兵游勇，还有拖家带口的"达人们"，在树荫下铺着凉席睡大觉。如今小子也还算是见了点世面的"哥们"，不说没见过，还没法想象那个风光几何？！

因要赶早前往远郊整修豉湖渠，爸爸妈妈最先有点儿相好意思，都发端于先落茅草屋再一起走的"出工"聚会。还有后来爸爸妈妈结婚，爸爸自己做的家具，大部分用材就取自门前的几棵大杨树。

当然这是美好的插曲。

因为离流经盘龙村的豉湖渠渠道只有百米左右，有年整治渠道的一组二三十个从四乡八场远道而来的民工们中午就在我们家茅草屋前的树荫下，乘凉吃午饭，然后集体学习。

这个不但对小子，就是对改革开放后出生的所有小子们来说，都是没有见过的"稀有事"。但在那个年头，可不是闹着玩的大事情。

爸爸这"老哥老古董"当年参加工作后，还曾干过这种班后学习制度的全厂考勤员，下班后大约半小时，就一个一个车间的跑，打考勤。

回放之中有点意思，风云人物"书写"历史，爸爸这等无名鼠辈竟然在记载历史的同时也被历史记载……

那天，民工们集体学习的是毛主席"老三篇"中的《愚公移山》，念读的堂威伯伯不认识智叟的"叟"，便问坐在旁边的回威伯伯。回威伯伯连"顿"都没打一下，便告诉道念"肥"。

爸爸那时好像小学还没毕业，但也知道把"叟"字应该念"擞"音，怎么念成"肥"了！不禁哑然失笑。同时顿生疑问，回威伯伯不知是真的不认识，还是开玩笑？

爸爸现在想起来仍有点哑然失笑的感觉——当年回威伯伯即使是认字有点儿喜欢"蒙"，也不该在这样的场合中"蒙"，不过没有任何想象、任何"负担"了。

好了，爸爸妈妈还是跟小子这既熟悉又陌生的"哥们"，重温重温天姿湖的仙境之美吧。

那时在天姿湖码头停泊的木船中，有就在湖里以打鱼为生的水上人家，少的时候也有三五十家，加上湖并不大，看起来颇为壮观，再加上坐船而来的远近客流虽大多都是"土人"几乎没有"洋人"，但川流不息，热之闹之，很有味道。

爸爸也曾坐船来往过这个码头，终生难忘。甚至可以说，没有见过大世面的就是"大世面"了。

码头靠西南边，上岸便是沙市开埠"古道"天佑街，长二三里路。有一家比较大的日杂百货商店，称为合作社，其他的理发店、茶馆、烟杂铺及医馆等都是私家铺子。那时远没有个体户的说法，好像是叫街道就业吧。

唯一一家医馆的名称就叫"吕小残医馆"，不仅招牌蛮古朴的，给无论是崇拜者还是过路客皆很有厚重感，而且敢把医馆名号中公然带一个"残"字，不避忌讳，不说大胆，也是别出心裁，堪称"笑傲江湖"之海量……恐怕现在的医家中，还很难见到有这点量的大腕名流之辈。

在医馆的左侧有户江姓人家，小儿子叫江海今，爸爸上小学时天天从他家门前经过。当时十一二岁的江海今，几乎天天都要练毛笔字。为了节约用纸、用墨，他就在一块木板上用水反复写，引来不少路过的爱好及欣赏的哥们弟们驻足观看，当然少不了包括爸爸在内。

后来爸爸之所以对写毛笔字有点兴趣，大致是受到这般见闻的影响。所谓近朱者赤近墨者黑，所谓潜移默化，从中可见——爸爸获益匪浅。

持之以恒、风流有待……江海今成年后，成为沙市乃至湖北省较有名气的书法家之一。

从江海今家，再沿街往西走个不到半里路，便是知名古刹章华寺。

那时，宝塔、大雄宝殿等古建筑群，以及里面供奉的四大天王等神仙菩萨，都还保存完好。

爸爸所读小学的校址，就是章华寺靠北角的一套两层楼楼群。不像现在因为有活佛大仙把持寺门雄关，不好"擅自入内"，可是当年就像到隔壁邻居家串门，也使得爸爸若是放学早便会经常结伴到寺里神游一番。还小，因而不知什么"天高地厚"，更不知哪个王大，哪个神小？玩了就完了⋯⋯

章华寺在改革开放的时代又进行了恢复重建，其建筑风格没有什么大的颠覆性不同，而质感则似乎少了那么一点点异曲同工之妙。

过去雕梁画栋，多以木质材料为主，如今则以钢筋水泥取而代之，许多防火功能是强化了，但其柔美暖和、精细舒适之感，却同当年的那种"清香和色"，有那么一点点"色差"与"陌生"，以及不一般的沉重亦缥缈。这当然只是爸爸妈妈"曾经寺粉"如今不那么专业的一孔之见。

小子高考之前的那年春节，爸爸妈妈陪着小子观光，还烧了一炷高香。不过不是刻意去的，只是随性游乐而为之，但敬重之心上天可鉴。

爸爸妈妈还是相信那么一句话，"从来就没有什么救世主"，全靠出污而不染的自己。当然，出污而不染的自己如何作为？作为的成就如何？那又是另一番讲究。

爸爸妈妈还以为，如果神仙菩萨、菩萨神仙，仅仅只对烧香供奉的、供奉烧香的显灵，那还是神仙、菩萨？还是菩萨、神仙吗⋯⋯

另外，有点让拜访之众不便顾及的是，烈士陵园与章华寺仅一墙之隔，北面安息着先烈英灵，南面供奉着神仙菩萨。

烈士陵园多见的情景：重大祭日有组织的活动队伍，与平日晨练的各色人等。

章华寺多见的情景：三三两两，川流不息的朝拜者和游人，长年不断，节假日则蔚为壮观。

如此这般，不知是"指点江山"的巧作？还是"天上人间"的巧合？

数风流人物还看今朝，今朝也好明朝也罢，小子们只要是"可数人物"，有能力顾及好这两方面的事情吗！

（本节底稿于 2012 年 7 月 8 日 10 时 00 分至 9 日 16 时 50 分完成，于 2015 年 6 月 17 日至 18 日誊正）

自然之警

上海东方卫视《直播中国》栏目，曾经讨论："花天价，请金牌月嫂值不值？"

就这么个事争来论去近两小时，论客也好听客也好，答案最终都只能是自己在自己心里。谁也不能勉强谁，只要良心还在中间，谁也不可以去勉强谁。

这个事，以爸爸妈妈的苕想法：对小子们而言如果是从纯护理技能层面需要，家里不说花天价，就是花天价的 N 次方也值。至于有没有经济能力请、请的金牌月嫂是不是实至名归，那又是另一回事。

如果是从父母与小子们血脉亲情、天然亲缘的层面来理论，退一万步讲，做老子的"哥们"可以以种种理由做"脱产老子"，做娘的"姐们"总是得坐月子的吧？！

假设仅仅是怕影响自身的这这那那，丝毫没有顾及小子们可能的缺失意识，类似情形，请月嫂做替身，乃是天理难容，还不够格谈什么出天价地价、请金牌银牌月嫂值不值的事情。

初为人父人母，心有余艺不行，请老人请月嫂教一手帮一把，无可厚非。

如果完全是转手"发包"，撞上给小子们喝太太口服液催眠，好让自己早些休息的既可怜又难以接受得了的"杂牌""黑牌"月嫂，岂不等于父母在亲手加害自己的小子们？恐怕就是再懒散的父母也不会做这类灾事吧？！

当然，父母事必躬亲也不见得就一点闪失也没有，但绝不会存在"杂牌""黑牌"月嫂的那般恶性故意。就这么丝丝区别，却如同深深沟壑，用金山银山也无法填平！也许在已经多少有点丧失了人性的"狼爸狼妈"的想象中可以填平。

妈妈生了小子坐月子，我们家是由奶奶一手照护的。

爸爸的任务，就是买鸡子、鸡蛋、鲫鱼等，做点没有什么技术含量"打飞火旗帜"的杂事。

不过，爸爸可没马马虎虎，那时还没有什么土鸡蛋、洋鸡蛋之说，就是为了买到最新鲜又便宜的鸡蛋，便骑自行车跑到一二十里外的荆州那边，在乡码头草市（即当地一条小街的名称），买农家用篮子提来卖的刚出窝的鸡蛋。

爸爸妈妈并不觉得有多么辛苦，反而是觉得一家人围着小子们的事忙得团团转，热之闹之，特别踏实特有享受，好像就这么甜甜蜜蜜地过来了。

也许，那个年头的风气不一样，空气也没有如今什么"4+1""6+1"以至"N+1"这么紧张，连月嫂这个行当都还没"出生"，什么催乳师之类的行当简直是前所未闻的外星行当。

爸爸妈妈可以断言，即使小子出生的那个年头，就是如今这种风气与空气，爸爸妈妈也不会盲目跟风，而主张这么去做"转手"之后的那个好玩父母，因为一个一个的凡身肉体都是各有不同的天性的。

记得小子还没有来报到之前，爸爸妈妈看到小子们喜欢是喜欢，但没有那种特别的感觉和兴趣，自小子"注册"之后爸爸妈妈判若两人，把对小子的热爱、关怀、关爱，可以说放大到了所有见到的小子们身上。看到别人家的小子们，就自然地想到了自己的小子。

爸爸妈妈对小子的些微风吹草动，会自然而然做出反应。

有年冬天，家里买了点柴炭取暖。那时小子还是托儿所的队伍。

有天吃完晚饭，冬天黑得早，也不过六点钟左右，小子就对爸爸妈妈说："要睡觉，睡觉。"爸爸妈妈觉得不对劲，小子每天晚上一般都要蹦蹦跳跳、东征西讨地玩到快九点钟才肯去睡觉的，今天怎么这么早小子就撤退？就要睡觉了？联想到柴炭取暖，再看看小子，又不是那么的带劲……有情况！

爸爸妈妈连忙带着小子往沙市颐和医院赶。果不其然，是在家里闭门用柴炭取暖的"自然之警"传导小子"自然报警"！大夫说还好，是轻微症状，来回在路上吹吹风透透气，就不会有什么大碍了。爸爸妈妈这才大大地松了一口气，差点儿没吓死。

妈妈不知是紧张过度，还是身体不经拖，往医院赶，去来在路上都还好，到家要上五楼还在四楼的时候，妈妈也跟着小子"洋人造反"，向爸爸拉起了"警报"，说爬不上来了。爸爸连忙放下小子，冲着妈妈去拉了一把，才算都上楼到家了。爸爸判断小子没大碍，妈妈也不会有什么大碍，可能也是轻微症状的延缓发作。

只有爸爸好像有点"天然抗毒疫苗"发挥作用，所以折腾前折腾后"顶天立地"，一直都没事。

自那以后，家里再不敢用柴炭取暖了。

平安第一，恐怕还得跟小子记一功才好。

不过，无论什么时候想起这事都让爸爸妈妈惊魂不已，不寒而栗，违背了自然规律，真不是闹着玩的……

爸爸妈妈在照护小子们的事上，尽管存在"艺差"，也有疏失，但把照护小子们的事放在头等位置上对待，则认为是天经地义的，不动摇不含糊，更不会懈怠。

一路走来有幸多是绿灯，自然之中即便有点儿"人造"自然之警，说来也有点儿"自然"意思。

有一段时间，爸爸在单位的一个临时点上主动帮忙尽点义务，到了要接小子放学回家的时间，爸爸便会向点上的师傅们说一声走人。没想到，一个对爸爸有严重妒忌心的老兄竟把这事当作攻击的利器来用，还既愤愤不平又有点儿机会难得的给爸爸扣上了一个"偷懒"的天大帽子。

好在爸爸有这个"到时走人"的自主权，不管那老兄怎么费尽心思算尽机关而后显点能量，爸爸仍能"我行我素"，"山河依旧"。

最终遭到白眼的是那个心机有点儿过重的老兄自己，而师傅们却总是给爸爸予以会心的笑意。因为，天下的父母只要尚存天良，谁会对别人为了小子们的事而借机发难，有违天理、有伤人性。

此乃也是天地良心，对诸如此类违背"自然规律"而污染生态环境之流的一种自然之警。

为了小子的事，妈妈也曾从"火线"上撤下来过。

20世纪80年代中叶企业作兴什么这检查那验收，单位只要听说有检查验收团光临，前后得紧张至少十天半月。若是单位"冒号"用"兵临城下全体队友高度一致不得有误"，来形容自己对迎接检查验收工作的重视程度，一点不是"王婆卖瓜自卖自夸"。

然而是真心进取还是穷于应付，天知地知你知我知，就是不准，一般也不会说穿之。

到了真来了的那几天参与接待"方阵"的选手们等于是上了火线的火线，很显然，谁摊上了没有功便是过。

恰恰那个时期小子尚小，常有伤风感冒闹闹，也相当于不定期给爸爸妈妈出的高考题目，既要把小子们照护好，又不能轻易把饭瓢子弄丢了。

加上那时对单位的看重，就一般的良家弟子而言就是命根子，换单位不但不容易而且还可能背上有什么问题的黑锅。不像现在换单位，可以像换"衣服"那样无所顾忌。

思想禁锢与思想开放，听起来是词汇，实际上是很实实在在的处境所在，地狱与天堂似乎就是那么一念之间的传奇悲欢。

虽然如此"前有狼后有虎"，既然小子凑热闹病了需要住院，爸爸一个人顶不过来，实在难以两全其美只有丢卒保车，正在参加企业检查验收接待工作的妈妈也只得"转战"医院一起照护小子。好在单位"冒号"还蛮理解，临阵换将也得照顾。

爸爸妈妈照护小子的水平肯定上不了什么档次，也不可能"结伴"所有的父母朋友，都像爸爸妈妈这样子的拖"长征"。

但是爸爸妈妈认为，父母至少应该两丁抽一以照护小子们为主，而且还应该是钢铁底线。即再忙些，父亲或母亲，总要有一个人做常委，把照护小子们的事放在头等位置对待。

　　这样，太阳下了山又有月亮起，东方不亮西方亮，小子们的日子，才可能总会享受到父母的阳光和温暖。

　　至于，对有的以种种"革命的名义"，沉浸在牌场、舞场、茶会饭局，难得有时间陪陪小子们的"想象"父母、"影子"父母，爸爸妈妈是有点持不同看法的。

　　还有似乎想包打天下的老一辈，无论是出于心疼儿女的积极想法还是迫于十分的无奈，在自己累死累活地照护小一辈的小子们的同时，而让小一辈放心放飞地去"玩这耍那"没日没夜不亦乐乎，爸爸妈妈更是无法恭维。

　　当然，老一辈也好小一辈也好，确实是为了生计，为了生存，不能亲力亲为地照护小子们，那得另当别论。

　　干辛万苦的父母们并非"空降"托个人生不容易，小子们在父母名下托了人生成人成才成器同样不容易。生生不息，都应珍重。

　　小子"大人物"看，是不是这个理？！不然，像我们家那次闭门柴炭取暖的"自然之警"，何止一宗？

　　（本节底稿于 2012 年 7 月 10 日 10 时 15 分至 11 日 14 时 35 分完成，于 2015 年 6 月 18 日至 19 日誊正）

天性之争

　　与有的小子们刚开始到幼儿园"上笼头"，像弹簧离不开爸爸妈妈哭哭闹闹回头跑相比，小子的"回跑率"可以说为零。

　　这点功夫可能跟小子出窝就在妈妈单位托儿所的娃娃堆里打天下有关，对于上幼儿园完全没有什么陌生感觉，好像就跟托儿所挪了个位置似的，所以过渡得非常顺利。

　　也算是小子交的第一份让爸爸妈妈特别开心的成绩单。

　　小子上的幼儿园，也是妈妈单位隶属的老沙市二轻工业系统所办，因此得名为二轻幼儿园。

　　虽然，不像当下有的幼儿园取名为"小太阳""小皇帝""金色童年""新世纪"等这么浪漫这么神气，不过也蛮直观更是朴素，好记，让"哥们小子们"很有归属感。

　　除开特有的时代感不说，就特有的归属感而言，这可能是当下有的上幼儿园的小子们和他们的"手掌"们不可能有的特别感受，个中滋味有所甜蜜或有所酸楚。

　　以爸爸妈妈作为过来"手掌"们的回味，乃之正如一壶陈年老酒醇香浓郁甘滋悠长，以至有向那个"幸福时光"致敬的由衷之感油然之情，伴之对后来"更美时光"的向好之喜与祝福之贺！

二轻幼儿园的园址所在地带，叫缺口子，更好记，更是很有点儿想象及考究空间。

现在可以说是沙市所在的六七百万人口城市的中心圈。可是当时，那一带还只能算是沙市城区的边缘，按现在的说法为城乡接合部。

那时之所以叫缺口子，意思大概是城市"洋哥们"的心目中的那个与乡里"土哥们"明显区别的大围墙开了一个大口子，往乡里去更方便了。这个主要是存在于思想意识方面的，最初在有的"洋哥们"心眼里，不乏瞧不起乡里"土哥们"的意思。

之所以叫缺口子，更有一种可能是原来那一带有一条呈东西走向延绵十几里的老堤，历史上便是堤南街多，堤北皆为乡里，因城里一圈一圈一浪一浪地发展，而冲开了一个大口子。

我们家盘龙村老屋，原来就是缺口子老堤的末尾位置，当然是乡里了。

爸爸和村里的小子们一起在现在的沙市六中读初中的时候，还被城里的小子们喊"爪哥"（这个听来恶心的"爪"字，还不能完全谐准沙市方言所表达的对乡里老老少少的一种极其不尊重的味道）。虽是少不更事的小子们，但好像有从骨子里沁出来的一种无可取代的优越感，从而有量对别人无视到如此"恶叫"。

当年爸爸虽然同样是在少不更事的小子之列，不但心里不好受，还很有点"百思不得其解"，城里"洋哥们"就那么不得了吗？乡里老老少少们就那么不行吗？却只能忍受无从反驳，好像也是与生俱来无可改变的低人一等。

当时确实是这种认识，现在看好笑，但不好受的阴霾总像挥之不去。

同时好奇，如今大小城里的"洋哥们"对乡里"土哥们"是怎么看的？是怎么叫的？又是以什么"特色"的方言表达的……爸爸妈妈老矣，无力考究……但愿平起平坐，不再有像当年沙市"爪哥"之谓的"奇人"奇葩之闻……

如果说，城里小子们的这类作为是对乡里祖辈们的幼稚性、个体性表层触痛，那么，像爸爸妈妈这样的因是回乡务农而不是下乡插队务农的"同类项"就不被计入工龄，由此而产生的连续不利行情是医保、社保、退休待遇等均受到"区别"而"同劳少得"，仍旧有点儿像当年被叫"爪哥"低人一等。

抽象地说，诸如此类的运作作为仍旧是城里"洋哥们"对曾经的乡里"土哥们"成熟性、群体性的深层触痛。

城乡的"区别对待"，何其根深蒂固，何其"不可一世"！

这些，当然只是顺带而过的烟云。如今那一带早已开发成新兴城区，找地标都称什么这花园那家园了，有医院，有酒店，有国家电网，有公安机关，缺口子只是老辈们的淡淡回溯与悠悠感怀而已。

小子上幼儿园时，我们家已从盘龙村老屋搬到了在天长路的卧龙宿舍。

因爸爸上班的地方远些，走得早，所以一般是早上妈妈送小子上幼儿园，爸爸下午下了班再顺便把小子接回家，比赵本山的"二人转"还有味道、还好玩。

爸爸每次去接如果时候还早的话，小子就要加班玩了。在幼儿园的游乐场里，溜溜板、跷跷板、穿圈、过独木桥什么的，有爸爸当观众，小子玩得特欢，直到尽兴了才肯收队。

好在幼儿园离我们家卧龙宿舍不算远，用自行车带着小子骑得慢，也顶多只要十几分钟不到二十分钟，便可谈笑儿歌把家还。

爸爸可以对小子"宽大为怀"。可是，小子"大老爷们"对爸爸有时一点儿"面子"也不给，比经典剧目《沙家浜》中的刁德一还认真，小子变成了"小刁"。

有次，妈妈到武汉出差几天，接送小子上幼儿园的事自然归爸爸一肩挑了。送和接在爸爸看来，有什么不同？！没当个什么艰巨任务。可是，在小子的小小世界里，就是大大的不同。

那时，接送小子必经的天红路与天江路段都还没有完全打通只是个雏形，远没现在这么宽阔这么好走。

本来早上爸爸连送小子又赶着上班时间就有点紧，不料小子还会这么不配合，坐在爸爸自行车前杠的儿童椅子上，一直哭着，一个劲儿地叫："我要妈妈送的呀！我要妈妈送的呀……"

小子之所以要跟爸爸造反，也许一直都是由妈妈送习惯了的原因？

也许是一时没见到妈妈很不习惯的原因？也许就是小子们亲妈妈的天性使然！

小子，师傅！爸爸算是头一回领教。

从我们家卧龙宿舍开始，都到了现在的天红路与天江路交会的十字路口，小子还在顽强地哭叫，比城管的宣传喇叭还勤勉，任爸爸怎么哄、怎么急也不依，差点儿没让爸爸用"武力解决"！

不过，一到了幼儿园小子就好像如鱼得水，爸爸不要了，妈妈也不要了，什么事都没有了，幼儿园的魅力真神奇！算是给爸爸救了一驾、解了大围。

小子"大老爷们"上的二轻幼儿园当时的幼教质量和设施条件，在工业系统来说还是可以的，不算最差，比有的小单位自办的幼儿园又不知强多少倍。

小子上二轻幼儿园，爸爸妈妈当时也没有什么更好的选择。

沙市最好的幼儿园一直是机关幼儿园、商业幼凡园，好像还有化工幼儿园，后来教育幼儿园也好像后来居上。这些，爸爸妈妈只是听说，不管是不是"痴心妄想"，当初也根本没有很强烈的选择意思。

就这个方面而言，爸爸妈妈往光面一点儿说，都是很淳朴很实诚的"当代愚公"，说得白一点儿就是都是老实砖子，对什么机机关关、红红黑黑，没什么洞悉力、没什么灵敏度。

具体到小子当初上什么幼凡园，认为相比爸爸妈妈小时候的境遇，由于时代的进步，小子有幼儿园可上已经很沾光了。至于用当下的眼光和氛围来权衡，相对小子出生时的年代来看公不公平？输没输在起跑线上？乃何为公平何为输赢？那是一言难尽又难以定义的事。

要怨也只能怨，爸爸妈妈没有占到好风水，再就是缺乏眼水，要说主要差就差在眼水上，可以说一个没有什么倚仗的哥们，一生都怕差在这个上，还有就是缺乏相当的能量。

如果不是这样，把小子送到各方面条件都更好一点的幼儿园，那样小子的起跑线是不是会自然往前移了一点呢？

当下择校风热得烫手，爸爸妈妈觉得，不论过来的"火凤凰"还是在线的"热蚂蚁"，都是为下一辈，在对优质教育资源的一种奋力争取。

同时，也是过来和在线的上辈们，希望下一辈再不重蹈起跑输局的一种奋力拯救。

对于此举，是对是不对？是好是不好？是行是不行？爸爸妈妈以为最踏实的做法是，不要去纠结，更不要沉迷在或许永无止境的论战之中……

然而对与之相关的有一条倒是应当坚信并坚守，即整体水平、整个氛围无形之中对小子们向好向上的影响，以及对于小子们今后能够走正道、干大事，乃至成大器的最终促成，太重要，太重要——此乃也是不由分说的"天性之争"！

一言九鼎的父母"手掌"们，谁忽视，谁不当回事，谁就有可能因此一时不上心而揪心一辈子，外加干着急白瞪眼。

所以能够认识到了的，恰到好处、全力以赴，就是对小子们的最好交代，反过来说，如果具备相当的能力，却因认识上滞后甚至出了偏差，该做而根本没做，小子们以后若是确因起跑不咋地，导致满盘皆输，最终"棒喝"老子们，老子们就不要也不该喊冤了，再找什么"公平不公平"来垫背、来当护身符，那就不是一个地道的人了，更不说是为父为母。当然，也是很不够意思。

老土爸爸妈妈的这点"高见"，不知有可能迷惑在"高谈阔论"之中，而一不小心"眼高手低"的小子们能不能笑纳？

（本节底稿于 2012 年 7 月 11 日 15 时 15 分至 13 日 10 时 50 分完成，于 2015 年 6 月 19 日至 21 日誊正）

樱桃之考

妈妈阑尾炎做手术，也是在生小子的福地沙市颐和医院。

虽已是 20 世纪 80 年代初了，但改革开放才启程不久，哪有如今这么多让人眼花缭乱的馈赠物品可以选择？亲友们来探望妈妈，一般都是买的苹果梨子做成的罐头、听子，还没有送礼金的做法，送鲜花也不那么时兴。

送当家、送实惠，可能是那个时期经济基础差不多的哥们爷们的普遍心态和诚挚情感。

那时小子在上幼儿园，爸爸到了下午接了小子，先把小子带到医院看看妈妈，跟妈妈亲热一阵，然后再慢慢回家。

有天，小子站在妈妈枕头边，紧紧靠着病床床背，滴溜儿小眼盯着对面床头柜上的樱桃罐头，不断轻轻地"耸"着床，爸爸猜猜，把樱桃罐头拿给了小子，小子才打住了"耸"床的"小动作"。

看来小子还是蛮有深度的小精怪，爸爸脑瓜子不转得快，还会被小子出的这道关于樱桃的"无言天书题型"给考晕！要是爸爸妈妈当时这点水平都没有，对小子"大老爷们"多不够意思。

爸爸以后才知道，类似小子的"樱桃表现"，叫作什么"身体语言""微表情"，读懂弄懂，乃是搞谈判、搞侦探、搞心理学行当的一门大手艺。

不过，爸爸妈妈当年只是因为非常关爱小子们的一点儿细心，远远不够这么神秘。

为什么小子会对樱桃罐头情有独钟？可能苹果梨子都是白颜色的，不那么抢眼，而樱桃是红颜色的，不但抢眼，又不是大块大块的，可能吃起来也容易些。反正给小子了，小子很开心，管小子怎么想！爸爸当时也没那么多工夫，又要照护妈妈又要照护小子，"南征北战"够忙活。

小子们眼馋零食，老天爷教的，天性。

现在的零食多得让人目不暇接、任挑任选，那时虽不可能有什么选择但也没有什么类似垃圾般的零食困扰。小子吃得最多的是蛋心圆，这还是妈妈的印象，爸爸还没有这个印象。

更不说在爸爸妈妈眼馋零食的那个年代，大多家庭没什么钱用来为小子们买零食，就是有钱也很难随意买到小子们想吃或爱吃的零食。因此爷爷奶奶当年给没给过爸爸零食吃，爸爸完全没有任何印象。最有印象的一次，也不能算是吃零食，爸爸已在十岁左右，也算不得是蛮小的小子了。再则，爸爸在那个年龄的时候已经是爷爷奶奶"齐家"的一个抓手了。

爸爸这个抓手，当年抓的期货是打"咱"草（水塘里长得可以当猪饲料的几种水生植物）、割猪草（田边路边荒地长的各种野菜）、切猪草以及喂猪食。因为切猪草，爸爸左手大拇指的头关节上下少说也被刀伤过十好几次，几十年过去了现在都还隐约可见，当年"显本事"留下的"刀郎之恋"……

那时我们家喂的猪一年至少两头，一头用于规规矩矩上交国家兑现银子，一头用于自家过年。

每到快过年的时候，杀猪对于那时村里家家户户都是一件很热闹的事情，喜气洋洋，尤其小子们跑前跑后，真的是兴高采烈。

当时会杀猪也是一门很吃香的手艺。

盘龙村方圆几里路，好像会杀猪的"名人红人"只有一两个师傅。其中，有个大胖子给爸爸的印象太深了，加上油头满面，一般穷哥们不说，就是会杀猪的哥们也再没哪个比他还显"油水"。现在看对健康不是什么福音，因为那年头大多尚未"富起来"，显得有"油水"就是一种很有福分的象征，用当时流行语表达便是走到哪里都"玩味"。

　　不过，爸爸当年小，不晓得，可能也不敢把这类"玩味"师傅当偶像。真是苕得可怜，哪像如今的小子们一个比一个"精灵古怪"，各种追星不亦乐乎。只要不偏颇、不入迷，当然是时代的进步，益处多多。

　　爸爸小时候，作为爷爷奶奶"齐家"的抓手，抓的兑现买卖就是放鳝鱼、捕黄鼠狼、捡牛粪卖。

　　牛粪要挑到一两里路远的国营渔场去卖，是论斤是论担，给几个钱，一概记不得了。广阔的国营渔场，如今已经成为沙市的儿童欢乐谷嘉年华游乐场。

　　相对牛粪、鳝鱼，黄鼠狼皮卖的钱最多。相对也肯多出点价的商家是在沙市街市的发祥地，天胜街的老字号"恒春茂"药店，5元一张，是最高收购价，没有情面可讲。现在黄鼠狼可能也被保护起来了，即使能卖，一张上好的皮至少百元以上甚至几百元也有可能。

　　爸爸放鳝鱼的竿子，有一百多根。每根竿子长八十厘米到一米不等，取材于打场用废弃了的竹扫帚的杆子。没见过的，就当微型钓鱼竿想象就可以了。

　　连接竿子和钩的细麻线，妈妈小时候还帮太外婆用延安式的纺车纺了卖过。爸爸当年要是能有天灵感应，借题发挥去找妈妈"纺线小秋香"来个直销，岂不是既得了姻缘又节省了成本？美哉！那不比"隔世老兄"唐伯虎还有才？爽哉！

　　放鳝鱼都是用蚯蚓作诱饵（沙市方言叫曲蟮），在野沟、野河、杂草塘放，在水稻田埂四周也放。从惊蛰动虫开始，大概热得要穿单衣薄衫之后，就不能放了。

　　放鳝鱼竿子时，先用钉耙打个直径二三十厘米的窝子，再一两米远放一根。当天放的时间以天黑之前放完为好，第二天早上天刚亮，开始一根根地收。

　　如果放得比较早的话，当天晚上就可以趁着夜色未定之际，收一次鳝鱼，第二天早上再收。小哥们的行话，晚上收的叫回头鳝鱼。

　　为了既能填饱肚子又不至于"上当受骗"，鳝鱼也是很有灵性的，有的沟里有，有的沟里就是没有或很少很少。遇到这种天爷不大关照的时候，小哥们会自然骂一句昨天放在水缸里了。也分不清是骂鳝鱼还是骂自己，因为就是同一条沟，有的就是北边有而南边没有，也有反过来的时候。

为了同本村邻村的小子们抢占放的好位置，保证占到相对出鳝鱼比较多的"黄金河岸"，爸爸小小笨鸟暗暗先飞，一般都放得蛮早。

有的时候，早上收完之后，接着就到"黄金河岸"去，边玩边上鳝鱼钩上的蚯蚓，算是早早宣示"主权"，到下午四五点钟再开始慢慢放起来。

小哥们都蛮遵守这条没开过什么峰会但都认可的行规，基本没有"战乱"。一视同仁，相安无事。

除非天爷不大关照还打板子，一般每天收个两三斤鳝鱼，不可能剃光头，遇到变天，气候反常，收得多的时候七八上十斤甚至更多也不稀奇。淡黄色鱼竿连着吃着鱼钩的黄鳝，合起来一大把提着颇有点"风头"，辛苦一早晨的小哥们真有提着金条似的收获喜悦……

当时不觉得，现在比较起来，那才是纯粹的天然野生鳝鱼，绝对没有现在有的家养鳝鱼的怪腥味。现在就是把盘龙村一带挖地三尺也不可能再有，弥足珍贵。

家里吃不完的鳝鱼就拿到街上去卖，脚拇指粗的才卖 0.50 元一斤，再高一点儿也只 0.55 元一斤，0.60 元一斤很难飙上去。中等的在 0.45 元一斤左右。再小的只卖 0.35 元一斤。

现在动不动二三十元一斤的鳝鱼，爸爸听了脑壳都发麻，不来高人贵客从不让妈妈违规违纪买，大概是爸爸僵化固执地对比情结作祟。

如今在离我们家盘龙村老屋几步远的地方就有卖菜的自由市场，可当年爸爸卖鳝鱼则要跑到几里路远的天大巷，即现在沙市金安百货西侧的街市口，好像到那里才有"人烟"，才有市可言……真是虎踞龙盘今胜昔，天翻地覆慨而慷……

在爸爸妈妈寻常人家的视野中，金安百货已经是那块地皮的第四代孙了，始于 2010 年前后，第三代孙是雪主时装，始于 2004 年前后，第二代儿子是沙市商场，始于 20 世纪 80 年代前后，第一代老子，原先是一大片民居平房，偶有卖汤面、包子的小馆子。

　　爸爸卖鳝鱼的时候在那里填过肚子，算是奢侈的了。后来上中学还和班上住在那一片的声威小子在他们家里土法上马化铝翻砂，倒过非常时兴的海员扣子。

　　对海员扣子喜好到疯狂的"追星族"，竟到大街上抢人家穿在身上的海员扣子。那时倒没什么抢包、抢金银首饰的，抢时髦海员扣子的大概是

　　他们的"老子师傅"，反正都是地球村里需要特别消化的特别村民。

　　爸爸好像天生就是"手掌"们的抓手，好小的时候就得帮爷爷奶奶减压减负了，还有可能吃到什么零食吗？所以最有印象的一次，那是因为沙市血防所大夫下乡到村里设点防治血吸虫病，住院吃药打针的地方，就在我们家盘龙村老屋的斜对面，现在是民企"金丝织花"的员工花园。

　　原来那是几大间小黑瓦，扁砖盒子斗墙，结合木柱木梁的老式平房，是那个年头村里最有气派的房子，是村里的"中南海"，当时叫生产大队大队部，临时腾出来开了"统铺"，给村里男男女女老老少少医治血吸虫病。

　　那时治疗血吸虫病是注射锑剂，不适反应一般都很大，因此医疗风险相当高。

　　小子的外婆就是因为治疗血吸虫病酿成悲剧，年仅三十过点儿便香消玉殒冤到天国。妈妈当时还只有三四岁，懵懵懂懂中在把外婆送往沙市世和医院抢救时，还撕心裂肺地哭叫着要跟着去医院。有舅更小，不满周岁。

　　这些爸爸当年在治疗血吸虫病时，当然是不可能知道的。爸爸妈妈成家之后，爸爸只要触景生情就常爱念叨一句："唉！没吃过岳母大人做的饭。"有伤感、有遗憾、有追思……

　　因外婆不幸早逝，也使小子缺失了一份应有的厚爱！

　　小子与爱人，还是在以女朋友相处的时候，爸爸妈妈听说小子女朋友的爷爷奶奶姥爷姥姥健康高寿，都为小子十分有缘，能够享受到四位老人的关照赐福，而羡慕！而祝福！而向往……

　　2010年春节，爸爸妈妈和小子与爱人，还有亲家二老一起专程分别拜望四位老神仙，都已近九十的高寿！

小子真的有福，因治疗血吸虫病而遭不测的外婆的在天之灵，闻之也会欣慰不已、寄语予谢！

爸爸治疗血吸由病注射锑剂后不适反应也很强烈，主要症状是呕吐，好几天没吃什么东西，也不想吃。稍微缓和点儿之后，开始有点食欲，爷爷奶奶便给爸爸做了一碗阴米熬的糖稀饭，那个美味、那个温暖终生难忘（阴米，即先把糯米蒸熟之后再阴晾晒干的"米"，是荆州一带颇为盛行的滋补佳肴之一）。

阴米糖稀饭虽不好说是零食，由于那个时候生病什么的想调剂调剂胃口，即使有座金山，也没有现在超市卖的这果那冻之类的零食可以选可以买。何况我们家那时相当困难，爸爸也不可能有这方面的奢望，所以，爷爷奶奶熬的一碗阴米糖稀饭，也让爸爸如获至宝，刻骨铭心。

现在来对比看，对那个年头的小子们也并非全是憾事，只不过瘦点矮点，现在吃出来的胖墩儿或豆芽菜，还有什么大病低龄化趋势，无不与防不胜防的垃圾零食有极大关系。

物质丰富了，可是，小子们却越来越不好带了，不少年轻父母和老辈们都有如此既喜又忧的感叹，这是不是一道十分难做的考题呢？

进了街市、超市，面对那么多诱人的东西，假使小子们不依不饶地要，怎么办？若是力不从心导致哄法不当，日子长了、次数多了，因"失信"而失灵是小，其不良影响恐怕犹如撒下"罂粟"之种……对小子们以后的成长，或会形成某些无法治愈的顽疾，那事就大了。如果对小子们有求必应，是不是也有溺爱之害呢？

考，考，考，看来这道考题，不做也不行，只有全心全意而又实实在在地做好才行！

且老一辈与新一代"世代至交"组成的联队，还是像在参加一场没有时间表的足球赛，只有也只能达到高水平默契，临门一脚才能出彩而光耀未来……

（本节底稿于 2012 年 7 月 13 日 14 时 20 分至 16 日 16 时 15 分完成，于 2015 年 6 月 21 日至 23 日誊正）

第二章
命运之问

关于什么影响和决定命运?

知识论、性格论、细节论、运气论，以及认命论、龙凤老鼠论，等等，各有其详，各有侧重，各有讲究。

尽管沧海横流万马奔腾纵论颇多，但以爸爸妈妈的了解及体验，最终影响一个小子的命运之决定性因素，还是在于这个"小小寰球"的价值取向如何和恰当与否? 且两者不可偏颇……

诚然，它是有区别对待不同人等的陋习，但却无刻意打压恰当与否的顽疾。

所以简言之，价值决定命运。

白菜之谜

那一年，爸爸为了"心情解放"辗转到远在东区乘龙乡政府对面东边一点儿的轻工企业"金神纸机"上班。

妈妈看爸爸骑的一辆自行车太破，真是哪里都响就是车铃不响，不仅影响骑行还有点儿影响新贩子的形象，好不容易在自己单位谋了一张买自行车的计划票，买了辆崭版上海"小凤凰"自行车。

崭版的、"小凤凰"，现在听起来像笑话，没开放，花的钱是一笔大家当不说，难买则更是费周折，那时"小凤凰"，可算是自行车的"车中之王"。

能骑"小凤凰"，相当于现在哪个哥们买了一辆上点档次的小车一样，有那么一点儿有风头、有脸面。

结果，爸爸第一天早上骑到单位上班，就被"学雷锋"。

上班碰头完了下楼，不过十几分钟，爸爸惦记着到车棚里看看新买的"小凤凰"，一时傻了眼，"小凤凰"变身"火凤凰"不知已经火速飞到哪个"播肥"的人家去了？单位的保卫科还煞费苦心地侦探了一阵子，差点没把福尔摩斯请来，就是无果而终。爸爸怀疑是朋友圈的"知音"所为，才会显得神不知鬼不觉。不然，车棚就在单位大门门房的正对面，"外星之友"哪来这么神速？要不，还是里应外合？

那个年头，做爸爸的自行车"擂肥"事情的可能是"饥寒交迫"之铤而走险。到小子读大学时丢了几辆自行车，此时做"擂肥"事情的可能是"饥寒交迫"之顺手牵羊。

这样的"哥们"反正走的皆是别人不好接受之道，让东家心烦事小，"哥们"越走路越窄越走路越黑事大。爸爸妈妈和小子不由得在这里真诚进一言："哥们"金盆洗手，早回头，早上别人好受之道，"是金子总会发光的"……

"凤凰"另择高枝，害得妈妈知心爱人对爸爸的一番苦心和一片爱心付诸流水，妈妈却没有丁点儿埋怨的反应，这就是妈妈爱之至上的"女神"光芒……

这都不说，有怨做"擂肥"事情的所在是一时没了自行车，接小子回家就很不方便了。这个倒是着实让心情刚刚"解放"了一点的爸爸烦了一小会儿。

还好"学了雷锋"的天照应，"金神纸机"接送市中心区员工的专车和小子上的二轻幼儿园接送小子们的专车，都在市中心区的天河设了点，就在现在的金豪门庭向北一点，不过天文路。时间也对接，爸爸单位的"金神纸机"员工专车先到十来分钟，幼儿园的专车随后就到了，还蛮就便。

爸爸就这么中转，接了小子一段时间。

由于幼儿园的车大，小子们又小又多，每次到那里接站爸爸总是全神贯注地盯着车门，看到一个个小子像一个个土豆似的从门里面蹦着、挤着、溜出来，又有趣又花眼。

有时爸爸把脖子伸成长颈鹿似的望着车门，还在看小子快要出来没有，小子却已经从爸爸身后转过来叫爸爸了，爸爸这才回过神来，拽住小子。什么时候想起这样的情景，什么时候都是天大的乐趣。

那时对幼儿园专车的乘载人数，好像还没有什么严格规定，承担"无限责任"的家长们包括爸爸妈妈在内的安全意识，同样也好像不是那么强烈，认为只要能上客车，就进了"保险箱"。可能跟那时的车少、事少不无关系。

放到现在，小子们就是在保险箱里，家长们个个也会像"警察"那么认真核查。真那样，更安全、更惬意，何乐而不为，爸爸这点"天大的乐趣"便会是锦上添花的版本了！

从天河接站点回到我们家卧龙宿舍七弯八拐，爸爸带小子一起走便得个把小时。妈妈从单位下班回到家，刻把钟便足够了。

等爸爸和小子到家这段时间，妈妈把可口的晚饭已经做得差不多了，时间也蛮对接。虽然略显紧张，但也蛮有秩序，因而，爸爸每次接小子多是不慌不忙地与小子说说笑笑、玩玩打打地往家走。

有次，爸爸提着一兜用报纸包好的大白菜。

那个时期不论单位大小，企业办社会的现象十分普遍。一般都有托凡所幼儿园，大单位有学校医院，再小的单位也有医务室，还有的办渔场猪场农场。

一个时代的景象，一个时代的多彩，一个时代的念想。

堂堂男子汉大丈夫，爸爸的重任就是接小子，是不买菜做饭的，这兜大白菜就是单位搞副业种的，食堂用不完分给员工的一点福利。

为什么要用报纸包住？连爸爸自己现在也记不得原因了。不知是专门为逗小子好玩，还是怕弄脏什么，可能多半是为了好带。

反正接到小子后，小子一直好奇：爸爸提的是个什么东西？爸爸"猪脑瓜子"也不知一时怎么高速运转而捣腾出个鬼主意，索性乘兴边逗小子边答应小子，只有到家后才能打开看。

爸爸真还"一言九鼎"，上了楼，进了家，小子见了妈妈好高兴，爸爸才撕开报纸揭谜，原来是兜大白菜！

妈妈笑过之后，因好不心疼小子的惦记，怪罪数落了爸爸一通，不知小子当时是什么感想，肯定有点失望、不爽。虽然小子不是很馋零食的"大老爷们"，但毕竟也还是在上幼儿园的小子。

爸爸每每想起来不免有点心酸，在此"重温"一番，也算是对小子童年的一次些许失望、些许不爽的一个"补偿之吻"吧！

不过，其"谜"之乐还是蛮有回味，同时也是对妈妈当时怪罪数落爸爸的欣赏回放，一样温馨满满，一样回味甜甜，一样欢乐多多。

白菜之谜……稀世珍宝，"翡翠白菜"之谜……

谜，世间有太多的谜。

一个那个主，或许就是一个一个的谜。尤其是当一个那个主已是某种标签，或者已被贴上某种标签之后，其谜的难解程度，足以登峰造极。

对于涉世不深经历有限，或者年纪不小经历也有，却在这个层面不甚了了的而言，往往以为在天上天下进进出出转来转去，一个一个的那个主们纯洁得像兜大白菜？一清二白？一清二楚？要不是走火入魔，乃情有可原。不曾被鬼使神差，则犹如中彩。没有因此了无出处，可谓人生大幸。

爸爸那一年为什么会辗转到那个相对偏远的轻工企业"金神纸机"？

谜，就是因为原来上班的单位"金笛通勤"新老顶级"冒号"交替，而引发的暗战所致。爸爸妈妈远没有城里有的主们，那么多的"花花肠子"、弯弯转转，不可能是谜，也就存在被"谜"的不幸可能……

不评好坏，不论利弊，只是就现象说现象，以爸爸妈妈之见，在"主之如谜"这一点上就大面积而言：乡里的不敌城里的主们，小城镇的不敌小城市的主们，小城市的不敌大城市的主们，大城市的不敌特大超大城市的主们。

爸爸本是单位附近村里来的一个良家弟子，本本分分，只认把手上写写画画的事做好，心无旁骛。

从创办到采编、刻写、油印分发（刻写、油印，是打字机尚未普及之前制作文件的主要做法，著名小说《红岩》中的"挺进报"便是采用此法），全由爸爸近乎"单打独斗"完成的企业周报不但犹如"铅印"（即传统的用铅字排版印刷），而且从报头版式到栏目设立及字体相应变化皆颇具特色，在当时可以说独树一帜，被市委对口主管部门作为探索之一，向其他企业推介。有的省管大企业写写画画的同行沙场老将们对爸爸主编的企业周报也有点刮目相看。

有这么点事情，为单位争了点名声，老的顶级"冒号"，一来可能因为是他手里兴起的，二来原先也是搞写写画画的，可能有点特别情结，所以显得对爸爸好感有加。爸爸虽没有多长一块什么肉，但也不至于会有什么心惊肉跳，因此干起来则会多点自由自在。

没想到"风云"有变，一时，老顶级"冒号"去读大学深造谋发展，接棒的新顶级"冒号"无形之中把爸爸划入了老顶级"冒号"的什么"特定名堂"之列。

幸好那时改革开放的脚步渐渐走来，不然，新顶级"冒号"很有可能做点为自己树碑立传，以向上邀功请赏的文章……

爸爸妈妈所以说，一个那个主，就是一个一个的谜？而且，还不在于或人前人后、事大事小，东或西、是黑是白……

天，还是那个天。事，还是那个事。

新顶级"冒号"，可能对写写画画之类与企业的兴衰不感兴趣，再说好听一点，可能是"冒号"风格各异，不好兼容。

再有一个，新顶级"冒号"可能觉得，企业周报在市里面再有名声，那也是老顶级"冒号"的一点儿风光，对初来乍到的新"冒号"无所谓，不大有彩，因而对爸爸有种难以言状的不顺眼、不顺手、不顺溜，简直连将就都有点不行。

让天下解谜高手也无解的是，新顶级"冒号"还三番五次地看似无名实是有名地向上搞什么反映情况、提意见，硬是把爸爸从省里委托市委某部组织举办的经济管理干部培训班里给拉回了单位。他可能是怕爸爸这等"未来之星"从"时代航母"起飞，而"飞黄腾达，超英赶美"。

新"冒号"的此举，是小人、是大人所为？是于公、是于私所为？何以评乎？无从评乎？

尤其在那个学习深造机会少得可怜的年头，有爸爸这类"福利"的"封存之星"，不是爸爸"乐观"，估计不会是孤家寡人。

里里外外、前前后后，爸爸左思右想，此哽解，不是味道，很不地道，萌生跳槽心结。那时跳槽可没有如今这么宽松的环境，一个大红印章不盖记到位都不行。至此新顶级"冒号"又来一个谜，爸爸"冲破封锁线"真的要走，他可能觉得有伤风度，故作姿态，上下其手，设障"挽留"。所以，几经周折，爸爸才最终到了那个"遥远的小山庄……小呀小山庄……"

不过，爸爸在那里上班只有几个月，就被"空投"到当时市委某部"写写画画"，从而，又成了一个新的转折点。

一个那个主真就是一个个的谜。其实，类似爸爸这样的"白菜之'迷'"在这个企业在那个企业，都只在意为个心情舒畅而战，未必就是在为什么特定名堂而战。可是有的"冒号"，甚至"逗号、顿号、破折号、省略号"，就是以一个"白菜之'迷'"的心情表现，来划分他们心目中所想象的什么特定名堂。

　　这类事，能像一兜大白菜，看得一清二白、一清二楚吗？！一旦遭遇被"谜"的不幸之后，可以一刀两断、一了百了吗？！

　　那个时候，爸爸要是视野能够开阔一些，有点胆量、有点决断、停薪留职，下海谋发展，到当时的沙市天河小花园练摊，不为心情而战，而为财富而战，不说发财，也不至于像现在这么，只能糊自己一张嘴。

　　谜，一个阳光灿烂一个风雨兼程一个敢作敢为的哥们爷们，直面的一个一个的谜，远不是小子儿时对一兜大白菜的谜那么好解；远没那么在解过之后可以如此开怀，无所得失之虞。

　　（本节底稿于 2012 年 7 月 17 日）10 时 15 分至 18 日 16 时 10 分完成，于 2015年 6 月 23 日至 25 日眷正）

肩头之梦

20 世纪 80 年代初的金秋十月，沙市的"威威太阳娇娇月亮"听说在中山公园天将湖的音乐喷泉，将择日在晚上举行景点落成开放仪式。

只要是能够腾出时间的，可能没有不去观景的，其兴奋指数，可能不会亚于向往到改革开放的热土深圳去一趟，哪怕是办事也好。

小子那时只有两三岁，爸爸妈妈得抱着、扛着、顶着去看。

到底是为小子去看，还是爸爸妈妈还年轻还没玩醒也想凑热闹去看，真还没法说清楚。反正到了开放日的傍晚，爸爸妈妈带着小子，像过年上街走亲友、逛商场，随着人流往天河方向涌去。

观赏音乐喷泉最佳的位置，东边应该是现在的金豪门庭商住楼一溜边，南边应该是与天北路平行的金帝影像广角，西边应该是金婵工艺大楼与中山公园的南大门之间。

爸爸妈妈带着小子挤来挤去，好不容易才在天文路往西出口的位置找了一个落脚的地方，离音乐喷泉还隔得老远老远。

天黑定之后，只能马马虎虎地望见喷起的高高水柱，在五彩光影和动感音乐的相伴之下，形成水帘呈抛物线向下而落的情景。

真正到了落成仪式开始，等爸爸妈妈来招呼小子看热闹的时候，小子已经在妈妈的身边、在爸爸的肩头上进入了梦乡。

超级睡仙，真能抗闹！小子们玩累了便要睡，像坨泥巴一般，难得弄醒。

小子以美梦抗议，爸爸妈妈只好抱着甜睡如泥的小子打道回府。反正除了凑热闹的"威威太阳娇娇月亮"相互挤来挤去，也看不到什么名堂。算是来报到了，跟小子的金色童年、跟爸爸妈妈自己的青春万岁，都有一个美好的交代。

末了，爸爸妈妈不得不自己批评自己一下。当年，或许是没听说什么踩踏事件，或许是年轻"黄魂"胆子大，放到现在，小子他们要去赶这种热闹，让爸爸妈妈知道了，是绝对不会准许的。即使小子们道行再大、保险系数再高，也不行。老辈们就得有这个责任，以及担待。

沙市这一直径三五十米的音乐喷泉，到 2010 年全市大动作搞文明城、卫生城、园林城、宜居城"四城同创"时予以拆除，与人们相伴了二十大几年时间。

爸爸妈妈的印象是，头几年五一、十一等大节假日还开放一下，后来好多年便成了天将湖中路过新朋老友们眼里的一道犹如满塘只有荷梗尚无荷叶荷花的景象。也许是因为小子渐渐长大了，爸爸妈妈也不年轻了，都不大稀奇、都不大关注这个热闹地了。

小子以后大了自己独自去，看没看过音乐喷泉？爸爸妈妈没有听到报告，起码是在上高中之前，小子是不可能独自去看的。因为，无论是从安全的角度，还是从学习的角度，爸爸妈妈对小子比竞技体育中攻防盯人那样，对小子还盯得紧。

不过爸爸妈妈和小子都习以为常了，即使小子有什么"秘密"活动，在爸爸妈妈的"领地"都能公开进行，和平、和谐，没事！

1999 年高考画上句号，小子同班的十几个小子们挺过大关，"春风得意"，在各奔东西开始大学生活之前，曾经相约去了一次天将湖夜游。

小子们夜晚到湖里去玩，嬉嬉闹闹，爸爸妈妈不免有点担心。虽然放了小子的"单飞"，家里有座机，于是把手机给了小子带着，等于是爸爸妈妈还是放了一根长线，把小子牵着。

这样还不行，爸爸妈妈等我们家当时经营的"刘罗锅酒店"打烊之后，连忙赶到天将湖，一来难得"借东风"观观夜景，放松放松，二来接了小子，同时会会"老朋友"。因为爸爸妈妈常年深入到班级去接小子放学，和这帮小子们大多熟悉，不时享受点"冠名爸爸妈妈"待遇。

说到"冠名爸爸妈妈"，爸爸妈妈在荣幸之际，不免有所感慨！以前小子们喊大人一般都是喊"李伯、张妈"，是不需冠名转弯的。如今则多是带着小子们的名字喊，喊成"李某某的爸爸、张某某的妈妈"。当然，只要肯喊人，小子们怎么喊都没错，都值得点赞。比低头而过，腼腼腆腆的要强得多。不过让爸爸妈妈有些学究似的好奇——这个像喊有的外国朋友的全名，须得一喊"一连串"的喊法，是怎么演变而来的？一个时代的印记，这点可能没得说。

和小子同班的这帮小子们熟了，很有点不一般的感觉，爸爸妈妈无形中好像都跟对自己的小子一样。

高考那会儿，有场考试预备铃声已经响了不小的时候，就是小子同班的小子千威，才骑着自行车急匆匆地刚刚赶到校门入口。爸爸这"编外监考"见了差点二没急死，一把抢过自行车，大喊一声："快！铃声都响半天了！"示意小哥们赶快冲进去，不然误大事。还好有险无碍，小哥们赶进去了！

爸爸妈妈好高兴！完了，爸爸妈妈当时很有点感叹，像小子爸爸妈妈这样的，把时间是太算宽松了，干威小子的爸爸妈妈也是太算紧张了。两个小子应该好好"取松补紧"才是？"瞎攀"好玩。

以至已是 2012 年，爸爸妈妈在电视上看到，上海市考区的一个小子就是因为赶迟了一步，开考铃声刚刚响过了。这个小子的妈妈两次向监考的下跪，请求让自己的小子进去参加考试……结果，就是不行。

想想看到的这个特写镜头，爸爸妈妈也不免为当年小子同班的那次差一点点的千威小子倒吸了一口凉气。好险！幸亏多赶了几步！不然，便成了可能会与那拨小子们相距千山万水、相隔数年时光的"难兄难弟"。千威小哥们的前程，因此而后，是锦绣？是"紧张"？真还不好说。

天将湖，从南到北再往西，呈大写英文字母"L"形。

小子他们那次，是在往西的一段湖面上荡舟。

爸爸妈妈到达那里，小子他们还在湖心乐着……爸爸妈妈站在岸边望着如诗如画中的幻影，听着不时传来的欢声笑语，情不自禁、默默地为这帮小子们，祝福了一把！加油了一把！

爸爸妈妈像小子同班这帮小子们这般妙龄的时候，也荡过舟。不过不是在城中风景如画游人如织的景区，而是在远离城市，乃是那个时期沙市重要水利枢纽之一的天响河。舟也远没那么专业，是作为生产和交通工具使用的大木船。

爸爸妈妈曾经荡过舟的那段天响河，从荆州古城东门向东北方向远眺，在现在的国家级农产品集散地——荆州两湖农贸批发市场靠北一带。2012年7月1日，正式开通的汉宜铁路沙市段就与此处的天响河段相伴，互为景观。

这段天响河原来属于沙市郊区管辖，虽然我们家老屋所在盘龙村离天响河一二十里，一旦兴修水利有任务，"座山雕也得听候专员调遣"，俗称上堤。那时是村里家家户户都得出劳力的事情，即便按当时的说法有一定的摊派性质，收拾撮箕、扁担、铁锹、挖锄，带上铺盖、粮草，一盘棋一条心没得二话说，上！

虽有"金梭银梭"之匆忙，虽有"年轻的朋友来相会"之期待，岁月如歌，但岁月却似乎难同歌之惬意同浪漫……

爸爸妈妈那时上堤，在一定意义上可以说是替爷爷奶奶替外公"出征"。

一般有半大小子们的家里都不会用长辈级的主力，村里也乐意，家里也乐意。因为，上堤兴修水利，说白了就是挖土、挑土，挖得动一大锹土，会往簸箕里放，能爬二三十米的河坡、堤坡，就行了，不需简历、不用面试，没有什么高精尖的技术含量，全凭一把良力，经济适用。

可是，长辈级的主力在家中里里外外一把手，不用多说须臾不得。就是对于村里也缺少不起，在村里虽是集体出工，但犁耙雄造、育秧播种、收割打场、种瓜种豆、锄草施肥、打药防虫等，不仅要有一把良力，还得是行家里手，样样拿得起才行。所以，只要有可能，长辈级的主力大多留在家里出工，不上堤，几头兼顾多方获益。

有点最好如此、只能如此、不能不能不如此的沧桑味道。

再说，像爸爸妈妈一样，那个时候十六七岁、十七八岁，半大不小的哥们妹们大多也是乐意上堤。除了事情单纯，吃大锅饭，睡"统铺"觉，百事不用管万事不操心，又还蛮有新鲜感。

四乡五场，十里八村，汇集到一起，出工，呼啦铺开两三里路远的队伍，收工，呼啦收拢两三里路远的队伍，红旗白号，声势浩大，蔚为壮观。

还有，在这头望那头，挖土的前前后后、左左右右，挑土的上上下下、来来回回，无形之中产生了比的劲头，拉开了拼的架势，堪比一场规模可观的奥林匹克运动会，只不过名堂没有那么多而已。当然，虽都是为了未来的生活更美好，但前者好像是为了生活在奔忙中而"运动"着，而后者则好像是在"运动"中而为了生活在奔忙着。

这是爸爸妈妈在那个难忘的青春岁月，每每上堤觉得的新鲜感之一。

之二是，交往的朋友圈自然扩大。

当时的村都叫某某生产大队。有以所在地的历史性标志为名的，如三板桥大队、柳林洲大队、杨林堤大队、白水滩大队等，也有以时代热词为名的，如胜利大队、幸福大队、卫星大队、同心大队等。大队下属的生产小队一般以第几队为序号，范围大的生产大队多达十几个生产小队。

小子的西威大舅爷，就是神龙生产大队第十三小队的。后来因为大片农田被征用，才进了附近的"金梭国棉"。

如果不是因为上堤，这样较为集中和较长时间的出工相处，即使是一个生产大队下面各个小队的哥们妹们，除非是有些沾亲带故的，一般都没有什么交往，往往处于一种比较纠结、比较尴尬的状况。

有点跟现在上下班经常路遇的"女士先生"差不多。你说不认得吧都面熟，你说熟吧，即是"面对面"也不一定叫得出姓甚名谁，说得上什么话。能够相互点个头一笑而过，就算是蛮开朗、蛮大方的队伍了。不然，只有形同陌路、各奔前程。

可以说，以前就蛮熟的或者以后蛮熟了的，多半都是上堤之类集体出工的"意外收获"。特别是对于相邻和更远的生产大队的哥们妹们来说，能够熟识，更是如此。

爸爸那时就属于盘龙生产大队第六小队的，妈妈就是第五小队的。口头语都叫几队、几队的，自然爸爸是六队的，妈妈是五队的。妈妈上堤出工时只有十五岁不到，完全只能算小爷们中的小哥们。

那时候，随家里大人在生产队里出工好像是天经地义的事情，没有任何"门槛"，如今来看还是当年蛮宽松蛮实际的"乡土运作"，只要能做栽菜、锄草之类的活，工分少点、年龄小点也没事。

虽然如此，对于那个困难时期的乡村家庭来说，可不是像现在城里有的小子们在摄像机下体验体验生活，那是大帮小贴，于公于私都有益的"真金钗"又乃"假宝玉"……

爸爸和妈妈在天响河上堤出工的时候，虽互有好感，也只能算一般认识。然而"爱美之心人皆有之"，妈妈美貌出众、身段如柳、曲线如幻，乃之百里挑一的冲击波对爸爸还是蛮有震撼的。

有次收工之后的晚上，爸爸和妈妈，还有好多和爸爸妈妈年龄相仿的哥们妹们一起到天响河里划船乘凉，相当于如今的荡舟游乐吧！

可是被难得的"放松之遇"冲昏了头脑，爸爸准备拿桨划船拿偏了位置，一下捏到妈妈扶着船舷的玉润手背了，真的像触了电似的心酥意软顿生茫然，生怕妈妈给爸爸难堪。不过爸爸真的是失错，也"理直气壮"。

因为爸爸在婚恋婚姻方面，好像有一种天然的"强硬"和"高傲自大"……再就是爸爸自"人之初"萌生爱意起便一直认为这是对对方的必要和必需的尊重——即使是"癞蛤蟆想吃天鹅肉"似的爱恋本身没有什么人所不齿，若是由一见钟情的心爱演变为一厢情愿的性爱，并且"疯狂"到不择手段迫使对方不得不屈服于来自社会某些舆论、来自家庭某些诉求的压力而"就范"，哪怕之中有着"英雄救美"的传奇色彩，那也是不应该的乃至是卑鄙的。

爸爸还自信，关于这点在任何世代都不会过时，可以称之为在乎人心、无愧人世、进化人类的"情爱不朽主义"，因为不管是像过去时的"拉郎配"也好还是像现在时的"上台淘"也罢，只要是道德方面没有瑕疵的天下众生，至少是会自觉坚守的"天下第一"人性底线。彼此心仪，当始终如一，不论是在顺境中还是在逆境中相互都不能势利，而相互勉励、相互促进理所当然，若有违"心仪之初"的纯洁与神圣，便是人生之哀乃入世之畏亦人类之问。

那时候，妈妈心上有没有爸爸还不好说，反正爸爸知道，和爸爸差不多自我感觉还行的、向妈妈暗送"菠菜"的"难兄难弟"还很有几个。

当年对少男少女的昵称统称为"姐"，"蛮姐"，男的为"姐杆"，女的为"姐枪"，等于现在称谓中的帅哥、靓妹。

不过那个年代叫的"姐杆、姐枪"，听起来有点儿像黑话。这似乎与那时一度飘过的"油子哥"风气有点关系，与现在称呼的帅哥、靓妹好像文明程度差一截，但恭维有加的意思则是一样的。要是有哥们妹们当面或者背后称呼哪个哪个是"姐杆、姐枪"，多半是欣赏、羡慕，一般不会有什么恶意。谁要能获此昵称，当然感觉良好。

妈妈够档次没得说，爸爸似乎也有点谱，至少不逊于那一拨同时在线的哥们。

也许正是因为有了这么一点儿颇具青春色彩的故事，爸爸妈妈对天响河的"涛声依旧"自然"依旧"……但绝没有像小子和班上一帮小哥们，荡舟天将湖的憧憬那么梦幻。

论负担，此时小子他们高考的重负完全卸下，到了大学虽然一样不轻松，可只有想象，毕竟尚未开始，千斤重担也不觉得在肩上，是不是最无负担的一刻？

无论家境如何际遇如何，也无论今天如何明天如何，在人的一生中像这么犹如太空失重的一刻，极其难得。

就像小子他们大学毕业后都不可能再有这么个时刻，画帽择业、前程、成家、糊口，等等一摊子的事，能有战罢高考之役"荡舟"一刻那么无所负担吗？

论憧憬，小子他们起码还有仰望星空脚踏实地，就看自己怎么、如何造化的气候和际遇。

爸爸妈妈青春火红的那个时候，论负担，便是第二天还得挖土挑土，战罢天响河之后"班师回朝"，还得脸朝黄土背朝天。

论憧憬，爸爸虽然没有完全听进去当时对爸爸心境来说爷爷奶奶近乎"反动"的"犁尾巴"论，而爸爸自己好像也没有什么仰望星空的雄心壮志。至于"脚踏实地"？怎么说……不脚踏实地又能怎么着？最现实的是吃什么？本来是在"啃泥巴"，但也得从泥巴里刨出粮食蔬果啊！

再说，即使"啃泥巴"有啃泥巴的光荣与梦想，但爸爸妈妈那辈"同志哥"也没有小子们这辈"打工仔"的无忧无虑与"自由自在"……

相比之下，爸爸妈妈为小子和班上的这么一帮小哥们能有这么好的气候和际遇，倍感欣慰！当然更希望小子们懂得倍加珍惜。

在那时还可以说，爸爸妈妈也许还有点儿时间，可以陪着小子观观景致，仰望仰望星空，然而，小子却再不能够在爸爸妈妈的身边，在爸爸妈妈的"肩头上"进入梦乡了，而是必须得学会选择，学会担当，脚踏实地，"心有余地"，拥抱自然，拥抱世界……

　　（本节底稿于 2012 年 7 月 19 日）16 时 10 分至 22 日 16 时 50 分完成，于 2015 年 6 月 25 日至 26 日誊正）

上帝之佑

　　按爸爸妈妈或因没有入什么门道而较为肤浅的理解，一件事或一类事的结果，因为好，要致谢、要报答，而又不可能找到一个可以接受的具体的对象；因为不好，甚至很不好，要回应、要反击甚至要惩罚、要讨伐，同样地也不可能找到一个可以针对的具体的对象。

　　所以才有了上帝保佑，或者上帝的惩罚之类的说法。

　　也所以，上帝才有了非同小可的感召力或消化力。

　　之所以也才有了，以上帝的什么名义，做好事、做大事，即使做得不那么好、不那么完美、不那么成功，甚至是引发某种或某些事故或事件的根源，而又可以让谁也不可能，说出一个什么所以然来，只能统统归宗于上帝。

　　不信，纵是有伶牙俐齿、三寸不烂之舌，三头六臂、九牛二虎之力，多会无果而终，多会永无宁日。

　　再问上帝，上帝则好像秀才遇到兵同样多会是无可奈何，而摇头不是、点头不是……

　　在小子出生的 20 世纪 80 年代的前后几年，"万众一兴"的衣着方面，比如男装，像当时较为新潮有点代表性的黄石产美尔雅西服，在沙市，也只在天河铁栏杆往天中路上坡的正对面巷子口西边，老沙市地标性建筑"老天宝"的东边，一家不大的私人服装店里有个二三十套，成批量、成气候地卖卖。

所以，青蓝灰的什么中山装、军便服、学生装一统天下的情景，虽有所改观但仍是主力，而军衣又是主力中的佼佼者。

军衣，从颜色饱和度、式样及做工的考究等方面，特别是其不一般的意义，很有吸引力。因而在那个年头，成为一种时尚、一道风景。

像爸爸，纯粹的"中国人民"民兵一个，也曾穿过三件真的军衣上装，其中一件战士装，两件四个口袋的干部装。平头百姓穿到这份儿上，爸爸当时倒没什么感觉，现在倒还有点儿莫名感叹。当然都是老转朋友送给爸爸穿的。

妈妈"没有红装爱武装"，也曾穿过一件真的女兵军衣上装。

妈妈的军人情结还是蛮深的，小子高考之后的选择之一就有军校，妈妈就是个积极推手。

是不是？爸爸妈妈都爱穿军衣，特别是爸爸军衣穿得多了，时间长了，无形中感染了尚在上幼儿园的小子！妈妈出差到深圳都已经准备上回沙市的班车看到有小军衣卖，想到小子的喜爱，便像"百米冲刺"一样赶过去买了回来，有阵子小子就特爱穿这套小军衣！

小子"不知红装爱武装"，又有特别的深圳情结，饱含妈妈深情的爱无限的爱，因而也大大地感动了上帝，促其在关键时刻，帮了爸爸妈妈和小子的大忙。

事情是这样的：

由于我们家卧龙宿舍的阳台护栏是那种手风琴式的页片设置，每片与每片之间的距离，如果小子稍侧身子，完全可以穿过去，发生意外。

有天妈妈跟小子把"深圳"小军衣洗了，用衣架挂在阳台护栏外的一根大拉索上晾晒。小子"黄魂"一个，也不讲晒干不晒干，只顾要穿，拉索距离阳台还有三四十厘米，也不评估评估风险，就侧身通过护栏页片想去取，得亏爸爸眼疾手快，一把将小子逮了回来。

上帝保佑！没有如果……

爸爸立马喝令小子，长跪洗衣搓板，"共同庆幸"，既是令小子加深再不能乱来的印象，也是令那时还算年轻的爸爸妈妈记住照护小子们不能有丝毫大意的时候。

当然，就这事而言，爸爸妈妈，特别是爸爸也该早跪洗衣搓板，在自家的防范上明显存在疏漏。

这次让小子长跪洗衣搓板，是爸爸妈妈对小子顶级的一次惩戒，也是唯一的一次体罚式"教育"，不管专家们怎么理论，收效还不错，小子之后再未"挑战"过爸爸妈妈需要动用类似跪洗衣搓板昏招的底线。

虽然后来，爸爸妈妈用砖头把我们家那个问题护栏给封起来了，但仍有张家的李家的，还有诸如不是问题护栏的"问题护栏"存在。

爸爸妈妈总不能"封遍天下"吧，所以这点儿成绩，除了要感谢上帝之外，功劳还得记在小子"哥们"自己的名下，"革命"靠自觉嘛！如果不是这样，而是无所敬重、横竖不照买，不是自己出状况就是跟别人捅娄子，老子们纵是有砸天的本事，把不成器的小子们又奈何得了多少？！

爸爸穷小子一个，也曾得到过上帝的两次特别眷顾，一次是在"早当家"做事之中有惊无险，一次是在"不当家"好玩之时有险脱险。不然小子得另求佛门投胎转世，我们家历史则没法写了。

有惊无险的那次，是爷爷奶奶要爸爸用口袋提点籽棉，到当时的天王桥，现在叫活力小区大板房一带的一个小作坊里轧点皮棉。

爸爸在等轧出皮棉的时候，就在轧花机周围转悠起来。还是小小子们年纪嘛，什么都好玩，看忘了形，一不小心掉进半人深的机坑里去了。还好反应快爬得也快，没被机器绞着，只把小腿擦伤了一块皮。

爸爸完成任务后回家，跟奶奶交代了事情的经过。奶奶来了一句："乖乖，万一事出大了，怎么向爷爷交代？"听了奶奶的这么一句后怕之叹，稀里糊涂没当回事的爸爸这才意识到掉进机坑的危险性严重性。

爸爸在后怕之中，虽说庆幸自己反应快、爬得快，但更觉得好像是"上帝之手"拉了一把的神奇！

有险脱险的那次，是爸爸和村里的几个小子们一起在豉湖渠那块玩水。

豉湖渠接近我们家盘龙村老屋的那段是南北走向，一般时候水深都有一两米，遇到涨水季节，水深三米不止。爸爸当时的游泳水平，连狗爬式都还是刚刚学会，当然不敢下豉湖渠里去玩水。

于是就在豉湖渠边上一条三四米宽、从东向西与豉湖渠走向呈"丁"

字形、往豉湖渠排水的小河里玩水。那时是热天雨季，小沟小河都是满满的，所以，这条小河往豉湖渠排水的口子的流水落差有一米多，形成了一股冲力不小的急流。

爸爸在口子边上玩着玩着，不知怎么被急流冲着，要往豉湖渠里卷了。千钧一发之际，与爸爸同去的，比爸爸大两三岁水性也好得多的小哥们响威一把将爸爸拉出急流带到岸上。好家伙！如果"上帝之手"那一把没拉住，让爸爸被急流冲进豉湖渠，卷进淤泥里，那就不是闹着玩的了。

这事，爸爸一直都没敢告诉爷爷奶奶，因为这随便玩水，本来就是"不当家"该挨打的事。

在爸爸的印象中，爷爷好像不怎么"动武"，奶奶倒是"家常便饭"，常用的一招便是揪耳朵质问，把小子们疼得两脚颠地像打鼓直到认错才松手。所以像这种"私事"，爸爸怎么敢上报？

不过，爸爸隐瞒不报，爷爷奶奶忙着一家大小的生计，到时候见得到小子们吃饭，把吩咐的事做了，便是万事如意，不可能察言观色地发现早当家小子们的什么"不当家"之瞎胡闹……

从我们家那时的状况来看，其被开放的程度之高，与被关注的倍数之低，与当下据说有几千万的留守小子们差不多，甚至有所不如。

因为那时处于特别困难时期，又多是多子女家庭，大人们忙于养家糊口，能够养家糊口，就已经是很不容易很不容易了，哪有时候，哪有精力像现在的所谓虎爸虎妈那么盯着小子们！

于是，便成了"不是留守而形同留守"的小子们。与现在的留守小子们比较，当然也就欠缺那么点社会关注度，不过当时社会好像还没有时兴这一说。

只好如此，也只能如此，好歹指望上帝开眼赏脸。

自从那次被急流冲卷脱险以后，爸爸真是有点"望水丧胆"，算是长了记性。

长江简直是不敢去的，没有高手在一起保驾壮胆，一般独自是不下水的，因而到老，爸爸的游泳水平都蛮菜，教小子游泳还有点山上无老虎猴子充大王的不自信，所以也只敢在游泳池教小子玩玩。

师傅尚且离"一二三领奖台"相距遥遥，小子的游泳水平能好到哪里？为此爸爸妈妈总是告诫小子得悠着点儿，玩水的保险系数必须要大之又大，没那个艺就只在游泳池里玩玩，千万不要心大，到什么江河湖海去折腾，即使在游泳池玩玩，也不能没讲究、瞎折腾。

凡是自知之明、量力而行，方为立身之本，乃也处世之道。

结论：

上帝即使变数再多或身不由己，最终还是有理由不会亏待地球村哪一个"村夫俗子"的。

但是"村夫俗子"却不能无所顾忌、无所后怕地对待上帝。

最重要的是，做人得老老实实，做事得踏踏实实，不然，上帝一旦打鼾佑护不过来，出了纹漏，又来怪罪上帝，就是冤枉上帝了。

更麻烦也乃更危险的是，当有的贴牌冒牌专业户打着上帝的幌子，忽悠"村夫俗子"甚至蓄意坑害"村夫俗子"，由于"村夫俗子"们自身做人不老实，做事不踏实，而踵入泥沼难以自拔，此时此刻、此地此境，一介"村夫俗子"，还能指望哪个上帝呢……

小子，面对上帝！爸爸妈妈说的在不在理？做人做事，该不该实之又实？！要不要慎之又慎？！

（本节底稿于 2012 年 7 月 23 日 15 时 15 分至 25 日 14 时 30 分完成，于 2015 年 6 月 26 日至 28 日誉正）

出笼之翔

　　抬头远望，同一片蓝天同一个世界，鸟儿为什么欢快？为什么能够无忧无虑地游戏？

　　因为鸟儿冲出了笼子，便有了足够大的天地、足够大的自由度、足够大的表现原动力。

　　小子们一样，需要足够大的天地、足够大的自由度、足够大的表现原动力。

　　平心而论，在小子上小学之前，爸爸妈妈给小子的天地、给小子的自由度、给小子的表现原动力，还是足够足够大的，因而，小子不论被爸爸妈妈随便带到哪里去玩，都没有什么陌生感，没有什么畏惧感，可以自由自在得像鸟儿大师兄一样地欢快。

　　小小子们如此，大小子们、"老小子们"莫不如此，谁不想冲出笼子飞飞，哪怕是一小会儿。同时，谁也明知不可能带来什么根本性的改变，但仍心花怒放、"趋之若鹜"！

　　问题在于，一个"爱鸟老兄"撞到的那个单位的基本条件怎么样？而其中，最最关键的是要看单位的"冒号"，又尤其看顶级"冒号"，把鸟笼的开关运作得处于一个什么样的状态？能达到什么层级的水平？有没有点开放性？有没有点艺术性？

爸爸在"投注几何"的一生中，总算有幸撞到过一回——"金科建安"。

这个单位和这个单位的"冒号"，当然又尤其是顶级"冒号"，便是把鸟笼的开关运作得比较有点开放性、比较有点艺术性，悄然之中，爸爸跟着冲出笼子飞了一回。

小子则算是，"癫子跟着月亮的月亮沾光"，也特别地飞了一回。

因为，小子那时的笼子，既不是中国制造，更不是世界制造，而是爸爸妈妈制造，自然无所谓"开关运作"之虞，所以，小子出了笼子飞起来，与爸爸的感觉是大不一样的。

那还是在 20 世纪 80 年代中期，爸爸撞到的"金科建安"在一个周日组织了一次春游活动，地点选择在荆州古城北门外，远离市区的天岭山的一块开阔野草地上。

按约定，去的老兄们都要带上自家做的拿手菜，上几个老兄的菜摆到一块，就是一顿很丰盛、很有特色的自助餐了。有老兄们说了，叫不出名堂的菜就当满汉全席享用便罢。"短斤少两"，没能吃个够的，改回家宴有请，"不得有误"。OK！个中之乐，可见了得。

还有特别有趣而又特别的规定是，已进围城者，不可以带老婆或老公，但欢迎带小子们。

这个、这个，可能就是组织"大师们"的独具匠心之处。

以爸爸妈妈"有限公司"似的水平理解，那是因为组织"大师们"自身就十分看重对小子们的培养。其中爷爷辈"冒号"双威的小子，当年就已是北大的高才生，以后成为国家尖端领域的重要人才。

当时小子还在上幼儿园，后来小子上小学之后，爸爸"无法看天"到时要溜号去接小子放学，不免有点像是"老鼠躲猫溜一回是一回"的"侥幸之星"，又有点像"万一被逮住准备甘心受罚"的"诚服之徒"……

这事，让爸爸先是很有点意外，而后很感动、很温暖的是，爷爷辈"冒号"双威，了解到爸爸妈妈的这个情况之后，并没有给爸爸穿小鞋、念紧箍咒的心机，只是另有所思地说了一句："小子们，就是这么接送出来的！"

语气虽是淡淡的绵绵的，然而情感却是满满的重重的，着实使爸爸妈妈受益终身。

不免感叹，这样富有人性、富有人情的"冒号"，尤其是"冒号的冒号"，实属"百里挑一"，难逢难遇；一遇三生有幸。

在妈妈默默无闻"掷地有声"地照顾中，爸爸当然也是个蛮知趣的一线"民工"，只要手头上的工作项目，单位有规定的时间进度，爸爸从不分上班下班、白天晚上，必要时通宵达旦也赶。

心里只有一个念头，小子放学是要接的，但在"冒号"的后面，只能多加感叹号，不能来半个问号。

"冒号"艺术，博大精深，无法穷尽，没法一定……

那个阶段，假设爸爸妈妈撞到一个把鸟笼的开关运作到没有一点开放性，没有一点艺术性的单位和单位"冒号"，接刚刚上学的小子放学的事，便成了一个不大不小的难题。

也许爸爸为了一碗饭，只得混到点等下班，再飙箭似的赶去接小子放学。点是混到点了，那绝对是人在曹营心在汉，公私两头都会打折。

反而是像"冒号爷爷"双威使的这一招，炉火纯青，虽然看似无形中给爸爸妈妈开了个小侧门，尚能兼顾接一下小子放学，但是爸爸的工作劲头也无形之中则像是开了一个大闸门，冲天干劲滚滚而来，堤内损失，堤外不但给补了，真还不知超乎多少！

"冒号"可谓鱼与熊掌兼得，公家公事，并没有受到什么影响。

然而，在这个起步环节没掉链子，对小子们"天天向上"的成长好处，则是机不可失，时不再来，无法用算术公式计量。

况且，从更大的视野范围来看这类事情，每个单位和单位"冒号"，与员工和员工家庭，如果都能够尽可能地形成合力，把所有的小子们都打造成兴邦之器，而无丧邦之患，对于国家来说，何不是一桩只赚不赔的"买卖"？乃至对于"世界和平"也是一份珍贵的中国贡献！

就此而言，对电视上的一场关于高学历女性做全职妈妈是不是浪费的论战，"观战"之中爸爸妈妈亦感慨无限……爸爸妈妈以为在此论战中的所谓浪费，无非是相对于高学历妈妈所培育的小子们，不说作为人的价值、就是以后能否成为一个成功的人的价值，与全职妈妈的高学历的"来之不易"以及"学以致用"的价值比较孰轻孰重，即浪费还是"物有所值"？！

撒开什么男女平等、职业家庭兼顾等，如果是仅从一切有益世界和平的视角来对待，假设一个高学历女性需要做而非不做全职妈妈，而是非要去全职制造"核导弹"，看似学以致用、贡献非凡，如果因此无暇顾及培育自己的小子们，成为有的小子们在其一生之中，不论以什么由头、什么途径、什么方式危及世界和平而非维护世界和平的成因之一，比如想一步登天一夜暴富靠骗、靠偷、靠抢乃至靠杀，那样爸爸妈妈则认为一个高学历女性不论做没做全职妈妈，都是比高学历及其贡献本身浪费之大的 N 次方。

当然，不论是高学历还是低学历的女性，也不论是制造"核导弹"还是买卖"茶叶蛋"，只要是尚未被妙笔生花、尚未被当不二神话，在这点上若顾此失彼其浪费也是一样。换言之，普天之下不论何人即使自己的小子们再碌碌无为，只要不骗不偷不抢不杀，那样世界和平又是一番怎样的景象！

所以爸爸妈妈对于这点"天下兴亡"想尽"匹夫之责"，乃至感触颇多、领悟颇深，故斗胆"自作多情、建言献策"！

另外一点，这次春游活动为什么组织"大师们"只欢迎带小子们？

组织"大师们"可能认为，小小子们天性活泼，无拘无束，小小子们尽兴了，大小子们以至"老小子们"还有什么不尽兴的呢！

小小子们是把春游这道大餐搞得更加丰富可口味道十足的一勺天然添加剂。假设不准带小子们，一定乏味不少。听说可以带小子一起去春游，爸爸妈妈自然是喜出望外。

爸爸早早带上"两大件"：带上小子，带上妈妈烧好的拿手菜，如约而至，和"大部队"会合后乘车前往目的地—荆州古城北门外天岭山。

这地方对于爸爸来说虽然没怎么去过，但从感觉上是一点儿也不陌生，跟在家里没什么两样，这可能跟爸爸从小在乡村长大有关，然而，对于小子来说，绝对是一个全新的大世界！

如果以小子的出生地，即我们家盘龙村老屋为坐标，这是小子睁开眼睛看世界以来，向北触摸到的最远的地方。

爸爸妈妈真的是井底之蛙，当年做梦也未曾想到过，弹指一挥间，自那以后只在十三四年时间，小子读大学在北京，就业在北京，成家在北京，巧得很，有缘相会在千里——小子找的爱人也是土生土长的北京姑娘。

是不是托了当年参加那次春游活动的所有前辈们的福分，才使得小子与"北"结缘如此之深、如此之好呢！

世界真奇妙，不提不知道。路漫漫其修远兮！爸爸妈妈祈福小子身在北、心在北，一定要找得到北、找得准北……

全新的小子们，全新的大世界。

到达目的地，小子从小车上一溜下来，便悠然跑到草地上，一鼓作气地打了几个翻叉，太舒展了，像只刚刚冲出笼子的小鸟，乘兴飞翔一般欢快无比。

先到的哥们惊威甚是惊讶并眼疾手快地给小子抓拍下来了，镜头定格的是：小子穿着一件蓝色小马甲，左手左脚已起，右手右脚划入空中，欲将落地的瞬间背影，动感十足。

小子是乘兴之"翔"，"大哥"乃即兴之"抓"，若论身手，小小子们、大小子们都了不得，算是给春游活动上了头道彩。

还有让爸爸同样也甚是惊讶，小子是什么时候学会打翻叉的？莫非小子只有出了笼子，在广阔天地才能鳗鹏展翅，大显身手！"大有作为"！

这之前，小子可从来没有在爸爸妈妈面前露过招，是爸爸妈妈没有给小子展示小艺的舞台，还是小子感觉自己是"大腕"不想给爸爸妈妈面子？

原来小子的师傅，就是幼儿园的小小子们！小子没用爸爸妈妈给支付拜师费，倒是省了点事。

从那之后，爸爸妈妈算是对小子多了一个抽查项目，只要有合适的地方便要号令小子翻几个，还是蛮有促进作用，小子巅峰时候的水平是，左右手都能分别单手连续打上十几个翻叉。

上中学之后，小子打翻叉的这点儿小艺，可能就开始逐步还给师傅小子们了。这又可能跟爸爸妈妈的关注点转移，和鸟笼开关运作渐紧也有很大关系。

但是，小子还算是没有完全辜负小小子们师傅帮忙打下的好学自信、快乐灵贯的良好基础，表现在学业和职业方面是，还能够有点儿"冲出亚洲，走向世界"的碧翔之志、勤勉之功。

……

关于打翻叉，小子在成年成家之后，只要是兴致所至爸爸妈妈时不时还要问问小子，还能不能来两下？小子总是信心满满地笑笑说："怎么不行！"就是没有机会给爸爸妈妈再续"辉煌"……

这也难怪，一是没那个闲工夫，二是"鸟笼"对于小子来说越来越不那么容易打开了。爸爸妈妈不但理解，还难免些许心疼！

然而，爸爸妈妈还得告诫小子们，这又是，一个"爱鸟老兄"一生"出笼之翔"的必经之路和必由之路，只能潜心前行，不可浮躁冒进！

（本节底稿于 2012 年 7 月 25 日 16 时 20 分至 27 日 16 时 55 分完成，于 2015 年 6 月 28 日至 29 日誊正）

公园之新

　　何谓学前教育，爸爸妈妈不是做学问的无从作答，但以平头百姓的观察，小子们在上小学之前，似乎就一定要能认得多少字，能背诵多少唐诗宋词，加减乘除能计算到什么程度，甚至琴棋书画到了什么水平。

　　当下可能还得加上玩"电玩"已到什么层级……

　　假设是这样，可以这么说，20世纪50年代爸爸妈妈"天作之约"出生之后，曾经做过几年乡村教师的爷爷及还读过两年私塾的外公，知不知道学前教育这个"育苗之宝"，真是个问号。

　　爸爸妈妈不曾得到这样的学前教育，也真是个不需要打的问号。

　　颇为遗憾的是，到了小子"如约而至献宝"的20世纪80年代，爸爸作为我们家的教育"手掌"，不知是当时的大气候小环境的氛围没有如今这么浓厚，还是爸爸"博学寡闻"，严重不称职。

　　反正那时，在爸爸心目中，对于学前教育极其模糊，犹如置身世外桃源。对什么教育起跑线的理论，更是没听说过。

　　起跑线向前移，向前移，一再向前移，如今教育起跑线已经前移到了妈妈们"观音大佛"的宝宝宫殿里。

　　小子们从那时候起，就得接受准备冲刺的训导，真是先进得不得了。

　　蓦然回首、相形见绌，爸爸妈妈在这个事情上，真还属于马后炮的队伍。

　　如果可以把爸爸妈妈在小子的学前阶段对小子的一点点所作所为纳入教育范畴的话，不是爸爸妈妈谦虚而是心虚，充其量只能称为"向前"教育，不但与上面所"观察"的学前教育的水准差一甩桥，简直还有点儿背道而驰。

　　概要地讲，爸爸妈妈对小子的所谓"向前"教育，就只做了两件小事。

　　第一件小事是在小子牙牙学语之际，爸爸妈妈把有时间与小子多啊啊话，还看得蛮重要。

　　小子未满周岁时，爸爸要到武汉参加《湖北日报》举办的一个培训，得一个多月的时间。作为我们家的教育"手掌"，临行前他和妈妈商量、交代的任务，就是要多与小子说话。

　　这点事，爸爸妈妈好像也是偶尔从报纸上瞄到之后，把它当成开启小子们的语汇之门的金钥匙，放在心上而当回事在做。

　　第二件小事是在小子满周岁，崴崴冲冲、蹦蹦跳跳的会走路之后，一直到上小学之前，爸爸妈妈有空就带着小子，满沙市地找公园玩。

　　只要有点儿场子有点儿绿，爸爸妈妈都当成公园带小子去玩，根本没有有意识地安排过小子在家里识字、背诗、学数什么的。

　　如果说，小子在上小学之前，有点儿认字、数数方面的能量储备，也是在幼儿园里积蓄的，到什么程度？爸爸妈妈对小子真一点儿没底，直到上小学报名的那段时间，听到有的"起跑先锋"家长们谈自己的小子，已经学过这、学过那，总之学了不少东西，并伴有在开学之后，自己的小子们很有可能"起跑在先"的一丝窃喜。

　　爸爸妈妈这才忽然感到，有点耳目一新的刺激，不免为小子捏了一把汗，担心小子跟不上那些已经学在前了的小子们。

　　由于爸爸妈妈当年有点跟不上先头部队的原因，导致小子掉了说得上名堂的学前教育这一档。爸爸妈妈一直到如今也存在着是否会因此而影响到了小子一生的竞争力的疑惑与忧虑。

　　尽管当下，学前教育以及起跑线的名声，没有曾经的轰轰烈烈了，万丈高楼平地起，爸爸妈妈还是认为，那是打基础的活，虽说"以卵当石"、揠苗助长万万不可取，但是像爸爸这样的"起跑白卷"当年完全不在线上，莫说来电使招了，特别还是作为我们家的教育"手掌"，所以绝对是个大大的错误，同样万万不可取。

那个时候每回带小子出去玩，爸爸妈妈都要说成是新公园。

其实哪有那么多的新公园，就按一个月换一个公园，一年也得十二个，五六年得找多少个公园带小子去玩？

何况爸爸妈妈带小子出去玩，很少很少逛什么商场超市，一怕这样的公共场所空气不那么清新，小子们适应不了闹病拉警报，二怕好吃的好玩的东西太多诱惑太大，如果照护不当，不利于小子们养成一个良好地应对习惯。

于是，带小子找公园玩，便基本上成了爸爸妈妈每个星期两天休息的首选作业，所以多数时候是到同一个公园里，每回换个景点玩玩，哄哄"小老百姓"，只要小子高兴，就算不虚此行。

沙市，有儿童游乐设施的公园，到 2015 年年初，像点样数得上的，也只有地处老市区中心的中山公园。

不过，除了由董必武题写的几个古朴稳沉、颇具书法功底的中山公园横匾及门亭，原貌如初之外，园内的基础设施，尤其是儿童游乐设施，的的确确与时俱进，今非昔比。

现在，投资几百万的大型过山车，偕天将湖的开阔水灵秀色，与城市中心广场的巨幅电子荧屏，飞吻揽景，由四车道的天北路东来西往的新朋老友，在他们的目送中，缓缓而过，南歌长江之亲，北吟湖光之近，城市炫耀公园，公园扮靓城市，引人入胜。

小型的也多了。小火车在林中蜿蜒漫步，火箭飞船从山石边升入云天。仅以鸡鸭鹅鱼、龙虎狮豹，和鱼雷炮艇、坦克战车等为造型的各类旋转式座驾就很有几处，足够小子们换着享用。

还有什么幻洞魔城、时空穿越、惊魂之旅、冲浪戏水等，供小子们闯关练胆。

传统的滑梯、溜板、爬杆、秋千等，也和悟空仙桃圣境攀上了，令小子们开心忘形。

随着动物园远亲近邻及"外来之星"的增加和身份的高贵，不仅领地扩张了好几倍，其居所的豪华指数也攀升不少，小子们在欣赏之余，自然也少了许多为什么呀之类的小小担忧。

欣喜连连，现在中山公园好玩的去处，大景小点不下二三十项之多。

名堂多，时尚不用说，而且不少的项目还是颇具科技含量的。

另外，在2011年，据说是借全市"四城同创"的东风，中山公园获得投资上千万元，拆除了所有有损园林景观的餐馆酒楼，仿佛使公园从"银元时代"又回归到了"公园时代"。

为提升档次，对入口广场和主要通道进行了翻新整基刷黑的大手术。对于这一点儿，以爸爸妈妈之见，气派是气派了不少，通行也顺畅多了。尤其是对于像爸爸这样一些跑步晨练的老哥们，更是特别利好。

但从纯游乐的境界来体验，似乎少了那么一点点曲径通幽的情调，多了那么一点点进入小区的感触。这只是爸爸妈妈多少有点儿怀念"激情燃烧的岁月"而操的冤枉心，拜托小子，和不论哪个师傅、高人都不要当真。

也在这一年，同时兴建了孙中山立座小花坛。

中山公园新添了一大景观，爸爸跑步晨练环绕而过天天可见，怕妈妈只认锅台不知世界而稀罕，爸爸动员妈妈专门去看了一趟，爸爸作陪。

自从小子上学"告别"公园，爸爸妈妈双双一起到公园，随之同时"告别"公园，至少也有十年八年，这次算是难得地重温一回，若有小子一同，重访"公园之新"，重温公园之故，那就更爽了。

妈妈难得上一回公园，那天凑巧还碰到了在那晨练的柳香外舅奶奶，真的是"有缘千里来相会"！能见到家族中没有婚礼祝寿大事聚会难得一见的娘家长辈，妈妈格外又添一喜，好高兴！好高兴！

小子的胎头，就是柳香外舅奶奶陪同南威外舅爷爷服务上门，从天大巷即现在的金安百货所在方位到盘龙村我们家给小子剃的。剃完，小子小光光一个，"照亮一片"，喜气洋洋，蓬荜生辉！

妈妈顾娘家，从来真心无二尽天良，娘家为妈妈，多是真情一片尽所能。小子与爸爸好比月亮向着太阳转自然沾光有加。

际此述之，天地良心，刻骨铭心，世代相传……

接着在2012年，中山公园又兴建了孙中山纪念馆，两层框架式主体结构，中国皇家传统建筑风格，总面积两千多平方米。

这样一来，加上原有的中山广场、中山亭及新近建成的中山立座，公园便有了四处像模像样的纪念孙中山先生的景观，人文气息自然浓厚不少，也使得中山公园更加名副其实。

不过，中山公园似乎也有一沧桑之处，让爸爸妈妈似乎有点儿"窒息"之感和难以抒怀之叹。

那就是从 2000 年之后，公园内唯一的一所幼儿园变身为了老年公寓，看似悄然无声，同时或许难以说清其变何因一二，但是它却可能印记着某种历史状态的重大转折趋势。

然而，就儿童游乐设施而言，在沙市，也有一处大为中山公园"减负"的兴旺所在。

2015 年过年后，经过两三年兴建的天玉公园正式开放，仅大风车的"海拔"就起码有上十层楼高，蔚为壮观。其他的儿童游乐设施，当然时尚与先进都肯定优于中山公园，不然怎么号称"欢乐谷"，独领风骚。

这也意味着，中山公园一枝独秀的岁月，一去不复返。

况且，新公园"欢乐谷"离我们家盘龙村老屋只有"百步之遥"，可谓近在咫尺。等小子成为"老子"，将会不无欣慰，因为，小子的"小小子们"，有玩的新公园，就比"老子"的儿时要多得多！好得多！

相对而言，不说新近的"欢乐谷"，还有什么天水公园、奥林匹克中心、城市体育中心、海洋世界等，就小子"入世"时光的 20 世纪 80 年代的中山公园，与如今的自身比，那时也显得有点儿像置身城市之外的郊野散步场所。

儿童游乐设施，可数不用屈指，不敌现在随便哪里一个幼儿园里的名堂讲究。当时公园，可以哄哄"小老百姓"玩玩的位置，当家设施只有一处溜溜板、荡秋千的场地和一个几步便走到头的动物园。

溜溜板、荡秋千，小子"大老爷们"在自己上的幼儿园已经是老贩子了，一般到那里小子只是礼节性的拜访拜访，就得拜拜，扯着爸爸妈妈去寻找新公园。

当年中山公园动物园里，各路高手的安身之地犹如一排窝棚，跟现在的"豪宅"比较，那是相当相当的寒酸。

动物园里最上镜也乃最受小子欢迎的是骆驼、猴子和狗熊，别的再没什么。

现在公园动物园里，一些"高人贵客"的新面孔，爸爸妈妈初次幸会不看推介，则认不出是何方大仙。那时不用说，小子没享到这个眼福。

再有一个位置，是爸爸妈妈每次带小子到公园都要去玩玩的。

那就是在原来游乐场边上的一匹石马、三个石羊和一块米把高的鹤碑，小子曾骑在石马上"耀武扬威"地照过一张照片。

现在这五老前辈，也迎来了老资格的新将军们，小石龙、小石蛇、小石马、小石羊、小石猴、小石鸡、小石狗、小石猪、小石鼠、小石牛、小石虎、小石兔，十二生肖一个不少的列阵护驾在后，因而整个气场比起小子那时在那里玩的时候大多了。

那时，如果老在中山公园找"新公园"，都有点儿不好意思哄哄"小老百姓"不要回家再玩玩了。

爸爸妈妈有时只有带小子，到万寿宝塔公园、天湖公园、烈士陵园去玩玩，换换感觉。由于这几个玩处，都没有儿童游乐设施，因而去得很少。

荆州古城又远了点儿，小子们长途跋涉弄得不好，也容易闹病拉警报，基本上没怎么去过。

玩来玩去、找来找去，"几年抗战新公园"，爸爸妈妈还是只得引着小子，在中山公园里"扫荡来扫荡去"。

有次在中山公园，实在是没灵感找到"新公园"，复习不下去了，爸爸妈妈便带着小子"大老爷们"信步从公园紧靠原来的香山宾馆，现在为若然香雪国际酒店的西侧大门出去，往原来的歌舞剧院，现为市会议中心的方向，边走边玩，边哄着小子找"新公园"。

若然香雪国际酒店，现在是沙市档次最高的酒店之

站在卧龙宿舍我们家五楼的阳台上，向西南方向欣然远眺，扫过众多楼群，白天风和日丽，可以清晰地看到若然香雪国际酒店大厦顶部，两层圆柱形装饰楼以下的六个楼层的主体建筑。

入夜风拂尽绿，能够随意观赏到的市区中心高层建筑光电景饰有两处。一处是偕天将湖粼粼碧波的中国工商银行沙市总行大楼轮廓灯饰；再一处便是以中山公园为后花园的，若然香雪国际酒店大厦顶部轮廓的追击式和回旋式混成闪烁灯饰。

闲暇之际，观赏观赏，还是一件十分惬意的事情。这又是在我们家盘龙村老屋不可能享受到的"独家"风景。

2007 年 10 月 6 日，小子准备在沙市举办答谢婚宴时，因若然香雪国际酒店刚刚落成试营业，且东西两端连接天北路的道路尚在施工，通

行不便，爸爸妈妈便打消了在那里为小子们新婚大喜热闹的念头，所以，定在了天北路最热闹的地段的若然香池国际酒店。

当年，那次爸爸妈妈跟小子在原来的歌舞剧院那块，真还发现了"新公园"，原来在歌舞剧院的北角里边，新开了一家金珠商场。

在商场与歌舞剧院之间，有一片五六百平方米的绿地，之中有蜿蜒的清水池子，小桥横卧，连接曲径，排椅点缀，供顾客小憩。

可能是新开张的原因，很有点儿小讲究，清新宜人，这比爸爸妈妈在中山公园换个位置，哄哄"小老百姓"玩玩强多了。

小子高兴得像小老虎叱咤风云在青青草地上屁颠屁颠地满处跑，因爸爸妈妈只有地上落乃无水上漂的保驾功夫，所以还得保持高度警惕慎防小子屁颠到清清水池中闹腾闹腾大蛟龙乘风破浪……一个上午很快就高兴过去了，甚喜！

说到金珠商场，也还蛮有故事！

当年，这个金珠商场一时红火旺起，因为它是那时工业大军跨行学经商的练摊之场所，"敢为人先"之产物是它的护身符，其核心竞争力，类似当下的厂价直销，是酒好不怕巷子深。

再加上沙市，一直够称得上叫商场的腕，在那时最热闹、现成了冷街的天中路，好像只有中心百货一家。

不像现在，那时脸皮都还有点薄好像还是一个浅层原因，对于"名号、气势"等在营销中的相当作用缺乏相应认识高度，可能才是"脸皮薄"的深层原因，所以没有点相当规模实力，一般都不敢自称齐天大圣叫什么这中心、那商场。即使后起之秀的天北路"十里长街"，从东往西数也只有东区商场、沙市商场、地方产品总汇展销、老字号百纺商贸、红旗商场等几家。

金珠商场论辈分，在工业系统绝对是老大，在商业系统也不蛮赖，起码是前十。

当然若是不谈规模实力档次，按沙市如今遍地开花的商家的名号气势来看它们，似乎统统只是有点老资格应当受到尊重而无什么新亮点能够炫耀。可在当时，却都是些不得了的腕哟，所以，地处幺子角的金珠商场生意也不错。

不然，小子也不可能多了一个"新公园"玩玩。

但是，金珠商场"人定胜天"的冲高浪峰没几天，就被改革开放兴起的市场经济大潮给卷入了谷底。

在沙市还有当时乃属巨无霸企业"金雀锦织"的顶级"冒号"甲威的即兴创举，也类似金珠商场的走势。

"金雀锦织"的这位顶级"冒号"乃之硬闯"龙潭"，在他的"领地"厂区与宿舍区之间，闪电般地办起商业一条街，一时成为捧场群星的热点新宠。

接着，这位企业顶级"冒号"居功连连跳级，高就市级某机关的顶级"冒号"宝座。

可是同金珠商场一样"人定胜天"冲高的浪峰没几天"飞流直下"，"冒号"商业一条街，则成了"号外"商家千滴泪，轰轰烈烈开张气象万千，稀稀拉拉关张销声匿迹。

是学费？还是"废学"……

稀奇古怪，难以破解的是，当初爸爸妈妈带小子在很是意外发现的金珠商场、在"新公园"，玩了一下子，没想到两三年之后……爸爸本应冲出山关却似"羊入虎口、虎落平阳"，到金珠商场与之有着隶属关系的单位混了半辈子，直到"革命到底"回家吃老米饭，有点巴士奇遇枉结良缘，二十几个春夏秋冬，蹉跎岁月，蹒跚日夜。

当年神仙级的操盘手，已经在帮有点来头的"二代仙三代仙们"，把户头从这个金珠商场与之有着隶属关系的单位里往外撤，爸爸的户头却在被当木桩，往这个单位里塞。

究其来龙去脉，爸爸阳光灿烂又乃"四无产品"也，一无世界趋势眼光，二无历史比较能力，三无情报刺探意识，四无背景拼接技艺。

阴差？阳错？偶然？必然？

登高望远，江湖云天，壮志满怀，长歌短叹：信步新公园，可以闻香赏花，兴致所及，童叟无忌；穿越新时空，不可随风拂柳，悄然而至，少壮尤慎。

（本节底稿于 2012 年 7 月 28 日 9 时 55 分至 8 月 1 日 10 时 40 分完成，于 2015 年 6 月 29 日至 7 月 1 日誊正）

发蒙之辛

小子读书发蒙，是在老沙市的实验小学。

当年是沙市最好的小学，沾不上点边的小子们，想上这个实验小学，那是哭都哭不好的事情。

如今更复杂，分什么市的实验小学和区的实验小学。

就是当年没有如今这么复杂，为小子"老天爷"上实验小学的事，说来爸爸妈妈真没少经受折腾。

感觉，一个凡客的生存空间，就是一个巨大无比的魔方。

不同的是这个魔方，由不得哪一个凡客玩，或哪一些凡客玩，多数情形下，也难以知道是哪一个凡客在玩，或哪一些凡客在玩。

即使好不容易知道了是哪一个凡客在玩，或哪一些凡客在玩，就是有点"痛之叫停"，多数情形下同样也是无可奈何，或奈何不得！

第二，这个魔方，永远在不停地转换着，对它无穷无尽的色块，由不得哪一个凡客说，或哪一些凡客说，这个魔方就是这个样子的，或就是那个样子的。

然而，即使"无一可好"同样也由不得哪一个凡客说，或哪一些凡客说，这个魔方就不是这个样子的，或就不是那个样子的。

第三，因此这个魔方就有着巨大的诱惑力，大到什么程度？就是神仙，用最现代最先进的计算方式，也无法运算出来，所以，一个凡客，总是期待它展示出美好的一面。

当凡客们的这种期待，有的，哪怕是被击得粉碎，一而再再而三地落空，但，仍然总是期待它经过转换，还能再现美好的一面。

第四，事实上，这又是这个巨大魔方的巨大魔力所在。

关于这点，也许用兵家常识，来描述更准确，那就是兵不厌诈。

各路凡客，为了达到各自的美好期待，似乎都在玩着这个魔方，又似乎都由这个魔方在玩着。

第五，这也许就是，这个魔方的本质的本质，这个魔方的奥秘的奥秘，既由不得凡客们，不这样或不那样玩这个魔方，也由不得凡客们不被这个魔方，或这样或那样的玩。

可以说，就是天地老爷，不发点什么地震海啸之类的大脾气，也得随着这个魔方耍，跟着这个魔方转。

以爸爸"这等凡客"当时的处境为例，便无形之中成了，小子能不能如愿上到最好小学读书发蒙的，一个小小魔方色块。

按当时能上实验小学的入学通关名额，爸爸当时"空投"所在的老沙市市委机关某部，只得到一个入学名额，但是包括小子在内，有两个小子要上这个最好的小学。

而另一个小子登威的"老子"当时是这个部的正式户头，因此，这个入学名额，就绝对是登威小子的菜了。

小子上学，怎么办？

在"空投"之前，爸爸本来是跟这个部的顶级"冒号"们，同时面谈妥了的：爸爸直言，在这个部能够上正式户头，方可奉命，不能上正式户头，谢了便罢。

顶级"冒号"们代表该部组织，一致慎重承诺：当时有正式户头缺位，但进编到位，有一个办理手续的过程。

既然如此，爸爸妈妈不能不知好歹、不识抬举，"只好背着石头上山"，在组织对组织协调好之后，爸爸随即便到了这个部的某处，上手干活儿。

可以说当初爸爸妈妈踏入社会全是只知入门之难，却完全不知入门背后的利害之厉害的凡客。

当时与当下的用人之道，大相径庭。就一般情形而言，当下基本上是一"考"定乾坤，当时则是一"制"定乾坤。

原来爸爸上班的单位"金美日化"是集体性质企业，要"空投"到这个部上正式户头，不说犹如过火焰山，也要经过山路十八弯。

得把正式户头先从集体企业转入国有企业，再由国有企业转成干部身份，再由干部身份转入市级机关。听得头皮都发麻，要等这几个魔方色块转换同步，谈何容易。

爸爸妈妈当然也能理解顶级"冒号"们的难处与苦心，以及好意。由此，爸爸便处于边干活儿边等上正式户头的"空运"状态。

爸爸一时没有这个部的正式户头，就意味着小子上不了最好的小学，等爸爸的正式户头搞定，显然远水救不了近火——乃也"叹之，'春晚'"，

不言而喻，小子上实验小学的事，便成了一个迫在眉睫的揪心难题。

爸爸妈妈虽然是在绝望与希望中奋斗但也明了，对于小子要上实验小学这个事，"魔方"怎么转换？也由不得这个部的意思随便玩。

当时这个部里具体办理小子们上学这件事的云香大姨和雨香小姨她们，十分纠结地向爸爸妈妈说明了难处后提出，是否可以让小子到离实验小学不远的天慧小学去上学？

以前爸爸妈妈也有所了解，天慧小学论条件论教学质量，的确当时在沙市同样是一所不错的学校。

然而，在这个难尽如人意的坎坎上，爸爸妈妈的第一反应是，爸爸自己可以暂时忍受类似这样的国民区别对待，而绝对不能眼睁睁地忍受，"入世"刚刚的小子"大老爷们"会因爸爸尚在"空运"中，便也遭到国民区别对待。

愤然！愕然……

确实，这种"烧烤"状况，云香大姨和雨香小姨她们作为具体办事的，也是很不情愿和很是"恨手不长"……爸爸妈妈百分之百地予以理解。

但是，理解归理解，爸爸妈妈不能因遂于人情，而违心的对不起小子的人生启锚之旅。

为此，爸爸妈妈没有丝毫的犹豫、丝毫的含糊，并且十分坚定地对云香大姨和雨香小姨她们说："小子要上，只上实验小学。"

后面的话当然没说，不然爸爸便走入，回原单位"金美日化"再说。

那么，按辖区就近入学的话，小子就可能要到沙市颐和医院隔壁，当时的天航小学上学，现为区实验小学。

如果真这样，小子的学生之路可能又是一番景象，而爸爸从此的谋生之路则一定会是另外一番景象。

因为爸爸被"空投"这个部之前，在原单位上班之余，就一直在自学成人高考法律专业并已"通关"过半，乃之下定决心，准备改行做律师。

无论是从当时的大气候，还是小环境来看，爸爸妈妈背水一战希冀枯木逢春的这个决心，应该还算是较有眼光、较有远见，同时也是小有志向的。

可惜，魔方就是由不得凡客们着意玩，被"空投"不到两年，爸爸的正式户头还在神秘莫测的旅途之中，这个部就随着魔方色块的转换，宣告撤销。这样一来，有正式户头的凡客们安然无恙。

爸爸则由"空投"状态反转，突然又好似被抛向空中一般。

怎么落地？

爸爸妈妈当时本可以坚持要求这个部的顶级"冒号"们履行代表组织的承诺，好歹让爸爸继续"空投"状态，再作计议。

但一想到国民区别对待的滋味，确实又不大好受……

爸爸这等凡客中的"凡客"真是"烦"到底了，在自己人生的这一重要十字路口，本该坚持的没有坚持，本该据理力争的没有据理力争。

而是凭一时意气，盲目冲动地落入一个当时看似时尚光鲜，众精追捧，实则是一个赤裸裸地拼"背景生意"的生意窝子。比如某凡客可以把今日早上与有点风头的某"冒号"说上话了，可以既当"炫资"又当盾牌为所欲为且能"独领风骚"……

真乃："冒号"如魔灯，出牌看"命根"，正事难当真，"嗜好人拱人"。爸爸左冲右突疲于应对，心烦意乱之中，使得成人自学高考法律专业未能坚持。律师之梦，碎于风雨交加、荒坡野地、深山沟壑，成为爸爸一生中最大的受挫与教训资产。

信守不成，悔无时空重来……坚守不及，恨无是处可补……不堪回首！

然而，小子的确是幸运的。

在风雨飘摇之际，云香大姨和雨香小姨她们通过一番努力，还是为这个部多争取到了一个上实验小学的名额。

魔方转换，吱吱咯咯，着意作美，爸爸妈妈如愿以偿，将小子送进了当时沙市最好的小学读书发蒙。

当小子第一次欣然背上书包上学，开始登攀书山征程，爸爸妈妈还专门在天河金帝影像广角以花坛为背景，给小子照了一张背着书包的彩照，为小子助阵加油！

和爸爸一起做事的北威伯伯见到小子的这张彩照之后，即兴赠言一句："我爱背着的新伙伴！"为小子"小哥们"喝彩鼓劲。爸爸则随即提笔，将北威伯伯的鼓劲赠言书写在了小子的彩照背面，策马扬鞭于悄然无形之中。

关于小子最终能上实验小学的前前后后，小子自己是不知道的。

当然，在小子上学这件事上，爸爸妈妈是打心眼里，对这个部，对这个部的所有成员，对这个部的顶级"冒号"们，特别是对具体辛勤办理的云香大姨和雨香小姨她们，一直非常感激。

到 1999 年，小子如愿考入北京外国语大学，一晃十一二年，他们不顾盛夏之暑，前来我们家当时经营的"刘罗锅酒店"，为小子高兴加油打气。

爸爸妈妈略备薄酒便宴，真诚致谢！爸爸妈妈还将他们的贺礼都一一谢辞了，借以表达爸爸妈妈对他们，一直非常感激、非常感激的，一种特殊感激意涵。

在小子上学这件事上，爸爸还是蛮尽职的，但在接送小子上学的事上，却蛮差劲。

有次中午在快出这个部所在的大院大门时，坐在爸爸自行车前杠椅子上的小子，不知怎么一下把脚"别"进车轮了，把爸爸"老天们"吓得不轻，急忙送小子到在天大巷横巷深处的沙市祥和中医医院看骨科。

在等号的时候，小子还有点儿轻伤不下火线的顽皮劲头，拿出本子笔来坚持写作业，也算是给爸爸减减压吧！一阵忙活，经医生检查没有大碍，回头又往学校赶。该打爸爸板子的是，像这个不该发生的故事，不久竟还重复了一次。

以后看到人家带小小子们的自行车买得有一种塑料护网，装在前后轮子的两侧，可以万无一失。爸爸像发现新大陆，虽然早已不用自行车带小子了，但回顾当初，爸爸感到还是蛮愚蠢的。

不知当时有没有这种自行车塑料护网卖？即便没有卖的，为什么不曾想到自己土法上马做个类似的护网呢？如果当时就有卖的，因为爸爸没有侦察到去买个装上而使小子吃了苦头，那么要打爸爸的板子，还得多加几板才是！

这个显然不是心有余而力不足的遗憾，而是"脑筋不会急转弯"的苦果。

一个凡客的生存空间，就是一个巨大无比的魔方，不管它因何种缘由，在转换中呈现出什么色块，它终是魔方。凡客们无法穷尽它的转换，更难以穷尽它的色块，所以不论大事小事，都马虎不得。

如果说，小子们涉世不深，经历有限，而出现"色盲症状"，不说情有可原，起码小子们自己还有"治愈"的时间可言。

但是如果说老子们不能及时地，而且必须是较为准确地帮助小子们，识别魔方色块，致使小子们任由魔方兵不厌诈般地耍弄，而厄运连连，苦不堪言，甚至痛不欲生。

这样的话，老子们，自己得问自己一句，无荫予佑，该当何罪？

还有更加情无可原的是，如果说老子们根本就毫无识别魔方色块的意识，甚至本身就是戴着有色眼镜，去看之、去信之、去用之，不但老子们自己有被魔方吞噬之虞，对一代又一代的小子们，或许也会形成灾难性的影响。

因而，置身其境，面对魔方色块，最好不要以什么三十而立、四十而不惑、五十知天命之类的，寿比英雄，自居自傲。

小子们也好，老子们也好，都必须诚实一点踏实一点，从而清醒无恙，这才是正道、王道，能够这样，幸运之神自然多有光顾，而后，"魔方大师"或许多有为伍，至少不至于稀里糊涂、轻而易举地，被看似无形而又巨大的生存魔方"区别对待"，使大千世界多一片清新，使芸芸众生多一份美好。

（本节底稿于 2012 年 8 月 2 日 10 时 15 分至 6 日 16 时 25 分完成，于 2015 年 7 月 1 日至 3 日誊正）

叫停之训

　　怎么使小子能够长得壮一些、能够牛一点，妈妈在营养方面，给小子弄吃的弄喝的，没少下功夫。

　　最有说服力的事实，就是妈妈弄的豆瓣鲫鱼。先不管从现代营养学层面能给妈妈的作业打多少分，只从小子那时吃这道专供菜的表现，则足以给妈妈下的功夫打高分。

　　小子每次吃完了豆瓣鲫鱼，摆在盘子里边的鱼刺则能完完整整地原封不动，一副"高枕无忧"之态，不知是赞美妈妈的厨艺，还是展示小子"哥们"自己的吃鱼技术。

　　反正妈妈还是蛮谦虚的，有时欣喜地要召唤爸爸看看小子吃过的豆瓣鲫鱼，根本没想爸爸是拍马屁还是"拍砖头"，妈妈都是，当小子的吃鱼技术要爸爸来欣赏的。

　　因而，豆瓣鲫鱼也成了小子菜谱中的主打品牌，同时一直也成了妈妈给小子备菜的保留选项。

　　小子自从上大学离开沙市之后，只要回家度假，爸爸妈妈只要到北京看小子，妈妈至少总得弄一回豆瓣鲫鱼给小子吃。

　　北京的鲫鱼老贵，卖价是沙市的三四倍，妈妈也得弄，当然爸爸也乐意当供应大臣。

妈妈管小子的吃喝拉撒，爸爸管小子的学习锻炼。假使要问责，虽然没有什么文字依据，但也是自然分工分好的。

不是对小子们吹牛，爸爸妈妈相互从不贪伴贪玩躲懒，都是蛮自觉地上岗"手掌"。不过要论专业水准，那肯定谈不上什么档次，只能算是土打土闹，尽心尽力而已。

刚上小学时，为增强小子"顶天立地"的体能，爸爸给小子拟订了一个早上跑步上学的训练计划，还是蛮具操作性的。

那就是爸爸推着自行车，带上小子的书包、衣服护驾，让小子轻装上阵，一段路一段路的逐渐适应逐段增量。不是要小子一口气就跑到学校，把小子整得告饶投降。

爸爸妈妈现在从电视报纸上看到，有的学校在安排小子们进行早跑训练时，一上来就要求小子们一律一口气得跑个三千米五千米的。心切的学校，后面还规定有讲狠的"板子"伺候。

爸爸妈妈觉得这样学校的出发点，是积极完成上方要求的规定动作也好，是确实诚心帮助小子们增强体质也好，这方面都无可挑剔。

然而，哪怕是同一个年级或同一个班级，不分小子们本身体能状况的相对差异，没有给小子们一定的而且是渐进式的适应期，是不大对头的事情。

这当然是爸爸妈妈既把别人的小子们，当成自己的小子认真待又有点多管别人的闲事，但心意绝对是好的。

当初爸爸给小子拟订好早上跑步上学训练计划，小子还是蛮接受的。经过三四个分段路程的跑步时间训练，已经可以一口气跑到当时的天河金帝影像广角了。

这大约已是从我们家卧龙宿舍到老沙市实验小学的五分之三路程。按小子这样的受训成绩及其态度，再坚持两三个分段路程的跑步时间锻炼，小子最终早上一口气跑到学校上学，应该是没有问题，甚至长期坚持下去，也是有可能的。

可是，正当小子和爸爸妈妈"牛气冲天"都搞得蛮带劲的时候，爸爸妈妈记不准了，不知是从报纸上看到的，还是听熟人说的，说小子们太小了，练跑步怕跑成罗圈腿。

这下如何是好？继续跑下去，真跑成了罗圈腿，影响小子的未来形象也不是个事，长大了难觅知音，那事更大了。

爸爸与妈妈商讨一番之后，只得叫停了小子的跑步上学之训。

到现在爸爸妈妈也没弄明白，这个罗圈腿之说，到底依据何在、利弊何在、是真是假？当时爸爸妈妈多半是按炒股思维，做了宁可信其真、不可信其假的保本抉择。

不过，爸爸好像一直很不甘心，六十出头了，晨跑时候，看到年轻爸爸和爷爷辈的"手掌"们，带着几岁的小小子们练跑，总要搭讪唠叨一句："听说，太小了练跑，怕成罗圈腿？！"连爸爸自己也搞不清白，是向人家讨教？还是在"教导"人家哥们？

这事，想想，又好玩又好笑。爸爸观察了一下，"教导"作用好像大点，搭讪之后，再见不到那些哥们有"小尾巴"跟着跑了。

看来，罗圈腿之说的威力，不可小觑……

叫停小子的跑步上学训练之后，爸爸妈妈这"土八路"好像也没有什么别的招了。

要小子走到学校上学肯定不行，时间受限，长期绝对坚持不了。然而，爸爸妈妈要的就是能够长期坚持的效果，这样既可以强健小子们的体魄体能，又能磨炼小子们的毅力意志。

书山有路勤为径，坚持的动力是体能，而勤奋的开关则是意志。如果希望小子们能争点气成点事，这台"二人转"不可或缺。爸爸妈妈还是蛮信奉这一条的。

只可惜，被半路杀出的"罗圈腿"把爸爸妈妈的"我家拳"打了个有点儿不知怎么再出手何时再出手……

不过，以后在学生阶段，爸爸妈妈虽然再也没有给小子拟订什么训练科目了，但对小子增强体能的事，还是放不下的。

特别注意，经常提醒小子学习再紧张，课间十分钟休整，一定得听爸爸妈妈的走出教室活动活动。这是长线。

短线就是，对小子不管搞什么体育活动，哪怕小子是因为好玩追星乃凭一时兴趣三分钟的热情，只要适当，爸爸妈妈都百分百的够意思奉陪！

小子最不成气候的体能锻炼，是打沙袋。

　　爸爸费了好大的力气背沙上楼，在卧龙宿舍我们家的阳台上，给小子吊起一个沙袋，可是没打几天，小子就罢训了。爸爸妈妈没有趁热打铁，给小子找个教头，拜拜师，可能也是罢训原因之一。

　　除此之外，其他体能锻炼的坚持状况，都还马马虎虎说得过去，哪怕是个"菜鸟"，总算是份成绩单。

　　小子学会游泳，爸爸是主教练，不过也是菜教练。

　　菜教练不可能带出高徒，这样，爸爸妈妈一直只准小子在游泳池里玩玩水，大江大河是绝对不准小子去的，爸爸妈妈以为这也是一种具有科学精神的谦虚美德。

　　不然的话，本是只菜鸟，若硬充海燕，那菜鸟简直就连笨鸟都不是，而只能是只名副其实的假鸟坏鸟，真是不可取。

　　小子学会游泳后，学滑旱冰，爸爸连菜教练也不够格了，只能降为陪练，因为爸爸根本不会这个，只能扶扶小子，情急之下给小子当根拐棍，让小子少摔两跤。

　　爸爸比小子当时还大点的时候，常在一起的"富哥们"中有玩滑旱冰的，虽然有些眼馋，但想想爷爷奶奶勤扒苦挣持家的状况，爸爸不可能有买四个轮子的旱冰鞋的冲动，而巴结别的"玩味"哥们玩玩，又不是爸爸的个性，因此，爸爸对滑旱冰则颇有点儿当观众的"少年壮志'难言愁'"……

　　说到眼馋，爸爸小时候，因玩"玩味"哥们的纸扇，由于没玩过"一把撒开"，方向搞反了，纸扇撕破，结果当了赔匠。

　　赔的是一个笔记本，那时是多么珍贵的东西，让爸爸这不是老外的玩家老外终生难忘，因为根子在家里穷。

　　等小子再长大些之后，什么打羽毛球、打网球、踢足球，爸爸连降了格的陪练也做不了了。

　　不过，爸爸妈妈也不能闲着，改行成了小子无条件的体育投资公司暨帮帮团，买球、买球拍、买球衣什么的，不问成绩，有求必应。

　　小子一起玩的一帮小子们玩球虽是业余军团，但对球衣等装备的要求，还是蛮讲究范味的。只要小子有申请，爸爸虽是个说了看着办的帮帮团员，照样会无条件地办，因为，批条子的虽是妈妈，但有小子做后台，爸爸所有的帮帮行动，当然一路绿灯。

另外，对小子的所有体能锻炼，爸爸妈妈只要有时间都会去当观众，现在叫粉丝，少不了还会争先恐后地当个志愿者。

比如小子和一帮"球星们"打网球，遇到菜场子凑合玩的，球打过"无线、无限"的边界，不时会落到树丛花木里，不好找，爸爸由于"老成少年"还是个挺顶用的球童，也算是对菜场子的一种补救机制。小子和"球星们"好来劲，省了亲自找球的时间，又可以多打几个来回。

人熟是个宝，爸爸这"自投罗网"的球童被小子们不知不觉当成了"被叫"，小子高兴，"球星们"高兴，爸爸妈妈自然也高兴，乐此不疲。

小子到了大学，爸爸妈妈对小子参加体育活动增强体能的事，同样一点儿也没放下，尽管好像不在一个星球上，爸爸妈妈也要"隔星护犊"坚持远程督导。

大学期间，爸爸妈妈并不担心小子成为独立大队之后参加体育活动的时间少，因为大学生活比较有规律，什么网球场、羽毛球场、篮球场、排球场、足球场等，和小子他们的寝室区只隔一条走道，"迷味相投"的哥们朝夕相处，一呼就可以凑起来玩球，比上中小学时不知要方便多少。

因而，爸爸妈妈在这个阶段的主要任务，便成了督导小子不要玩过了头，影响学业。

另外一点，就是生怕小子血气方刚争强好胜，和"大哥小弟们"在场上冲冲撞撞，一时兴起伤了和气、一不小心伤了身体，都不好。

四年下来，安然无恙，"完璧归赵"，爸爸妈妈才敢把这个不怎么受欢迎的"抱鸡母"心放平。

小子参加工作和成家之后，爸爸妈妈的远程督导没得说，不但自然跟进，而且从一般号召性督导，发展成了对规定科目的督导。

是这样的，爸爸妈妈根据小子早上赶着上班，晚上下班赶着回家，时间比上大学相对更为紧张。还有，难得凑拢"打工皇帝们"一起玩玩，也没那么方便的变化。

经过好长一段时间琢磨，爸爸妈妈终出"科研成果"——给小子推出了一个天天容易坚持，同时硬性要求，必须天天坚持的俯卧撑锻炼计划。

也算是爸爸妈妈的"我家拳"对当年受挫"罗圈腿"的伺机出手反击……

目的一如当年要小子早上跑步上学，既强健体魄体能，又磨炼毅力意志。

这回爸爸妈妈也不可能护驾，也不需要护驾，也没有了类似跑步怕成罗圈腿的后顾之忧。

之所以要小子搞俯卧撑，是因为俯卧撑不用苛求场地，即使蜗居，只要有一个比哥们的身高长、两肩宽的走道，就可以坚持，也不像玩球之类的，非得凑拢八大金刚十大元帅"才能上菜开席"。

还有一个更重要的是，用时不多，每天撑个上十个，只需两三分钟，撑个几十个也不过十几例，方便简单好坚持。

这样，爸爸妈妈替小子们想的是，只要看重"吃饭的本钱"，当真锻炼，就是上班工作不大规律和经常出差，也容易坚持。

比如出差，即使入住档次再低的客房，搞几个俯卧撑总是有地方的，高档次的就不用说了，打翻叉都可以。就看小子"牛哥们"当真不当真。

凡是只要当真，长期坚持就可以形成为一个良好的习惯。习惯成自然，到了这个火候，每天不撑几个浑身就会不舒服，而且在感觉上还会像丢了一个什么东西似的。如此一来，不怕不 OK！小子们的体魄体能，当然不会差到哪里，毅力意志也不可能太菜！

刚开始，给小子推出俯卧撑，小子当"市场经济"还以经常在玩球，如打羽毛球等跟爸爸妈妈"讨价还价，之乎者也"，所以爸爸妈妈告诫小子，锻炼要想取得能够防范和扛得住不良状况的成效，关键在"计划经济"天天坚持刚性到位。

那些三天打鱼，两天晒网和一曝十寒似的突击性锻炼，还有，等身体有了状况之后，再来搞什么"考古"似的补救锻炼，都不如及早开始，搞一个能够天天坚持的项目锻炼。其他的，如打羽毛球、游泳、散步等，有时间有心情，作为辅助锻炼更好。

爸爸妈妈"明令如山倒"当真，小子也不敢太马虎，最终还是接受了俯卧撑锻炼。爸爸妈妈到北京小子家过年，趁机现场考察了几回，还是那个事。

小子成了家，爸爸妈妈又有意思的要小子的爱人当爸爸妈妈的耳目，隔一段时间，通过电话总要问问小子的爱人，小子是不是天天在坚持俯卧撑锻炼？等于是设了个小小的"纪委""监察""情报站"。这招既开心又温馨，挺管用……

爸爸妈妈不是不相信小子，是怕小子说起来晓得重要，忙起来最先不要——这个强身健体方面的"万里长城永不倒"，没有几个"打工皇帝们"有很强的超越能力，尤其是年轻的"老皇帝们"，客观原因可以找出一大堆，仅把工作忙没时间这个一抛出来就比核保护伞还厉害。

别的老子们可能怕，爸爸妈妈则不怕，要小子天天坚持俯卧撑，就是爸爸妈妈反制这个核保护伞的"可得系统"！威力胜过"萨德系统"！

也之所以，爸爸妈妈除了远程督导，还要在小子身边设"纪委""监察""情报站"的原因就在这里。此举也是希望小子和爱人相互支持相互督促，都能有个坚持的良好健身习惯，从而都能保持一个良好的健康状况。

督导小子落实，天天坚持俯卧撑的锻炼科目，做好这个可能不大怎么受小子"欢迎"且极易忽略的"自我保护"，爸爸妈妈只要还有行动能力，没有"退世"，就不会马虎放弃。

对这个事，小子只要不是有意"调皮"在特殊情况下耽搁一段时间放一放，爸爸妈妈可以"睁一只眼闭一只眼"，但从整体上，小子们这天造地设的永远臣民，要对爸爸妈妈们这"开天辟地"的永远"皇上"能够交代得过去才行……厉害了，我的天！

（本节底稿于 2012 年 8 月 7 日 10 时 45 分至 11 日 10 时 40 分完成，于 2015 年 7 月 3 日至 5 日誊正）

天地之间

到现在回想起来也是警醒，在照护小子们这件事上，真的要超级互通情报，不能想当然，要不一个小小疏忽一个低级失误，也可能出状况。

有天，爸爸可能临时有事，早晨出门又可能没有跟妈妈拉钩儿交接清楚，到下午放学，爸爸以为妈妈会去接小子，结果都没去。

等爸爸大"手掌"办完事匆匆到家，发现妈妈已在忙着做饭，这才火烧屁股般地掉头往实验小学赶。

到学校，天已差不多快黑了，要是没放学，本来还嫌小了的操场，这个时候，爸爸一眼望去只见小子一个"天地大人物"，蹲在地上画着什么。

小子还能悠闲自在地等着爸爸妈妈来接！于是，突然觉得学校操场变得好大好大，仿佛天地之间祥云一片，大得无边无际，把爸爸本来有点沉沉的心情，一下子化解得悻悻如也、喜之然然。

那时小子因为才读一年级，人小胆子小也就还是能够有点耐心的小哥们便没有自作主张的独自往家里走。不然，能顺利到家则好，有周折那就麻烦大了。

当年电话对于一般人家还是想有而不可能有的奢侈品，相互把个信都不容易。

真那样，那次可能要把爸爸妈妈折腾得够呛，哪像如今电话手机像玩具，谁都用得起！即使这样，哪怕再小的事，也不能大意。

天地良心，当年坚持接送小子上学的老小"手掌"们真没少听学校里的训诫。

什么要配合学校，锻炼小子们的独立性、自理能力之类的话，老师在班级小会上时常说，学校的顶级"冒号"在家长大会上，更是一说一大套。

要是脸皮薄一点儿的，即使不告饶撤退，要是坚持下来，心里也会打鼓，腿子也会打战。

爸爸妈妈反正属于那种初心不变专心致志的"爱好者"，说归说听归听，坚持接送小子上学一天也没落过。

只是"主席的话儿记心上"，机动灵活，在学校盯得紧的时候，不到教室跟前，不在老师眼皮子底下去接送。既算是对学校的尊重和礼貌，也算是保存实力，免得学校迁怒到"手到擒来"的小子们头上，让小子们蒙受不该受到的"管控优待"。

可是，随着拐骗小子们当"摇钱树"，甚至因为迁怒而伤害小子们当"出气筒"的恶性案件的攀升，再加各类机动车辆越来越多，小子们在上学路上的安全状况，令人担忧至极。

如今，对于低年级的小子们，学校则倒过来了，除了上学要求家里有人送，放学则各自家里必须得有通过了"人脸识别"的家人来接方才放行，说起来同样也是一套一套的，蛮有道理。

进一步的发展是，有必要又有条件的，而且还用校车接送小子们上学放学，另加监护老师，在涉险多的路口，不仅有高悬的交通警示标志还格外增加警力保驾。同时，大多学校都起用了年轻力壮的保安先生，原来守门房的多是"老爷兵"，即使不退休也得"退伍"，当传书递信的"老爷爷"。

好像天地逆转，犹如重开天地。

不信，医院如今对待探视病人的亲友，也有类似学校过去在对待接送小子们上学这事上一样的大逆转。

有的医院原先的做法是，规定了严格的探视病人的时段，只有到点了医院的大门才会像开闸放水一样，让本来就心神不定又等得心急火燎的"可怜巴巴"冲进去，飞向病房。

到了规定的探视结束时间，便又会像电影院清场子那样，让探视的

"可怜巴巴"必须离开病房。更为严苛的是，再重的病人，有的也不允许有陪护的留在病房陪护病人过夜，到时候同样得把陪护的"可怜巴巴"清出病房。

道理当然是一套又一套的。

当年的社会氛围，即使有的事有如医院产苛到这个份儿上，一般也没有什么"可怜巴巴"动粗，至多是苦苦央求一番，能够成功，自然没少千恩万谢，不能求通，只有认账，大气也不敢多出几口。

天地就是天地，即使到了，应该要逆转的那一刻，都不是哪一个高人强人狠人有能耐，可以"超前消费"的。同样，当逆转已成定式，也不是哪一个高人强人狠人的力量能够螳臂当车。

因而，现在有的医院的做法是大大的不同，探视病人，比进出菜市场还自由，还没时间限制。因为现在规范一点儿的菜市场，还有开门关门的时间，医院则成了"菜园子"二十四小时通行。

对于稍稍有点儿风险倾向的病人，医院不但要求必须得留"钦差大臣"日夜陪护，即使酌情不收陪护费用全心全意服务，为了厘清责任有的还要签字画押。

和原先不允许时一样，道理当然也是一套又一套的。

世界上的事情，真是此一时彼一时，一时之孰对孰错？真不好风风火火、随随便便地下定论。

比如，对过去有的学校强调不准接送小子们上学，爸爸妈妈还是有些理解的。

像爸爸妈妈出生的 20 世纪 50 年代前后的小子们，几乎都是自己上学，没有大面积接送这一风气。偶尔突然变天，风雨交加，有的小子们家里心细的，才会送一送伞到学校。

爸爸上学，爷爷奶奶就从来没有接送过。

以至风雨交加的时候，见到有的小子们家里有人送了伞来，爸爸真有些说不出的羡慕。不过，这样的体验还真锻炼了爸爸那时的独立性，十岁左右的"早当家"一个，夜里两三点钟起床，伸手不见五指，摸黑到离家几里外的地方，去收捕黄鼠狼的塌【塌：纵横在一米左右，纵向是由左右相距，前端 20 厘米左右末端 60 厘米左右的各两根木棍中间夹着横向排列的木棍，上面堆满土块，再在前端支一根高约 50 厘米有丫杈的木棍，然后用一根木棍从塌背上前端挑在连接两根纵向木棍的绳索上，末端则设有带着放在塌下面诱饵（黄鼠狼爱吃的青蛙）的机关，这样黄鼠狼捕食拉动青蛙时等于引发"地震"，被塌在下面而成为小子们的"战利品"】。

就是现在的国家级天玉开发区管委会所在地和原来行业大鳄"金凤棉纺"的方圆一带。当年这一带，可是荒坡野地，鬼不生蛋的位置，胆子真是够大的。

不怕鬼，但却生怕去迟了，塌住的黄鼠狼被别的小同行们当意外之财给取走了。

与其说爸爸妈妈的胆子大，不如说当年的情形够给小子们的胆子。

因为少有类似如今，被拐骗、被车撞之类的不祥之忧，所以，对过去强调不准接送小子们上学，到现在强调要求接送，都不宜与学校，计较什么、理论什么。

历史就是历史，现实就是现实。也因而，在历史向现实演变对接，且不易显见的模糊过程中，以爸爸妈妈"老好人"的认识，谁都不要凭一时之意气和一口之得失，而过于严苛地去指责谁、为难谁。

尤其是对诸如此类好像天地逆转的事情，在往后、往下，尤其是在向小子们传输的时候，因为成因复杂要慎之又慎，因为影响巨大应慎之又慎。

现在有的垃圾食品和垃圾信息导致有的小子们性早熟，这当然是令人遗憾、让人痛心的事情，假设换一个方向，借过来看看，如果能通过一定的，而且一定是科学的养分，促使小子们的"人性人品早熟"一点儿，是不是件大大有益于社会祥和、社会进步的大好事呢？

比如，对社会的过去、现在、未来，究竟怎么描述，才不至于使有的小子们，一旦真正踏入社会之后，好比"腾云驾雾"而昏头查脑？这是老子们的事情。然而在这个方向，更是小子们自己的事情，比老子们似乎更得着急一点儿才行。

涓涓流水，岁月悠悠，老子们都是从小子们，一步一步、一天一天地走过来的，有的事等成了老子们的后悔药，为时已晚，既没得吃，也没法吃，所以，在自己还是小子们的行程之中，对社会的过去、现在、未来，越早认识得较为清楚、较为成熟，越好。

既然如此，从哪里做起？爸爸妈妈有点儿"不由自主"的以为，至少在这么三个方向，应该着力设个度：

一个，就是把住任何人等，都有其特定的好恶所在。

换句话说，别的"星星月亮"喜欢什么，不喜欢什么，小子们不能盲目跟风，既不宜把别的"星星月亮"喜欢什么都当对的，也不宜把别的"星星月亮"不喜欢什么都当错的。

对于这一个，小子们越小越把住不了，是不是随着年龄的自然增长，成了大小子们甚至"老小子们"，就一定把住得准确无误了呢？不见得！

关键是，要得有这个意识，越小有越好，越灵敏越好。

不然，别的"星星月亮"喜欢你喜欢，别的"星星月亮"转了向是对的，你跟着转无恙，算是中了小彩。

万一别的"星星月亮"转向出了偏差，你岂不是"问君能有几多愁？恰似一江春水向东流"。

若是撞到本来就是另有所图的"星星月亮"，你便不是一个愁之能了的事情，而有可能，把中的小彩全吐出来再搭上点儿什么，还不能随便下地。

此外，大千世界，另有所图的"星星月亮"，不仅千奇百怪，还不是以一个两个能够计量的。

人之所以是人，就是在好恶上，比任何有生命迹象的东西都高级，这是高级一。

高级二是，好恶一般都是相对的，有些"星星月亮"喜欢，另一些"星星月亮"不一定喜欢，至少不那么喜欢。反过来，有些"星星月亮"不喜欢，另一些"星星月亮"则可能喜欢，甚至很喜欢。

更妙的是，最终好恶，大都是在各自"星星月亮"的心底，秘而不宣或宣而不定。因而，很难以这些"星星月亮"说出来、做出来的，作为随之把握住其好恶的依据。

高级三是，别的"星星月亮"，喜欢什么可能大有斩获，然而，别的"星星月亮"为什么要喜欢、能喜欢？背地里有什么讲究？才可以保障大有斩获，为避"灭口"不能得知，也因"外人"不可得知。

你盲目跟风，可能跟炒股一样，别的"星星月亮"已经抛了正在数银子，你则正在一步一步被套牢，却还在发富梦里沉浸。

哥们要想成为自己的主人，对人等的好恶及好恶不定，能越小越早把握住，越好。

二个，就是把住任何信息，都有其特定的取向所在。

当然，爸爸妈妈这里所说的信息，主要不是指的一些婆婆妈妈的东西。即是婆婆妈妈的东西也不能小看，人贩子一声亲热一块糖，就有可能拐走一个小子们去做买卖。

比这个更厉害的就是有的，一定叫你这么样一定叫你那么样的东西。能够到了这个程度的，往往都有着大大小小、前前后后、虚虚实实的势力背景。

把有的时候你不得不一定得这么样、一定得那么样撇开不谈，不能不说不少的时候明明是能够有所选择的，恰恰就是你"白卷英雄"似的自己因为没有把住信息都有其特定的取向所在的这个意识，而不作比较、不知作比较，即听之任之随随便便地接受了，一定去这么样、一定去那么样。

最终传输信息的"星星月亮"，成就了一定这么样、一定那么样的取向，一般也一定像个样子，你却可能不成什么样子。

即或侥幸有点儿什么样子，也可能是台前花瓶幕后扫把之过眼云烟，还要没有什么感恩戴德，或秋后算账之类的后怕之忧，才好说勉强算个样子。

在这个事上，如果是有这个把住信息取向所在的独到意识，并且还相对比较强烈而坚定，但是，因为不具备相应破解信息的起码条件，把住不了而出了偏差，还可以当个悲剧传说，受到一点同情对待。

如果是具备破解信息的足够条件，却丝毫没有这个把住信息取向所在的独到意识，而出了偏差，那"白卷英雄"自己酿的苦酒，就只有自己喝了，悲哀。

尤其当下信息多得近乎爆炸，乃之导致所谓后真相让人大跌眼镜大惊失色，所以把住其取向所在，把住，把住，越小越早把住越好，小子们的小脑袋，不要被挤爆最好。

三个，就是把住任何事实，都有其特定的趋势所在。

趋势性的东西，老子们也不一定能看得出一二，小子们或许更为难一些。

如果能够认可，任何事实都有其特定的趋势所在的判断，起码在面对事实的时候，把住意识多少会自然跃出，就有可能避免视而不见，坐井观天，围观起哄，儿戏当真等不该发生的故事发生。进而在涉及处理方面，相对便会理智一些、得当一些，也会少费周折、少伤元气。

就拿接送小子们上学为例，当年如果就意识到了这是一个趋势所在，学校还用得着大会小会，兴师动众煞费苦心地找出一套又一套的说法喝三令四吗？

还好没有偏差到，对小子们动什么手脚，以惩戒像爸爸妈妈这样的接送"爱好者"。

值得庆幸的同时，爸爸妈妈乃也有点儿"不由自主"地要为当年当家"冒号"们的人性水准点个赞，更盼后来居上的"冒号"们，在永无止境的"征服"路上永不丧失诸如此类的人性水准……

当然，爸爸妈妈当年坚持接送小子上学，也不是先知先觉地意识到这是一个趋势所在。

但，以当年的大气候、小环境，起码有两个因素爸爸妈妈不得不顾及。一是"虎毒不食子"，何况人性！自家的心肝宝贝，能不看重吗？二是学校离我们家较远，加上路上汽车渐多，能自欺欺人吗？此乃是不是寻常人家之"不唯书、不媚言"的本分生活应有呢！

如果真是意识到了能成为像现在的"势不可当"，当年何许更坦然点，至少不会有灰头土脸的感伤。

社会生活中诸如此类的事实太多了，大的可能大得不得了，小的可能小得不得了，任何事实都有其特定的趋势所在，意识不到这一点，不吃亏则已，吃起亏来真就不得了，所以，小子们如果能够越小越早知道这一点，至少是门利大于弊的"手艺"。

把住人等好恶所在，把住信息取向所在，把住事实趋势所在，越小、越早、越有意识把住越好，越小、越早、越较成熟把住越好。

不然，天地虽说无限，但地球村的任何一位"村夫俗子"，从小子们到"老子们"，也只是一眨眼工夫，没几天，十分有限。如果能因有这么点儿"把住手艺"，力争少点儿折腾，争取零折腾，不是一场更高更快更强的"人生奥林匹克运动会"吗！

（本节底稿于2012年8月12日10时55分至16日）10时40分完成，于2015年7月5日至6日誊正）

一笑之辨

  小子大概是一直到上初二之后，才被允许自己骑自行车上学，但小子"哥们"会骑自行车，早已有历史成绩可以炫耀了。

  因为小子不到两岁，骑玩具自行车没多久，就把后面的两个辅助轮给卸掉了，小子骑起来跟大人骑自行车没什么两样，就是不存在一个飞身上下的动作。

  上幼儿园后，小子的胆子更大了，车技进步之快，简直令爸爸妈妈这样的"专业保镖"难以招架，真没少提心吊胆。

  那时妈妈工作单位食堂的百威爷爷有一辆到市场买菜用的大三轮车。星期天不上幼儿园，小子被带到妈妈工作单位玩的时候，看见百威爷爷的三轮车空着，小子就开始闹腾了，两手像投降似的搭着车把手，欠着身子，两脚直接踩三轮车，在妈妈单位的通道里满跑一气，等于玩杂技，直到过足瘾才行。

  爸爸妈妈好像只有跟踪追击保驾护航的分，想吹"黑哨"暂停没门……

  不让小子独自过早骑自行车上学，主要是为安全保障考虑。

  就是初二后小子开始骑自行车上学，爸爸妈妈也视情况，时常像个小子自行车的尾巴，殿后跟踪左右护驾。晚自习放学，则一定是要去接的。

  在这之前，都是爸爸妈妈用自行车直接接送小子上下学。

当时看，爸爸妈妈不但不潇洒还有点儿辛苦有点儿不放手，不过因此也使得小子发了一点儿"意外之才"，在接送他来的回路上，爸爸妈妈除了说说讲讲，总要问问小子当天学校，有没有什么趣事？让小子防不胜防似的来一点儿答记者问，促使小子们留心观察，即兴表达。

还有一个，就是沿路让小子辨认招牌上的字。

对于辨认招牌上的字，刚刚开始上学的小子们，大概都有这个兴趣，小子也不例外。

原来天文路西头，靠南边转向天北路的角上，是老沙市供销合作总社的所在地，所以有一家比较大型比较正规的，"金宝土产日杂商店"，竖式招牌，白底黑字，字体是沙市当时比较流行，因而也是很有本地特色的一种字体，它正而不呆，活而不草，干净醒目，其中杂字，写的是繁体"雜"字。

那时又不像现在有香港凤凰卫视，还可以通过看电视节目，熟悉熟悉繁体字。不说刚识字不多的小子们，把繁体"雜"字辨认成"雄"字了，就是一般信奉认字猜半边的哥们爷们，也容易闹类似于把"雜"字认成"雄"字的笑话。也不全怪哪个，平常只有"雄"字脸熟。

爸爸当时叫小子辨认这块招牌时，心里就有点嘀咕，可能小子"初见江湖"认不准繁体"雜"字，果不其然，小子这次正中了爸爸的"暗算"。

小子和爸爸一阵会心笑过之后，小子算是告别了"雄"字，认清了"雜"字。

在爸爸妈妈身边，小子认对认错，都是当时小子的一大乐趣，但是对日后的小子来说，是得要学会独自辨别社会生活中，诸多对错真假善恶美丑的一大功夫。

关于日后的小子的这辨别之功，"包打天下"的爸爸妈妈还是教不了的，就是找悟空大师学火眼金睛，也可能只是一线入门之光。这个多半得靠小子们自己晓得天高地厚而能很有点儿悟性很有点儿机警，或许才能够靠谱得多一点……方能有见出道之亮……

自从有机玻璃塑料泡沫问世，特别是什么喷绘写真等先进的广告制作手段出现之后，市面上的招牌多数成了电脑选字，而且美术字有一统天下之势。

终极原因，可能是省去了请求墨宝的"战战兢兢"不说，找电脑"老先生"不但随心所欲，而且成本自然会大大降低一笔，甚至为零。

也因而，让过去那种由名家题字，再由人工巧匠用白铁等精心敲打制作而成，不需要什么花哨帮衬，就凭整幅用字便可独领风骚，但却颇费周折的传统招牌，望风披靡，越来越少，几成"捕风提影"……

爸爸妈妈略为留心观察了一下，即是在北京这样的历朝古都，又是经济社会文化最为发达的特大城市，现在由书法名家题字，并独立制作成幅的招牌，也远比由电脑选字制作而成的各种招牌，少之又少。

20世纪七八十年代的老沙市，那时市面广告尚未兴起，招牌用字，一般都是请书法名家题写，因而当年小子不负"天赐良机"还算是抢了个退潮景观，有幸多见了一些用字独立成幅的老招牌，并从中辨认什么"雜"字"雄"字，以对错和爸爸妈妈乐呵一通。

那时在沙市，题写招牌字比较多的书法名家，以爸爸所知，有尚重风、（尚念流）、万味人、发敬物、戈放看、江海今、智经朝等几位。

尚重风，据传是新中国成立初期，沙市最有名气的书法家之一尚念流之子。对于这爷俩，爸爸乃是皆为久闻其名，未见其人。尚重风的招牌字及书法作品还多见，至于尚念流的大作，贝0从未有过眼福，怎一个遗憾了得，总有期希之念。

起因在于只要是传说，多少便有了点儿神秘感，而任何事情只要添加了一点儿神秘感，则会无形之中给人带来一种难料"福祸"的驱动力。

爸爸不可能有"特异功能"也是这样的感觉，并不见得是非要一见尚念流的墨宝之究竟。

尚重风的主打字体，略成长形，正而不呆，活而不草。那时小子跟爸爸妈妈乐呵一通，把繁体"雜"字辨认成"雄"字的那块金宝土产日杂商店的招牌字，不是出自尚重风的亲笔，也是他的徒子徒孙的习作。

现在位于荆州古城望东，与沙市接合部的国家级两湖绿谷农贸批发市场，几个大门的横匾招牌字及广告对联字，可能也是这种情形，不是尚重风的亲笔，就是弟子们颇见功力的习作，最次也是其未曾谋面的追随者的仿作。

就跟在北京琉璃厂和潘家园差不多，随处都有卖的名家启功及范曾先生的字，是真是假？不说外行，就是专家若难谢敬酒也有可能"清白一世糊涂一时"。

万味人的主打字体，呈横扁形，秉承古代魏碑字体的风骨神韵，又糅进了历代行草精髓的灵动俏丽洒脱神往，颇具现代气息，又不失历史厚重，因而独见创意自成一体。

又因当年万味人，供职于市级群众文化工作单位，所以那时他的字，在官场和坊间都很受青睐。若是熟悉而又细心的曾经"万老粉丝"，在现在的沙市中山公园内，还可以见到万味人题写的景点冠名字。

爸爸原来习作的现代魏碑体，内圆外方、中规中矩，难兼活泼，见过万味人老先生自成一体的魏书新貌之后，好生喜欢。

于是，爸爸"不成敬意"也在自习现代魏碑体的基础上，糅进了万味人的魏书元素，这样一来爸爸经过一段时间"改造"的魏体字，呈现出的特征是，既保持了魏书的稳重大气之韵，还有了楷书的玉树临风之静和行书的酣畅淋漓之势及草书的精灵狂放之醉，不拘一格、不毕一役，即兴着墨、匠心出彩，不仅观感时尚而且方便适用，颇有市场。

当时有行家们评说爸爸"好学生"写的魏书，对万味人老先生的字有"滥笔"之功力了。

也因此，爸爸还曾作为万味人老先生的替补，一同前往北京参加过筹办"沙市工业产品新成就展览"，一行二十多位各怀"绝技"的临时工由市委常委级别的"冒号"带队，专车往返，历时近一个月。

爸爸妈妈结婚自己打家具用的"宝丽板"，即装饰板，就是爸爸那时随车从北京带回来的。

往事如烟，提及好笑，可是 20 世纪 70 年代中期，沙市还没有这，现在看来已经不是东西的东西，历史是多么"无情又有情，有情又无情"。

爸爸还跟妈妈带回一件像蛋青色的连衣裙，妈妈乃自然喜喜"笑纳"、"美不胜收"，尽遂爸爸千里归来之美意！

发敬物的主打字体是隶书，他的隶书字圆润而稳重，飘逸而沉静，比有的字帖和报纸上常用的隶书字，入眼要来得顺溜和亲近。

爸爸出门在外的机会虽然不多，但只要见到隶书字，都会自自然然地与发敬物的写法作个比较。只论造型，至少可以说发敬物的隶书字，具有十分明显的沙市地方特色。

据传，发敬物老先生可能骨子里传统文人墨客的基因颇盛，因而还是个个性较强的书法家，请他写字的，越是显摆来头，他则越不爽快。

戈放看，是爸爸那时所知的沙市书法名家中，唯一一个科班出身又与"土八路"们很合得来的"洋才子"。他的本职工作，是国企"金沙暖水"的工艺图案设计师，以国画花鸟草木见长，但在市井坊间，戈放看的书法名气可能更大一些。

戈放看的主打字体，有名家郭沫若先生书体的大韵。

以爸爸无名鼠辈不值一谈的浅薄水准赏析，郭沫若的行书，犹如通过透视观赏人之手掌，骨感充分，更显劲道，如中国银行的招牌字样。戈放看的行书则丰满妩媚、多见浓墨。

但在沙市想要看到郭沫若的真迹，必定难得，戈放看的书作因时常有赏，所以一般都奉称为"郭体"，让人赏心悦目有市场，又有什么不可以？！

江海今的主打字体也是行书，但好似入道成仙的他所写的行书，可能是由于长期临习老祖宗传世古字帖的结果，功力颇深，具有特别的一种古朴苍劲，因而看到江海今的书作，仿佛看到满街的男女老少都穿的是时尚之衣，偶尔看到了穿唐装的、穿旗袍的先生女士一样，既有由衷的敬重感，又有说不出的陌生感。

如果把江海今的行书和戈放看的行书，硬要有一比，那么，江海今好比是传统代表队的，戈放看好比是现代代表队的，各有精彩给力。

智经朝的主打字体是美术字，尤其是其写的黑体字与报刊上的比较，由于很有他自己独创的张力而更显立体效果颇为壮观醒目。

然而，有点令人扼腕的是，前些年，准确一点儿说在 2010 年以前，爸爸妈妈好不容易有空"重温旧情"时，到市区中心的天北路等处逛逛，还可以看到，以上沙市几位书法名家中，总有那么一两个幸运爷们的招牌字，之后好像被电脑"老先生小学生"，统统给取而代之了。

不知是他们"主动缴械"了，还是"革命到头"了？反正难得一见他们当年风头正劲的奉献踪迹了。

但是他们"大腕大家"的风范风貌，在爸爸妈妈的心目中却风采依然神采依旧……

那个时期，爸爸因跟搞文字工作有关联，所以也常常写写毛笔字和排笔字，排笔字即美术字。

爸爸写的最大美术黑体字是"厂举大庆旗，人学王进喜"。写在当时工作单位"金牛品塑"，临市区中心主干道天北路的大型车间的一面墙体上，每个见方的大字，差不多接近三层楼高。

爸爸徒手写好轮廓后，再由瓦工师傅"拔刀相助"用水泥灰做成两三厘米厚的立体字，然后再用油漆刷成红色，非常醒目，可以说成了那个时代的一个小景观。

写字的敬畏一族都知道这么两句话，字越大越不好写，和鬼怕过堂、字怕上墙。

那时爸爸谈不上什么为艺术只是为碗饭而"黄魂"胆子大，写就写，弄出来的效果还不错，经得起内行考究。当时沙市写美术黑体字的名家智经朝先生，看后也由衷点头称道："可得"！

这么兴师动众地写这么大的字，当然是奉命之作。

在那时，因要给熟识的捧场朋友们帮忙，爸爸也曾冲过汉界楚河，题写过两块招牌字，用的都是略带一点儿郭沫若行书味道的字体。

一块招牌字是"东区五金商店"，每个字约一米见方。爸爸写好后，人家拿去请师傅精耕细作，用白铁将每个字敲打成起凸形状，在每个字背面，再用支架坐北朝南悬空横排在店面的上方。

另一块招牌字是"武汉医学院分院"，就是那种一般多见挂在单位大门一侧的白底黑字竖式木质招牌。

这个单位的前身是沙市卫校，后叫职工医学院，再之后则是现在位于天祥北路上段的"长江大学医学院"。

我们家经营酒店时写的招牌"刘罗锅酒店"，也是略带一点儿郭沫若行书味道的字体，属于"自产自销"啰，且是由电脑放大，经喷绘加工而成，顶级算是多了一次彩排而已，不是成绩。

然而，不由得想跟小子们唠叨唠叨的是，每每提起这段经历，爸爸妈妈难以忘怀不但觉得有所回味，而且还对其间有的片段颇为费解，令己咂舌，感触怪怪。

爸爸当年二十五六岁，虽然年轻，可能正是这样才会学习写字的劲头蛮足，经常活跃在沙市当时的几个群众文化工作单位之间，有时他们入手不够，就将爸爸"好学生"当自己的团队，助阵出展牌、出广告、出光荣榜等，虽是"贴牌"乃见"品牌"，还算个"壮丁"算个角。

爸爸反正也只当练字，无所顾忌，无所杂念。

又好玩又有点儿"悲壮"的是，因为在热恋之中爸爸有时还得"忽悠"妈妈，贴身为哥们"做'守城'宝贝，做定心'女神'"。如此边玩恋爱游戏边做自愿义工，不但不怨"分文不取、颗粒无收"，还能"闻风而动、包打天下"。

这样几年时间下来，于是在圈里圈外就成了一种被捧场朋友们非常熟悉的感觉，说小有名气也沾点边，但与前面，爸爸所知的沙市当时的几位书法名家"光芒四射"相比，还不只能属于"扣肉下面垫底的炸胡椒"（扣肉有叫干张肉在湘鄂一带皆颇负盛名）……

怪！怪！怪就怪在这里！

当时沙市的"金沙暖水"是一家生产外贸产品很火的企业，某品牌获得国家金奖，从北京捧回的奖杯，给配制了一个精致的座子，要写上几个介绍的文字。

前面提到的戈放看先生，可谓沙市当时的书法名家中的领军人物，就是这个企业的瑰宝。即是除了戈放看之外，据爸爸所知，另外也还很有几位科班出身的能写会画的"圣贤"。

现成的胡子不安须，具体负责办理此事的，还是当时市政府某委的顶级"冒号"之一，竟径直到爸爸的工作单位里，通过顶级"冒号"专门找爸爸去，为金奖奖杯的座子写介绍文字。

弄得爸爸都有点儿丈二和尚摸不着头脑，不好意思。心想，不过上十个字，放得着"大驾亲征"吗！还搭上爸爸这学艺老鼠，在山上老虎多的是单位充大王……

尽管如此，这有如泰山压顶似的"重用"，是不好推辞的，谁都马虎不起，写还得归写。

市政府某委，之所以没有就地取材，而要下跳棋找爸爸去"充大王"，爸爸妈妈诚惶诚恐地以为，只能以小人之心度君子之腹的这么善解人意。

　　大凡圈子外的爷们，对于圈子内的哥们的水准，谁高谁低？有可能就是凭借一时所熟悉的感觉，涉及公事公办，尤其是一个单位顶级"冒号"熟悉的感觉。

　　比如这次，如果是顶级"冒号"钦定的，要哪个"哥们"写，办事的照办，是好是不好？仅限办事而言，办事的"逗号、顿号"皆菜刀切豆腐两面光。

　　如果是办事的凭熟悉的感觉，要哪个"哥们"写，事关颜面的，一般都得跟相应的顶级"冒号"进行报告。顶级"冒号"有主，办事的好说，没主，办事的"逗号、顿号"就得推荐。

　　为保险起见，一般都得推荐被爷们都较为熟悉的感觉，效果出来好，当然都好，万一效果不好，"冒号、逗号、顿号"皆无话多说，至少无话深说。

　　世上类似鱼目混珠、滥竽充数之说，是怎么来的？大概就是源于这么一些说不清道不明的因素。

　　爸爸妈妈"怀才有遇"而有谢之际如是说倒不是不识抬举，也不是不够意思，倒是通过当年这么一个片段，时常有所联想：

　　之一，不论哪个无名鼠辈，若是具备某个方面的相当水准，但从主观上完全没有顾及包装自己和经营自己。换句话说，就是打不响名声，创不出牌子，别的爷们难以辨认，好比一枝鲜花埋在牛粪里，还不如一把枯草插在花瓶中，如此这般，也怪不得哪个"有眼不识金镶玉"。

　　要不然你这哥们除非是一枝稀世之花，即使这样，也得要另有一点探险精神的爷们，才会扒开牛粪去采。

　　当然，肯扒开、敢扒开牛粪的爷们，还得财大气粗、势力相当，出来了，稀世之花本身值钱，探险的更值钱。如果无疾而终也是壮举，敢为人先也是一种收获，财气、势力齐备的爷们就是如此左右逢源。

　　然而，如今满市都是鲜花，自诩是稀世之花的也不止一个两个哥们，那么还有几个爷们，愿意探险去扒牛粪而采之？所以，在激烈的竞争游戏中特别在乎自己包装自己、自己经营自己了。

　　之二，为何假烟假酒、假药假食品、假记者假专家、假"冒号"假文凭……不须赘述，稀奇古怪的假，什么都有。

这是不是源于过度讲究包装、讲究经营之有意无意中，给那些确实有需求的爷们出了一道大考题？要是没有相当的水准，加相当的财气、势力，对于种种之假，真是难以辨别到哪个造假的"哥们"原形毕露。

因而，有见求神拜佛的爷们越来越多，庙宇香火也随之越来越旺，大概指望撞运气吧！祈祷不撞到假的……而让好梦成真！

之三，真的，不包装不经营，有可能不敌假的风光风行，但不至于灾害到哪个爷们。

假的，靠包装靠经营，到以假乱真的程度，对于哪个爷们都有可能是灾害。

即使撞运气，也有撞到假庙假和尚假经文的可能，所以即使再风流的爷们无论咋的，还是得有点辨认辨别之功才行。

当年，爸爸妈妈要小子辨认招牌字，算是小考小子的辨别之功，小子则大考过爸爸的辨别之功。小子搭在爸爸的自行车上，学外语就是如此。

那时爸爸用一只手把握自行车龙头，另一只手拿个单词本念中文，小子说外语，是对是错？全归小子"孝忠爸爸妈妈绝无二心"！

爸爸虽依然是"中国心"但绝无辨别之功，真是大考，过不了关。唯一可以给点分的是，证明小子说的不是中文。

这个"杂技车"上学外语都是在送小子中午上学的路上，因为早上一般都赶得紧，中午的时间相对宽松一点。

为了安全起见，爸爸不怕一万只怕万一宁愿多骑一点儿路，不往近些的、闹市区的天北路走，而改走偏一点儿的天长路，经天圆路或天塔路，那时这样的路车要少得多。

但横过车道时爸爸总要问一句，坐在自行车后架上的小子，"是不是万里无车"？小子说是的，爸爸便再回头望望，迅速过去，不是的，便继续前行，边念单词中文，边等空子过去。

可见，生活中随时都存在需要辨认辨别的事情，而且，小子即使修炼到了齐天大圣朋友圈也还要能够做到，像在爸爸妈妈跟前辨认繁体"雜"字一样，心态好，辨别无误求之不得，一时失准一笑而过，绝不至于如何如何乃之折腾自己，弄明白了下不为例，便是一个了不得的成绩。

此乃也是一个良家弟子，在其一生"登峰造极"奋斗中，不可或缺和不可小觑的一个"拆弹"基点与休整营地。

　　（本节底稿于 2012 年 8 月 16 日 16 时 00 分至 21 日 16 时 35 分完成，于 2015 年 7 月 6 日至 7 日誊正）

命运之问

　　小子读小学的时候，爸爸妈妈有次去接小子放学回家，只见小子在教室外的操场边上，咳得厉害的程度，使得小小身子弯弓成了一个大大的问号状态。

　　爸爸妈妈一时百感交集！小子没有因为咳得厉害而跟爸爸妈妈提出不上学，爸爸妈妈的疼爱心情是小子"大老爷们"能挺住就挺住，当然也好。

　　课，随便掉不起啊！边看病边上学，咳成问号，也得坚持挺住，这何不是，一种命运之问？

　　这又何尝不是，一代人肩负一代人的命运之问？

　　到了临近高考前的个把月，小子病了差不多也是一样，顾不得上医院看，早上赶早，就在我们家卧龙宿舍旁边的小诊所，挂完吊瓶，接着仍然赶到学校上课、复习。

　　无论是在平常之时，还是临门一脚之际，小子的顽强态度与拼搏劲头，特别是特有的一种淡定与坦然，都还称得上有点儿硬汉男儿那种必需的成器气象……总是在向命运之问，争取交上一份取向较为恰当的答卷。

　　关于什么影响和决定命运？

　　知识论、性格论、细节论、运气论，以及认命论、龙凤老鼠论，等等，各有其详，各有侧重，各有讲究。

尽管沧海横流万马奔腾纵论颇多，但以爸爸妈妈的了解及体验，最终影响一个小子的命运之决定性因素，还是在于这个"小小寰球"的价值取向如何和恰当与否？且两者不可偏颇……

诚然，它是有区别对待不同人等的陋习，但却无刻意打压恰当与否的顽疾。

所以简言之，价值决定命运。

价值？何为价？何为值？既有大气候、小环境的促成影响，也有一个举足轻重自己的取向影响。

爸爸妈妈把小子的任何事情，从来都是放在最重要的位置来对待的，其他的，如嘴上说的书报上印的墙上贴的某些名堂，就有可能顾不了那么多了。

因而，对小子读书爸爸妈妈当然是看得重，对小子的看病，同样也是一点儿不马虎的，全力以赴是常态，至于会不会影响到爸爸妈妈"老天们"本身饭瓢子的金银铜铁、烂泥巴的问题，绝对是次等考虑的事情。

换句话说，为了小子的事情，因而有可能失去什么，都是值得的。如果爸爸妈妈，不是这种无怨无悔的价值取向，小子阳光灿烂的尚顺命运，有可能就在一次看病的事上，发生逆转。

那年小子还很小，因肺炎还是肠胃疾病被沙市颐和医院诊断后，转院到位于天波路的泰和专科医院，否则，爸爸妈妈轻易是不会把小子弄到那里去看病的。

赶到泰和专科医院，一番常规问诊之后，医院就给小子"哥们"挂上了吊瓶，爸爸妈妈都守护在旁边，焦急观察，不大一会儿，爸爸妈妈发现不对劲儿，怎么小子的症状越来越重？原来是吊瓶输液滴得过快，所引起的严重反应。

后来爸爸妈妈了解到的常识是，成人一般的每分钟是六十滴以内，小子们应当酌减，可是当时医院给小子挂上吊瓶后的滴数，几乎翻倍。

如果不是爸爸妈妈发现得快，呼喊医生及时查看调整，那一定是去治病反被搞成了加重病，小子不仅会继续承受这等白白之灾，后果还不堪设想。

打这之后，不论是小子看病，还是妈妈看病，只要被挂吊瓶，数滴数，便成了爸爸妈妈对医院看病后，必把的一道关。

像这样小小不言的事情爸爸妈妈领教多多之后感到，对于之中有的名堂只能当个美好的参数，丝毫当不得"全托"的定数。

恰逢其事假设不想全力以赴全神贯注……一失足成千古恨！恨之根？何不是自身在价值取向上，出现了偏差所致……即使事出有因、情有可原，自身还能毫发无损、完好如初吗？

审慎评估价值，恰当做出取向，哥们的命运如何？莫不是在这不断的评估、不断的取向中，得以显现、得以延续……

说到给小子看病，爸爸妈妈不是专家似乎"自成一家"，还有故事要讲，还有真经要念。

小子六岁之前，伤风感冒发烧什么的真没少到医院报到，三岁之前更是频繁，有回一个月里，小子就住了两次医院，以致整得爸爸妈妈在医院里，看到卧在病床上的小子，时常称"老干部、常委"。

看门诊也不轻松，挂号爸爸脱离大部队可以单兵作战，排队等长等短无所谓，可是就诊，就非得爸爸妈妈连同小子成建制集体行动了。

小子"入世"首站落脚在沙市颐和医院，小子看病也全在这里。

当年沙市颐和医院儿科候诊特别紧张，热闹倒是热闹，盘龙似的候诊队伍里，除了小小子们大小子们外，有的甚至还有"老小子们"助阵，一般都得等一两个小时以上，弄得不好，可能赶早去的老老小小们，也得拖到中午或者下午才能回家。

只要是给小子看病里里外外都不能马虎，忙得团团转，已是家常便饭。

即使不给信，爷爷奶奶外公也没少紧张，三天两头，不是往我们家里跑，就是往医院里赶。

爷爷和外公到底是大老爷们，来看小子一般都不作什么"指示"不发什么言，眼神见忧，但深沉的面目总是微微见笑。

奶奶则大不一样，泪眼巴巴，怜惜不断。

奶奶对小子的总评语是："怎么像个黄秧子木？""怎么像个黄秧子木？"奶奶每次和爷爷来看小子"大老爷们"，越是心疼，就越频繁地叨念这句，怎么像个黄秧子木？

尽管小子的身体表现渐好见壮，爸爸妈妈也尽量地宽慰多多，但是奶奶过来之后，只要见到稍微一点风吹草动，奶奶仍会喃喃叨念小子，怎么像个黄秧子木？！

爸爸真不够"哥们"还亏得做过木匠，至今也不明白，奶奶那时所说的黄秧子木，是个什么树种？或是个什么比喻？

当时只顾着附和奶奶、宽慰奶奶，没想到机智一点、幽默一点，问问奶奶，能不能弄点儿黄秧子木，给小子玩玩什么的，也许这么一来，既缓解缓解了奶奶的忧虑心情，又弄明白了黄秧子木的尊容贵体，温馨而祥和，该有多好！现在想问早已来不及……

这当然是爸爸那时年轻不成熟犹如一杯白开水的淡然之憾！

体贴、敬重，以此关爱、孝敬老神仙们，不在仪式，不在钱财，不在远近，不在花哨，就在这平平常常的、点点滴滴的、大大小小的事情之中丝丝入扣心心相印。并且从中能够端见，后辈"一二三四五"的真诚、平实、本分、自然，无奢望、无怨责，有努力、有担当、有分寸、有倒正，充满阳光、充满希望。

爸爸妈妈这么认为，虽然算不上是大彻大悟，但的的确确是，实实在在地呈给老神仙们的一份补课作业，或可谓之寻常人家的一则孝道真经。

如今可以告慰外公爷爷奶奶的是，小子"牛哥"上大学之后，身体一直还是很棒的，尤其现在，小子还肯接受爸爸妈妈的指定科目，坚持俯卧撑健身锻炼。

还要向外公爷爷奶奶告慰的一点是，小子成家前后都得到了小子的爱人和她的爸爸妈妈、爷爷奶奶、姥爷姥姥及亲友的许多及时照护。

特地要告慰奶奶的是，小子早已再不是当年您老眼中的黄秧子木了……

其实，小子小时候时有闹病，爸爸妈妈年轻而"受罚不轻"还是蛮有教训的，完全可以作为真经记取。

爸爸妈妈记忆最深刻的是，小子有两次重度感冒发烧住院，都是因为爸爸妈妈缺乏经验，把一两岁不到的小子，带到了影院和庆典聚餐这样的场合之后，直接引起的。

太小的小子们，对于这样的场合真的没有什么抵抗力。是不是个案？爸爸妈妈毕竟不是医生，但爸爸妈妈因此还是得建议年轻的父母们，最好不带尚小的小子们赶应酬凑热闹，而出入"高朋满座"的场合。

实在得去，或实在要去，请老神仙们代劳照护小子们也无妨。可是不能把它当作"转包偷着乐"的由头，若是这样老神仙们可挂免护牌，同样也无妨。

孰重孰轻，哪头更值？这对年轻的父母们也好，对老神仙们也好，爸爸妈妈以为都应上心取之才是。

就是等小子成了"老子"，爸爸妈妈可以说出的第一道"告示"将是，明令小子不准带小子们赶应酬凑热闹，而出入"高朋满座"的场合，至少是在三岁以前"不得有误"！

回过头来说，哪个"神仙下凡"吃了五谷杂粮，都有生病的可能，尤其是小子们。

因而连在如何防病、看病上的价值取向，都如此拷问良心、考验智慧，甚至如此要命，其他的奇奇怪怪的事情，还有好多好多，无论是非得直面之时，还是不期而遇之际，关乎命运之舟抵达何方，全看价值取向，导航之恰当与否。

不可小觑！必须慎之又慎，了然于心！

（本节底稿于 2012 年 8 月 22 日 13 时 55 分至 24 日 9 时 45 分完成，于 2015 年 7 月 7 日至 8 日誊正）

第三章
天上之校

进去了，读出来了，在这个基础上，进入了学以致用的发展之道，那真得算作是天上之校的功绩，至于个人的能耐，不管有多大，都只能是一点亮之于灿烂星空、一滴水之于奔腾江河，不值一谈。

进不去，或者进去了读不出来，或者读出来了发展不了，虽然不能说，一定就会一无是处，但多少会有些折腾伺候，即便是另辟了佳径，干出了辉煌，对于天上之校的惊呼与感叹，可能也是一个永远无法改变的情怀！对于天上之校的省心与便捷，可能也是一个永远无法改变的诚服！

幽默之作

　　老天赐福，小子小时候圆圆乎乎的苹果脸，奶膘多多，因而眉宇特征、藏而不露，渐渐长大，自然脸上便少了些奶膘的掩护，多了些出色的展示。

　　最逗人的是，小子的小小眉毛略呈正八字形状，虽很有点机灵调皮之神，可是略无呈倒八字形的那种，俊朗四整之威。

　　然而这由遗传基因决定的小小"亏待"，小子没找爸爸妈妈补差就不错了，爸爸妈妈不由得还时常跟小子打趣，说小子"哥们"的眉毛，形状像林彪的眉毛。

　　爸爸妈妈丝毫别无用心只不过是凭曾经的记忆，给小子创作一句动漫似的戏言，开开心，活跃活跃"哥们"在一起的氛围。

　　那时小子乃小小的小子一个，对于林彪为何人肯定不详一二。

　　没想到以后，小子竟灵光闪现地把爸爸妈妈的这句戏言，弄进了小子自己的习文大作之中，当来头似的向老师交了卷。

　　一晃小子已经成家立业了，当年那篇作文，小子写的大致内容究竟是些什么？爸爸妈妈一点儿印象也没有了，就对"爸爸妈妈说："我的眉毛，形状像林彪的眉毛'"这段如此幽默一把的复述，还能提及。

　　让爸爸妈妈略感惊讶，同时也略为欣赏的是，小子那时是刚刚开始写作文，小小的小子们一个不说，还是大大的新贩子一个，就能从爸爸妈妈与之打趣的居家生活之中，信手拈来一点素材，而且对自己的"酷帅形象"，明显不是加分的东西，通过幽默一把，转换消化之后而自然加分，够能耐。

对于小子的这点能耐，过去赞赏，现在赞赏，将来永远赞赏。

爸爸妈妈从而感到，幽默源于自信自在，坦诚坦然，而在不经意之中闪光，在闪光之处润物无声，在无声之时奋勇向前。

悠悠岁月中，此乃一个无名鼠辈该是多么应当具备的一种宝贵品质。

小子那时写作文，除了从爸爸妈妈这样的身边的"鲜活"影像中，找熟悉的素材之外，还有一个特点，就是从所看的文学作品中找感觉。

那次爸爸妈妈"突袭"小子的作文本看到的另一篇作文中，有一段类似对白的东西，就明显借鉴了当时热播的一部电视剧中的有关表现手法。

爸爸妈妈感觉，小子那时刚起步虽稀里糊涂但走的路子还正，不是偷懒抄袭，应属举一反三、触类旁通，"再创作""深加工"。

小子们上学之后到了要写作文的阶段，各自家里的"大手掌们"，大多数可能要杞人忧天一番，怕小子们临阵抠破脑壳，好像也无话可说，把扛大头的作文分给弄丢了影响语文整体成绩。

如果因此失去兴趣，进而便有可能形成偏科倾向，而偏科一旦刹不住车，到了读完十二年算总账，又可能会扛不回高考的高分，连锁反应，小子们怎么过作文这一关，非大非小，哪个老子们不上心？除非自己的小子们，有点儿"文豪"的天分。

爸爸妈妈并非老子们中的"老子"一点也不例外，"突袭"小子的作文本用外交语言来说，就是一种严重关切。

不过就那么一次之后，爸爸妈妈再没怎么惦记看小子的作文本了。一来爸爸妈妈看小子写的作文还凑合，二来爸爸妈妈本身也菜，若是硬充高手瞎指挥也不是事。所以爸爸妈妈"老天们"总的是感到使不出什么招来，助小子一臂之力。

有点"千古奇冤"的是，也可能是有益于小子写作文，和有必要适当放松的原因。爸爸妈妈一般都从不严禁小子看电视，倒是在纠正，小子在看电视时的坐姿上，爸爸妈妈一直顽强战斗到小子上大学，却也没能阻止小子，向眼镜大军渐进的脚步，真的很有挫败感。

不知是爸爸妈妈没出狠招，比如动武？还是小子真的学累了，"哥们"有点撑不住？可能也有小子对"哥们"自己修炼一副硬汉仪态，不那么自觉、不那么看重的原因，因而养成了小子看电视时，喜欢斜靠在沙发上，似坐非坐、似睡非睡。

再加上当时，我们家卧龙宿舍的房子所限，沙发本来放得离电视就近。种种因素叠加，这样对小子视力减退的加速动力之大，可想而知。

对保护小子的"天爷"视力，爸爸妈妈可以说是特别特别的上心，上心中的上心，除了单挑纠正坐姿，也没少打组合拳。

小子刚开始说，看黑板感到有点儿吃力时，爸爸妈妈便赶紧带小子到沙市颐和医院看了医生，吃了一段时间的药之后复查，视力均恢复到一点五的标准度数，爸爸妈妈甚喜。

可是过了几个月，再查小子的视力，还是九退一还一了。

看来靠医治保持不了，上天赐予小子们的"天爷"原始光明。

爸爸妈妈也只好告饶，给小子配了眼镜，对小子视力的原生态保卫战，算是彻底宣告失败，只有继续打阻击战。

爸爸妈妈在对小子用眼、护眼的这件事上，真是个"矛盾将军"，一边拿着鞭子，抽小子学习加码加油，读完本科，读硕士，拿了硕士文凭，还巴不得小子，边挣钱边顾家边自学，最好能读个博士。一边举着喇叭，呼叫小子用眼时间不能过长，眼镜配换要及时，不能马虎，不能惜钱，不能亏待"视力"……

没完没了，着实让小子有得一整。

爸爸妈妈常常讥笑爸爸妈妈自己书没读好，"不名一文"，但两个眼睛还可以。虽说早已是朝阳不再而夕阳正在的队伍，但只要光线充分适当，看看书报，写写大字小字，不用佩戴老花眼镜，还能凑合坚持抗战，算是有一头？

所以爸爸妈妈又常常爱暗暗地问一个，爸爸妈妈自己也没有底气回答得了的问题：为什么不能书又读得好，眼睛最终也还可以，不用佩戴什么眼镜呢？

能够保持原生态、自然光明，该多好！

说真的，每每看到眼镜队伍晃晃，有时还哗哗汇聚一片，爸爸妈妈既好像有点儿肃然起敬又乃之有点儿"睹不忍睹"，从心底里边便会自觉不自觉地冒出这么一个问题。

爸爸妈妈还有点痛心疾首地"杞人忧天"，唠叨了这样的短语："苦读成四眼，此乃也一险，替天呼适度，眼好也状元！"

其实，那年小子在高考期间咨询报考学校的时候，爸爸妈妈借机，也曾看似无意而很有意的，与我们国家顶尖军校的现场招生老师们聊到了这个事情。

记得当时有老师已经算是够坦诚、够现实的，给了爸爸妈妈一个说法。

有老师说的大意是，既要要求小子们的书，读到一定程度，又要要求小子们的视力，也保持在相当的程度，这是一个几乎很难达到的要求。

因而即使军校招生，在视力方面是有一定的特别要求，但也是有所调整性选择的。

关于这个事，上面军校招生老师们的一番话，应该让爸爸妈妈听明白了。而再说高点儿，"国家""军队"也有所惋惜与忧虑。

即使这样，爸爸妈妈仍然有自己的执着认为，而且，爸爸妈妈心有不甘所以虽不是眼科行家，也班门弄斧斗胆地说说，小子们要把书又读得好，又不至于读到佩戴什么眼镜，是通过稍稍努力能够希望做到的事情——乃至"绝处逢生"的方向应该这么走：

一是，一定要注意和讲究，看书写字始终保持一个正确的坐姿。

只有坐姿正确，才能保障眼睛与书本，有着适当的距离。

可以说，要保障眼睛好，怎么强调小子们的坐姿也不过分。因而若是眼睛坏了，先得找坐姿不当，这个万恶之源。

常言，站有站相，坐有坐相。看来还不仅仅是个仪态仪表，受看不受看的事情，对保护视力的重要性，简直是压倒一切……

再则，一个人看书写字要养成和保持正确坐姿，必须得从小子们开始"做功"、发初——在自己是小子们时得靠老子们督促；在自己成了老子们时得很好地当回事督促小子们，不然这个简直压倒一切的事情，会成为一句"伟大的空话"！

二是，光线强了弱了，都不能凑合。

坐姿正确与否，小子们自己完全有自主权，用之不当，视力减退，找自己算账无话可说。

光线强弱，可能有客观条件不具备的实际状况存在，比如教室光源、座位远近等，都可能引起用光差异，导致强弱不当。

即使碰到这类，自己不能当家做主改变的状况，但也应积极设法改善。比如光线强了，适当作点局部遮挡，弱了争取调整座位，这里运动战比持久战，多少得强点儿。

而哥们自己能当家做主的，就不能偷懒，比如在家里，桌子高了点，板凳矮了点之类的因素，影响了坐姿正确，进而影响到用光不当，就不能有将就一下是一下的偷懒想法。

不然，拿视力去拼光线的强弱，绝对是一时偷懒，一生可能受罚的"凡人善举"。

另外，这还是个说起来容易明了，做起来则容易被抢时间给掩护起来的，偷懒有理之有理的事。不信，小子们老子们都比较容易掉进这个"客观联军"挖的坑坑里，不得不提醒，不得不提防。

三是，连续用眼时间一定不能过长。

最好不要超过一堂课四十多分钟的时间。现在电视连续剧设计的长短时间，可能都有点这方面因素的考虑，小子们自己为什么不能想方设法地善待自己的眼睛，节省自己的视力呢？

所以把大考之类，有纪律规定不允许的除外，对其他赶进度的活，即使没有自主权起身离开什么的，至少可以让自己的眼睛投投机，开开小差，比如，微微闭眼捋捋思绪，抬抬头看看远处等，总是可以的吧！

自己想保护好视力，"空子"总是有钻的，不能抱着横竖拼了的态度，不能以光明为代价，换取眼前的小成绩。

另外，保护视力还有饮食调剂，运动调整及户外活动等方面的讲究，哥们能够知道多少，注意到多少，最好不过。

说良心话，用眼处于战争状态似的高度紧张阶段，一般来说就是在学生阶段，当然这也是最重要的一个阶段。

参加工作之后，若不是做的纯拿笔杆子之类的工作，用眼紧张程度则会大大缓解，因而，小子们只要真心的好好把学生阶段给挺过来了，之后保护视力的压力，将随之大大缓解。

但是这么说，也不是万事无忧，假是梦幻多多又变现少少，而以没日没夜地玩电脑游戏等聊作排遣，同样也是要哥们眼睛的命。

在这个事上，爸爸妈妈的冤枉心操得还是蛮大蛮远的。比如，为什么如今台面上的将帅们，比历史上台面上的将帅们，佩戴眼镜的要多一点儿，是不是跟需要使用的电子产品越来越多非常有关？

看看现在的一些小子们的作为，大致就可以想象未来的，一些大小子们"老小子们"的景观如何。

近些年，爸爸妈妈可能是少见多怪，在参加庆典聚餐时发现了一个以前没有的现象，就是小小子们在等候开席的时间里，有的拿着时髦电子产品，在目不转睛争分夺秒地玩着视屏游戏，甚至有的大小子们连在洗手间蹲点的时间，也不放过玩视屏游戏，以致有了"低头族"一说。

如此等等，能够把脑筋玩活了，当然是好事，过度而为之，若把眼睛玩坏了，冤大了如何是好？

视屏电子产品，帮助哥们开启了智慧开阔了眼界，却又或多或少地给有的哥们的眼睛，加重了负担，甚至带来灾难，这等生活中的沉重幽默，小小子们大小子们有可能一时体会不到，即使有所触及，也又有可能顾及不了，老辈们可能虽有所觉悟，也不一定能阻击得了。

尽管如此，爸爸妈妈觉得老辈们，还是得尽最大努力地去，为保护小小子们大小子们的视力而奋斗。

不然，太多的哥们，都成了眼镜"专家"，哪个哥们来种"庄稼"？未来总不能靠吃"眼镜"，还是得靠吃粮食生存吧……

祖国有我，我为祖国。

小子们！"壮志未酬志不休，来日方长显身手……"像林彪的眉毛，可以幽默一把坦然面对泰然处之，对于视力的保护，那不仅仅是俊朗、不俊朗的景观问题，更重要的是光明与不光明，此消彼长的终极 PK。

只有切切实实地保护好今天的眼睛，才能够确保"天爷"，无限的明天的无限光明。

（本节底稿于 2012 年 8 月 24 日 14 时 05 分至 27 日 15 时 00 分完成，2015 年 7 月 8 日至 9 日誉正）

一步之差

外国朋友的一本书《钢铁是怎样炼成的》，曾几何时对中国的"老老少少"影响不小，那当然多是正面的激励作用。

那爸爸妈妈"奇了怪了"的是，耳闻如今有的小子们一旦染上了网瘾之后，有如吸毒贩毒的那般疯狂。不仅仅是，不怕学校、不怕老师、不怕父母的问题，为了"找钱"上网，怕被告发竟敢杀人灭口，有的不服父母管教，也竟杀之了事，这般恶胆是怎么"炼"成的？

天抖地颤，骇人听闻。

爸爸妈妈跟不上趟到著述此稿时虽说还是个网盲，但对电脑、网络这点玩意儿，最先兴起的也是外国的朋友如比尔·盖茨，爸爸妈妈还是略知一二的。

这里这么说，倒不是责怪什么的，也无可指责。

人家朋友们兴起这点东西，发了大财，同时推动着经济社会文化等的进步。也确实，让全世界大多数国家或地区的经济社会文化，等等，或多或少都发生了划时代的变化。

试想，玩网络游戏能够有瘾的小子们，能够把那个劲头，能够把那个胆子，拿来走正道"炼钢铁"，有什么不可以？

事实上，也真有小子们通过玩电脑玩网络，先成怪才后成大器的，虽不可能"批发"，但毕竟也还有点可取之处，就当没有办法的办法，有瘾的小子们，何不朝这一步去整整呢？即使炼不成钢铁，只要不炼成恶胆能有点"虎胆"也行，岂不是不幸中的"有幸"……

看来做父母的"大手掌们"，对小子们从小怎么带？怎么管？确实是个有些左右为难的事情。

爸爸妈妈感觉像小子这样的"圈养笨熊"一般胆子都比较小，就曾经为之颇有怜惜而心生顾盼。

爸爸妈妈送小子到校，一般都还是很有点提前量的。一是怕赶得太紧，在路上慌里慌张弄出事，二是怕小子到校之后赶着上课，慌里慌张难得入神。

有的老师就曾对爸爸妈妈说过，小子们上学来得早了，有点可惜时间。老师们说的当然是对的，清早，小子们本来就难得从床上爬起来，哪怕是多睡分分钟，也是美美的，对长身体也是大大有益的。

在这个事上，不可能弄出两头皆甜甘蔗的爸爸妈妈何不纠结？又想让小子多睡睡多美美，又得保障小子不仅不迟到，还得能够从容上课，人到心到，心到神到，这样才能平心静气地学好。

在这点上，小子还真没让爸爸妈妈的心思白费，肯学好学，自觉自在。可是另一方面，大概就是因为爸爸妈妈的这种保障运作，使小子的脑瓜子里没有迟到这个"不速之客"，一旦直面有点惊慌不已。

那时小子可能已上初二了，有天早上，不知是顺便到医院给小子问了问医生，还是天气原因，反正爸爸把小子送到学校之后，小子赶进教室，还是迟了一步。

一步之差，便让小子这等"圈养笨熊"犯了大难。

不但没有喊报告进教室上课的技术，可能连见老师的胆子也没有。

小子此时想到的救星是爸爸妈妈。

凑巧，小子还知道那天爸爸办事的地方，离学校也只有公交车两小站远的路。到那里找到爸爸，小子胆怯怯地要爸爸去学校，跟老师们说迟到了的原因。

其实，爸爸妈妈跟小子的班主任老师、科任老师平时沟通得多了，都还蛮熟的，小子的成绩也一般都在前十左右，算得上是个品学兼优的

"小小知名人物"。

因而，按爸爸妈妈当时的理解以及以前做学生的体验，小子喊声报告要求进教室，老师们不问什么，入座上课得了。即使老师们当即要问什么，如实禀报，放在哪个老师都不至于认为小子是撒谎，况且这是小子的第一回迟到。

也因而，爸爸没有答应小子，立即去学校跟老师们说，而是要小子转去，喊报告进教室自己先跟老师说，等爸爸妈妈去接小子放学时，碰到之后，再跟老师们说。

爸爸妈妈给小子又教了技术，又给了底气，小子还是没这点儿胆子，非得要爸爸妈妈陪小子，立即就一起去跟老师们说。小子此时成了"老子"了，爸爸只得跑了一趟。

直到小子结束学业参加工作为止，这既是小子唯一一次央求爸爸妈妈，去学校找老师们保驾，也是爸爸妈妈唯——次为小子的事，去找学校老师们，要"面子"。

爸爸妈妈之所以在前面说了，由此而心生顾盼，爸爸妈妈如履薄冰般地在想：

如果小子，不是因为受到了爸爸妈妈的这类保障运作保护运作的束缚，胆子是不是会更大点，是不是会更多点"野性、狼性"。不说像齐天大圣那么神通广大，起码也得多点功夫熊猫的招数使使，不多一步，一步不差，这样在社会生活的丛林之中远征，是不是会更有智慧、更有定力、更有作为一点呢……

爸爸妈妈再静静地想想：也怪不得小子，小子们就那么点儿经历，哪知事实上，一步之差在现实中不仅多，而且悬，往往还是件蛮折腾老兄们的事。

比如下象棋，双方一样多的棋子，汉界楚河阵线分明，你一步，我一步，哪个老兄们，也不可以多走一步，够公平。

唯一一点先手后手的公平瑕疵，也是有轮回规则扫平的，可谓全部公开在阳光下运行，哪个老兄们的艺不如人，就得输棋，往往不都是输在一步之差吗？

顺理成章的是，哪个老兄们输了棋，应该是去虚心学艺，后会有期一争高下。如果是个不止一步之差的臭棋篓子，更得发愤图强的去学艺才是。

然而，有的"坏事"也就坏在这笼统地认为世事如棋局之上。

殊不知下棋是面对面的一己之力，而世事如下棋，终究也得面对面，但却绝不是一己之力，背对背的东西，比面对面的名堂，要多得多、狠得狠。

在一定意义上说，这也是一步之差，可是，有的老兄们就是不能承认，这个一步之差，导致过分坚守面对面的东西，按下象棋的规则及思维，去要求这么样那么样，什么星星太阳月亮，什么井水不犯河水、大路朝天各走一边，什么高抬贵手、手下留情……一旦对方，无论是由于食不果腹，根本没有能力而做不到，还是因为看菜吃饭，根本就没想做，而不做到，乃剑走偏锋。

这样也无论是双方互有技艺超人之长，还是互有艺不如人之短，战下来的景观，必定是惨局、残局多多，而胜局、和局甚少。

因而，对于世事中错综复杂同时大多还是极具功利性和现实性的"一步之差"，哪个老兄们如果硬是以下象棋的规则及思维去认识和面对，不但是愚昧愚蠢的，而且，自己危险和危害他人的可能性还极大。

轰轰烈烈的不说，就拿前面提及的，因为网瘾，小子们连杀死父母"大手掌们"的有之，可是父母"大手掌们"因怒而失手，弄死小子们的同样也有之，以这样的血腥事实为例，说到底小子们老子们也不就是，那么一步之差吗？！

父母"大手掌们"无非是对小子们恨铁不成钢，小子们无非是被花花世界弄花了肠子迷花了眼，恨父母"大手掌们"碍事吃不成花果子。

至于这类事，为什么会走到相互要命的这一步？

爸爸妈妈以为，在事情的发生发展过程之中，就是因为相互之间谁也没有沉下心来，花工夫认真去找那些可能一时半会几不起眼"不耀人"，而要命的一步之差，在哪里？又差在哪里？即或是找了，或是找到了，也可能没有从根本上，去承认这一步之差。

因为在这点上，太多的老兄们，最容易进入的沦陷区，就是找客观原因。

比如对于防止网瘾的产生及滋长，父母"大手掌们"可以随便说，工作忙没时间没办法，外出打工的更不用说。这又不假，能不是父母的客观所有吗？小子们可以随便说，别家的小子们可以玩，我为什么不可以玩，同样是有客观可比吧？等等。因而找来找去，总认为错都不在哥们爷们自己的身上，能不出状况吗？

所以，那些真正认识到了"最大的敌人是自己"，由此而真正做到了战胜自己、超越自己的哥们爷们，可能才是真正找到了一步之差，在哪里？又差在哪里的天才！

也是爸爸妈妈之所以，对小子小时候因一步之差，而不敢进教室见老师，当时便有点诧异，以后又有所顾盼，就是希望小子"哥们爷们"在为人处世方面，既不能太张扬，也不可以太胆怯。

正视及正确认识，与人、与事的一步之差，自己把握自己，自己战胜自己，自己超越自己，低调而有内涵，稳沉而有力量。

不被客观障眼，不让主观盲目。笃定世事是如下棋，但又不是在"汉界楚河"那样巴掌大的天地中"下棋"。少点一步之差，多点"一步之上"，哥们爷们的成绩，也许多点得分，以至加分……

（本节底稿于 2012 年 8 月 28 日 9 时 30 分至 29 日 16 时 10 分完成，于 2015 年 7 月 9 日至 10 日誊正）

谦让之度

　　小子"哥们"渐渐长大了，除了上课，还要学拉小提琴，"活儿"越来越多了，"担子"当然也越来越重了。

　　而在小子从小学向中学过渡的前后两三年里的周末和大节假日，还算是比较宽松的一段时间，所以爸爸妈妈和小子，时常会借机来点闲庭信步、谈笑风生似的"长征"。

　　就是一起，从我们家卧龙宿舍，顺着天长路转到天江路，由西北方向，向东南方向，走到盘龙村我们家老屋，看望爷爷奶奶。

　　几十分钟的"长征"，在说说笑笑中一晃而过，对于小子换换脑筋、放松放松心情，肯定是蛮有好处的。对于爸爸妈妈撸草打兔子似的了解了解小子的蛛丝马迹变化，把握培土施肥浇水整枝打叶的最佳时候，也是不言而喻的。

　　"长征"是一宝，小子跟着跑，收获的果子，不比"上课"少，无须动干戈，性价比真高，望树早成材，给力是一招。

　　有意思的是，当爸爸妈妈沉浸在"长征"路上，做小子的"业务"的时候，令爸爸妈妈没想到的是，爸爸"特工哥们"这辈子从开始不服老，而后第一次感觉到有点儿"形势逼人"，直到最终不得不服老，就是在爸爸妈妈和小子一起去看望爷爷奶奶，这谈笑之中的"长征"路上，小子用小小的实力，给爸爸妈妈上的大大的结论课。

认走路，原来小子"目标哥们"肯定是爸爸妈妈的尾巴根子一个，跟不上来了，爸爸妈妈还得照顾照顾情绪，脚下留情，最好与小子合拍，不让小子掉队惹麻烦。

小子小学快毕业到刚上初中此期间，则大不一样了，不知不觉，小子便冲到了爸爸妈妈的前面去了。

爸爸妈妈开始有察觉时，还以为小子此举是一种"造反行为"的反应，专家们不是有这么一说，小子们成长过程中会有一个叛逆期，爸爸妈妈自然而然地这么去对号入座，就没对小子采取什么行动，只当先头部队一个。

后来渐渐觉得不对劲，只要"长征"，小子"哥们"三步两步便冲在前面了。应该是小子在不经意中，客观地展示着小小的实力，绝对不存在什么故意情节，是爸爸妈妈判断有误，把专家们的正经给念歪了，差点儿冤枉了小子，导致冷战。

真是什么事，都不能凭只言片语，一知半解，然后还以"专家"自居似的去想当然。

待弄明了，心气爽了。

这么一来，爸爸"老江湖"还不怎么服气了，便叫板，要与小子比一比，妈妈当裁判和啦啦队，看看，到底是爸爸还是小子走得快些？

好在那时天长路，除了来回难得一趟的公交车之外，其他的，这车那车横空出世之后，还来不及大批发地玩到这里，连仍是唱主角的自行车也不太多，因而找路段比比没事。

放到现在，不说找路段比比，若是人行道不畅，就是下马路找个空子走走，不被闷声闷气擦身而过的小车惊魂，不被大货车"大哥们"的大喇叭吓死，就算火好。

那时天长路还没刷黑，爸爸与小子比走，便以马路的水泥块块接缝为准，大概两三个块块为一程，说好严哦竞走标准，不准有带跑的样子。

头几回这么着，还不明显，也没怎么当真，小子赢点就赢点，重在爸爸妈妈小子一起乐呵乐呵。爸爸明明落后一点儿，有时又不认账，以为小子是犯了规赢的，还说没等爸爸起步走喊完，小子就抢先走了。

小子当然喊冤枉了，并提出可以让爸爸几步，还有点儿"友谊第一比赛第二"的胸怀，这下爸爸妈妈无话可说了，要与小子较真玩玩，心想那时爸爸"顶天立地"四十不到，正当年，连正儿八经的走路都不敢小子了，那还了得，简直有不可思议之"震怒"与彷徨！

爸爸跟小子说好，按规矩来。

先是坚持不让小子让几步，按同时起步比，结果爸爸紧追不舍，也总是落后分子一个。爸爸仍心有不甘，同步比走，不敢小子，就等小子让几步再比，看看小子有好狠！

爸爸让小子让几步比，多数时候还能与小子，不相上下，再来点加时赛，多走两个块块，爸爸稍一松劲儿，不是马拉松而是"马尾巴"，落后分子的帽子就摘不掉了。

其实，小子"牛哥们"的步幅并不大，但频率则比爸爸快多了，活力充分，"实践是检验真理的唯一标准"，妈妈这爸爸和小子公认的"家选国际裁判"打马虎眼、当和事佬也不行了，爸爸这才打心里认账，走不过小子了，不得不服老矣！

同时也不得不承认小子的先进分子地位了，爸爸妈妈只好跟着感觉走，还得力争不掉队……

爸爸妈妈当时除了乐呵一通别无"算计"，对小子肯让几步比走的这点谦让风度、谦让品质，贝U不以为然。

到了小子上大学之后，见小子无形之中也派上了用场，爸爸妈妈回味起来，颇感要得、难得、值得，"长征"路上的汗水没有白流。

小子上大学时，曾干过开学后班上的第一任小小"冒号"。

虽说大学的辅导老师们是以入学考分之高论英雄，予以小子的一种锻炼机会，任其自然为好，有时爸爸妈妈还是会问问，小子这个实验性的小小"冒号"干得怎么样？

这活，尽管小子读小学的时候就干过，但大学的"大哥们"，毕竟与小学小哥们的档次拉开了，说不定之中有"天上人间之娇，高不可攀之雄"。

这样，爸爸妈妈主要是担忧，小子"初出茅庐"拿捏失准、处理不当，不但会影响自己的学习时间和精力，更担忧因此与哥们产生无端隔阂，影响到学习心情与劲头。

当然爸爸妈妈也不能对小子有拖后腿的意思，学生阶段能够得到学校老师及班上小子们的信任，适当干干实验性的小小"冒号"，锻炼锻炼诸如：定向定位的组织协调能力，孰轻孰重的权衡思辨能力，论对论错的说服表达能力，不偏不倚的处置运作能力，向好向上的稳定推动能力，可圈可点的终局掌控能力。

能够如此这般，同样是一种极其宝贵的学习积累经历，对于小子们今后踏入社会创业立业，也是一种极其宝贵且不可替代的稀缺资源。

对于这些，问题在于能够把握处理得当，与小子们自己的学业相得益彰，自然是再好不过的事情。

然而，小子们在学生阶段，终归要以学业为主，在其他相应事务的处理上，不说本末倒置，就是出现过多偏颇，也会轻则造成创伤，重则酿成苦果。

如此一来，原本是好事情小事情的，有可能就变成了无论从哪个方向看，都会是不怎么好，甚至是很不好的大事情。

爸爸妈妈南征北战虽然无此阅历，加之水平也是"土八路"一个，但父母们的责任却是在什么情况下，都不会是根杉木扁担，轻又轻，所以，任其自然，不等于不闻不问。

还好，小子在与爸爸妈妈"过招"这个事中，有一个经典性的认知，让爸爸妈妈感觉还是蛮接地气而踏实。

小子说，现在大学里哥们的个性，都比较独立。

话虽不多，按爸爸妈妈的解读，言下之意，小子这个实验性的小小"冒号"，干得还蛮超然，对"大哥小哥们"都蛮谦让，大而化之，过得去就行，没有节外生枝，能够万无一失，交得"出手"就OK。想想也应该，也只能是这样。

就是踏入社会，即使成了正儿八经的上阵"冒号"，也得与"大哥小哥们"先有谦让之度，后有合作天地。

在位一方，如果太强势、太狡诈、太贪婪，可能得势一时，势利一片，可是遭"沉默的大多数"唾弃，最终是迟早的事。

何况学生时代的实验性小小"冒号"，小子们更得先练练，谦让与合作的这点"童子功"。

谦让，不等于懦弱，甚至是掩护无能。

而是，不但要有实力和深度，还要有胸怀和远见，更要有"格局"与谋略，最高境界乃至宁可人负我、我绝不负人而终能所往终有所成。

小子"哥们"参加工作之后直面的竞争压力，爸爸妈妈虽不甚了了，但从与小子有限的"过招"中，还是能察觉到小子在进退得失方面的坦然与诚惶。

比如，小子单位有年同时选派了几个"老兄们"，到国内一所名牌大学委培硕士研究生。其中，小子是他们当中最年轻的一个"老弟"，这也意味着小子进单位的时间最短、资历最浅。

在谈到这件事的时候，爸爸妈妈顺便问了问小子身边的"老兄们"对这件事的感受？小子只是，答非所问地淡淡而言：想去没能去的，当然不那么舒坦。

职场论资排辈，不但普遍，而且，尽管有愤青认为不正常，也正常。既是家族天下，有好处时，己不能及，也难免有不平情结，只是不好轻言而已。

小子在受到关照之中能有那个感觉，说明小子体会到，自己能去，除了幸运之外，更多的是得对身边的"老兄们"要多些尊重与善待。

所以爸爸妈妈以为，小子能有那个感觉与否，则会大不一样。

小子能有那个感觉，当然好。这样才能促使小子在漫漫征程中，保持清醒、保持审慎、保持进取状态。

不然，很容易认为理所当然，甚至满不在乎。如果一个不识抬举之客一旦这样，讨人嫌不说，更坏的是，使自己处于一种慢性消退状态。

还有一次，爸爸妈妈在与小子谈到年度先进评上与否时，小子也是淡淡而言：评上不评上，单位自有新兴力量推动不可能年年会是"老面孔"……

小子参加工作后还是蛮努力的，十多年来被评为年度先进的回数与自己以前比还算行。

小子能有这个态度，一如那时肯让爸爸几步再比走，一样自信、一样淡定，进取与谦让相向，努力与平实并行，小子"哥们"够意思，好样的，爸爸妈妈替小子高兴，给小子加油！

（本节底稿于2012年8月30日）9时30分至9月1日11时25分完成，于2015年7月10日至11日誊正）

将就之叹

　　自小把小子们穿戴得精神一点、神气一点，爸爸妈妈还是蛮主张、蛮支持的。

　　让小姑娘能够更漂亮可爱，让小小男子汉能够更阳光活泼，乃是时代之光，乃是世代之彩……

　　爸爸妈妈如此捧场倒不是局限于身上无衣被人欺的这类认识，而产生这种较为强烈倾向：是因为有一种说法，天有三宝日月星，地有三宝水火土，人有三宝精气神。

　　爸爸妈妈以为，对于小子们的精气神，从小就得注重予以打造。

　　小子们小的时候，虽说像"哑巴畜生"一个，但年轻的父母好比"天生"设计师，若将小子们的穿戴，弄得大小得体，色彩明快，式样适宜，从头到脚都很协调，进入到人们的视野中，就是一幅流动的时装作品，就是一个神气活现的"小精怪"。

　　但是，可以说这些仅仅是"应景之功、浅层之获"，更深的耕作、更重的分量是，从人们回报的赞赏目光中，小子们自然而然地感觉到和收获到的就是自信与快乐，此乃无价之宝，也就是精气神，日积月累，就可以促使小子们，养成一种很好的行为习惯和品质呈现。

　　比如，讲利索、爱整洁，有秩序、有倒正等，这些对于小子们以后的成长，无疑是一种用钱财也无法替代得来的，而且还是没有穷尽的资源，将受用终身。

但爸爸妈妈年轻的时候，对这个"耕作"，好像不是很明确和很在乎。

可是随着岁月的流逝，爸爸妈妈作为爷爷奶奶段位的老辈们，即是每每在路上，看到小子们的时候，对于小子们的穿戴，"神气不神气"的耕作联想，自然呈现且越来越强烈。

也就是说，爸爸妈妈的年纪到了爷爷奶奶这个段位时，才明确一些、在乎一些，更准确一点说，才当回事。同时希望，小子们在这件事上的认识，不应该再迟到了为好，当然更全面更先进一点更好。

小子小时候的穿戴都是妈妈一手操持的，爸爸的印象分是，总体来说还过得去。

爸爸在那个年纪阶段，对于小子们如何穿戴？穿戴如何？虽说不是很明确和在乎，然而好歹爸爸"大手掌"骨子里面，还有点书法摄影之类的爱好细胞，那时要是对小子的穿戴看不过去，细胞唤醒爸爸觉悟，爸爸因此或多或少就会与妈妈发生战争，好像没这档子事，不然妈妈有功之臣早就向小子投诉爸爸有可能的"过度耕作"了……

好在20世纪80年代，万元户才初出茅庐，官二代、商二代、知二代、艺二代与工二代以及农二代，在经济基础方面的差距，有是有，却远远没有到达如今这么有点"旗帜鲜明"的程度，不然爸爸妈妈很有可能被迫眼高手低，而愧对小子们金色童年的天天向上步步高……

不过，话又说回来，爸爸妈妈认为，要把小子们穿戴得精神一点、神气一点，用钱是次次要的，而用心用水平用观念，才是主主要的。

不然，就较为容易误入比阔炫富及物质刺激方面的灾区，那可能真叫"癞子和尚没有做出好斋"，不但拖累父母白耗血汗，还无益于小子们的健康成长。

本意是，通过穿戴让小子们精神一点、神气一点，假设由于过度，一旦小小男子汉变得有赌气，甚至匪气，小姑娘变得轻浮，甚至卖弄，那还不如回到原始状态好。

在这点上，爸爸妈妈又还是比较清醒，比较有原则的。这也并不是因为，爸爸妈妈艺不如人没本事弄到几个钱，不但涉嫌说风凉话，还涉嫌自吹自擂。但是，若有不大肯信的，请去查查，因炫富比阔出事的小子们的成因，其中有没有一点这方面的故事？

做父母初心之好用心之切的不容易，多数时候、多数情形下，就是在诸如此类，经意不经意的芝麻小事上，它既是"星星"之冀，它又是"星星之火"！

对于小子"哥们"的穿戴，从小到大，直到参加工作为止，爸爸妈妈采取的都是计划经济、供给制，不与成绩和表现挂钩。如果小子有特别要求，民主协商，既不搞张口要闭口到，也不搞吹胡子瞪眼睛的那套。

爸爸妈妈作为工薪阶层的收入，虽说付出之中有点丁是丁卯是卯，但在小子的穿戴用钱上，还不存在紧缩运作，总体上不算太寒酸，就是档次可能低点。

小子还比较懂事，好像对计划经济、供给制，还能接受。后一条政协模式，小子基本上没用，偶尔的一次，也被爸爸"皇帝戏乎"难敌世俗的犯规，给搁置了。

那是小子上初中后，大了自我讲究意识可能渐强了一点，有次向爸爸妈妈提出买套叫什么"佐丹奴"的名牌服装。

大概是临近一场考试的原因，爸爸半试探、半开玩笑似的跟小子谈条件，说考好了就买，不怎么样就不买。妈妈听了连忙制止爸爸说："少见鬼！"意思是，要爸爸不要让小子扫兴。

小子当时也没拿妈妈的话，当"盾牌"抗击爸爸，反而就这么与爸爸妈妈处于默契与期待之中。可能是爸爸犯规干扰了小子临门一脚的发挥，那次真考得不怎么如意，看来小子对物质刺激，有点天然抗体。

"君子一言驷马难追"，爸爸还是硬着头皮问小子，怎么办？小子不假思索地回应爸爸："那就将就啰！"坦然放弃了要买名牌服装的念头，意思还是将就点穿原来的衣服。

其实，爸爸妈妈与小子一起看过的那套"佐丹奴"，一把连大约也就几百元不到千元，只要小子稍稍坚持一下，爸爸妈妈还是会买给小子的。

君子协议归君子协议，毕竟是爸爸犯了我们家对小子的学习不兴物质刺激的大规，既然小子有这么点硬气，也还坦然，爸爸便"将计就计"地支持小子，培养点男子汉的硬气精神……

然而，自小子参加工作之后，爸爸妈妈对小子的计划经济、供给制，虽然自动退出了历史舞台，但爸爸妈妈是极力支持小子，要注重讲究衣着面貌及风度气质的，其特别关注的程度，则有三令五申之势。

凭爸爸妈妈犹如会见"外宾"的有限感觉，在这个方面，小子大概仍旧保留了学生时代的将就习惯，大致过得去，没有多少划时代的改变。

这正是，爸爸妈妈对小子既放心，又有点不放心的心疼及心焦所在。

放心的是，小子堂堂男子汉不会过分地去装扮自己，搞得像个娘们，不地道、不成器。

不放心的是，怕小子继续过于将就，从而导致在职场博弈中，流失观感性形象分，不应该！成为"将就之叹"，可惜！

以至，在2011年小子出门去做国家层面的一线民工之际，爸爸妈妈还专门就发型衣着方面的事情，又三令五申般地作了特别交代。口头不算，加发短信，以字据为证。其高度已经上升到了有关国格人格荣辱的层面，借此引起小子能够好好接地气而多一点儿注重意识。

同时表示，若是确因手头些许拮据，爸爸妈妈志愿尽其所能地予以赞助。

爸爸妈妈也知道，只要小子注意到了，什么赞助！小子理解爸爸妈妈的心情，可能只会当笑谈，目的也就是想通过此举，让小子再加深加深印象而已。

社会是严肃的现实的，竞技是式微的玄乎的。

一个"正人君子"自己不以貌取人，不等于别的"君子'整人'"也不以貌取人。衣貌虽不是通行证，但有时则是通关"'整人'君子"的障眼法……

也许以衣貌取入为嗜好的哥们，有的最终落得被骗子骗财骗"色"，这等悲哀案例，虽不是"普遍真理"，但也不能不承认，它从反面证实了衣貌的某些重要功能特性。

爸爸妈妈认为，军队为什么讲究统一着装？除了标识性的功能之外，更重要的一点就是借此振作振奋士气。

虽然最终决定胜负的，不在着装神气与否，可是古往今来将帅的顶级"冒号"们，谁又敢把它那么不当一回事呢？大概就是，从起点开始就不宜将就的道理使然。

同样的道理，一个哥们爷们的精气神，在一定情形下，通过衣着进行展示，又透过衣着得到深化。精气神垮了，衣着再严整再华丽，也是枉然。可见，精气神是哥们爷们将就不了的，当然更是将就不得的。

如何培养和保持好哥们爷们自己的精气神？衣着不宜将就是一方面，最不能将就的可能就是，信念信心的适当与坚持。

有的哥们爷们，在顺风顺水的时候，信念信心容易膨胀、扭曲，在遇到坎坷挫折的时候，信念信心又容易动摇、丧失。

之所以出现这种状况，就是在初始、确定信念信心时，可能有着较大的将就成分，一般的哥们爷们，大多可能是这样的原因所致。

当然那种有着投机成分的哥们爷们，还不能算在此列。但是，从投机的哥们爷们的表现，却不难看出此中的深深区别所在。

古往今来多少台面上的风流之辈，有的在时来运转春风得意之时，神采飞扬到跋扈程度，一旦风云有变，被打入冷宫，甚或被押上审判台，便不成人形，这是在信念信心方面，投机成分居多的风流之辈的必然反应。

一般的哥们爷们，如果是将就成分居多，因而有可能昔日牛气冲天，寒光乍现威风八面，见到大象当蚂蚁，一旦受挫便会一泻干里，鼠目寸光鸡肠小肚，什么傻事都可能做得出来。

所以，在信念信心方面，将就不得，更投机不得，能够做到适当和坚持的哥们爷们，精气神，自然内涵丰富深厚，再透过适宜得体的衣着风貌风度，融入方方面面，在哪里都会是一道沁人心脾的无形景致，也是一点获得观感加分的无形资源。应当看重，值得发掘！

小子"哥们爷们"，能认同爸爸妈妈这个土里吧唧的道道儿吗？！

（本节底稿于 2012 年 9 月 3 日 11 时 00 分至 5 日 10 时 05 分完成，于 2015 年 7 月 11 日至 12 日誊正）

解围之举

这是一个令爸爸不那么讨巧又有点纠结，乃至也是有点挨批的事情。

老辈仙逝之后，入乡随俗量力而行，搞得热热闹闹，未尝不可！毋庸置疑，也是后辈们孝道的一种表达方式。

当然，也可能有给仙逝的老辈增面子，同时也稍带给后辈们自己争面子的成分。

至于仪式的繁简程度如何？以及开销的奢俭程度如何？爸爸的态度是，既不置可否，又不以为然。

但在这类事上，厚生薄逝，却是爸爸的鼎力倾向。

因此，爸爸无论参加什么悼念活动，最高礼仪，就是注目鞠躬和拱手作揖，上香致意，从不下跪磕头。包括小子的爷爷仙逝之后，爸爸也是如此作为。

妈妈是知道爸爸这点固执的，妈妈单位的同事老兄们，也大致略知一二，当然和爸爸都是比较熟悉的老兄们。

小子的外公仙逝出殡的那天，按仪式，每行三五步，要求孝子"一个也不能少"都得跪地磕头，直到把外公的灵柩，送到候在半里开外大马路上的殡葬车上。可能也正是因为爸爸的"固执"引起挑战，妈妈单位的几个同事老兄们你一言我一语，热之闹之，要借小子的外公出殡，"名正言顺"地惩罚爸爸跪地磕头——"打破世界纪录"。反正都是热闹嘛!"兴致勃勃"……

爸爸"见势不对",只好三十六计躲为上计,借口办别的事要开溜。正当他们将信将疑,要"劫持"爸爸时,排序还在老后的小子,已经顶阵上前,在给外公匍匐跪地磕头了,算是一个顶俩。

难得小子"先天下之忧而忧"的一片孝心,也算抓了个壮丁,妈妈单位的几个同事老兄们,对爸爸只好"松绑"放行……

小子给爸爸解了围,可是小子的奶奶知道这事后,却"无视调研"见面就提审过堂似的把爸爸狠批了一通,差点没动武。奶奶一多半原因,可能是心疼妈妈顾及妈妈的"颜面",做婆媳"统战工作"。

其实,妈妈对爸爸这类事,从来是"阿哥阿妹情意长、你懂我知向前走四方",不上心不计较,倒把奶奶给多心了。爸爸有口难辩,也只好"负荆请罪"……

爸爸如此胆战心惊,也不是信奉"男儿膝下有黄金"之类的东西。

在 2009 年 8 月 26 日,爸爸便立下书面遗嘱,那时小子还不到三十而立,怕小子不大好接受及分心,同时,又怕本身尚在长期养病之中的妈妈,增加额外的心理负担,爸爸便特意将自己的"遗嘱"分别藏于书橱和托付于友人之处。

其中,拜托对自己的后事从简从俭的内容是,不请和尚道士,不做法事,不唱丧歌,不打丧鼓,不烧冥钞纸钱,不放鞭炮,不立碑,不用墓地,不开追悼会。

遗体火化后,在沙市万寿宝塔地段,将骨灰撒入长江,象征本人身在家乡,在北京八达岭长城适宜位置,将本人身份证等个人证件资料,做掩埋或焚化处理,象征本人心系儿女。

嘱咐儿女永记此言:饮水长江思故乡,鸿志兴业;信步长城想爹娘,报国兴家。

爸爸之所以有如此拜托,好像生来就对那种在治丧中跪呀弄的,有点肠胃不适、心生疑窦,仙逝的老辈能够接受多少?爸爸不得而知,但把后辈的有的哥们,为这些事弄得昏头涨脑,精疲力竭,爸爸倒是有所察觉的。

因而，爸爸之所以如此拜托的另一则意思，就是不希望在自己拜拜之后让后辈们有劳各方、左右不是。

还有一点，既然后辈们必定得祭祀表达孝道，老辈们就得尽可能地减少后辈们的不便及劳顿，似乎也是自己生前为后辈们应该做得能够适当一些的事情。

鉴于小子已经在北京成家立业，因此爸爸在自己的后事中特地交代了要在北京八达岭长城适宜位置"设点"。这样小子们今后祭祀表达孝道，虽然到长城去也很要时候，但是与非得千里迢迢回到沙市老家那样奔波相比所用的时候还是要少很多。

爸爸妈妈反复这么想，如果天下的所有孝子贤孙们都能够把在治丧及以后祭祀中，这跪呀弄的拼命表现，用在仙逝老辈生前，亟待需要的照顾之上加点码，那是多么美好的一件事情。

应该说，也有孝子贤孙们，对老辈生前拼命照顾，在老辈逝后拼命磕头，把这两个拼命都做得蛮可以的。

但以爸爸妈妈蜗居守城之辈的视野所及，这样的孝子贤孙们难得数到几个，而生前有所无尽悲哀，逝后有点无比风光的老辈，贝0为数不少。

对于这类老辈的孝子贤孙们，为什么不能来一点颠覆性的"解围"呢？

2012年9月3日，爸爸妈妈从电视上看到一则报道，更伤孝子贤孙们的心。一个四十来岁五大三粗的哥们，竟当街暴打自己八十多岁的老母亲致伤，惊世骇俗。

事后，他在派出所接受民警讯问时给出的由头，同样让爸爸妈妈觉得惊世骇俗。就是因为，这位八十多岁的老母亲，在他家里待了一个多月。而他认为家里还有老大老二没有管，这哥们醋性压倒人性因此感到受不了了，而当街暴打老母"告急"。

纵然家家都有一本难念的经，且清官难断，但按爸爸妈妈难登大雅之堂的底线看法，退一万步讲，即使这位八十老母是被老大老二以各种托词扫地出门的，这哥们也不妨"如法炮制"，总不至于要做出当街暴打，这种人所不齿的事情。

如果这位老兄的此类"武卫"是做子女的所谓张扬个性、解放身心，那么更为奇葩的是，还有留学硕士檄文万言"文攻"父母。如此这般无论怎么事出有因，爸爸妈妈以为只要天下父母不是要挟自己的子女同流合污、祸国殃民，天下哪一个子女都不应当如此这般地对待自己的父母——不然人类繁衍只有依靠克隆了，那样岂不皆为优秀、皆无困扰？！

爸爸妈妈看过这类报道，除了怒不可遏地把这些事"臭批"一通之外，爸爸也无不自己对自己，在这方面的思想更加肯定更加自信，且更加自我感觉良好。

爸爸在对老辈"尽活孝"上，尽管不敢自吹自擂好到哪里，但至少在拼命顺序上，还是可以"自吹自擂"的。

爷爷奶奶和外公在世的时候，对于几位老辈的关怀照顾，做得如何先不说，爸爸在脑瓜子里，起码没有丝毫摊伴的邪念。

对于这点，爸爸虽然不大相信什么对天发誓，这里也不妨相信一回，如果说的是假话，愿意遭受五雷劈打。

爸爸的态度是，其他的孝子贤孙们做与不做、做好做坏？根本不在视野之内，更不会在思想之中，自己能做多少，就努力地去做多少。

记得爷爷在沙市圣和医院被确诊为晚期肝腹水，并婉言不治之后，爸爸在失望木然沉痛之中乃只当是假的，不予采信。

因了解到是血吸虫这种地方病引起的，爸爸便又去寻找原来治疗过盘龙村好多得血吸虫病人的"神医"，也是沙市当时相当权威的老专家天威，向他寻医问药，还是不见逆转。

在爷爷似乎又想放弃，又抱一线希望的期待之中，后来又听说，民间偏方也许有解。经老友们介绍，爸爸又与在章华寺，做香火生意的"传奇"偏方师傅长威，紧密配合，给爷爷做最后的努力。

有一味药需用檀香木，几经打听无市可有。焦急万分。

已是傍晚，爸爸又骑自行车赶到几十里外的远郊亲友那里，请她们帮忙试着在乡亲们中去讨，最终如愿以偿地弄到四五厘米长的一小块，火速赶回，连夜用"对窝子"冲成粉末煎熬，给爷爷服用。

虽然最终还是没能帮助爷爷战胜病魔，爸爸能做的都问心无愧不遗余力地去做了。

奶奶在病重的日子里，爸爸的作为一样。按奶奶的嘱咐，爸爸给奶奶买得最多的药，是一种瓶装的止咳膏剂。

爸爸妈妈结婚之后作为工薪阶层，我们家尽管收入有限，还是每月都定时给点现钱让外公零用，以此予以外公些许慰藉，希望外公多多保重身体。外公病重入住的是沙市福和医院，地处东区，离我们家卧龙宿舍很有点儿远，妈妈连夜煨好鸡汤，爸爸连忙给外公送去，希望外公多少能喝点，即使点滴不能喝，也是爸爸妈妈的一片心。

在外公病若游丝之际，爸爸没有别的能耐搭救一把，只有尽可能多地在医院病房里陪外公一程。外公临终前即最后一夜，就是爸爸和雪香姨妈的大公子洞威一起守护的。

也许外公已经一无所知，但外公的升天之灵则一定会欣然不已，总有女婿和外孙承载着所有至亲的临终关怀而在别一刻。

爸爸妈妈认为，作为后辈，只要还是一个有行为能力的孝子贤孙，还是有人性的孝子贤孙，在敬老赡老的事情上，就不应该有算计其他孝子贤孙们的思想，哪怕是有"一闪念"的，不是可耻、也是羞耻，若是心有余而力不足，很正常，可以理解可以谅解。

然而，一个孝子贤孙，若是先不问自己有能力无能力及有无可能做得到做得了，而是算计其他的孝子贤孙在先，这样的孝子贤孙，即使没有做出类似当街暴打老母、檄文父母的举动，在心底里边也好不到哪里。

日久见人心、显人性，这样心里肮脏的"孝子贤孙"，迟早会"爆发"、会坏事。

一个家庭家族中，只要有这么一个有伤风化的所谓孝子贤孙，必然会殃及老辈。

人类大不幸，莫过于有这类东西。

入世大不幸，莫过于有这种族亲。

人生大不幸，莫过于有这般遭遇。

为什么越发达的国家及地区，有的人口的出生率越来越低？

爸爸妈妈感觉，比较可以理解的一种情况是，有的少爷少奶怕因自己经济能力不够，不想让后辈跟着吃苦受累。

还有一种应该理解，但又不大好理解的情况是，有的少爷少奶直接就是怕因儿多母苦，自己跟着吃苦受累。

不乏其中有的少爷少奶们，也可能是把类似当街暴打老母及檄文父母的"后辈"，看多了、看穿了，而信心全无所致。

当然这事，不是哪个，一句话两句话可以说出个所以然来的，更不是，哪一个两个社会贤达，就一定可以怎么着的。

可是不管何去何从，何能何德，因为算计而灾害到老辈的头上，总是不应该的，从哪个方向看都是不可宽恕的。

把"敬活孝"，不能当回事，还斤斤计较，甚至找歪、摊伴的"孝子贤孙"，老辈仙逝之后，再怎么表现出色、出彩，对逝者、对社会又有何益……

期待"解围"……哪个孝子贤孙都是要老的……"地球没爆炸"，总是要有孝子贤孙撑着的……

（本节底稿于 2012 年 9 月 6 日 10 时 05 分至 8 日 11 时 15 分完成，于 2015 年 7 月 12 日至 13 日誊正）

惶恐之诉

真书假戏歌本子放屁，对于这句似乎有点儿摸不着头脑，又有点儿稍带牢骚情绪的饭后茶余之言，该不该平反？

爸爸妈妈只有"家长里短"不是专家学者能够说长道短，所以不敢妄言，然而有一点儿"要求平反"的体会却是真的。

以前从文学作品中看到有点儿奇奇怪怪的事情，总认为是编辑部的故事，离现实有十万八千里，因而一扫而过、一笑了之，权且当作"放屁"，安逸！

就是在现实生活中，听到有点儿文学色彩那样的离奇传闻，也不一定当真，大多是，一只耳朵进一只耳朵出，觉得火星离爷们地球村离哥们自己所在领地远着呢……

比如爸爸妈妈早就听说，在学校里有大小子们欺负抢夺小子们东西的现象，称之为"擂肥"。

听说是听说，火星撞地球，爸爸妈妈去去来来接送小子上学放学，几年下来还没有亲眼看到过擂肥的真实片段，所以在小子上初二之后，爸爸妈妈白天接送小子的护驾之弦，就绷得不是特别紧了，实在抽不过身来的时候，便让小子享受一下开放运作，放学后和自己班上几个要好的小哥们，一起结伴回家。

不料，真的"火星撞地球了"，擂肥的大小子们，光顾到了小子和几个要好的小哥们的头上，仓促回家，小子惶恐不安地对爸爸妈妈诉说了事情的经过，既有脱险之惊，也有后怕之虞。

那天下午放学，小子和同班三个小哥们，一如往常，前后骑着自行车，途经天将湖音乐喷泉东边，向北朝天圆路而去，突然，被几个大小子们拦了下来，要他们脱身上的衣服和鞋子。等那三个小哥们，"如临大敌"照办之时，小子趁乱开了溜，择路而逃。

小子虽然受吓不小，样子也有点儿狼狈，爸爸妈妈在庆幸小子还好、毫发无损、人没怎么样的同时，心里也有点儿发毛，问小子他们几个，与那些擂肥的大小子们，咋呼咋呼两下子没有？小子直摆头、说没有。

爸爸妈妈心想小子们，只有那么点年纪，那么点力量，只好认个蚀财免灾算了。

不过觉得小子是不是有点没能尽到哥们义气？擂肥的大小子们怎么就让，小子一个小虾米漏网了呢？是小子机灵、反应快？还是小子的装备不够肥，这几个擂肥的大小子们看不上眼？

关于肥？那三个小哥们论家境，可能是比小子要强得多。他们的老子们，一个是国企大公司的顶级"冒号"，一个是市级大机关的小小"冒号"，一个是小私企的大老板。

但是论穿戴，就以爸爸妈妈平常接触到的观察来看，小子与他们相互之间，也不是有那么明显的落差，是爸爸妈妈老土们的眼水低？不识庐山真面目？还是那些擂肥的大小子们的"洋眼"特毒？

反正和那三个小哥们都熟悉，其中有两个的老子也面熟，当时，爸爸妈妈真是有心去会会，"慰问慰问"，了解了解，顺便还可以商议商议"防恐"运作，可是苦于不知去处。

之后，爸爸妈妈仍放不下这事，借着接送小子的时间，还专门到教室里，找到那三个小子哥们问了问。小子们仍一脸迷茫，心有不安，东西是被擂走了一点儿，人都没事，那就好。

东西丢了有来的，人没事是一大头，爸爸妈妈为小子们祈福！

以后爸爸妈妈对小子接送的护驾之弦，自然又重新绷紧了许多，直到初中毕业各奔西东，小子和几个小哥们，再也没有撞上类似擂肥的不祥之星。

"火星"撞了一下小子和要好的几个小哥们，也等于像爸爸妈妈被撞了一下一样。爸爸妈妈不但相信了，某些编辑部的故事，随时都有可能从书上从戏里，走到街头巷尾，走进你我寻常人家之中，因此还产生了几个与之相关的疑问。

一个是，如今只有十大好几岁，"要成人"未成人的小子们，因为眼红眼馋人家的财富，为什么有的就会去铤而走险，以身试法？爸爸妈妈老在想，这样的小子们并不见得一定就穷到哪里去了，主要是有一比，比出来的落差。

可是古今中外，世世代代，什么时候又没有这类落差呢？只是人小而已。

如果，一个十大好几岁，"要成人"未成人的小子们，不把有落差这个根子弄明了，什么时候都有出状况的可能。

怎么让这样的小子们，弄明了有落差这个根子，可能光靠说些或激将或鄙白或"漂亮"的话恐怕也不行。比如，从小不好好读书，将来只有扫大街、挑大粪。比如，只有这个命就得认这个命。还有的是非常华丽的，并且有点儿"众口铄金"似的一套套的类似说法。

对于这些，过来了的哥们爷们可能能承受，对于刚"入世"或正处于十字路口，乃至"米字"路口的小子们，则容易进入云里雾里，一旦书也读不下去，又不甘愿……也不认命……或者，即是甘愿却又不能够顺畅地去扫大街、挑大粪，加上即使认命，又还可能被各种势力，颠来倒去的不能落定。

到了这个地步，十大好几岁，"要成人"未成人的小子们眼红眼馋财富到铤而走险，以身试法，可能是只差一阵风的事了。

怎么办？

以爸爸妈妈的小小见地，对于有落差这个根子，在暂时还不需要说什么的时候，干脆什么也不说，看火添柴一把一把地带，带到一定程度，带得老成、牢靠了，也许小子们自己也悟出了一多半，甚至有可能比老子们，明了得还透彻，即是眼红眼馋财富是免不了的，至少不会那么轻率地去干撂肥这类勾当。

当然，真正明了透彻了的，那一定会走正道了。

对于有落差这个根子，如果到了非说不可的时候，与其说一些或激将或鄙白或"漂亮"的话，绕弯子、考智力，不如干脆说真话、说实话，直接一点、简洁一点，有落差这个根子，是不可能消失的。

自从盘古开天地以来，尽管不断地有各种各样的风云入等，在说要消除有落差这个根子，在做要消除有落差这个根子的努力，不问终极目的和手段，大方向总是没有什么错。

但是，十大好几岁，"要成人"未成人的小子们，想一口气，吃到它的果子，是不可能的。也许这样说"死"，让小子们有个强大的心理准备，用于抵抗眼红眼馋财富，不去铤而走险、以身试法，是不是更能"横刀立马"？是不是更有"回天之力"？

二个是，文学作品假亦真来真亦假，当真当假？爸爸妈妈感觉似乎全在一个人的体验及感悟。有的十大好几岁，"要成人"未成人的小子们，类似擂肥的这点道行，是"自主创新"的结果？还是从文学作品中，剽窃而来的东西？即是"剽窃所得"，又不能全怪文学作品咋的，常言"魔高一尺道高一丈"，在文学作品中，最终都是正气压倒邪气，善良战胜邪恶，勇士挫败邪魔。

道行都是一把双刃剑，看谁用它？看谁怎么用它？可是，十大好几岁，"要成人"未成人的小子们，又容易在学了点皮毛之后便不分场合地用以显本事，坏了手脚成了"病根"，还自以为得意。

对于这点，爸爸妈妈的小小观点，还是呼吁初为人父人母的"大手掌们"，从小子们睁眼看世界的那一刻起，就得要有在这个方面，脚跟脚、手把手、心贴心的强烈意思，不能以任何由头，甩给老辈们，或者甩给学校，甩给社会。

爸爸妈妈觉得，只有在父母纵是有限却总是"无限"的阳光照耀下，小子们顺利度过十大好几岁，这个不确定、不稳定期间的保障系数才最大。

试想，父母不可替代不可复制之阳光般的温暖，足够小子们受用，他们还会结伙抱团，找暖和找刺激打发日子吗？除非是天生的朽木，可是在这个世界上，还没有天生朽木这一说，更没有天生朽木这一物。

爸爸妈妈以为这里，必须要说明白的一点是，对小子们的溺爱，绝不是阳光，恰恰是阳光照耀下的"黑暗"，不是温暖，恰恰是温暖怀抱里的"冰窖"。

所以初为人父人母，自始至终就得坚信，一分耕耘，一分收获，不能当家里的大而化之乃至"化之不是"的"大手掌们"。

不能靠望天收，抗旱排涝，防洪抢险，事事都要做在前面，才能有好的收成。

对于小子们的事，理应一样对待，才是。

三个是, 对如今有小皇帝小太阳美誉的小子们，是圈养好还是放养好？

圈养多了，一个个都像熊猫，可爱是可爱，保险是保险，但若没有一点"野性"、牛气，碰到一点点风风雨雨、波波折折，就极有可能变成笨蛋一个、傻瓜一族，于国于家于自己，又有何用？

放养多了，若成野马一匹收不住缰，走不上正道，小时候惹是生非，不得安逸，长大成人不务正业，难修正果，同样于国于家于自己，又有何用？

十年树木，百年树人。

父母承蒙上苍之重托，把一个小子带到世上，怎么栽培？确实责任不轻，光上心不行，还得上水平上档次。

一个小子小时候怎么样？基础怎么样？尤其是品行、习惯怎么样？百分之百的责任，在于父母"老天们"的方面。长大成人之后怎么样？造化怎么样？尤其做人做事怎么样？百分之八九十的把握，在于"小子哥们爷们"自身。

能怎么样！也不能把粉一个儿地擦在父母"老天们"的脸上。

不怎么样？同样也不能将一盆子屎都扣在父母"老天们"的头上。

至于疆域、社会，尽管水平线有别，起跑线各异，以及有明有暗的红线底线纵横交错且多得客随主便，从客观存在，这个方向和层面来说，对于哪一个小子，都是公开公平公正的。

无论是父母栽培小子们，还是小子们长大成人之后要造化，如果在这个重要的方向和层面，不能见微知著、拨云见日，而总是唯利是图、挑剔时弊，那么只会离自己的理想越来越远，烦恼越来越多，最终一事无成。

　　如果能有所洞察、有所突破、积极作为，则可以小中见大，坏中见好，黑中见亮，近中见远，取大义，谋大利。这样才有可能，离哥们爷们自己的理想越来越近，心气越来越顺，最终也许能有所成就一点点。

　　以上是爸爸妈妈，从像火星撞地球似的擂肥故事中，所进行的一点小小的观察与思考，希望小子"哥们爷们"在审视的同时，不妨笑纳一二，也许因此，多少会有所用处，多少会省点力气，多少会增加收成。

　　（本节底稿于 2012 年 9 月 9 日 16 时 00 分至 12 日 10 时 40 分完成，于 2015 年 7 月 13 日至 15 日誊正）

何来之烟

在小子读初中的时候，爸爸妈妈有次去接小子迟了点，只有深入到教室里找目标，开始，爸爸妈妈还以为是自己看花了眼，怎么见小子手里，拿着一包三五牌子的烟，正在撒绑上的几个小哥们抽，见爸爸妈妈来了，感到如同鬼子进村，一阵紧张都收起来了。

到底小子们都只有那么大点，做了自己心里觉得没谱的事，碰到鸟枪也会当炮，"躲躲藏藏"。

爸爸妈妈惊讶是惊讶，但看到小子们，一个个的那般"受惊失宠"之状，当时什么也没说，就接小子走出了教室。

看来，对小子们少了眼睛盯住，还真不行。

不然时候长了、次数多了，一旦坏习惯上了瘾，成了野马，就难得收拾了。

发现得早，制止得及时，给端正过来了，就过来了。好比雨过新家一样，格外惹人喜爱。

爸爸妈妈一点不怀疑，小子胆大包天是拿家里的烟这么好玩。

一来爸爸不是正格的烟民，偶尔用用烟也是礼尚往来，完了就完了，不用"打扫战场"。二来家里还没得这么好的三五牌子烟当闲差。一般都是不见鬼子不挂弦，即使办事要用到这个档次，也是现买现用，能够将人家悉数敬奉到位就不错了，哪有什么剩余价值！

再说小子没有随便拿家里的东西的习惯，要什么都会找爸爸妈妈说清楚，只要是正当的又办得到的，即使爸爸妈妈再怎么为难，也不会为难到小子的头上，这是我们家的不成文的铁律，爸爸妈妈砸锅卖铁恪守一定。

那小子的这三五牌子烟，又从何而来？

边走边问，原来是小子给万威小哥们辅导了作业，万威小哥们给的，算是一种意思、一点儿酬劳吧。小子还略有点儿得意，好像电影中经典台词那样的挣了"八百工分"。

爸爸妈妈口里没说在心里，撇开烟不谈，这帮小子们如此对付作业，是算小有"经济头脑"、哥们义气？还是消化不良、"伤风感冒"？

反正那个年头，一切向钱看，在社会大气候中，犹如一场强台风，把不少的大小子们"老小子们"，都吹得东倒西歪，有点儿脚不着地、人不咋地。小子们虽有笼子装着、围栏护着，毕竟不是在另外一个星球上，能扛住多少？真还不好说谜。

就在班上撒烟这个事，爸爸妈妈还是按传统教材，给小子补了课。

要小子认识，帮帮一起的小哥们的作业，是应该的"举手之劳"，还可以促进自身的学习。人家要客气，好玩一下，合适，也能适可而止则罢，若是有点刻意地接受人家"了账、了断"似的东西，就不好了，尤其是和小哥们一起，还因此来个打牙祭似的抽烟玩，就是错上加错了。

当时小子只有张着耳朵听的分，大气不敢出，可能还庆幸爸爸妈妈没有动武的迹象，就是享受优待运作了。

诸如此类，小子参加工作以后，爸爸妈妈也没少在这方面对小子时常敲敲木鱼、念念经。

主张小子做人做事，要一是一、二是二，踏踏实实，在任何利益面前，都应能自然地恪守本分，不能拖泥带水，实实在在。

这唠叨是香花？是毒草？

拜托小子"哥们"自己去悟，出出进进上上下下里里外外，做对头了干干净净，爸爸妈妈也没什么能耐争取到加分，只当谦虚使人进步小心驶得万年船。做得不对头不大干净，爸爸妈妈日薄西山老了想动武，也没那个气力了。

不过要告诫小子的是，自己能够及时回头看到给做"干净"了最好，起码可以节省几个钱的费用。到了要劳驾人家"了账、了断"似的"帮帮团"来动干戈什么的，可能会破费不起，折腾不起……

关于烟酒，也是哥们爷们人生一关之在。

烟酒不分家，酒色财气，烟酒打头阵，足见烟酒的用场够多，牛劲够大，其利其弊全在一个度，适之见福，过之惹祸。

出门办事，遇到全由对方一时情绪如何，而决定予以方便与否的情急之下，一枚大红官印，也许不及一支香烟可以收到"鸿雁传情"的奇效。

对于这个，爸爸妈妈与贫寒为伍乃多有此番自己亲历的案例。

记得有次是给老沙市市委某部门帮忙完成几幅大型宣传标牌，因为差几根小木条压边，恰好在这个机关大院的正对面，就有工厂"金雕工艺"，听说那里有比较合适的木条，可以解决应急之需。

当然是机关的"冒号"跟工厂的"冒号"，都有招呼。

事情不大，工厂的"冒号"大而化之地传话到车间。去之后，爸爸作为"帮帮团"也没怎么作声。直接负责办事的"要员"科威跟车间的师傅嘀咕了一番，车间的师傅，不说有、也没说没有，一时冷场不说且生"悬念"，爸爸见状随性掏出烟来，敬了车间的师傅们一番，形势急转直下，热情陡增，三下两下，就帮忙找好了几根所需的小木条。

人家"打工皇帝"在乎的并不是一支烟，在乎的是受到了尊重。

这是不是一种文化，爸爸妈妈不敢妄下定论，反正这种现象并不是个案。

人争一口气，佛争一炷香。越是没有什么直接隶属关系、利害关系，八竿子打不着，八百年碰不到的，往往在这类小小不言的关口，一点点尊重的表示，也会显得尤为珍贵，哪怕出于迫不得已，对方也认为哥们爷们没端架子，够意思，至于是真心是假意反正自个面子上得到了尊重，别的只能烟消云散一般。

分分钟的时候，秒秒钟的变化，就是有这么怪，不然你再真心诚意对对方好，没有这么点表示，对方一时半会儿，就是可理可不理，你一点"办法"也没有，哪怕你背后有十万八万大军撑着，或者事情过后你可以"里应外合""上纲上线"地将人家"一网打尽""斩草除根"，然而，此时此地，一时半会几的你又能怎么着？一点儿小事办不妥，前前后后如何"交代"？！

还有如果在外，遇到什么出乎意料的麻烦，需要缓和气氛，缓解情绪，一支香烟，在一定程度上，或许可以成为和平使者。即使对方狐疑不定一时不大能接受，起码对你也不至于感到那么紧张而平抑冲动。但是，绝不能让对方看错皇历，对你产生软弱可欺的幻觉。

换句话说，一定要在表现出大度的同时，更主要的是要给对方传递出，拿得住这帮江湖朋友的深邃与力量。这样，既不可能激怒对方乃至草木皆兵，又尽可能地在自己的掌控之中，消除麻烦。

再有，在有事处于困惑焦虑状态之中，来个一支烟两支烟，用于稳定情绪，排解压力，好处强过两眼茫茫、胡思乱想。进而如果能够做到尽快厘清思路，从容应对，那便是峰回路转，弃暗投明，轻装上阵消灾造福。

小子"哥们"成年后，本是一直不抽烟，这是好的，应该坚持。

爸爸妈妈之所以还闲聊这些，是希望小子们为人处世，多一个角度和方式，把握自己，读懂对方，少点麻烦，多些顺当。

另外，爸爸妈妈这么说也绝不是，为香烟之害放水，相反，得劝劝那些为抽烟而抽烟的，哥们爷们，为了自己和"客观们"的健康，能戒则戒，一时戒不了的、应能少则少，国家税收，不指望"一介烟民"的小小支撑。

小子成年后，是喝点酒的，而旦已经有喝醉过的不好意思，当然爸爸妈妈没少给小子下不为例的训诫，这个其中也不乏来自爸爸自己醉过吃亏的动因。

爸爸因为"忠于"宁伤身体不伤感情，醉得最惨的一回是在小子的地威外舅爷五十大寿庆生时。

那次爸爸因与自己年少时的玩伴们较劲，结果醉得当晚同地威外舅爷睡在一起，过了一夜，第二天醒来还觉得奇怪，怎么到床上的？怎么睡过夜的？一概不知！在脑瓜子里完全搜不出监控录像。

那时小子才只有一两岁，远没有战斗力，给爸爸助阵。过后，爸爸常常跟妈妈开玩笑说，那天要是哪个好心人把爸爸丢到长江里去"醒水"，爸爸自己也不知道，幸好是栽在自己的"天底下"……

在爸爸妈妈看来，酒这个东西，比烟还不好对付，不光是酒的名声比烟好点，还有些相当相当的讲究。

对于酒，是喝也好，是品也好，甚至是拼也好，怎么来着，酒，以及在与酒过招之中，的确是一种"文明之旅、文化之旅"。

烟，虽没听说是"文盲"，好像也没听说烟是什么好文化，倒是有铺天盖地的禁烟劝诫之声。

在家里适量饮酒，养生也好，尽兴也好，"过瘾"也好，这是个人的事，"天马行空"怎么着，家里的三亲六故怎么看怎么说很正常，外面的三朋四友怎么看怎么说，既无所谓也无祸之虞。

无酒不成席，可是一旦上了"带聚"之性质的桌子，就不能一概而论是仅仅关乎"天马行空"个人的事了。

比如办事，婉拒抽烟，对方容易理解，自己不抽，敬奉于人，对方感觉轻如鸿毛而无所顾忌也好接受，然而，对酒的理解与接受，就没这么纯粹了。

若是自己滴酒不沾，就是金尊大佛，一味地叫对方喝，对方憾无干杯知己即是酒仙，也可能没什么兴趣，除非酒麻木，稍有头脑爱点面子讲点格调的"达官贵人"，不立马反应反感，就算有文化有涵养。

桌上没气氛，桌下收获几何？可能要看"擦边球"打得精不精准，不然多是白忙活！可见，为友谊干杯的事，自己能陪而不醉，又可以把对方"干杯之尊"敬奉到位，也是文化、也是能耐。

遇到麻烦，常言先礼后兵，要表示以礼相待，酒，一般是少不了的，不上桌子另当别论。

上了桌子，就比为友谊干杯的那类事，更要文化，也更要能耐了。事前先得了解了解，有无一定程式及仪式，该讲究的得讲究，若是不得而知，临阵接招，需得娉变，假是贸然行事，有可能惹出更大麻烦。

一般地过过招，既要占上风又不能过度，有一半清醒有一半醉，把麻烦给摆平了，才算够个哥们爷们的那点本事。若是越弄越糟，差的不是酒量，是文化，是能耐。

有事、喜事好事，上了桌子，多喝点少喝点，乃至滴酒不沾，"天马行空"自己说了算，不信捧、不听劝，可能还无所谓，如果是横竖不照买、无所敬重，当然也有可能于无形无意中得罪"风云人物"，所以还是尽可能周全点最好。

对于酒，着重得提一提的是，最怕"怀才不遇""英雄气短"之类借酒浇愁的故事。

跟抽烟有些相反，多数情形是，借酒不但浇不了愁，只能越喝越冲动。架不住劝的，有文化，也容易变得没文化，借助酒力或许干出犹如鬼使神差的蠢事。

因为酒惹的祸，可能用罄竹难书还不能足以表达。

关于涉酒立法的国家及地区，可能也不只是哪一个。

什么三碗不过冈！什么干杯吧朋友！什么酒逢知己千杯少！等等之类豪情万丈、诗情画意的东西，再好到哪里去，一旦因酒惹出祸来，可能用其完全没法抹平之中无比的伤痛，所以说酒是文化，仅仅从这里就可以让"天下人"震惊，震惊……文化，文化……要文化。

人，一个"立场坚定斗志强的人"，处于特定的忧愁状况及氛围之中，是自己的事不沾酒，是别人的事不劝酒，最有文化，说不定来他一支两支烟，也比从酒里找出路聪明！

有事无事，一醉方休，那是拿性命开玩笑，拿人生赌末日，而是可怕。

烟，小子可以绕开。酒，小子可能绕不开。但小子"哥们"水平究竟有多高？

爸爸妈妈是既不敢恭维，也不敢上课，就这么想到了聊聊，们消遣消遣、琢磨琢磨，从已经有的醉过不好意思中找找解招，际会推杯换盏时，只拿友谊奖，不捧醉拳杯，这样也许才可以，桌上能有格，下桌仍是客。何乐而不为！

（本节底稿于 2012 年 9 月 12 日 15 时 15 分至 15 日 16 时 00 分完成，于 2015 年 7 月 15 日至 16 日誊正）

劝和之奔

爸爸妈妈原本不是足球球迷的，但受到小子"哥们"的影响有一阵子也曾兴趣渐浓，关于足球新闻评论之类的东西，也会一目十行地浏览浏览。

尤其对足球运动，是和平年代的战争一说，印象颇深。爸爸妈妈"事不关己"对此言的理解是，投身之中的也好，"坐山观虎斗"的也好，天非是从凝聚力量、用兵之道方面，在强壮肌肉、放松心情的同时，提高心智、丰富生活。

当然，至于职业球员，以及有的帮别人把球塞进球网，而后落入法网的这类"高人"所追求的是什么东西，不好妄加论断，即使铁杆球迷也不一定能说出个什么子丑寅卯，爸爸妈妈这类边缘球迷，就更加没水平说什么了。

不过中国足球"出线"不怎么的，出彩不怎么的，"泱泱中国"十三四亿之众汗颜的历史，一天不终结，这类"高人们"便会一天脱不了干系。

小子大致是从初中阶段，开始对足球产生兴趣的，和不少的"小球星们"一样，可能就是追星跟风好玩，对足球运动的理解，不见得比爸爸妈妈这点低水平的理解，还会高到哪里去？

能不能强壮肌肉？三天两天看不出表现。能不能提高心智？一时半会儿也看不出成绩。

爸爸妈妈倒是担心，小子"星们帅们"的在足球场上冲冲撞撞，一不小心伤脚伤腿后而影响上学，更担心小子们之间，为抢球争输赢而因一时产生冲突，结梁子，埋下祸根。

担心归担心，不准小子玩球肯定是不行的，要是对着干伤感情，若是放鸭子没感情，时间长点，小子们不玩得走火入魔，那是天照应。

球迷跟网迷，是不是同类项？爸爸妈妈没法弄通。但是，不管玩什么，小子们一旦疯狂起来失控之后，酿成的苦果，父母都得吃不完兜着走，乃之恨不得重托人生重活一回、重打锣鼓另开张从头再来……

小子们要玩，父母实际一点儿乃至能够开明一点儿就得陪着玩，跟着转，这样能够现场办公、见机行事，也许比需要秋后算账的成本，要低得多。

同时，父母不用拜师访友便可能意外收获不一样的养生之道不说，还会多些情趣，反过来成为与小子们打成一片的小小资本。

有时间，舍得时间的父母"老天们"，这个账是算得过来的！

常这么想，所以，只要小子"哥们"踢球，爸爸妈妈也只要手上的事情放得下，就一定会闻风而动，去做"追星"捧场加油助威的啦啦队和做看书包看衣服买东西之类的帮帮团。

寒来暑往，爸爸妈妈与小子经常玩球的几个小球星们都混熟了，爸爸妈妈在场，小子们既可以视而不见，也可以招之即来，挺"哥们"的，便都没有把爸爸妈妈当外人当尾巴想甩掉的那种感觉。

原来的老沙市体育场，还有与它只隔一条马路的，老沙市灯光球场，都是小子就读中学的东边紧邻。学校没场子了，要是放学早，小子他们几个小球星们就会到那里，找空玩玩球，挺方便。

爸爸妈妈随小子他们行动，也算是借机补偿补偿自己青春年少时的缺失。

那个时候爸爸妈妈可从来没有在老沙市体育场，开过玩球的荤，连看球的印象也没。

一来是因为爸爸和那个年代的大多数小子们一样不作兴踢球，而且几乎所有的课余时间都得"早当家"地用于帮父母"大手掌们"奔波生活而"出汗"，哪能为好玩"惦记"到球场奔"出线"……二来离得远，偶尔到那里也是路过，没什么大动静望都不会朝里望。

妈妈胆小如鼠不用说，那时还是丫头片子一个，可能连想象也没有。

爸爸妈妈虽少不更事一路走来但对于老沙市体育场的"风云"感慨，却是非常强烈的。

沙市人民广播电台！沙市人民广播电台！至少重复两遍，最高潮的时候，就不一定是两遍了。

然后是告知全市人民，现在在沙市体育场实况转播什么什么……这个有点"老八路"资格主持人的特别高亢，而带有明显沙市地方音质的普通话，稍有触及之点，便会历史性地重响在爸爸妈妈的耳边。

受这种声音的影响，爸爸妈妈老以为说普通话夹杂地方音质是天然屏障，无法逾越。

直到电视普及之后，地方电视台的年青一代主持新秀们说的普通话，以爸爸妈妈的听觉感受地方音质就基本消失，说得好的几乎就没有了，完全可以与"央嘴"媲美。

到这个时候，爸爸妈妈才改变了一些原有的观念，还真应了那句话，世上无难事，只要肯登攀。

还有有的大型集会所爆发出来的另一种历史性的"特别高亢之音"，让爸爸妈妈到人生毕业可能也忘不了。当然性质是两回事。

到了1976年，一个最肃静、最沉痛的大会，也是在老沙市体育场召开，那就是代表全市人民追悼新中国的开国领袖毛泽东主席逝世。

不同的是，对以前开的那些大会而言，爸爸妈妈那时候还是孩提时代，属于围观看热闹的散兵游勇，没有"正式户头"，无天管无地收。

这次，爸爸妈妈是同单位的众多师傅们，一起列队而至。

可是爸爸妈妈连想都不敢想，不对，爸爸妈妈乃一介草民根本就没有这个水准去想，这一时刻，蕴含的悄悄之声，竟是一个开天辟地时代的渐去，而另一个原天动地时代的来临。

20世纪90年代前中期，小子和一起的小球星们，还能在老沙市体育场玩玩球，已经属于老沙市体育场随着惊天动地时代的巨变，而将东进的前夜了。

换句话说，小子们他们那时，在那里玩的是告别赛、纪念赛。可是小子们，却并不知道脚下的场子将"转瞬即逝"，因而显得有点儿不知如何珍惜是好……

多数时候，小子和班上一起的几个小球星们，都是踢小场子。自己跟自己的"星星们"对抗，怎么玩一般都没事，即使哪个有点火气，导致形势严峻，终归好来风平浪静。

有天，小子他们几个，约好另一个班上的几个小球星们，一起踢全场。小子们难得凑齐这么多"球星"，可能个个都蛮开心、蛮兴奋，都想一显身手、一展风采，所以要刨足了劲，痛痛快快地干一场。

不搞错了，小球星们可没有把他们自己当成业余菜贩子，大概是由于中国足球不怎么样的结果，能够进驻到他们心目中的师傅，也许大多都是贝利、马拉多纳、贝克汉姆这样的国际巨星，球衣球裤也大多都是按"国际标准"打造的，至于是不是山寨制造？那是各自赞助单位爸爸妈妈的鉴赏水准问题，与小子们无关，小子们只管冲锋陷阵，把中国足球搞上去……

搞上去没有？冲锋号没响几下，拉起警报了……

小子他们几个小球星们从南向北攻，另一个班上的几个小球星们从北向南攻，上半场还没踢完，不知什么原因，两边有小子们在中场，快动干戈。

小子"哥们"那场担当的是守门大将，此时城门雄关管他什么都顾不得了，只见小子从南向北飞奔而去。

爸爸本来就是有备而来的，几乎与小子起步同时进入危机处理状态。

当然，管小子们的闲事，不到那一步，爸爸妈妈还是蛮谦虚的，到跟前后按兵不动，看小子们显本事，到底是踢球还是想练拳？

劝架这个活，本来就是不大好做的，最终能够劝和就更不容易做到。

双方之所以干起来，尽管原因多种多样，以爸爸妈妈的看法，无论是什么"高人贵客"九九归一，最终大致为两种类型，一种是为一口气，一种是为一点利。当然这两种情形大多犬牙交错，也不可能截然分开，只是略有突出而已。

为一口气，一般没有什么历史积淀的，只要做劝和的哥们，本身不设立场，及时把火苗给扑灭了，还是比较容易被双方都接受的。

假是，有任何一方，因历史积淀颇深而动了干戈，劝和成功的可能性就极小。如果做劝和的哥们心里没这点儿数，不但事倍功半，还有可能被视为哪方的说客甚至帮凶，两边都不讨好，两边都着打。

若是做劝和的哥们做成"两边着打"，真不值得是小，哥们水平菜成这样不仅不是角，还可以说心里没有这点儿数的，就根本不要去劝什么和，不然反而成为火上浇油。

为一点利的，只要不明显地附带气，如果做劝和的哥们，能够说服一方，满足另一方的适当的一点利，一般来说，做劝和的成功率，相对比作为一口气的，劝和成功率要高。

又为气又为利，气和利此消彼长，相互咬合的那种情形，做劝和的成功率微乎其微，只能说理论上不好说为零，实际上不为负数就不是零。

碰到这种情形，不是火烧眉毛迫不得已，最好不要贸然去做什么劝和的活儿。

除非，一个哥们自己很有几把刷子，可以镇得住双方，使事态能够迅速平息下来，不然就不要轻举妄动，这样也许对于干起来的双方都更少点猜疑而平和一些。此乃"袖手旁观"乃也雄兵百万，对于双方可能都更为有利。

因而，无论是自己跟自己一帮子人，有关的做劝和，还是跟自己毫不相干的双方做劝和，都存在着上面所说的一些情形的可能性，都得机智点，做到心里有底有数，再悠着点，摸好石头"干活"……

这次一样，小子赶过去之后，没有一边倒的意思，很快劝开了两边，因小子们都还是君子动口没动手，"初级阶段"都没吃亏，还是拼脚下功夫，以进球见高低吧！

爸爸妈妈心想，小子"哥们"这就对了。也许是因为有爸爸这个纸老虎殿后，再冲的小子们的火气也可能大不起来了，毕竟都还是十大几岁的初中生。

难得玩一回全场飞，中止比赛，师傅马拉多纳、贝克汉姆，知道了要笑话的，爸爸妈妈也随之附和劝解了一番，小子们笑笑，又重新开始踢起来，最后都是赢家。

"不打"不成才，这些小球星们几年之后，大多"打"到大学里去了。

小子他们玩过那阵子球之后，没多少时日，老沙市体育场及灯光球场，便被逐步开发成为一片商贸区及商住楼，而体育场东进变身为奥林匹克竞技广场，简称奥体广场，大致是在世纪之交启用。

爸爸妈妈在奥体广场的一场演唱会上，看到"活的真的"演艺明星宋祖英、朱军时，小子"哥们"已经上大学了。

爸爸妈妈再有空随小子他们玩球时，小子他们一起的那几个小球星们都是大学生，已是在回家度假之旅中的奥体广场"老乡足球会"了，而爸爸妈妈作为看踢球的粉丝，乃是头一次在奥体广场尝鲜。

这当然怪不得人家奥体广场没大度，要怪得怪爸爸妈妈"老粉们"自己"鸡肠小肚胸无大志"，只忠于数来数去就小子他们几个如影随形的"小星星"，未忠于数不胜数而如日中天的"大星星"……好玩！

（本节底稿于 2012 年 9 月 17 日 9 时 10 分至 18 日 16 时 40 分完成，于 2015 年 7 月 16 日至 17 日誊正）

唯一之礼

　　小子在中考大战结束之后，与同班最要好的小哥们运威，去湖南张家界潇洒走了一回。这是小子"入世"以来第一次离开爸爸妈妈的视野，出了老宅城门放单飞，算得上是小子带独立性质的里程碑之旅。

　　至于爸爸妈妈当时为什么能够如此运作幅度之大地放小子的单飞，可能主要原因是我们家当时经营的"刘罗锅酒店"生意忙活，脱不开身，不然的话，不说妈妈一起，至少爸爸会要与小子一起飞飞。一来"相个边"游乐游乐，二来做个安保，踏踏实实。

　　毕竟就两个小哥们出远门，都不是什么老贩子，小子更菜，爸爸妈妈心里总是虚的。

　　在这些事上，爸爸妈妈是个大大的实诚人。

　　记得有一回过年，小子先出门去学校参加活动，爸爸妈妈后出门，到天达门静香大姨家里拜年，原本没准备在那吃饭，赶在小子之前回到家里。

　　可是去了之后，静香大姨一再挽留，大过年的盛情之下也不好怎么过于推辞，爸爸妈妈只得边玩边等聚餐。这头为了不让小子回家扑空，在估计小子差不多要打转的时候，爸爸妈妈便早早在天江路邮局转盘，"设卡拦截"小子，好一起在静香大姨家里拜年聚餐。

哪知左等右等，快接近四个小时目标才出现，其间，静香大姨还几次出来探信催客，爸爸妈妈也未收卡，可见爸爸妈妈对小子的安保等级，何其之高。

小子单飞到张家界能成行，还有一个原因，小子当年虽只十四五岁，也许可能是"造反有理"，爸爸妈妈不得不网开一面，反正时过境迁无法考证。

小子小哥俩平安飞去，平安归来，爸爸妈妈落心、开心的同时，在这点上足足可以给小子打个老到分了。

小子嫩就嫩在，回来带礼物的事上，不是长辈们宽宏大量，也足足可以引发一场小小"情震"。

本来爸爸妈妈没想到小子很够意思会带礼物，小子们出去玩玩嘛，更没有嘱咐小子带礼物。

但是，小子既然带了点儿意思，按爸爸妈妈的理解和做法，出远门回来，给家里老小以及可能见面的亲友，带点儿小意思，一般是人人有份，如果没必要如此麻烦，起码也得以一家一家为点儿，而意思意思。即是有点儿"厚此薄彼"，最好是"悄悄地干活"，这样也好都有面子。

可能是小子"小哥们"这次独自单飞一回，心情爽到忘乎所以，便对小小的意思来了一个大大的"大意改革"，唯一给妈妈带了一份礼品：一幅嵌着生肖羊的竹雕工艺品和一把竹板饭勺子。

小子乃之是将神奇张家界的神圣"竹文化"敬奉予自己圣洁的妈妈！

妈妈当然开心了，妈妈是属羊的，小子时刻在心上，带礼物也"别有用心"！爸爸"老哥们"属蛇也是小龙啊一着急一眼红，就把竹板饭勺子划在了自己的名下，一想不对劲，爸爸在家里几乎从来不弄菜做饭，即使经营酒店，也是名义上的指挥，实际由妈妈执导，小子应该知道。

这么说，那竹板饭勺子还是妈妈的菜。一阵笑话完了，还有"余震"。

那时我们家酒店掌勺的大厨师，请的是小子的久威表姨父，天天给小子制作特供佳肴，眼见毫无希望，立马"抗议"小子："怎么连包烟也没带啊！"

爸爸妈妈急忙将小子的得罪抢过来了，说"大手掌们"自己没有跟小子发号施令，有经费也没胆子，不敢"违规违纪"而没带。又是一阵哄堂大笑……

以后只要一提起来，"愤愤不平的情震"，又会出现在笑声之中……

这个1996年夏秋之交，温馨浪漫平安祥和的故事，时过十三四年后的2010年，爸爸妈妈到北京小子家里过年，已近"年把子"了，当有天爸爸妈妈问及小子，那年张家界之旅中一同去的要好哥们运威的近况时，小子极不情愿地告诉了爸爸妈妈一个十分震惊的噩耗。

事情是这样的，在前两三年的一个春节，小子初中阶段的要好哥们运威，自驾车从深圳回沙市过完年之后，在返回深圳途中的京珠高速公路湖南段，追尾大货车当场"帅归"……妻子重伤成植物人，经半年救治无望也撒手随之而去，撒下一个一岁多点的小子，与爷爷奶奶外公外婆相依为命

爸爸妈妈在无比悲痛、无比惋惜的同时，陷入沉思，做父母的"老天们"不容易，有太多的假如：

假如不准买小车。但假如不准买小车，跟不上形势，万一影响到了小子们的生活质量工作质量，如何是好？

假如不准自驾小车往返。但买不到火车票，一时不能回家团聚，回来了不能按时赶回上班，如何是好？

等等！

等等的假如这样如何是好？等等的假如那样如何是好？最不该用的答案，是弄没了性命！最付不起的代价，是弄没了性命！

可哪个父母"老天们"又是神仙，能神机妙算有着万无一失的智慧呢？

可哪个父母"老天们"又有神招，遇天塌地陷能出保驾无恙之传奇呢？

在不幸早去的小哥们运威三周年祭的时候，小子还专程从北京赶回沙市一趟，尽其友情，敬致哀悼。

在宗宗琐事之前，在小小不言之中，是以面子为大？还是以性命为大？这几乎是个困惑老兄们一生的大时代、小事情，小事情、大天地……

如果不设特别前提，要说起来，哪个老兄们都可能回答，是以性命为大，事实上往往并非如此。面子和性命，相互关联，其错综复杂的程度，常常超乎一般老兄们的想象与预期，因而，不得不时常面对一些自问或者他问。

一个老兄完全没有一点儿面子了，仅仅还有性命，一般可能有问性命还有多大意义？

以爸爸妈妈大海捞针之见，那要看从哪个方向去对待。如果有，留得青山在不怕没柴烧的底气，那还是了不起的，只要坚持度过某种艰难的转折时期，实现能够实现的目标，赢回面子只是先后问题。

一个老兄因好面子，把性命当无所谓快给弄没了，仅仅还有面子在，无形之中可能也会有问，面子还有多大意义？

爸爸妈妈坦然以为，同样要看从哪个方向去对待。如果是没有受到任何裹挟，自始至终是在完成老兄们自己所追求的目标，这样把性命快给弄没了，尚存的面子无论大小多少，别人怎么看怎么说可以不管，起码自己无悔之怨无话可说。

怕就怕处于这么两种情形中：

一是遭混世，就是老兄们自己所处的那个特定时空，某种可以左右人家性命的东西，压根儿就没有，把人家的性命当回事，老兄们自己则是一厢情愿的在向往某种面子的驱动下，弄来弄去，把性命快给弄没了，而那面子，在人家眼里又一钱不值。

二是被混世，同遭混世一样，自己的性命被人家"老手们"压根儿就没当回事，所不同的是，人家还得硬性地给一点儿似是而非的面子，不接受也得接受，这样把性命弄来弄去快给弄没了的，尚存的面子，实际上是人家"老手们"的面子。换句话说，是老兄们自己用性命，在做人家面子的载体。

所以，在对待面子和性命的事情上，除了有的没法把控的情形外，在自己能够把控的事情上，最好还是应当把面子摆在性命的后面去弄。

既不要让糊涂别人，打糊涂自己，更不要糊涂自己，打糊涂自己。

爸爸妈妈视野有限能力式微在这个事情上，算是极度保守的。

每次小子从北京去来，爸爸妈妈也曾想过，求个哥们爷们的小车，把小子接接送送，方便一点儿，在街坊邻里前也有面子一点儿。

但爸爸妈妈转念想得更多的是，麻烦人家哥们爷们欠个人情事小，万一人家处于手头有事赶紧，甚至是心有不爽之际，被"人情绑架"之后，接着处于勉强状态，必然或多或少有点儿心急火燎，既然答应了，又还得表现得若无其事，多别扭，多担心。

因此，爸爸妈妈每次接送小子，要么步蹀，要么乘公交或打的。

爸爸妈妈还有对打的比"人情绑架"用车坦然的怪怪认识，觉得的士师傅是专心致志地跑服务，而且长年累月地在街头巷尾打转转跑圈圈，起码是从理论上看，出状况的概率要小得多。

以至小子回家举办致谢婚宴，图仪式从简，爸爸妈妈也就一样，没有"人情绑架"备军，而是要小子和爱人打的往返酒店，有点儿怠慢小子倒不要紧，对小子的爱人，爸爸妈妈前前后后心里还是有点儿过意不去。

尽管如此有所缺憾，爸爸妈妈还是觉得在诸如此类的事情上，少要一点儿可要可不要的面子，让平安的保障系统，与之相比较尽可能牢靠一点，能够一切平安，比什么都好。

江河万古流芳，人兮一秋之香，做父母"老天们"的不容易，一生一世，小子们可是父母的"唯一之礼"！

天大的事、天大的面子，都没有这份"礼"重……平安唯一！平安为大……

（本节底稿于 2012 年 9 月 19 日 11 时 00 分至 22 日 15 时 30 分完成，于 2015 年 7 月 17 日至 18 日誊正）

自信之声

　　小子从小学、初中到高中的学习成绩，一直都是处于班级、年级第一方阵的样子。

　　爸爸妈妈在学习成绩这件事上，真还没有哪次直接为分高分低，与小子"哥们"怎么较劲，但把小子使劲往前赶的唠叨，当然是少不了的，仅为小子量身定制的家训，爸爸妈妈就兢兢业业地打造过三次，前后跨度上十年，可谓"口诛笔伐"，用心至极。

　　第一次，大概是因为小子的学习，接受得还快，能够一点就通，但巩固及稳定方面欠佳。

　　高中班主任中威老师对爸爸妈妈说，建议小子在学习方法上，根据自己的习惯和熟悉的方式，多悟。

　　"悟"！爸爸妈妈结合平时的接触积累，思前想后，觉得中威老师的这个建议，很及时，很切中小子学习存在后劲不足的要害，若是只说说，怕成耳边风。于是用八开白纸，仿照舒同体写了一个大大的"悟"字，然后，在悟字的下边又用楷体写了"人到、心到、艺到"六个小字，贴在小子在家里书桌的墙壁上。

　　这个悟字贴，就是小子上大学之后，也还一直坚守在原来家训的位置上，直到2006年，为小子准备成家整房子时，爸爸妈妈才把它当金当银收拾保存起来。

第二次，是见小子买了一套关于《论语》学说的书在看，爸爸妈妈也搭便车看了这套书，觉得意思不错，还蛮适宜小子们成人之际，所需的精气神养分。

小子也正好即将年满十八岁，便趁热打铁，用行书给小子写了两句话："人生之路，勤勉为纲。男儿自强，《论语》主粮。"题款为爸爸妈妈赠言小子十八岁生日。

写好后，还专门买了一个12厘米乘8厘米的工艺相框，装好放在小子的书桌上。

小子上大学时又叮嘱将它带到学校，同时，爸爸妈妈将小子看过的一套关于《论语》学说的旧书，留在了家里，又专门买了一套新的给小子带上。

因读大学，离踏入社会不远了，有点儿要小子们在"学与用"胶着对接的人生转折阶段，既得埋头拉车，又得抬头看路的意思。

第三次，是时隔八九年，小子大学毕业参加工作也已三四年了。这段时间，小子如马着鞭一边忙工作，一边在攻读在职硕士研究生，主修方向是公共关系。

爸爸妈妈简单地认为，在这个世界来来去去、争来争去、为来为去、靠来靠去，终究无不关乎人。纵然有不做事的人，但没有事不是人做的。

大事小事，要做成做好，乃至做到出类拔萃，对自己，对别人，尤其是对与之相关的林林总总这这那那，都得把"人"这一关，尽可能顺当地过好。

有鉴于此，爸爸妈妈有点儿重锤击鼓之意便用狂草写了"尊重人理解人关心人善待人"十二个字，并用1米乘0.6米的玻璃镜框进行了专业装裱，作为爸爸妈妈给小子二十六岁的生日礼物。

在那年春节，爸爸妈妈一起抱着镜框，坐大巴转火车，真是不远千里，从沙市带到北京挂在小子家的客厅里，敦促小子搞好工作、读好研，当然更希望小子作为敲打自己为人处世的永久家训。

在这个方面，即使面对爸爸妈妈诸如此类的不仅是唠叨，而且有高压灌输之嫌的做法，小子还很有点妈妈的个性特点，要得功夫深给个不作声，"逆来顺受"，"焦点访谈"，用事实说话。

与妈妈的温和个性相去甚远，爸爸说风就是雨的急躁个性在小子身上，有点儿英雄无用武之地的感觉，也因此不存在父子"过招"关系紧张的问题，更不谈"武装冲突"，倒是妈妈有时"在温和中爆发"，静不住气的想来大动作，说点儿自己泄气，也是很有点儿让小子"生气"的话。

从初中升到高中后，有段时间，小子"哥们"的学习成绩起伏有点儿大，妈妈一时心软地提出来，爸爸妈妈不天天接送小子了，其中，既有怕"天天接送"给小子压力过大的想法，回归所谓顺其自然，读成什么样是什么样，这是妈妈最根本的苦心所在，也是对小子信心动力不足的纠结。

还有见爸爸作为"主力军"，一天至少四趟八摆，若加晚自习接送就是六趟十二摆，赶得蛮紧张蛮辛苦的考虑。

爸爸虽然非常理解妈妈的"柔情似水"，然而爸爸则是"热情似火"，但这绝不是爸爸对妈妈由于爱子至极而心软意思的"反动"。

爸爸妈妈一向感觉，不管小子们的学习成绩如何，都不能把给钱买东西以及接送保驾等，当成一种"奖惩"手段，在这个认识上，爸爸妈妈是"铁板一块"。

原本爸爸妈妈常年坚持接送小子上下学的初衷，就不是这样，如果作为父母"老天们"对子女的关爱，也那么势利功利，这个人世还成什么体统！还有什么人性光芒可言！即使不是这么严重，稍带类似杂质也是不大对劲的想法做法。

除此之外，爸爸妈妈"不一般的坚持"，主要考量有三点，虽不是什么超级好，但绝无势利功利和类似盲点。

第一是平安。

因为见爸爸妈妈像黑猫警长对小子盯得紧，很辛苦，几乎没有什么玩麻将之类的消遣时间，小子的江威表姨父，就曾诚心劝过爸爸妈妈"看淡点"。

对这样的关心好意，爸爸妈妈是接受的是感激的，但对保平安这个重中之重，爸爸妈妈无论如何是放不下的，只要力所能及，都要朝着万无一失的方向去做。既不存在，不相信谁谁谁，也不存在完全依赖谁谁谁的事情。

爸爸妈妈就是一条，想到了的，能够做到的，就义无反顾地做、坚决做、坚持做，没什么这这那那的左顾右盼、花花草草。

第二是在来回的路上，可以得到更多的时间，与小子"哥们"斗嘴过招、"讨价还价"。

它"歪打正着"独具特色的好处是，避免了有的过于正经八百的笨招，随之是润物细无声的妙招。

"哥们"蒙混扯白也好，爷俩扳腕较劲也好，反正先有"过招"，才有情报；情报充分，才有利于做出准确判断。

不然，两眼一抹黑，看不到关键地方，说不到点子上，小子们不买账，再来"翻箱倒柜"找辙，还不如多陪在路上，斗斗嘴开开心，来得"性价比"高，好比有句卖房广告说的，"省心省时省事，拎包入住即可"。

第三是，避免了小子们自由时间太多后，无形无聊之中，结上不良玩伴，染上不良习气。

关于这点，爸爸妈妈一直自己给不大有底的自己打的分是，既不全对也不全错。

不全对是说，这样给小子们"云里雾里"自由发挥的时间太少，若有"偏才、怪才"方面的萌芽，就完全有可能被爸爸妈妈这点"绝招"给腰斩了，那也是很可惜的事情，甚至于国于家都是无可挽回的损失。

不全错是，在这方面，爸爸妈妈还是有点儿积极补救的准备和办法，那就是只要是小子说得出名目的活动，如踢球、聚会、旅游等等，爸爸妈妈没有峰会全是一路绿灯，百分之百地支持，要钱给钱，要力出力。当然免不了，先上平安课再放行，到点收队。

至于因为什么状况，爸爸妈妈接不接送小子，小子"哥们"自己可能并不在意这些。爸爸妈妈不接送小子，小子可能会感觉还自由些。小子也曾经有过争取自由的"蠢蠢欲动"，只是被爸爸妈妈坚持接送的纯洁性给折服了。

不过对于学习成绩的起起伏伏，小子还是自己心里蛮有点数的一个笨熊。

有次爸爸妈妈与小子一起出去有事后转来，路过原天航小学，边走边说一次考试的事情，因小子考得不太理想，妈妈随口淡淡自语似的说道："对小子都有点儿没得信心了。"

还没等爸爸驴子脑筋反应过来，小子已不假思索地应声而答："我自己对自己有信心！"难得小子有这么一颗宝贵的自信种子，爸爸当然是一阵给小子打气。

高考临近的调考，有次小子的成绩也是从年级前的十几名掉下来不少。爸爸妈妈参加完学校家长大会出来，还来不及说什么，小子倒来了个积极争取宽大处理，说自己是："把拳头收回来，再打出去！"充满自信，充满力量。

爸爸妈妈还能说什么，即使"胆战心惊"也只能当"保管员"，只有一如既往地搞好后勤，搞好安保是了。

上大学后，爸爸妈妈也没少敲打小子，那时我们家经营的"刘罗锅酒店"，还在正常营业，不过有点艰难，有天不经意中有感而发，借力对小子说："不好好学，到时找不到合适的工作，就回沙市搞'刘罗锅'。"

爸爸妈妈本来想是激将激将小子的，没想到小子"哥们"还挺当真的来了一句："大丈夫能伸能屈！"这下爸爸妈妈倒好像被小子给镇住了，口里没说在心里，小子心气还挺大的？经营酒店搞好了，蛮差啊？！

当年没说，现在给小子补课。

妈妈单位的要好同事竹香大姐，是看着小子长大的，小子再熟悉不过了，亲切地叫着竹香大姨。

竹香大姨的侄女婿听威，就是从在酒店给人打工做起，后来成为"皇帝"自己另起炉灶，创业"香颐酒家"当老板，做成了沙市天祥北路一带红白喜事的主力酒店，"起水"不小。

再后来，在城市主干道天江中路置业，做起了"香帆大酒店"达到了星级规模，身家近亿。

给小子讲讲，小子身边所熟悉的"沙市故事"中国故事，有要小子记取爸爸妈妈经营"刘罗锅酒店"半途而废教训的意思，更主要的是想要小子，学习竹香大姨侄女婿听威的创业精神，明白贵在坚持，才有实现"大丈夫"之志的可能的道理与路径，不然，伸又伸不出去，屈也屈不下来，那就麻烦了……

这么细数下来，小子"大闹天宫"一直都还蛮有点儿自信。这当然好，爸爸妈妈无不赞赏。

再接下来，爸爸妈妈觉得有必要与小子讨论讨论，对于自信，恐怕要看小子们是"盲目轻率性"的自信？还是"有底有数性"的自信？

无可奈何地，保持的那种生存下去的情绪，哪怕是积极的、顽强的，爸爸妈妈也不认为，那是准确意义上的自信，顶多只能算个求生的本能反应。

自信，是人有别于牛马畜生的革命性标志，是用于博弈寻求某种发展的工具之一。

自信，不是说说而已的应景之花，不是为博喝彩的捧场之秀，而是要有相应实力作为支撑的扛鼎之作，更是人之不屈不挠奋发进取的支撑之基。

换言之，自信源于实力，实力则总是相对的。

"有底有数性"的自信，除了对自己的实力，有个清醒的认识之外，更主要的是要对与之相对应方的实力，有清醒的认识。

认识相对应方的实力，表面的东西容易认识，但其纵深的，可以借助的东西则是既容易忽略乃至不以为然，又很不容易认识，甚至无法认识。

不管是有意还是无意，如果缺失了这样重要的一环，因而，自信就比较容易建立在"盲目轻率性"的基础之上，也易如流沙而动，也易如反掌而失。

以爸爸妈妈灾后重建似的看法，"盲目轻率性"的自信，直接导致的不良后果，可能不是过高地看重了自己的实力，就是过低地看轻了自己的实力。

实力就是资源，资源的运用得当，又可以再生资源，形成良性循环，资源越广泛充分，实力就越雄厚坚实。

从这个意义上说，过高或过低地看待自己的实力，都是可能造成资源的无谓浪费，并且也很难说，这两种情形浪费的资源，哪一种略少一点。

比如，由于过高地看待了自己的实力，产生的自信，若是出现了人有多大胆地有多大产的症状，最终可能是，该收的都不能收到，不骑虎难下，少折腾一点儿与之有关的人，就是撞了大运积了大德。

反过来，由于过低地看待了自己的实力，又容易出现畏手畏脚，该跨越的不敢跨越，该超越的不敢超越的龟缩状态，裹足不前，在自认为尚好的一亩三分地上，坐井观天，实际上是处于虎落平阳被犬欺的困境之中，自酿低看自己实力的苦酒，它虽与那种"人有多大胆地有多大产"的自信相比，少点折腾他人的恶果，但它折腾自己乃至害苦自己则是无疑的。

"盲目轻率性"的自信要不得，保持"有底有数性"的自信，虽然极其不容易，但无论如何，要从这个方向去努力，起码得有这么一个初步的认识为好，促使起步坚实、有利进展踏实、保证结果厚实。

爸爸妈妈虽无建树但经"拷打"之后是这么看的，不知"自己对自己有信心"的，小子"大丈夫"意下如何？！

小子们若"新军突起"另有高见、高招，且能够四两拨千斤，吹糠见米，又"安全"又"环保"，爸爸妈妈自然更是永远，愿闻其详，乐见其成！

（本节底稿于 2012 年 9 月 23 日 10 时 10 分至 25 日 16 时 15 分完成，于 2015 年 7 月 18 日至 19 日誊正）

遏贪之旅

培养一个"未来之星"家长们不容易，学校同样不容易，就以组织小子们春游秋游这事为例，便让学校够脑壳疼。

别的"高人达人"怎么看？管不了，反正爸爸妈妈是挺理解的。

其他的大道道小九九不说，仅就现象而言，不把小子们放出去野野吧，小子们嗷嗷叫，有着强烈期盼，放出去吧，车马费虽是个问题，但相对还好弄点儿。

这小子们的平安问题，可以说是问题中的问题，少一个指头哪个都不情愿，哪个也担当不起"万一有失"，可哪个也不敢打保票"万无一失"。

所以学校组织一次小子们的春游秋游，如同组织一次"探险"之旅，小心得不能再小心，过细得不能再过细。

小子上高二时，班级组织了一次到葛洲坝的秋游。

家长会是少不了开的，学校除了与家长们，沟通各种相关的事宜之外，还来了个民选一位"家长保安"，随小子们一起团进团出，与老师们密切配合，负责小子们的一路平安。

不料爸爸被家长们推举随行，像是中了小彩，既有点儿高兴，又有点儿忐忑。高兴是一路照护小子"得天独厚"，忐忑是责任不轻，一路上做五六十个小子们的护花使者，绝不可以自私自利盯住小子一个"星星点点"，不是一碗水端平的问题，必须得往委托的家长"老天们"倾斜，说负责有点"奢侈"，但只有如此才起码够意思。

家长们之所以推举爸爸做随行保安，原因大概是，爸爸妈妈常年坚持接送小子上下学，跟老师们和小子们大多较为熟悉了，即使是那些有回数地接送小子们的家长，虽叫不出爸爸的"尊姓大名"，但也大致晓得是哪个小子们的爸爸，同样也较为面熟了。

再加上，我们家经营"刘罗锅酒店"，爸爸里里外外"一把手"也得打工采买，所以老是爱穿一身迷彩服，经脏不说，口袋多方便点，行动利索显得蛮带劲。

以至学校有的门房师傅，还误把爸爸当成了真的并且是有点儿功夫的"特警老转"，有时晚上他们感觉有点儿不大对劲的小子们，在学校大门口探头探脑的，便会把爸爸当"老虎"凑数，一起吓吓那样的小子们。

可想而知，就算爸爸是只老鼠，这时也得冲冲，壮壮师傅们的人气。

何况，爸爸若是接小子去得早，学校的门房就自然成了临时兵站，尤其在晚上是这个样子。

和门房师傅们老熟悉了，还是蛮方便，拉拉家常、帮帮忙管管事，又还是蛮有意思的。

到了秋游的那天，往葛洲坝开拔，除了爸爸这个民选保安假老虎外，没想到还有只真老虎出动。原来小哥们浩威的爸爸是个交管方面的"冒号"，学校有求，于公于私不好推脱，便安排了一辆警车和一位警官随行，爸爸当然有了千斤重担少了一多半的感觉。

不过早先在家长会上，好像没听到这个安排，不然爸爸妈妈还可以早点减减压力，毕竟这事推举了爸爸，家长"老天们"都是一个比一个当真的，谁敢当多此一举……

学校真伟大！这个安排够扎实！

对于这个事，如果有哪个"高人达人"说闲话，爸爸妈妈绝对"挺身而出"，来点"安保"。爸爸妈妈以为，保平安没有什么分内分外之分，只要在情理之中，在可以作为之内，就成，就是人之常情既平实无华又光彩照人……

路过宜昌市城区中心时，可能是打头的司机师傅不大熟悉路线，发愣停靠的不是位置，宜昌交警发现了前来纠章。

不一会儿，学校随行的警官也赶了上来，这时宜昌交警先向学校随行的警官，规规矩矩行了一个"级别礼"，相互客气的交换了意见后，迅速引导车队离开。如果学校没有随行警官的帮助，真有可能多耽误点时候，使小子们扫兴。

不过，有这么点小插曲，可能也让小子们开了开眼界，接了接地气，官大一级犹如"泰山压顶"，这可不是过家家做游戏。

社会上的事，时常就像这样哪一点不到位，可能就成一道坎。到位了，过去了，像什么事都没发生；不到位，弄得不好，往小点，得够等人家真假神仙的脸色由阴转晴，往大点，可能就成了火焰山，孙悟空也得请请如来佛帮帮忙，才行！

不然纵是"高人达人"不到"天翻地覆"，也只好千年一叹之千年等一回……

小小的插曲一笑而过，眨眼工夫已抵达旅游线路指定的停靠点。

估计小子们大多是第一次到葛洲坝，小子是第一次不用说，下了车后，小子们似乎都成了自由战神，有的简直就像百米冲刺一样，向坝上一个劲儿地奔去，这样的男儿居多。有的却被一路的小商小贩给弄花了眼，买这买那，反过来像负重拉练，进展缓慢。

爸爸比老师们利索点，赶在前面，适当拖拖，那拨跑得远的小子们的后腿，使队伍大致能够首尾呼应，可视可控，尽量小心翼翼确保没有闪失。不然爸爸这个民选保安，到时候虽无所谓考评，也有不好意思，"老哥们"自然要把眼睛睁得大大的，吆喝吆喝，忙活忙活，懈怠不得。

等全都到了坝上静静地看启闸过船什么的，不用吆喝拖拖拉拉的队伍了，消停下来，爸爸一看，大多小子们都买了东西，有吃的有喝的，有纪念品什么的，再看小子两手空空，不免有点儿心疼心焦之问：是爸爸妈妈难当家对小子手紧了？还是小子"早当家"自己懂事、手紧？当即爸爸还是动员小子，买了一瓶矿泉水解解渴。

平时爸爸妈妈还不大在意小子们因家境不同，花钱的表现不同在哪里？这趟学校秋游算是也让爸爸开了眼界，看到了在小子们中的贫富差别现场版。这当然只是爸爸的一点儿意外体验。

爸爸期待中的体验乃是，学校有福，老师们有福，在"真老虎""假老虎"的一起默契呵护之下，这趟秋游，一个指头也不少！还一个"喷嚏"也没有！"完璧归赵"、大福大贵！

回望葛洲坝，平安大结局，唯一让爸爸妈妈有点心疼抱憾，而又略感踏实的是，小子"哥们"的懂事节俭，用钱手紧。

其实，既然爸爸随行小子随便想要买点什么，爸爸绝对会给面子，就算小子要过分了，也只会秋后算账，不会现打板子。

如果从小子是懂事节俭用钱手紧已成习惯，想对爸爸"趁火打劫"都没那个野蛮细胞了的角度，去看小子这次与爸爸同行的自然表现，也没有什么不可以的。

可是爸爸妈妈似乎觉得，真正从小子一向比较本分，有点男子汉的硬气，尤其是没有什么攀比贪念之心的这个角度去看，去肯定、去"栽培"，是不是更有深意？可以更好地寄予一点适当的期盼！

人之贪念，与险中求胜、借势谋利之类"金科玉律"的东西，仅仅一线之隔，如愿以偿成功了，可以因为险中求胜，说成奇迹创举，可以因为借势谋利，说成有胆有识。

若是不成功，甚至是失之毫厘差之千里，惨得一败涂地亏得一塌糊涂乃之"祸国殃民"，找贪念二字算账，可以、也说得出点目条条到"罄竹难书"。

如果说，这种以判断性质为前提的贪念，还干净一点，还有救药一点，那种以赌博性质为前提的贪念，那就是纯肮脏的东西，当然也有掩人耳目乃至自欺欺人的说辞。比如义气，人在江湖身不由己，常在河边走哪能不湿鞋，等等。这类说辞不是毫无道理，不然也不会"流芳百世"。

问题在于，无论何人乃至何方之圣，如果要是没有贪念，即使少一点贪念夹杂其中，做起来可能就不一样。

比如对义气，首先得把义之弄清楚，不是因为只要是一帮一伙的就闻风而动随声附和，不然就怕伤了和气，受到冷遇，以致遭到暗算。

如果夹杂贪念其中，甚至很严重，遇事可能会把义抛到九霄云外，剩下的只有气。

当然初始想象中的气，都是登天梯、上天堂之类的腾腾之气，到后来怎么样？因为夹杂贪念，不出事则已，要是出起事来，不到下地狱，不到走上不归之路的地步，就是还有一口可怜巴巴的，苟延残喘之气。

如果说，由于这种夹杂贪念的所谓义气，落得害人害己还说得出口，那种还有人皮已没人性的贪念，即贪色，恐怕只有强盗似的所谓强人才说得出口。

比如以什么红颜知己、蓝颜知己的名义混到一起的，关乎公事的，可能会同流合污，关乎私事的，可能会"家破人亡"。

还有什么爱之深恨之切之类的，弄得不好，在恋爱中的可能会追不到，就杀到，在婚姻中的可能会守不了，就杀了。

当然这类的只是极少数，就是这类极少数也不得了，直接伤害的是多少单位及家庭，间接毒害的是社会风气，损害的是社会之基，说十恶不赦，也可能不需折扣、不需"顾忌"。

爸爸妈妈之于这个世界虽是多一个少一个无所谓的过客，说到这里说说这个不要以为是什么危言耸听，杞人忧天，无话找屁放、无屁找嗝打……

这么说，贪念这种鬼东西，既抽象又具象，既明显又隐蔽，既一清二白又"易二似一"，一旦误判导致刻意而为之便会一发不可收拾。

历数千秋，终不是一个形形色色的，说起来容易不齿于口，做起来容易"不知不觉"的贪之，废了多少"英雄豪杰"？毁了多少宏基伟业！又害了多少平头百姓？！

因而即使圣贤"得意忘形"也不敢说自己一点点也没有，顶多只能说，认识得到，分辨得清，处理得当，即便是有点儿贪念冒出来的时候，能够自觉自然地遏制得住，从而不越雷池一步。

一个良家弟子即是像圣贤那样，也还不好说，自己就可以比较平安地走在完全的无贪之旅上，然而，至少可以说，使自己能够比较平实地走在自觉的遏贪之旅上。

小小贴士：无论何人乃至一方之主，要是一不小心、一不留神，栽在贪念之上，那才真是崩溃……呜呼哀哉！

爸爸妈妈期望小子们"早当家"，永远保持当年葛洲坝秋游的那种纯善纯洁，永远行走在"遏贪之旅"上……

（本节底稿于 2012 年 9 月 26 日 10 时 35 分至 28 日 10 时 10 分完成，于 2015 年 7 月 19 日至 20 日誊正）

奋斗之火

哪怕一个"高尚的人纯粹的人"不经历一些有点顾此失彼的事情，可能真还不知道锅是铁打的，祸福两依，利害相随，哪一点不到位都不是闹着玩的，马虎一点点，就有可能出状况。

按说小子进入高中阶段，爸爸妈妈也应百分百地进入"支前"状态，但那时爸爸妈妈都好像有点身不由己的，只顾忙活着我们家"刘罗锅酒店"的生意，当然主要是孰轻孰重，在爸爸妈妈的脑瓜子里有所失衡。

因为就在小子上高中前一年，由于爸爸在单位集资购置的一楼宿舍临窗有一个堆垃圾的乱角落，不但不卫生还有碍观瞻闹心，但离它不远有出口。那时爸爸妈妈双双都在经受着下岗之潮的冲击，情急之下三下五除二便将它清理出来了连着自己的住房练摊，多了一条谋生之路！

虽说它是"小不点"不够场面又是僻角冷院，但为起点高点，爸爸妈妈还是"雄心勃勃"的按酒店样子着手打理。

爸爸妈妈的原始想法是，反正不用出租金亏本倒贴的压力不大。再说我们家自己再粗茶淡饭一日三餐也是要兑现的，要是没什么生意，就当自家的大食堂用得了。

没试水之前这么给自己打打气壮壮胆，大概蛮自然。

压根儿还没想对小子的照护有什么不及之处，以为完全可以一如往常。

这样，小子在迎考一线，为争取考个好大学而奋斗，爸爸妈妈在生意一线，想为小子上大学多挣点银子而奋斗，岂不是大大的 OK！

可是，一旦酒店开张，请了大师傅小师傅，客多客少，有生意无生意，爸爸妈妈都有点儿脱不开身了。彻底颠覆了爸爸妈妈靠山吃山靠水吃水的原始想法，立马被拖进了，迎考一线和生意一线的两面作战战场。

我们家经营了酒店，妈妈虽然卸下了小子"御用厨师"的重担，但酒店运转中的迎进送出，前呼后应，妈妈不比"阿庆嫂"却得顶大半边天，对小子，除了作为特殊客餐，每天中餐晚餐到位外，其他的可能就多有"得罪了"，没法像经营酒店以前那样无微不至。

不是爸爸谦虚，更不是摊伴，跟妈妈相比，忙活酒店的事，爸爸绝对差火一大截，但爸爸还得硬着头皮上，即使瞎参谋滥干事也得顶顶天，不可能全甩给妈妈，所以对小子"哥们"除了一天几趟接送到位之外，督学大业同样没法像经营酒店以前，干得那么轰轰烈烈了。

用来经营"刘罗锅酒店"的爸爸单位宿舍，在天红北路，我们家住的卧龙宿舍在天长中路，两个宿舍几乎呈等边三角形，直角距离步行也不过五六分钟，可是要两边都时时刻刻顾及，犹如隔了千山万水。

晚自习，爸爸把小子接回卧龙宿舍之后，小子自己上楼继续夜战，爸爸还得赶到酒店里负责收拾打烊，同时换妈妈脱身回家，给小子弄宵夜和到点督睡，即夜里 11 点之前，一定要提醒小子休战睡觉，一般不准小子再拖班拖点，打疲劳大战。

至于其他方面的督学事情，妈妈一贯比较谦虚用的是管"手掌"的"手掌"味，只管大事，爸爸则是一马当先顶起大半边天，经营酒店前几乎是一手遮天。经营酒店后，如果生意好，客户中有的假如难分胜负晚上玩牌玩得时间长，爸爸换妈妈之后要在 11 点钟之前回家的可能性很少。

即使打样早，爸爸也别想休兵，回家洗漱后还得回酒店做保安守夜，清早再赶回家送小子上学，天天都是阵地战持久战，因而，虽不好说小子有的是空子可以"无法无天"，但也的确得靠小子自觉"攻关"自觉登山，一点儿不掺水。

我们家在卧龙宿舍一把连也不过四五十平方米，因中间还有一公用走道隔开，自然形成了"南北朝"的格局，南朝是卧室，北朝是厨房及卫生间。小子大了宣布独立就只得在蜗居中再找蜗居，到北朝十几平方米的厨房，头枕着书本卧薪尝胆。

小子自上学起就有个习惯，做一段时间功课后要到南朝爸爸妈妈房里看看电视，接着再做，还好有点节制，爸爸妈妈便睁一只眼闭一只眼，没怎么与小子玩猫鼠游戏，只要不过"三八线"就行。

小子床边紧靠的书桌是爸爸妈妈结婚时的家具，小子太仗义了也没打张"借条"就一直占用，里面还有证件、相册之类的东西没清出来，占了点位置，与小子满满当当的书本和平共处。

到了冬天，小子还得把一个小型台式电暖器，放在这张桌子上凑热闹。当然这也怪不得小子，位置只有巴掌大，东西有箩筐多，将就其事有所难免。

有天小子做了功课，忘记关电暖器开关，便从北朝跑到南朝爸爸妈妈房里，看电视歇醒去了，结果电暖器不讲客气而发脾气，本来是昂头做贡献的，哪知变成了低头添麻烦，等小子回头再来做功课时发现，书桌已将近烧掉半壁江山。

危急时刻，小子因有点知识坐镇，没有慌神，先把装在房门门框上面配电盒中的保险抽掉，断了电源才再泼水灭火，再加上，东邻的亿威小哥和西邻的梅香奶奶合力相助，得以及时扑灭。

爸爸妈妈"闻'火'丧胆"的同时，庆幸小子"胆大惊天"人没事，那就是一切没事！

也算是这把"奋斗之火"，见人情，给人情……

看来，这人走关灯之类的温馨小贴士，远远不是节约几个银子的事情，保障安全及平安，小中见大才是核心的核心，马虎不得，马虎不起。

这之前，爸爸妈妈多当"标语口号"远没这么点觉悟，小子可能更不用说。从这里也可以看出，一个小小的习惯意识和习惯动作，是多么重要，搞成强迫症了固然不好，也没必要，然而怎么养成一个诸如人走关灯之类的，平安起居、平安出行、平安做事的习惯，则是不能不当回事的。

可以说，不论"大人小人"、不论富人穷人，哪个把养成好习惯不当回事，"麻烦事"就偏偏当回事要找哪个。还可以说，这也是不以哪个人的意志为转移的客观规律。

说到习惯，小子"哥们"至少是这次没有做到人走关灯。这样的习惯肯定不好，至于小子为什么没养成自然习惯？爸爸妈妈督促少了，当然是一个最最主要的原因。

爸爸妈妈在督学上倒还是促使小子，养成了两个比较好的习惯。

一个是放学回家后，先把作业做完了才去玩。小子这个习惯，一直保持到上大学，不在爸爸妈妈的眼皮子底下，都是如此。

第二个习惯是，每周至少用半天时间放松自己，好比军队休整，好比汽车进4S店保养。

如果说回家后，先把作业做完了才去玩的习惯，使小子逐步形成了具有赶紧赶要的自觉意识，爸爸妈妈觉得，这是一个"起步小子"读好书的一颗宝贵种子和一块难得的大基石。只有有了这么个自觉意识，如种子、如基石，小子们人也才静得下心来。

一个小子如果一开始上学读书，就没法形成这么个赶紧赶要的意识，一边做作业，一边想到玩，那就是没有静下心来，也不可能静下心来，作业和玩，都难搞好。

有了赶紧赶要的自觉意识，并促使自己能够静得下心来，接下来读书做作业，就能够有好的开端。

万事开头难，头开好了，往后至少要顺当点。

回头看，小子之所以没怎么"折腾"如要补课、上辅导班什么的，书也读得还说得过去，爸爸妈妈感觉不可或缺的一点是，得益于这个回家后把作业做完了才去玩的较好习惯。说起来不那么惊天动地，但能够养成了习惯，做好了事情，就有可能累积成为一种撼天动地的小小功夫。

学习再紧张，每周都得抽空玩半天，包括课间十分钟，一定要走出教室玩玩，督促小子养成这个习惯，这实际上是让小子进行调整。

爸爸妈妈从小子一上学就这么在引导小子，这实际上也是爸爸妈妈在周末只要有空，带小子从小就找公园玩的一个延续和过渡，到后来小子上学之后，学习时间越来越紧张，爸爸妈妈便成了有意识的一个要求。

文武之道一张一弛。

大人们像卓别林过于紧张，不调整、不换换脑筋，效率都难以保障。

莫说小子们在天性好玩、长身体的阶段，能有多大的耐力支撑——老虎都需要打盹！

爸爸妈妈"将心比心"地有了这么点检讨之后，便更加坚定了要小子每周至少抽空玩半天的做法，乃至以后便成了小子的一种习惯。

上大学之后，爸爸妈妈也是这么要求小子的，做得怎么样？爸爸妈妈没有卫星遥感设备管控，只能靠小子自己把握。

爸爸妈妈在培养小子的学习习惯上，真是上了心的，在诸如人走关灯之类的生活小小习惯上，确实只在大而化之的呼呼叫叫，不说没怎么上纲上线地与小子斗争，就是像督学那样，培养小子的相应习惯的意识也没有，没想到惹来小子，倒要爸爸妈妈重回年轻上了一些火烧眉毛的补偿课。

比如房子熏黑了一大半，请师傅来整整好说，小子的书本复习资料烧了，能买到的马上去买，这类能用银子、能用力气摆平的，失而复得吹糠见米，也好说，只是着点急、不伤什么脑筋。

最着急的是，小子要用而一时又买不到的书，又着急又伤脑筋的是，被烧了的一些证件要补办。

比如时过二三十年了，"喜从天降"，国家运作要给独生子女奖励，按规定其中必须要有爸爸妈妈的结婚证才行»补办谈何容易？"吹糠见米"的好事要办好都不容易，这"陈年老酒"的好事要办好难度大一点儿在情在理，除非哪个老姨爹老姨妈"权当捐赠"不要这点福利了，想要就一个字：跑！

好在爸爸风雨无阻地坚持了多年的晨跑，还有点气力配合。

爸爸自己单位的不算，只跑已经搬得老远的妈妈的单位"金妙精仪"，跑派出所，跑居委会，跑街办，跑民政局，问事项、倒程序、取证明、补证件，前前后后跑了两个多月的时间。之中仅爸爸妈妈的结婚证，跑民政局就跑了一两个星期，在感谢国家关爱的同时不找小子要跑路慰问金，爸爸妈妈算是给小子"哥们"的面子给大了。

还有"跑不了、补不了"的一些珍贵照片，真可惜！

如小子在烈士陵园玩到兴趣盎然时，猛砸自己小茶杯的镜头，小子跟爸爸到荆州古城外天岭山春游，一下车在开阔的野草地上乘兴打翻叉的镜头……

爸爸妈妈即使花五山金子着天大的急伤天大的脑筋，也没那个本事还原了，只好当作小子给爸爸妈妈，挖掘记忆，重温精彩，回味福馨，用于防止老痴的特制偏方，好让爸爸妈妈再红红火火地多上几天补偿课，再高高兴兴地多当几天督战队、帮帮团。

关乎生存状况的质量如何？！

一个矢志不渝的人、一个永不言败的人、一个顶天立地的人，总是得奋斗的，奋斗中出点状况，记取、修正便是，继续奋斗乃是真谛，爸爸妈妈如是说，还望小子们不白交学费入脑入心到自觉！

"真金不怕火炼"，艰难困苦，玉汝于成。

（本节底稿于 2012 年 9 月 28 日 15 时 45 分至 10 月 1 日 10 时 15 分完成，于 2015 年 7 月 21 日至 8 月 3 日誊正）

活力之源

小子戴了两三年架镜之后，到了临近高考的那年，忽然跟爸爸妈妈提出来，要给佩戴什么博士伦隐形眼镜，尽管爸爸妈妈犹如听闻所未闻的新段子，根本不知道博士伦是个什么样子？是好是坏？

可是从脑瓜子里立刻"蹦"出了一个，似乎威力无比的大杀手——小子如果佩戴之后，一时半会儿适应不了，影响高考怎么办？

如果因此，还弄出点折腾什么的，那十二年的学习汗水，不是可能转眼付诸东流？

小子们可以"皇帝"戏乎，老子们不能不悠着点儿。

爸爸妈妈当即想要训小子，没有讲出声的话是，小子"天老爷"够牛啊，都要高考了还要玩这非大非小的新招，莫非有点儿大将风度气定神闲举重若轻？还得了？不行两个字，蹭的！百分之百占了上风。

然而，爸爸妈妈的威风锣鼓，从来都只是在"大肚罗汉"自己的肚里敲打，面子上大多是与小子绕圈子，"斗而不破"。

何况小子临近高考，一口咬定不行，与急忙下急将地换眼镜相比，看似稳当点儿，但未了小子一时兴起的心愿，而影响了学习情绪，于高考不利，又该怎么办？

小子们，毕竟不是老子们，大事在即能想那么远那么细，而是想要就想要，巷子里的猪直来直去，又能怎么办？

爸爸妈妈在高考这个国人万众瞩目的顶尖上，可没有小子那个量玩什么新招。高考之仗，还得小子去打，在小子没有"撤诉"的意图下，爸爸妈妈只得装麻，陪着小子，玩小子们多半是嫩小半似牛的新招，玩自己小半是虎多半犭以鼠的心跳。

小子的博士伦隐形眼镜是在天北路与天祥路交叉处的、活力人行天桥东边的天明眼镜店验配的。

之所以叫活力天桥，颇有点来头。

由沙市解放初期就有的老厂"金球油品"，逐步变身为略具规模的现代日化产品企业，到20世纪80年代初，创立了"活力28"洗涤系列品牌。

"活力28沙市日化"，这句简练上口自然亲和的广告词，伴随产品响遍全中国。

用爸爸妈妈老沙市捧场的话说，其视听冲击力，虽已时过三十多年了，当下也没有几句广告词能与之匹敌。

当然现在的广告多得铺天盖地，造成不少"追星捧月一族"的视听疲劳，甚至厌烦也是原因之一。

不过有的广告词冗长、别扭，或者牵强、油滑，也不能说不是个主要原因，即是借助明星，也有过犹不及之嫌，乃有令人费解之惑。

那个时候，沙市的"军民人等"在出门之旅中，只要有点兴趣与外地的朋友们攀谈，说到自己是湖北沙市的，人家大多会自然来一句："活力28沙市日化那里的？！"沙市的乡里乡亲们也自然连连点头，在方便交流的同时，家乡荣耀感随之油然而生。

说到这个广告词，在征集之初，爸爸和同事兆威还一起投过稿，大致意思就是这个。那时可能都没当真，因为没有回执，也没有留底稿，正式启用后，没有回应也只能不了了之。不过，有心捧场有幸"受宠"足矣……

到世纪之交，活力28品牌及企业，逐步淡出了人们的视听所及。

爸爸妈妈和不少老沙市的乡里乡亲们一样，时有一种莫名的叹息之憾。

天明眼镜店如今仍经营旺盛，活力天桥，则在2010年城市改造，建设天北路防空工程及地下商城时被拆除。这不知是命运注定，还是冥冥巧合？和它的来头差不多，渐成一种"久久难以忘怀的眷念"……

　　活力天桥是沙市城区唯一的一座人行天桥，被拆除之后，到爸爸妈妈著述此稿时为止，沙市再无人行天桥，但城区的车流量倒是在与时俱进般地上升。

　　当年小子在那里验配博士伦隐形眼镜，爸爸妈妈全程陪同，在小子接受检测眼睛度数时，爸爸妈妈直勾勾地看着小子的后脑勺，无意中，竟发现了一两根白头发，顿生读什么书的叹息！

　　当然是在爸爸妈妈心里边的。

　　虽然一闪而过，爸爸妈妈感叹之际自己也觉得，十分奇怪很是莫名。为什么会把读书，看得既重、又"恐怖"呢？乃至见了小子们有了一两根白头发，就会不假思索地直接与读书挂钩而劈头盖脸难以自制！

　　从古到今，不读书行吗？不说什么传承文明、报效祖国、奉献人类的宏图大志，也不说什么出人头地、光宗耀祖、名噪一方的"鸡肠小肚"，就是养家糊口、安然度日，也得要读书，要学习，要知识。

　　面对小子又配眼镜又现白发，爸爸妈妈的莫名之忧，可能是对小子们怎么能在读好书的同时，怎么又能使身体，保持无限美妙"原生态"的一种默默渴求与祈祷，毕竟那时小子，满打满算也不过十八岁，正值充满朝气充满活力的青春年华。

　　等爸爸妈妈回过神来之后，仔细想想，小子们头上也初现白发，读书并不一定就是直接的原因，是不是跟"活力"的源头——"原生态"赖以保持的整个自然环境，有着莫大的关联？

　　不然，当下为什么会不断地有什么救河流、救水源、救物种、救地球等之类真诚而又急切的呼声。

　　打这时起，爸爸妈妈半是惋惜半是"好奇"自觉不自觉地，观察与思考着这个事。

　　以后，在妈妈生病住院医治期间，爸爸妈妈注意到，同病房里有来自周边县乡镇的病人及亲友，六十多岁的大多没有白发，七十多岁的白发也较少，再看看城市里的"俊男靓女"之众，不说六七十岁就是三十到五十岁的，几个不被白发困扰？几个不是在用银子与光阴，同白发进行着顽强的抗争？

　　城市里的大马路刷黑一次，可以管个若干年，可是城市里的白发族刷黑一次，能管多久？只能论天数。

抗日战争十四年，解放战争三年，也能告捷，战胜白发，则有遥遥无期之虞。

历史英雄岳飞，发出"莫等闲，白了少年头，空悲切"的感怀，是为了民族兴盛，呼唤雄起，现实"俊男靓女"之众，不时非得白发刷黑，为何如此？又是为何？

爸爸四十岁左右白发就越来越多，为了撑门面，不得不走进理发店刷黑，出了银子还得耗时候，刷黑一次白发仿佛受一次煎熬。以致爸爸为了延续刷黑周期，一忍再忍弄到齐肩长的"大背头"，有点像歌剧《洪湖赤卫队》中"彭霸天"的发型，那样才肯进理发店，再来一次刷黑"革命"……简直苦不堪言。

因而更为笑话的是，让不了解爸爸对白发刷黑有点儿恐惧的哥们爷们，乃至"以君子之心度小人之腹"，误以为，爸爸是要故意弄成那种打打杀杀的"黑帮"特征，其实都是叫白头发招惹的"不白之冤"。

那时爸爸正当年自己的正面形象严重受挫不说，到现在心里一直都有点打鼓的是，小子从上大学直到参加工作之后，都爱留长头发，不知是惜银子、省时间，还是受到爸爸当年"黑帮"发型的"后天遗传"之害？

为这爸爸妈妈又曾质疑，小子是不是钟情艺星郑伊健的发型？真这样，爸爸妈妈以为小子读大学时还马马虎虎凑合过得去，但与小子现在和商界政界打交道居多的工作场景，好像有点难以"打成一片"，更不说幸成"亮点"让人相见恨晚之再会甚念……

所以，关于发型，爸爸妈妈真没少与小子较劲，真没少给小子上课，理论到了关乎对个人形象连带职业进取，是加分还是减分的高度。

主张小子的头发，长短要适中，造型要适宜，修剪要及时，整体上，要给人以充满阳光，富有活力，而又稳沉干练，清新自然的良好感观。

爸爸在没被白发困扰以前，基本上是朝这个方向努力来装修自己门面的，小子只要"不走捷径"留心看看爸爸历史上的"标准相"，就应该学有"样板"赶有"目标"，怎么有可能让爸爸的"黑帮"发型一叶障目了呢？

真是有点让爸爸妈妈着急，替小子着急，太考验爸爸妈妈的教子吸引力影响力了

小子成家后爸爸妈妈还动员小子的爱人，当监督员"整理"小子的

形象，且还有点只好说是不好说不是，又真是够小子招架了的！

染发刷黑，真是件或会让人付出难言代价的好事。

妈妈有次染发过敏不轻，真的成了"美人鱼"两个眼睛红肿得像灯笼，看医生看了好长一段时间，才算躲过一劫，从此妈妈是宁要安康不唯漂亮再也不敢染发刷黑了。到2002年生死大病一场之后，妈妈更是提都不敢提了。

说妈妈的生死大病，与以前的染发刷黑之灾毫无干系，恐怕谁也不敢打保票，只是科技社会发展没到这一步，无法维权而已。

为从染发刷黑中脱困避险，爸爸"急功近利"就更绝了。

到2004年，爸爸感觉头发长生火，头皮重，时引牙痛，再加上已年过半百，至于形象感观，不再那么攸关职业竞争游戏了，便来了个葛优式的光头发型。

一来清凉，二来"时尚"，附加健脑秘方，此乃爸爸不好意思申报自己敲定的"发明专利"：因为每天使器刮头净须，实际上是一场对头部数分钟的微震按摩，做完脑清目明，爽不胜收。

可是，有的社会势利有时就是那么自作多情又无情无义到双重标准。

艺星葛优光头广告追捧多多，银子多多。

爸爸"无忧无虑"无名鼠辈，只为与刷黑伤害抗争，同时爸爸也可以说是，为了"保存实力"保持活力，减少生灾害病，个人小命少点折磨，国家"巨人"省点医保银子，而从源头做起，"先改先试"以便好好生生多待几天。

不料却惹来白眼多多、非议多多，其中不乏刷黑刷到宁死不屈的"形象万岁一族"。

伤感啊伤感，频频势利之眼，何时得以改观？

难受啊难受，泛泛势利之心，何时得以填平？

只有小子不作评议、不提"抗议"，爸爸妈的解读是默认，是不要爸爸走回头路、吃二遍苦、受二茬罪，自然与"自然为伍"……

小子在上大学时赶时髦，染过一次黄发，虽说跟刷黑目的不一样，可能的被"污染"、被伤害却一样，被爸爸妈妈知道后给小子闪电般地下了禁染令。

对于这个可能让人有点"小看"的叫停，小子还是蛮给爸爸妈妈面子，没有"造反"倾向，也再没染过。

不过，对小子蛮有时尚敏锐，这一良好素养爸爸妈妈还是肯定的。

爸爸妈妈认为，不论老少不分男女不在家境无关地域，谁若是对时尚，能够有一种自然而然的敏锐，实实在在反映出的则是，一种积极向上的心态和风貌，而其心有所待、神有所往，则又是一种内生的旺盛活力与强大动力，在为世人奉献美好的同时也使得自己自然而然地享受着美好。

然而，对时尚的观察收集与把握取舍，却又非常考验一个"时尚精灵"的追求水准与成熟程度。

对年轻有追梦追星嗜好的来说，还是一道不可小觑的坎，尤其在非物质的方面，如果过于前卫，一味地追捧视听刺激、追逐新潮领地、追求冲击效应，其风险系数之高，不亚于一场排雷探险之旅。

就染发而言，爸爸妈妈对小子近乎严苛的要求，主要是吸取了妈妈染发受灾的教训，从保护健康的角度所为，绝无打压追求时尚、享受时尚的不合时宜之霸道。

有见染发刷黑及变色，为什么如此盛行？！如此"风清气正"？！

与什么"第一印象、颜值指数也是竞争力"不无关系。似乎只有"黑头"，以及"红头黄头"等等，才能展示活力释放魅力，才有上升空间。相反，"白头"看衰，有随时被落下被清场的阴霾笼罩。

即使形势有点如此变幻莫测乃至吉凶难卜，爸爸妈妈也不主张小子们以"挑战"未来健康为代价，靠类似"刷黑变色"取道前行。

爸爸妈妈以为，与其那样改头换面乃至"脱胎换骨"，不如打好基础，练好内功，少些后顾之忧，从源头注入没有什么"污染"的活力，能成一匹"白头"黑马，其竞争力，也不一定比靠"刷黑变色"维持的黑马，就可能差到哪里去！

这么说，理想是理想了一点，现实的残酷，岂容如此理想？

然而，路遥知马力，"龟兔"不可比。

实践是检验真理的唯一标准。时间何不是，检验身心健康的唯一标准？

（本节底稿于 2012 年 10 月 1 日 15 时 20 分至 13010 时 55 分完成，于 2015 年 8 月 3 日至 5 日誊正）

冰雪之行

冰雪，在诗人片片似银的眼中，总是那么美好，催生着自己的奇思妙想，在行人步步为营的脚下，却是平添的艰难，还时常伴随着不曾料想的危险。

其实再深入地想想，谁又不是大致生活在诗人与行人两种角色的频频转换之中，或者就是一币两面之体？

就拿我们每个市井小民都不得不面对的商家之争为例。在不买某种贵重物品时还不会觉得有什么，即是"穷得揭不开锅"而一旦你决定想买，各种哪好哪不好的思绪，就像漫天雪花悄然而至。

在未动手买之前，一般自己又像个诗人那么激情满怀，想的大多都是美好的方面，所以关于美好的传闻，总是容易逗留，如雪渐厚，促使你爽快下注。

我们家经营"刘罗锅酒店"时为方便买菜，想买一辆摩托车之际，爸爸妈妈大概就是处于这样一种状态，花了整整 4000 元，买了一辆二手进口 125 踏板车。

当时国产同类新车的价格，与之也不相上下，反正都是听传闻，说进口二手车比国产新车还经用，就这么急忙下急将地买了。

什么归宿认同、宗源大义等，本应有所坚持的阵线，全都像遭到了雪藏冰封一样。到底怎么样？爸爸妈妈没用过同类国产新车，无法比较。

经营酒店五六年，跑买菜，一打二就，带接送小子上下学，外观虽已无看相，用却没出什么大毛病，除换过几回火花塞，门诊了事，还好不需住院。但声响躁人，油耗要钱，倒是整得爸爸妈妈心生疑惑，悔不当初，买这等二手进口车使唤，诗意难有行则颇艰所以冰清透凉，而非玉洁之爽。

这破踏板车，本来就是为了方便买菜买的，可是等爸爸妈妈骑到菜场买菜时竟招来这样的白眼，嘀咕"有不得？"意思是认为太奢侈。

也难怪，那是在 20 世纪 90 年代，不说放在如今，就是放在 2000 年之后，谁就是开飞机买菜，也不会遭到白眼。

"日新月异"，这就是时代捉弄人亦教化人，无话可说？最好还得哭脸把着笑脸做……

进菜场犹如打巷战，摊多人杂，要前行，按个喇叭、请让让好走，再正常不过，可有点节俭嗜好的爷们就觉得刺耳、不顺眼，更有甚者嘟曩着要打劫。爸爸当年熬生意本来就有点"怒不可遏"，加之一身迷彩服、大背头"显黑"的征候，这样的爷们，当然也只敢图嘴巴快活快活，还没那个胆子敢来真的。

可爸爸妈妈总是觉得，不是当初买它买菜时想象的那么美好。大概是"阴差阳错"的缘由，当年嘟曩着巴不得要打劫，才解莫名之恨的爷们，如今倒成了使用摩托车的主力队伍。此乃时代的恩赐，乃之可喜可贺！

然而，爸爸妈妈当年要是真的被打劫了，或者，爸爸不压住点火气，往美好的方面多想想，因此干一仗，干出个什么鼻青脸肿、头破血流，那岂不是掉进冰窟窿里去了。

要说真这样，也还是小菜，就因使唤这破踏板车曾差点儿出了大事，把爸爸妈妈这麻烦制造者，真是吓得三魂掉了两魂、三斤只剩二两。

一个冬天的早上，爸爸照常用踏板车送小子去上学，不"照常"的是，下过雪，车来车往之后的路面，有雪槽也有冰梗，爸爸还是蛮小心的，骑得并不快。

在绕天江路邮局大转盘，由北向南正要过路口时，从天江客运站出来一辆中巴客车，由西向东而行也要过路口，速度相当，不知怎的，糊里糊涂，踏板车来了一个自动向后转，同时卧倒，车头朝转盘一侧要亲吻，车尾接近中巴车的中后部位，要过招之不及，爸爸和小子都从车上弹了下来。

爸爸惊魂未定，本能地下意识地回头看了一眼小子，正要与中巴司机理论，小子已经在前，冲着中巴司机师傅大吼一声："您是怎么开车的？"爸爸才跟着上火，责怪起师傅来。

中巴司机四十左右年纪蛮壮实的一个汉子，他大概见爸爸和小子"活蹦乱跳"都没什么磕碰状况，因而显得一点儿也不怎么慌张，只把头探出车窗，不紧不慢地反驳爸爸是怎么骑的。

怎么骑的，莫非爸爸这等把式还会学柯受良，玩摩托车飞越不成？但爸爸一时蒙了，答不出什么名堂，只是一个劲儿地横加指责中巴师傅抢路，就是那种好歹得出口"恶气"的劲头……

真还不知道，是由于冰天雪地路面打滑，爸爸刹急了，致使破踏板车向后转带卧倒，还是由于中巴车抢路不及，车身随之扫了一下，导致爸爸和小子如玩特技"飞人丢车"，好生险情。

爸爸反复看了又看、问了又问，小子有没有什么不舒服的症状？爸爸自己当自己好像是个交警来出现场的，连想都没想自己有无不适。天下父母英雄虎胆，在危急时刻护犊护崽可能都是这个样子的，怪有意思。

一番折腾，还好有惊无险，又要赶着送小子上学，爸爸与中巴司机师傅又各说各话地交锋了几句，便各自赶路也罢。

天灾人祸，毫厘之佑，万幸万幸！

事情过后，对于小子嫩嫩书生一个能在危急时刻，一声吼的男子汉气概，爸爸妈妈还是蛮欣赏的。

当然爸爸妈妈不但不希望，而且还担心，小子们把这么点美好品质弄过头，不分场合，不谙江湖诡秘地去与人动气抖狠，这个是年少轻狂的"时光贵族"最容易出状况的"急弯险道"地带。

再往后走，经历的事多了，人也老成些了，为什么有人功成名就同时贵为一方之主之后，当在别人眼里美好得不能再美好的时候，真正有担当，有深度的，却时常会有如临深渊、如履薄冰之感。

就是因为，这样的主们深谙漫天风雪，在带给人们美好憧憬的同时，又覆盖着大大小小、深深浅浅的坑坑洼洼、沟沟坎坎，乃至难以数计、难以丈量的深潭黑洞。

哪个主们，只有能想到和做得到这个境界的时候，才好说，也才有点资格说，该出手时就出手。

可以说，不是这样的主们尽管把该出手时就出手，喊得喉管吐火，唱得七窍生烟，大多可能是瞎胡闹、无名堂。

不然为什么有的主们，本是为自以为是的什么什么不得了而"出手不凡"，结果却把自己给弄得"里外不是人"，还在梦里鼓里打转转。

不能从冰雪美好或者冰雪无情中，找出适宜的答案，大事，容不得主们任意想象得美好，小事，也一样会遭遇这样那样的窘境。

到了2001年，我们家经营的酒店主要是因爸爸"游击专家"的专注力转移而关张，小子也早已上大学去了，踏板车随之也失业了，卖掉吧？人家最多只肯出500元左右。

爸爸妈妈有点舍不得，心想用不着了，不卖看看也还蛮多"情真真意切切"……不比500元不值得！以后晓得了一个词，叫念旧情结。

后来河威九舅接手经营酒店，干了一两年。

河威九舅因有大摩托车，没有提出要用踏板车，爸爸妈妈不知怎么也没主动给河威九舅用，可能还是念旧之美在作祟的缘故。现在回想起来，也有点真对不住河威九舅的感伤与感怀。

再后来，河威九舅干别的去了。

爸爸妈妈便将经营酒店的住房，出租给了个体老板"金佛花商"，踏板车没合适的地方放了，便让菊香姑母的公子荡威去骑。大约年把之后，荡威哥们买了一辆崭板的大摩托车，就把踏板车闲置在菊香姑母家后院的杂物间，一直放了好几年。

当有年爸爸妈妈去他们家，"旧情难忘"，到杂物间想看看时刻惦念的老友踏板车却不见踪影，很是意外，念想之极，顺便问问哥们荡威和他的爱人："踏板车怎么不见了？"他俩笑而不答去向，倒把爸爸妈妈弄得很茫然、很没趣。

爸爸妈妈只有"哥德巴赫"猜想的分了，十有八九是他们把踏板车给"嫁人"了，真应了那句老话——的儿子不心疼。

然而，踏板车和关于它的故事，对于爸爸妈妈如诗如史来说，是永远无法"改弦更张"的……即是要"嫁人"，按说亲友之间，先念叨一句也是起码的情分，这是爸爸妈妈的美好所在。

荡威哥们的美好所在和爸爸妈妈有相同的一点，就是反正都是亲友，能怎么着？！不同的是，将其"嫁人之初收点彩礼"情理之中，那也是一种美好所在。至于可能触痛爸爸妈妈的美好念旧情结，那就跟信仰什么道道一样，若无感同身受便无意之中顾不了了。

爸爸妈妈在这里提及这事，已经不关乎踏板车了。只是想跟小子们说说，事不在大小，人不在亲疏，地不在远近，时不在长短，一个良家弟子的境界，就如同对待漫天风雪一样，想象和享受及爱护它，可能带来的美好所在的同时，也得预测和防范及接受它，有可能带来的不是那么的美好所在，甚至就是灾难性的一面。

冰雪之行，尤为艰困。

问题是，当一个主们尚无什么光环亦无所负担乃几乎净身状态中，面对看得见的冰雪之时接受行之艰困的忠告，还是相当容易的。可是，对于看不见而又确确实实是已经行走在冰雪之道上，并且有美轮美奂的簇拥，至少是点缀。这个时候要接受行之艰困的忠告，一定是相当相当不容易的。

如果这个主们，因某种机缘侥幸地滑出了冰雪之地，纵有磕碰但无大碍，对于忠告者来说，既是一件值得庆贺的美好事情，又是一件准备接受嘲弄的未了事情。

然而，这些倒是犹如序曲，冰雪美好也罢，冰雪无情也罢，则不会因此而改变它要带给哪个主们的初衷与结局。

侥幸或者幸运能够光顾，自然美好不过，可是倘若把它当成冰雪之行的依靠，甚至是拼搏名义掩护下的赌注，这样的主们，要走到自己所想到达的美好之地，除非是侥幸或者幸运的专业户，否则，只有越走越艰困，直到可能没有立锥之地。

如此这般，悲哀在于只有对冰雪的诗情画意，可怜在于自己可能只是个地道的行人，却硬撑着面子想入非非做诗人，甚至是不得了的诗人……

冰雪之中，诗人？行人？

"天上人间"既是境界又是现实，逃避不了，轻忽不得，如何是好？全在认识到位，把握到位。道上，方可收获诗人的浪漫情怀；路上，方能得到行人的豁达顺畅。

　　无论何方之主不用质疑，接受忠告，乃为明智，亦真聪明！

　　（本节底稿于 2012 年 10 月 7 日 15 时 40 分至 10 日 14 时 45 分完成，于 2015 年 8 月 5 日至 6 日誊正）

天上之校

　　小子高考前，有次学校召开全年级考生家长大会，校级"冒号"攀威在关于填报志愿的事上谈了不少指导意见，最后这位校级"冒号"特地重复了两三遍，意思是家长们怕还有什么不明确、不清楚的，也可以在"晚上查找"。

　　爸爸妈妈真的是竖着耳朵听的。

　　事关小子们临门一脚"人上人下"的事，哪敢开丁点儿小差。

　　"晚上查找"？爸爸妈妈一边惊讶，这位校级"冒号"也太实在了，还怕家长们不会花工夫去找关系，竟然在大会上公开强调家长认为有必要，得晚上去找关系，真是巴心巴肝地为考生，还不是一个"卖红薯的'冒号'"，有点儿靠得住；一边也很恐慌，爸爸妈妈在教育界有点举目无亲啊，走曲线"救驾"之路，即使熟人够哥们肯帮忙，要开口也是蛮难为情的，若有力而无心帮忙，岂不是更抓瞎？

　　"晚上查找"这事，爸爸妈妈还不好向小子"贩卖"，怕增加小子们新兵怕炮的考前压力。

　　纳闷儿了几天，爸爸妈妈在与比较熟悉的考生家长穿威交流时，憋不住，感叹"晚上查找"的事。

　　穿威老兄倒也蛮实在并不觉得奇怪，那个阶段都蛮肃穆，没那个闲心，因而没有笑话爸爸妈妈有点老乡老土的意思，但为这位校级"冒号"既"沉冤昭雪"又当了回知心翻译。告诉爸爸妈妈，人家是要家长们在电脑上网查找信息资料，少走弯路，不误事。

"网上查找"，"晚上查找"，爸爸妈妈太 out 了！

幸亏爸爸妈妈手无缚鸡之力没什么生杀大权，不然这位校级"冒号"可能会冤大了。

在弄明白的那一刹那，爸爸脑海里闪现出一个类似的情景。

那还是 20 世纪 70 年代初，常开学习会、批判会什么的，我们家老屋盘龙村的婉香老姨妈，在一次会上发言表态，把"深挖细找"什么什么"分子"，说成"青蛙洗澡"，那可是跟学生交作业一样，既然有资格到堂，发言表态就是必须得完成的功课。

爸爸虽像旁听生当时一下便知道老姨妈婉香对错号，没想到时过二十大几年，认年龄还得谦虚点儿的爸爸妈妈，也弄出了个对错号的段子。

好笑是好笑，教室里考小子们笔下点墨成金，教室外考老子们脚下"功夫几何"？那可不是什么好笑的段子，那是如捧圣旨好笑不得。

因为小子前几次调考，成绩曾冲到年级排名前十，又曾下滑到过前二三十名。爸爸妈妈感觉小子好像在玩冲浪，起伏不定，如此"惊险"考上大学的可能蛮悬乎。

当然也源于爸爸妈妈对大学门槛高矮的难知就里，伴随跨入之难的极其神秘与补偿似的极大寄托，加之就在小子这届的前一年大学也尚未扩招而"独中状元"的紧张空气……

为了保险起见爸爸妈妈背着小子，还真的搞起了"晚上查找"。经熟人找熟人，找到了省城的一所大学。熟人还带爸爸专门去了一趟这所大学，以示相互之间的认真慎重和诚心。

去之前，按熟人的意思，爸爸妈妈准备了两瓶好酒，两条软包玉溪牌香烟，当年一条大概 300 多元。见面后，熟人把两瓶好酒给了直接帮忙的熟人，同时介绍爸爸向其直接说明了拜托大意，算是完成了此行使命。

之后，直接帮忙的熟人也尽了地主之谊，小宴了介绍熟人包括爸爸一行三人，谢绝了爸爸妈妈买单。

仍在爸爸手上保管的那两条软包玉溪牌香烟，在打道回府的途中，就被介绍熟人老兄俩一人一条，给"主动"解决了，当即很有"突然袭击"之感。

登门拜访直接帮忙的熟人，表示表示，无论多少无论什么形式，爸爸妈妈都是有准备的。等事成之后，再好好感谢介绍的熟人，同时感谢直接帮忙的熟人，爸爸妈妈也是有准备的。

但对于帮忙介绍的熟人老兄俩这番两步并着一步走的速度，着实让爸爸妈妈老实推子们有点儿跟不上其步子的惊叹与检讨，很有遇到了"高家庄的高"的洞世之醒。

好在直接帮忙的熟人给了爸爸妈妈一句话，只要小子的分数线到了，招录不是问题。

尽管爸爸妈妈对"分数线到了"，是个什么行话？完全没有相应的意会进行消化，但当时对于这么一句很官方式的承诺，作为两眼一抹黑的爸爸妈妈也如获至宝，因为经过熟人深加工了的事情，一切觉得是万无一失，到时拿了船票就能通达彼岸……

背着小子"哥们"，有了"晚上查找"的这么个底之后，爸爸妈妈仿佛是有枪当上草头王，便号令小子放松一些的考吧，并打了保票，保证有书读。

这话好像也有点儿很官方式的。现在回想，爸爸妈妈当时把"分数线到了"，因不明了这个话中话便连同"险中险"，一概置之脑后，对小子"闻鸡起舞"似乎有点儿咋呼咋呼的味道。

不过也好，反正爸爸妈妈始终认为，关键时刻父母能给一点儿底气，小子们才好一鼓作气一展拳脚"一鸣惊人"……哪怕是涉嫌诈忽诈忽也是必要的。兵不厌诈何妨？再屁的父母们也得有点儿担待、担当！

说是这么说，爸爸妈妈心里还是七上八下的，哪个环节都怕小子们有点闪失，而后父母老天们无力回天。

高考那三天，小子提出来不用接送，自己骑自行车去来。

爸爸妈妈一听头都大了，万一路上出点状况，悔都来不及，不过这是在心里的"不"。面子上还是得跟小子"哥们"和颜悦色地理论，说小子上学放学晚自习，一天几趟，一直都是爸爸妈妈接送的，出于"自然"考虑，高考了更应一以贯之、不改变习惯为好，再则出于平安及准点，理应加强才对。

其实爸爸妈妈犹如押宝有惶恐又纠结，既然小子提出来不接送，爸爸妈妈坚持照常接送，这接送与否，对小子高考情绪的稳定，是"正能量"还是"负能量"？真是没个准。

但要保障小子去来的绝对平安及准点，爸爸妈妈还是放在重中之重的位置来对待的，一点儿不马虎。

最终小子还是听了爸爸妈妈的，并且还鸟枪换炮，由踏板车改成打的接送。

我们家还获得了一点儿意外欣喜，去沙市三中考场，不用说，的士师傅闭着眼睛也开得到，从考场出来，上的士跟师傅说："去刘罗锅酒店。"师傅都会来一句："刘罗锅啊！晓得。"

没想到，在如今到处都有酒店餐厅餐馆的年头，这么说，爸爸妈妈经营了三年两载的"刘罗锅酒店"，已经算是有点儿知名度了，当然是一喜。

不过还得感谢当年热播的电视连续剧《宰相刘罗锅》，因为之所以把我们家学练摊的酒店取号"刘罗锅"，爸爸妈妈也是想借借"宰相刘罗锅"的骨气名气加喜气，看来"好梦成真"了……

小子高考成绩出来也还不错，莫非既是"宰相刘罗锅"给的"骨气名气"加喜气，又搭的士师傅们的有心捧场！这也当然是后话，是爸爸妈妈好歹创业一番自己跟自己"拜年"的话，乃"忙中作乐"的小小散心而已。

当时爸爸妈妈生命中的所有细胞，都用于小子的平安及准点进场上，对其他一切统统视而不见、闭口不谈，特别是不能问小子们考得如何？这是从学校老师们那里取来的真经，念得如何？爸爸妈妈不用谦虚打 100 分外加 OK，包括刘罗锅的大师傅小师傅在内。

小子在每场考试进场之前，爸爸妈妈都要递给小子一听红牛饮料。

我们家当时经营酒店，吧台里饮料品牌很有几种，爸爸妈妈为什么独挑红牛这哥们？可能是取了红牛中的"牛"字，寄望小子每场都能考得牛点，谐音也有爸爸妈妈给小子加油加油的意思。

另外，红牛主体包装是金黄色，给人以醒目振奋的感观。

至于饮料主要是什么成分，爸爸妈妈压根儿就没考究。

自然而然地是希望能有利于小子们披挂上阵，始终保持一个较为适当的入考状态。

　　为这个，爸爸妈妈还特意在考前几天，将酒店的吧台、餐桌，以及空调柜顶，都重新更换或添加了鲜花。这也算是一举两得，小子进出耳目一新、焕发精神，对客人们就餐也多点赏心悦目、增加好感。

　　当然，爸爸妈妈主要目的，还是想让小子在高考期间进进出出，能够因此而获得一个好心情，保持一个好状态。

　　小子从三天高考考场下来，暂时可以放飞心情放飞自然而刀枪入库马放南山，爸爸妈妈则由陪同护驾，变成"情报"主力，又人不卸甲马不停蹄地进入了填报志愿的"博彩"考场。

　　1999年，小子"哥们"那届高考采用的招录方式，还是先估分填报志愿，后出分对号入座。爸爸妈妈没上过大学，也没干过这活儿，心想，这种招法，比盲友上坟估堆堆的做法，先进不到哪里去？

　　如何帮小子把这场"博彩"考试考好，爸爸妈妈的办法只有一个，摸着石头过河，从战争中学习战争。

　　小子一开始自己估分就是638分，爸爸妈妈虽说才开始学干这活儿，纵然年纪好像"博士后"听了这分，回望小子的调考战况，质疑小子是不是估高了？估牛了？

　　为了保证随后所报志愿录取的可靠性，小子在爸爸妈妈保守情绪弥漫之中，经过再估分降了一点，向学校报了628分的估分。

　　小子自己倒是比较淡定，爸爸妈妈仍是替小子"牯牛"捏一把汗，恐怕这届考卷不难，普遍水涨船高，小子的估分即使较准，要上好的大学还是悬乎。

　　汇总估分出来了，小子的估分在学校年级和班上的排名都还不算差。爸爸妈妈谢谢小子"哥们"还可得在稍稍松了一口气的同时，这才把"晚上查找"的、保证有书读的学校，告诉了小子，供小子确定志愿备选。

　　以往，爸爸妈妈没少听时间紧任务重的说法，那多只当口号，尽力去做就得了，没觉得到底有好紧好重，这回帮小子们填报志愿，真的感觉时间好紧好紧、任务好重好重。

　　根据小子的估分和在学校的大致排名状况，爸爸妈妈把学校提供的两本招录参考书，翻来覆去地看了一遍又一遍。

　　小子自己也家里学校来回跑，听建议、作比较，弄了两天，小子的奔波感言是："报什么学校，怎么比高考还难？！"爸爸妈妈虽只是小子的参谋，但是带了"长"，一样举棋难定。

爸爸妈妈倾向小子"早当家"读个律师、土木工程之类的专业，毕业后进不了什么如愿的单位多条退路，可以开个事务所、做个包工头什么的去闯。

那样多看天色，少看脸色，是骡子是马？看哥们爷们自己的天分、勤奋，归哥们爷们自己的造化、福分。

爸爸妈妈有这个倾向，不是瞎折腾的。简单地说，穷人的小子们早当家，穷人的老子们更得早当家。还可以说，不管什么人不能无胸无大志，但更得脚踏实地。

尤其是穷小子，读出来了，想进什么单位和进了什么单位，明里暗里，多多少少都得拼背景、拼资历，哪怕是媳妇熬成了婆婆，也得拼这些难以言状的名堂，进"可以"的单位，就更不用说。

与其猫在单位拼背景、拼资历，没完没了，无背景可言，无资历可盼的"无名"小子们何不趁年轻，"虎"在市场拼良知、拼气量！

虽可能多点等米下锅之急，但少些屈膝乞讨之冤，或有风餐露宿之苦，却无横遭倾轧之祸。只要不是鼠目寸光、驴子脑筋、猪样懒散，闯到老，最差也不至于只剩一把老骨头。若是能够看得更远一点儿、更透一些，何许闯得可以，还有基业传世可言。

对于爸爸妈妈的倾向性建议，小子说，对打官司不感兴趣，报土木工程没有绘画基础，有点虚。

至于对爸爸妈妈的后顾之忧想法，根据爸爸妈妈的观察，小子们在仰望星空想象"冲天"之中不能说一点没有。

但初生牛犊，嫩，其程度，当然不可能有爸爸妈妈的那般中肯、深刻，或者说还是因为初生牛犊，嫩，因而不是那么认同，只是未于言表，也许是初生牛犊没见过虎，嫩，不知道怕虎，就好像真的不怕虎，只顾根据"哥们"自己的感觉往前冲。

两天"明争暗斗"下来，小子的初步选项是报北京外国语大学。

"北外"，在爸爸妈妈心目中原始印象并不差，但小子一锤定音决定读外语专业，着实让爸爸妈妈有点突然，与以前想象，不说相差十万八千里，至少也有"一千好几百里"！

这时爸爸妈妈才想起来，小子高考时为什么要参加加试英语听力的考试？爸爸妈妈当时丝毫没有朝小子想读外语专业去想，只当是小子爱考，爸爸妈妈就认出银子。

看来小子是"蓄谋已久"，倒是爸爸妈妈只顾投资不管投向反应迟钝，这下要尊重小子的意向，真得脑筋急转弯。

不过，有一条统一战线，爸爸妈妈小子绝对是高度一致的，那就是生怕小子，报高了进不去，掉档，折腾不起；报低了亏了分，浪费不起。

小子有了初步选项，爸爸妈妈便又着重反复查了，北外往届的录取分数线，基本上比清华北大少不了多少，而且每年在湖北只招几个考生。因而，爸爸妈妈对小子报考北外能否如愿，一点儿没底。况且小子自己估的628分，待考分出来后，往上走还好说，往下跑那不是够悬了？

真这样，恐怕就是有路子"晚上查找"，可能也已经来不及，何况爸爸妈妈穷当家就是上查祖宗八辈下翻三亲六故，也没得这个"晚上"能帮忙。

犹如千钧一发之际就是担心小子"牯牛"报高了……

因此，在小子正式向学校填报志愿的前几天，爸爸可能刷新了一个应届考生家长"泡校"历史纪录。

缠小子班主任，钻招生办，"撞"校级"冒号"，以及探访比较熟悉的小子们的家长，简直就是一个公开的特工。

主要是想弄清楚：沙市三中整体成绩如何？填报北外的有几个小子们？他们的估分成绩，是在小子前还是在小子后？同时，爸爸妈妈还托亲友找熟人，摸摸同是省重点高中的荆州中学的类似情报。

为指望人家能够忙里偷闲当回事，同时也是补偿一点儿人家的误工，所以还通过亲友特地对找的熟人，表示了一条硬包芙蓉牌香烟，那时大概200元一条，结果话没一句信没一个。爸爸一着急单车当"奔驰"自己跑了两趟荆州中学，进行了一番打探，在那里爸爸看到估计可能有情报的"风云人物"，便充熟问问。

好在处在高考氛围中，好像所有的善男善女对考生的家长们，都有着一种特别的理解和自然关照，所以也显得特别的诚挚特别的殷勤特别的"话多"，知道不知道，知道多少都有话，绝没有像赵本山"忽悠"小品里的料。

给爸爸妈妈感到最有收获的一句话是，荆州中学的历届考生，好像都不大填报外语专业。有这个话的"知遇"还说了一个依据，意思是荆州中学的乡村小子们偏多一点，学外语的条件相对差一点，自然都不大报外语专业。

之所以非得往荆州中学，跑跑问问，爸爸妈妈"包打天下"的自我感觉是，只要把沙市和荆州的重点中学的行情，弄得比较靠谱了，对小子决定填报北外的录取把握，也就踏实得多。

见爸爸妈妈跑里跑外，张罗前张罗后，甚是紧张，小子来了一句："北外是天上的学校啊？"

不知小子"牯牛"是给自己打气？还是有意"打击"爸爸妈妈的积极性，减减压？

那时也顾不得跟小子理论，老子就是老子，小子就是小子，也没法在一个视野里与小子理论。不过，小子越淡定越充满信心，爸爸妈妈的积极性更高，该怎么着还是怎么着。

有一条，在没有足够的情报改变小子填报北外的决定之前，都得尽可能地去了解行情，让小子在最终填报时好下笔。爸爸妈妈的"活佛真经"是，宁愿白忙活，也比一点谱没有，两眼望青天干耗，要省心。

什么叫黎明前的黑暗？似乎有希望，而又没有什么准谱之际，大概就是。

直到小子的考分出来为 639 分，再加上，爸爸跑里跑外"泡校"所了解的大致行情，爸爸妈妈这才为小子最终填报北外的决定，大大松了一口气。

虽然如此，这也只能算是对沙市本地的行情有点儿数，但省里的行情如何？还像无底洞。

爸爸妈妈又决定，往在武汉的省招办跑了一趟。

算小子火好，爸爸这趟去武汉，搭上了小子湖威表大伯的顺风车。

湖威表大伯的千金韵香也是同届高考，这趟去武汉主要是为自己千金韵香落实"晚上查找"的学校，顺便去省招办看看，爸爸心急火燎则是专程去的。搭顺风车，不但路费省了，连去来的食宿都由湖威表大伯包干了，沾光不小。

滴水之恩当涌泉相报，小子"哥们"得有点数哦！

雨露滋润禾苗壮，湖威表大伯的干金韵香如愿考上武汉高校，又留校任教，伴侣也是同窗终成眷属。随之，湖威表大伯又举全家之力，在武汉购置房产，二老在干金韵香的陪伴照顾之中，安度晚年。

到了省招办之后，爸爸采取的仍是土办法，见到门开着的便"'哥们'大胆地往前走往前走不回头"，老师们熟悉的就缠，不熟悉的就"撞"。

当然跟在沙市没法比，像全省报北外的有几个？分数是在小子前还是在小子后？这样的情报，不但不便问到，有时试探问问，也多白问。

爸爸妈妈想也不是什么机密，只是没有"撞"到"高层老师"乃至有眼不识泰山而已。毕竟这样的家长们人家可以忙而不顾，爸爸只得这样自己安慰自己。"举目无亲"，爸爸就只能混个脸熟，有什么事沟通方便及时一点，就算没白跑。

不过，虽然特别的情报没摸到，最起码也让爸爸妈妈因隔行如隔山而长了点特别的见识。

原来，像小子就读的沙市三中这样的重点中学，到高考录取的关键时候，在省招办是驻扎了一个班子干这个事的。

而同是沙市的一般中学就只派了一个临时代表队似的，到省招办接洽接洽处理处理这个事，就跟爸爸跑省招办差不多，当然人家迎进送出是公事公办，不像爸爸特工似的"四面楚歌"……

爸爸当时就感到，学校在省招办驻专班打阵地战，与学校派代表队打游击战，对考生们来说，有什么周折处理起来的时效还是不一样的，至于结果好坏的不一样，又是圈外的尽管"烧香拜佛"乃也无法证明的事情。

要是画龙点睛乃之——悬？！

一阵跑下来，沙市三中驻省招办的主管猛威歇下手劝爸爸回家静候佳音，意思是小子的分数，录取北外应该是有点儿把握的。

听了主管这话，爸爸理所当然又踏实了几分。爸爸趁热打铁，给主管留下了手机号码9010306。爸爸那时年轻冲动赶时髦，于家里其他后顾之忧而不顾，在1994年就花近万元，玩起二代模拟大哥大手机，这个时候算是派上了一点正经用场。

因为这点，哪怕只到2000年之初，这"模拟大哥大"价钱就栽了水跟头，千元不值，不久还成了"古董大哥大"，爸爸也不悔当初，关键时刻有用，值！

光留电话还不行，唯恐"机不可失"……爸爸还跟主管达成君子协议，拜托主管：有什么事主管能当家的，由主管当家，不能当家的才打电话，主管诚恳地说，那是，那是。

爸爸这才意犹未尽地告别招录火线……

爸爸妈妈逢神问香乃之不是神仙也似半仙，莫以为考分还可以，就能够高枕无忧了。

可以说在没有见到小子的录取通知书之前，爸爸妈妈的心都是悬的，等小子们涉世不深难得糊涂，也好，有什么事爸爸妈妈担着，行了。

在一家子的浮想联翩亦翘首以待之中，从武汉"省招办"那边，沙市三中招办主管猛威，真给爸爸妈妈来了一个电话。

心跳来了：主管告知，北外招录的老师们说小子填报的法语系名额已满，在服不服从调剂的一栏中，小子填的"否"。北外老师们还有一句，更让爸爸妈妈心速加快的话，说"这同学怎么这傲气？"

爸爸妈妈一听电话里这口气，以为北外已经对小子的志愿，作了退档处理。

主管也是真逗，爸爸妈妈在电话这边正要为小子喊冤，主管先说了。主管说，他跟北外老师们说"人家同学还是小子一个，怎么会傲气呢？调剂栏填'否'，是一时疏忽涂写错了的"。并替爸爸妈妈写了表示小子服从调剂的证明。

主管给爸爸妈妈打这个电话，是要得到爸爸妈妈的确认。爸爸妈妈当然是一声一个同意。同时在心里干感谢万感谢主管的英明。

其实，小子当时又不在爸爸妈妈身边，不知小子是不是真能服从调剂？爸爸妈妈武断地认为，只要能进北外再说，什么调剂不调剂，弄翻了退档，岂不是周折大了？还好，小子知道后，基本认同爸爸妈妈的当机立断。

"天上的学校"，这下算是给了小子"牯牛"之间的一次特别入学考试，同时也给爸爸妈妈上了一堂"业务不熟、雄关难把"的教导课。

不管小子是一心只想读法语系？还是粗心把调剂栏给填反了？都让爸爸妈妈忐忑不安。

不过，入学以后得知小子是北外应届法语系的"状元分"即最高分，按择优录取的游戏规则，在小子名下，就不应该发生"调剂的故事"。

所以世事有的谜团，不是用想当然能够解释的。

按现在的说法，不管当年是硬件原因，还是软件的原因，没有造成"灾难性的后果"，对于各方都是福音，特别是对于小子，对于我们家，更是福音的 N 次方。

这里议议，爸爸妈妈丝毫没有责怪什么的意思，主要倒是想告诉小子们，对于世事，不论事大事小，绝不能在"想当然的温床上"，做黄粱美梦。若是"想当然"成了习以为常的思维定式，到时吃了"当头一棒"则会当然受不了……爸爸妈妈认为适宜的做法应当是，通常说的不怕一万、只怕万一，有备无患、常备不懈。

当年小子的"调剂故事"，经过沟通虽已有了头绪，但爸爸妈妈有点儿老兵怕哨那样还是不踏实，觉得还是赶过去，把保险栓，拴牢靠点好些。

以往爸爸到武汉有事，那时没火车，出于平安考虑，不是宏基、捷龙之类的大巴，是不会坐的。这天接到主管猛威的电话，已经是下午四五点钟，心情不允许，时间也不允许爸爸妈妈从容不迫，只好奋不顾身了。

爸爸仅仅拿了一条毛巾和牙膏牙刷，带了一点儿银子，就在我们家酒店门口，拦了一辆到武汉的依维柯小巴，便往省招办赶。到那已是晚上八九点钟，人家累了一天已经下班了。

爸爸只好给沙市三中驻办主管打个电话算是特别"报到"，主管猛威甚是惊讶，听口气，感觉爸爸好像是特战队的那么神速，连连告知爸爸，不用来的不用来的，已经办妥，应该没事了。

爸爸感觉离神近点儿心有所安方才消停了一些，找小摊随便吃了点面食，为了既节省住价格贵点宾馆的银子又避免住便宜了的可能"麻烦"，就到武昌火车站广场，半坐半走半打瞌睡盼天明。

不过在广场，像爸爸这样的"天人合一"队伍，到处都是。大热天，在远远近近灯红酒绿，同一个世界同一个梦想的相处之中，如此潇洒一夜，倒也别现风情、另。见沉静、另。有回味！

第二天刚亮，爸爸找了个公厕洗手处，草草洗漱整理了一下，便往省招办"集结"。因为到那里，来录取火线打探、候信的家长们已经不少，虽然陌生，但总是跟爸爸妈妈差不多的队伍，无形中也使爸爸倍感精神不少。

挤进去，爸爸见到小子学校的招办主管猛威及老师们，还有一位校级

"冒号"也在，他们都说，北外已经录取小子了并且是法语系。调剂的事好像未曾发生无人提及……就等微机出录取条目确认了。后面一句话，就是劝爸爸妈妈一百个放心，回去等录取通知书。

到这份上，爸爸妈妈确实打心眼里，感激小子学校招办主管、老师、校级"冒号"们，也想拖延时间，等亲眼看到录取小子的条目出来，便提出来，中午一定要请他们一起吃个便饭。人家"犹闻恐袭"哪肯，一再婉拒。再说，要候信，同时以便饭致谢的家长，不是一个两个，不婉拒，他们一分为几恐怕也不行。

还有一个原因，人家不看到录取哪个小子们的条目出来，也不踏实。这点儿他们和家长绝对是同一个战壕的战友，而且期待每一个小子都能如愿的急切之心，一点儿也不亚于家长们。

什么叫"烈火金刚"什么叫"火中取栗"？！不到招录火线走一遭，不见到那么多跟爸爸妈妈一样的队伍，爸爸妈妈真还不可能知道，听到自己的小子们被录取了的家长是多么落心，感觉其是多么珍贵，而还没候到准信的又是多么忧心，感觉其有多么难得。

就这么一点点区别，没到招录火线置身场外的，纵是同样的考生家长，也是无法感受到那种场景下的个中滋味的。

时过十好几年，爸爸妈妈在重新感受那段光景时，仍要情不自禁再道一声，谢谢小子学校的招办主管、老师、校级"冒号"们，当然包括，省招办和北外招录火线的老师们。

七盘八缠的，将近中午时分，爸爸终于看到微机慢慢走出了小子被北外录取并且是法语系的条目，至少反复看了两三遍，千真万确！

一家老小好梦成真！

爸爸此刻真是爆发了，一定要以便饭致谢，不然不走。主管、老师及同校级"冒号"见执意不过，时他们也有如释重负之感，这才对有同样意思的候信家长们说，好吧，一起替已经被北外录取同学的家长高兴高兴，还有同学的家长就原谅原谅吧。

此时此刻，用人间真情、人性光芒定论，一点儿不过，一点儿不假，一点不酸。

自小子的高考分出来之后，妈妈反复对爸爸说，早前做梦就清清楚楚地看到小子的考分是 639 分，爸爸越持怀疑态度，妈妈越坚持这么说，而且越说越认真。

母子连心，人世珍宝，爸爸只不过是有意跟妈妈较较劲，让妈妈更开心一些！

这回对小子被北外录取的事，爸爸近水楼台已经先得月再不想落后于妈妈，所以在与老师们热闹一番之后，准备从武汉启程之前，就抢先打电话告知在家一边忙酒店生意，一边急切候信的妈妈，图个头功，不然妈妈要等做梦才知道小子被北外录取定了，爸爸多不够意思，岂不又是一招无用功。

大概小子想必"天上的学校"，会有眷顾，不像爸爸妈妈老鹰似的老是盯住招录火线。

但那一阵子，小子一点儿也不消停，一个接一个的，参加小子们的谢师宴报恩宴，小子自己的谢师宴报恩宴，算是甩给爸爸妈妈承包了，当不管部"老板"。

爸爸妈妈的底线是拿到了小子的录取通知书，再决定设便宴谢师谢亲友。有赖我们家经营酒店，虽说场面不怎么宏大，可省了提前订座这点不便。

到 8 月 15 日，爸爸才从离学校大门只有几步路的一间办公室桌上的信件堆里，刨出了小子的录取通知书。

接着两天准备了便宴致谢报恩各方。

遗憾的是，学校老师们的日程满满当当，这有点出乎爸爸妈妈的意料之外，已经离高校开学只有十多天工夫，谢师宴的高峰早该过去，这路怎么还这么拥堵？

尽管爸爸挂帅征战，也插不进队了。老师们反过来，要求爸爸妈妈挂免战牌才是……爸爸妈妈"心诚不灵"只得对老师们"别开福门"……

永远谢学校永远谢老师，爸爸妈妈小子永远在心里。

还有校级"冒号"攀威在高考前家长大会上，说的有句话，爸爸妈妈小子也应该记在心里。那就是：高考录取规程，相对而言，还是比较严格及公平公正的。

虽不能因此等神下凡，但也不能心里没数，不然穷家小子们即是"天爷"，如果真的撞上黑客侠客之类调包顶包高手，爸爸妈妈小子去哪里喊天……所以，北外当年法语系招录的名额是不是满了？是否服从调剂，小子是不是填写错了？只能当成谜。

虽有惊心动魄一刻，由于"神仙下凡"帮忙，最终小子还是如愿以偿了，谜，随它去……

但是，小子"哥们"当年"天上之校"的惊呼与感叹，却时常萦绕在爸爸妈妈的思绪之中：

不管有志于哪个行当？高考能否如愿？在绝对优势上，决定了一个"刀锋战士、火线战神"的人生走势。

进去了，读出来了，在这个基础上，进入了学以致用的发展之道，那真得算作是天上之校的功绩，至于个人的能耐，不管有多大，都只能是一点亮之于灿烂星空、一滴水之于奔腾江河，不值一谈。

进不去，或者进去了读不出来，或者读出来了发展不了，虽然不能说，一定就会一无是处，但多少会有些折腾伺候，即便是另辟了佳径，干出了辉煌，对于天上之校的惊呼与感叹，可能也是一个永远无法改变的情怀！对于天上之校的省心与便捷，可能也是一个永远无法改变的诚服！

如果与这些根本就没沾边，对哪个良家弟子来说，那天上之校，那就真像天上之校，"万般皆下品唯有读书高"这样饱览风云气贯长虹的 10 个字，大概就是从这样的向往和比较之中敲打出来的，而后又自然而然的通过方方面面，融进了无穷无尽的各种故事。

不论是过来了的还是未来的哥们爷们，都是这故事中的角色之一，只是留下的印记，在什么范围之内？在什么维度之中？在什么时长之上？有所不同而已。

读书。

高考。

"天上之校"，过来的，未来的，"全体队友"都得踏踏实实地去面对这真真切切……

（本节底稿于 2012 年 10 月 10 日 11 时 10 分至 17 日 15 时 35 分完成，于 2015 年 8 月 6 日至 8 日誊正）

第四章
支撑之强

在北京上海读大学，回家度假的几个小子们，来电话要约小子去踢球、聚会，小子婉言推辞了。

以前在爸爸妈妈阳光灿烂的日子里，这是不可能的事，只要有约，什么事都可以放下，到时候拍屁股走人，势不可当，万事由爸爸妈妈张罗、支持，踢球为大。

妈妈一下子病倒，日子里的阳光不再那么灿烂，虽然踢球，已经是小子和这几个要好小子们每次回家度假，都少不了的保留节目，小子也毫不犹豫地把它打上了省略号。用赤诚的静默之心，以满腔的母子之情，借孝道的神圣之守，支撑妈妈挺过生死一关！

场面之见

　　可能是爸爸妈妈，特别是爸爸"老子天下第一"而又一向没有什么特别能耐争取第一的原因，所以对家里有什么事，好弄场面、弄大场面从来不感兴趣，也不是附和什么讲究的作为，无论亲友中哪个怎么兴师动众的弄，爸爸妈妈都只是淡淡的凑凑热闹、默默地祝福祝福，从无在这些事上，动动气较较劲，与之攀比攀比的念头。

　　换句话说，同样的什么事，爸爸妈妈真情实意的面对，没怎么弄场面，也不觉得有什么无脸见江东父老而低人一等的"自我拷打"。

　　至于别的好心人热心肠怎么看？爸爸妈妈不计较更不上心，事该怎么做仍怎么做，日子该怎么过仍怎么过。

　　"坐井观天"，虽有所仰慕当泰然处之。

　　但是，场面这东西，还是蛮有学问的，爸爸妈妈纵是不会黑板上种田说不出什么道道，可心里多少有个大谱。

　　把借题敛财这类经不起敲打的东西不谈，当然哪个哥们爷们不到那个分儿、范儿，也敛不了什么财。总之不谈这东西。

　　就爸爸妈妈认为的，一般地，可以经得住敲打的场面而言，之中的大致学问起码有这样一些名名堂堂。

　　比如宣示意义。

场面越大，上宾越多，表明这主们财力雄厚，人脉发达，势力正旺。

哪怕主人和客人恰逢其事时，即便是可能多少有点儿打肿脸充胖子，但其争相向好的驱动力，以及冀望发达的原动力，均无可厚非。然而，如影随形、相伴相生的附产品，恐怕就是攀比。

也不是哪个主们天生就对攀比情有独钟，既然场面具有宣示意义，有的还可能弄到妙不可言的程度，攀比也就有可能像一只无形的魔手，掏空了有的主们的心思。

以婚姻为例，只要"循规蹈矩"的主们，都得过这招。

如果说，不论谈婚论嫁之中的当事人，还是长辈、亲友看重房子、车子及位子，尤其是房子，那是现实，那是以后要过日子的必备道具，图个利索好使、经久耐用、舒适舒心，只要不弄到本末倒置，涉嫌敲诈的那种状况，倒没什么好说三道四的。可是，为什么有的主们把婚庆的规格规模，即在场面上，也弄到了芝麻开花节节高，甚至是高不可攀的程度？

以爸爸妈妈之见，把之中的经济社会意义和个人实力及处境不谈，是不是有脸面，因婚庆场面的大小，而决定大小的突出念想？

这对于好这口，又是有这个实力的主们来说，当然不是什么事。可是对于又好这口，包括出于迫不得已不得不来这口，而又确实没有这个实力的主们该是多么的压力山大？该是多么脑壳疼的事？

不是有主们为筹措婚庆的启动银子，而铤而走险锒铛入狱的吗？不是有婚庆风光过后债台高筑的吗？

因而，通过场面试想透露一些宣示意义，也好像一把双刃剑，有它促使人们向往美好、热爱生活、融入社会的积极一面，也有耍得不好，可能误伤自己、危及他人、贻害社会的一面。

其实，通过场面究竟想宣示什么东西？

并不是所有的主们都是那么了然在胸，可能不少的主们多是随波逐流。说得好听点，就是入乡随俗，有什么事，人家主们都这么弄，自己也这么弄。

如果弄到踮起脚做长子的地步，弄得不怎么样，甚至因而得罪不小。那则可能，不但没宣示什么自己不输于人家的东西，倒有可能落个话把儿，让人家财大气粗或者"专营这口"的主们作为谈资，甚至作为奚落、欺负自己的一个诱因。

如此一来想通过办什么事，弄大场面而另有所图的主们，岂不是弄巧成拙之"因拙"受累受困还不知何时是尽头，真是不值得！

当然有那种本来就是想弄大场面，而忽悠什么的主们。

这在一般办办婚庆、生庆之类的中不多见。但对开张、开班之类弄大场面的，作为嘉宾之外，如果是被吆喝捧场或者自动围观的女士们先生们朋友们……最好留个心眼，保持点距离为好。

尤其生性好冲动的不能贸然而至，不然进了笼子，不吃亏则已，吃了亏只能吃哑巴亏，真可能是喊天天不应叫地地不灵，只能怨自己冲动而"乐善好施"或异想天开，一失足成千古恨。

还有一种场面，是有的主们为了向神灵表达自己的仰慕，显示自己的虔诚，寄托自己的期待，等等之类的东西。

如果这种东西仅仅只限于哪个主们自己弄弄还好说，麻烦的是，有的主们就是想弄大场面之后，扩散宣示效应。对此类说得客气一点是吸引追随者，若是再说得客观一点或可能裹挟难知就里的"善男信女"，从而达到他们有所用心的目的。

对于借助神灵所弄的场面，不到万般无奈迫不得已的境地，最好敬而远之，不然一旦被裹挟进去之后，不论哪个自己的初衷有好纯善都可能会难以自拔，其果子，多半是好梦难圆，而"不"梦连连，乃至噩梦难醒。

尤其类似场面多多，真假难辨，宣示种种，求是难求。爸爸妈妈以为对于这个就是哪个良家弟子有点"孙悟空的本事"，也得慎弄，慎待。

比如礼遇意义。

当然场面如何？本身就是一种礼遇如何的讲究，是不是场面越大礼遇越高？即使在外人看来会是如此，那也只是"将雾当花"，身临其境，置身其中的新朋老友的感受，很可能是"同雾看花"乃难咽酸甜苦辣。

这之中的核心是，看弄这场面的主们做到了客无二待没有？

诚然，绝对的客无二待是不可能，因为亲疏一定、交情深浅客观存在，但没味就没味在，有的主们往往会自觉不自觉地将其放大了，最明显的莫过于在派座派烟派酒上。本来不存在全是甲座。铁打的甲座流水的烟酒，有的主们对一道之客却把流水的烟酒也刻意"留一手"……或许让人眼睛发胀，脸上发烧，心里发"恨"。

遇到这种主们，做客人的，能因场面大而感受到礼遇高吗？涵养不深的"专家学者型老哥小爹"可能会借故离场，回家喝自己的小酒，图个自尊自在。

可见，礼遇如何？与场面大小，既相关又不相关，关键在于真正享受到了客无二待没有。这还只是表面的大而化之的事情。还有邀请到场和应邀到场，相互都是礼遇，这里面有的事情，更让人捉摸不定，更要人如过高考。

不请客、不做客便罢，请客、做客不周，都反而容易得罪人！为什么在社会上会流行这样的感叹？其中主要有贫富悬殊、地位差异、认同不一等情形。

所谓礼轻仁义重，人到人情到，真有这么单纯这么浪漫吗？除非修炼到了圣贤的份上，可是能够交往于圣贤之间的，哪个主们又不能一掷千金呢？因而这个对于一般的主们很难不犯嘀咕。

穷的，送出去的礼份，对于自己的家计可能已像个窟窿，不知从何填补、何时填平？可是富的，有可能还会嫌礼份太薄，无光自己的脸面。或者，富的，送出去的礼份相对家财可能不如九牛一毛，而对对方已经觉得自己够大方了，可是穷的，有可能还会感到有点没到位，认为富得流油的主们原来也这么抠门几？

地位高点的，看地位低点的，有什么事去没去？或对方来与没来？可能觉得没什么两样，无所谓。或者，地位低点的，看地位高点的，有什么事去没去？或对方来与没来？可能大不一样，好像多了少了什么东西似的，而念兹在兹。

恭请对方，本是出于尊重，是有恩要报有情要谢，然而对方或是今非昔比或是时过境迁，因此可能会认为是红色催款单，是要讨回报，是什么什么……

若是未恭请对方，本是出于体谅对方某些难处某些不便，对方也许又可能会认为是目中无人、忘恩负义，或者是太过封闭、不合时宜，等等。

主人客人都有礼遇可争。

在这些事上，良家弟子对自己的礼遇可以不在意，但不可以天真地认为别人也不在意，因而最糊涂不得大意不起的是，不能因为别人不在意礼遇如何而失礼。

失礼这东西，跟丢了什么东西，绝对没法比。

失礼之后，有的自己能够及时检讨到了的，别人真够哥们也可以相应接受的，那倒相安无事，不在这个份上的，有可能成为变数不定的情事。

所以礼尚往来，看似热闹，其实不然，能周到的，要尽可能地做周到，这是不怕哪个主们有多狠的事，鲜花与大炮、"光明与黑暗"，也许皆因礼数之变而变，且之其变还既难有数目可量、又难有言辞可白、亦难有时空可限。

比如和睦意义。

可以说，场面大小，礼遇如何，相互都是冲着和睦而来的，就是再马虎不用心思的主们，也离不了这个起码意思。

不然，八竿子打不着的，别人不得请；打屁不沾大腿的，别人不会来。五座金山等于零，八抬大轿照扑空。

换个说法，穷也好富也好，地位高也好地位低也好，认同一致也好认同有别也好，相互曾有温馨，相互都在心里，请客的做客的都是通过这个相互表达自己，对对方有时难以言表或有的难以言表的一种尊重和珍重。差不多的加深友情，有点那个的增进友情，这些是别的场合，可能没法培育的一种珍贵情谊。

还有亲朋好友街坊邻里，平时都各忙各的难碰难遇，因有什么事，于情于理，再忙都得如约而至。这样凑到一块，茶谈酒叙一番，热热闹闹，加深了解，融合感情，自自然然，说有多好就有多好，其号召力、凝聚力、感染力，以及自发性、自主性、自觉性，可能也是其他任何形式都没法予以替代和没法给予的。

家里有什么事，操办操办，这一习俗千百年来历久不衰，传承之盛，势力之强，学问之深，都非同小可非同一般。

对于好弄场面，虽说爸爸妈妈自己不怎么感兴趣，但真正事到临头，想想一家子老老小小的风风光光，心里打架时常也是有的。

小子以 639 分的成绩被北外录取，当时在亲朋好友街坊邻里中间，还是蛮有好评的。

爸爸妈妈也想过到城区中心的大酒店去跟小子热闹热闹，小子在小子们中有面子点儿不说，为小子的事拖步的客人们也会受用得多。

可是又一想，我们家自己是经营酒店的，一方面这边有点儿丢不开，另一方面借这个题目让我们家"刘罗锅酒店"，多沾沾喜气，又何乐而不为！再加上，爸爸就是那么个不太看重场面的个性，也没发扬民主扩大到小子，就和妈妈商量定了，在我们家"刘罗锅"为小子上大学凑合热闹！场子小，一天排不过来，便实在一点儿，分个几天弄。

小子要上大学那年，我们家"刘罗锅"已进入第六个年头，弄几个和大酒店差不多的美味佳肴，大厨完全可以胜任，况且"刘罗锅"当时聘任的海威大厨，曾在名门"金圣保健"干过专职营养师，因而爸爸妈妈虽无口福尝遍天下但对席面如何，还是蛮有点自信。可就是，"刘罗锅"的地段偏了点儿，场子小了点儿，一场开不到三五十桌酒席，场面不大、气氛不浓、影响有限是肯定了的。

说也是这么在说，做也是这么在做。一边家里在准备接客，一边小子在外赶场子，别的小子们，当然一般都是在繁华地段的大酒店办事。有的小子们，家里还给印制了考入某某大学的纪念品馈赠所有客人。

爸爸妈妈见了这势头都有点儿架不住了，不由得想到要问问小子的想法，补补民主课。便说小子考上北外，也是不错的大学，爸爸妈妈就在我们自己家的"刘罗锅"办事，觉不觉得有什么委屈？"这有什么！"对这些事，小子不知是敬畏老子还是自己"胸有成竹"老是这个样淡淡一笑，随意一句再无下文。

不过爸爸妈妈看小子的表现，还是真实自然的，没有那种抬不起头、走不出门的惬气样子。

也许是当时小子对场面如何？还没有什么很深的见地，也许是小子懂事明了家境。不管怎么样，反正小子"老板"有这么个态度，爸爸妈妈感觉自然也踏实一点，起码不会那么心里没底。

毕竟有什么事，老子们不给小子们撑撑面子，也是说不过去的事情。

以后，从小子自己当家做主筹办自己的婚礼来看，有场面不张扬，有特色不过分，有礼数不繁杂，方方面面都有所顾及，在北京也算说得过去，比爸爸妈妈的"场面作品"完善丰富了不少，可谓"升级版"！

当然小子还是量力而行的，从小子没有接受爸爸妈妈积极主动地要提供赞助银子，就可以看出这点实在。

"超凡脱俗"不等于不近人情，通达人情不等于"超乎寻常"，如何是好全在适可而止。但愿小子们一直这样，在场面之类的事上都能够做得——过得去、站得住、出得来、走得远。以至不怯于场面，不图于场面，不逊于场面，对得起自己的天地良心，对得起人家的拖步劳驾，对得起社会的文明进步。

（本节底稿于 2012 年 10 月 18 日 10 时 45 分至 22 日 14 时 40 分完成，于 2015 年 8 月 8 日至 10 日誊正）

独立之初

当年为了亲亲热热地送小子到北京上大学，爸爸妈妈是一起从生意一线撤离，把打理"刘罗锅"的事，拜托给了紫香姨妈的干金代劳，可见重视程度之了得……

这是爸爸自我感觉颇好的平生第三次去北京。

第一次是在 1978 年，随老沙市的工业系统到北京展览馆，参与"沙市轻工产品新成就展"布展，那时小子还不知在哪里听召唤！

第二次是在 1985 年，为老沙市市委某部委到北京，给"中宣部"递交由爸爸执笔的沙市先进经验材料，小子也只三四岁，完全属于跟屁队伍！

这第三次去北京，小子成了主力部队，爸爸妈妈倒成了跟屁队伍，兼保安、给养随员，算小子牛！

爸爸虽然对北京有过前两次，差不多三四十天的拜访，但到 1999 年小子"哥们"去上大学，时过十三四年，也和妈妈小子一样像个新贩子，从买汽车票火车票，到进站出站转车打的，什么都得问询一遍问两遍，唯恐出现什么差错。

但还是显"嫩"。

最"嫩"乃始料不及的是，小子竟然有点晕车，从沙市到武昌转火车时，一下大巴就吐了。

小子中考结束后，曾单飞过湖南张家界一趟，也没听说晕车，这趟是怎么回事？闹得爸爸妈妈好不紧张了一阵子，生怕小子是什么别的毛病。

爸爸妈妈如果老到一点，在小子有点感觉不对的时候，就找司机师傅或者同车乘客，弄点晕车灵吃一下，可能就不会等小子熬到下车吃老大的亏。

爸爸妈妈"嫩"，小子也不"老"，没说早了早痛快。小子只知硬撑，虽说尽力不小，最终还是不得像掏心窝儿似的给我们省城大武汉留下了"幸会幸会"的小念想。

妈妈当年送小子上大学时，身体还不错，没晕车一说，后来真成了小子的跟屁队伍。可小子早就"转业"，不是晕车而是开车了，但妈妈大概是怕小子重新归队"自愿"当个晕车"挡门人"，只要说坐车出门，就先得备好晕车灵。

现在到了北京西客站，小子去接爸爸妈妈自己没备车，便一起直接来到站内的士候车处。

当年，不是笑话，全是外行，加上外行冒充内行带路。到西客站下了火车，爸爸带着妈妈和小子，七弯八转，出了站到北广场，然后上公路去拦的士。

在这之前，还有一道程序，就是反复问明去北外的方向，怕遇到和爸爸差不多的外行冒充内行的车老板多弯路耽误时候。

按北外入学通知书要求，小子的报到时间是 8 月 30 日、31 日，9 月 1 日开学。

爸爸妈妈小子一起 8 月 29 日从沙市出发，30 日上午九十点钟到的北外东校区。

想象中的北外就在眼前，小巧、清新，是爸爸妈妈对小子惊呼的"天上之校"的第一印象，再多的，就顾不得去畅想了。

小子就要"上笼头"对北外的第一印象是什么，更来不及"海采"，当务之急是陪小子去报到。

进东校区大门往左拐，就是一溜新生接待点，在欢迎横幅和彩旗的相伴之下，气氛热烈而井然有序。

妈妈单位老同事景威叔叔的千金水香，是上两届德语系的保送生，既是小子在沙市三中的校友，也曾在我们家卧龙宿舍住过。妈妈单位还有一位老同事龙威伯伯，他的公子争威更厉害了，应届考上的一本大学也不去，非清华大学不可，复读一年之后梦想成真，从清华毕业接着留学美国，也是小子在沙市三中的校友，那当然是老大似的学长了。

　　小子之所以书读得还是那个事，高考也还算可以，不能不说是受到了在妈妈单位老同事中，有这样的"学霸小前辈"的精彩影响。

　　氛围对于小子们的无形鼓舞作用，可能要比老子们拿起鞭子驱动的力量，不仅要大得多或许还会精准到位得多。

　　当然这又跟小子小时候，多数时候都是妈妈的跟屁队伍，有很大的关系——妈妈的吻轻柔的吻，却是"深深的吻"，乃是小子们一生取之不尽享用不完的爱之宝藏、智之宝典、力之宝库……

　　小子高考结束，有意向填报北外，妈妈自然没少向水香的爸爸妈妈，打听一些关于北外的概况。

　　爸爸关于北外概貌的最原始的想象画面——校区面积不是蛮大，但绿化和环境还是蛮清爽一就是妈妈这个二道贩子，从水香妈妈那里贩来，倒手给"白纸"爸爸、泼墨在白纸上的。

　　刚好那年新生接待点的小前辈，水香也是之中的一员。我们一家子见到水香自然亲切不少，一下子觉得，对于北外没有什么陌生感了。

　　在水香的指点下，小子登记注册、办理住宿手续等等，除了非得小子亲自办的事项，其他一概都是爸爸妈妈包产到户似的"吃苦耐劳"抢着干。

　　所到的办事位置有点特别的是，负责办理的老师们对于小子的名字"六六"，产生了不小的兴趣，都要边忙边问问有什么讲究？可能与小子是北外那届法语系报到学分最高的一个，注册学号为"001"也有点关系。

　　爸爸妈妈不好怠慢人家老师们的关心，也不得不作些迎合性的解释，说小子出生时体重是六斤六两，就这么叫了，又有六六大顺之意。其实远不止这些。

　　可以说，对小子的冠名大权被爸爸"贪司令"一个独揽了，连和妈妈商榷，和向爷爷奶奶外公请求赐名的意思也没有。现在想起来，爸爸当时有点高兴过头的感觉，应该向妈妈，向爷爷奶奶外公一一赔不是才好。

在一片喜悦和憧憬中，爸爸给小子取名字"六六"，主要有两点考究。

一个是"仰望星空"的美好愿望，谐和六六三十六，意：三十六计。

"三十六计"，爸爸感觉它可是我们中华民族老祖宗们，几千年传承下来的文韬武略之精华战无不胜之法宝，借光，寄望于小子心领神会能够多学学，力争做到文武双全足智多谋，成人成才。

可惜没有机会，让爸爸妈妈把小子送到少林寺，练练武功。但少林寺，爸爸还是拜访过，只是小子没时间随行，更不说拜师学艺。纵是还花200多元带回一柄"少林功夫宝刀"，然而爸爸却无功夫教小子耍耍，憾成爸爸妈妈对小子的未了之愿……

另一个是"脚踏实地"的现实主义。

爸爸是怕给小子取的名字，笔画若是太多了，考试起来多占用时间，真是追求"分秒必争"，特别是像一考定终生的高考之类，能节省一秒钟也是好的，能多考一分成绩，就是大赚了。殊不知，高考成绩高一分，可以"群压"一大片……

令爸爸没有考虑周全的是，"六六"，用普通话叫无歧义，但用沙市方言则叫成"楼楼"，就有点"蛮冲"的歧义在里面，可能给小子也曾带来过困扰，只是小子顾及爸爸的面子，没有直接"照会"爸爸如何如何，犯犯嘀咕难免。

后来，随着"左邻右舍"的开放程度越来越高，视野越来越开阔，美好寄望越来越强烈，应用"六六"二字，欣然成为时尚，以"六六"二字命名的品牌常有所见。

在沙市的大润发超市，迎门曾设置的便有香港品牌的"六六福"珠宝专柜，现在有的品牌汽车也用上了"六六"二字。

更加"沾光"的是，可谓千帆竞发万箭齐发乃国之大考的高考，也在每年"六、六之时"英姿勃发整装待发……

再一个，小子到北京上学成家就业之后，在普通话的"关照"下，"六六"二字，便自然更"尽善尽美"了。爸爸无形之中也感觉"解放"了不少，因为"六六"二字方言中的歧义，爸爸妈妈也曾经感叹：

世俗的力量是多么强大、多么考验一个无名鼠辈的意念意志，稍稍有点突破就不容易坚持，稍稍有点模糊而畏惧人言屈从人意也不容易坚持得了……

不过爸爸当初给小子取名字六六似乎有点儿"创意"，但从取名字的学问来考究，爸爸如今看来乃也有点儿悔不当初：感到像"六六"这样叠字的名字不论寓意怎么讲究，对于一个人的小时候叫起来还有点"有趣、活泼"意思，可是到了成年乃之渐老再叫叠字名字，就不如"不同字"组成的名字听起来那么"庄严、稳重"而颇有所憾……

8 月 30 日报到当天中午，小子就算在北外学生公寓，五号楼的 108 寝室安顿下来了。

随后，爸爸妈妈就只在校园内，给小子买了热水瓶、脸盆之类必须添置的生活用品。再就是"一显身手"，把寝室内外的清洁卫生"深加工"了一番。

妈妈既是习惯又有点儿即将"失业"的不习惯便少不了把小子铺的盖的，整了一遍又一遍，好像只有这样做妈妈的才叫"显了本事、尽了专职"，也好像才是做妈妈的……爸爸袖手旁观，也好像理所当然。

比小子前一脚落寝室的是浙江的一个小子，叫范笑海，小子算是第二个。

到下午，哈尔滨的尚良内，吉林的习顺存，湖南的吕神业知，大庆的寿信己，都陆陆续续地在寝室里安顿好了。天南地北、五湖四海，六个小子们的大学生活，将在上下铺、低头可见、抬头可望的亲密无间中开始。

小子报到进去，是睡在门对面靠窗户东边的下铺，大概是到大二便换防睡到上铺去的。爸爸妈妈问小子原因，小子说有喜欢方便一点儿的，有喜欢安静一点儿的，小子喜欢安静一点儿，就睡到上铺去了。

因为上铺没有一点儿护栏，爸爸妈妈没少叮嘱小子，睡觉靠里老实点，小心滚到地上成伤兵老爷。直到大学毕业，小子"哥们"到校外租了房子过渡，爸爸妈妈的这个担心才算彻底放下。报到当时进学校宿舍，爸爸妈妈倒没怎么注意这个，看小子怎么顺便，就落在下铺了。

31 日上午在东校区大门，迎面左侧的一间大教室里，法语系开了一个年级家长会，爸爸妈妈都参加了。

会上，年级"冒号"、班级辅导老师们，都做了见面介绍。年级"冒号"岩威讲话，着重强调了家长要帮助自己的小子们，比以前，在学习上要更加主动，在纪律上要更加自觉，在生活上要更加节制。

爸爸觉得，要说家长会的内容，与小子上大学前的家长会，除了"独立"后各方面要"更加"以外，其他的倒没什么特别的，倒是妈妈作为特别陪同似的参加家长会有点儿"特别"。因为小子从读小学到高中的家长会，绝对多数时候都是爸爸"垄断"代表，这次妈妈算是三生有幸，能参加到小子的大学家长会。

这也是妈妈一生创纪录的一次参加小子的家长会，要不是陪小子来北京，妈妈这辈子参加小子家长会的"级别"记录，铁定是比爸爸"落后"。

会后妈妈还有享受责任的表现，那就是和爸爸一同到年级办公室，把爸爸妈妈"真'老外'们"30日晚上，奋战一夜唠叨的《对小子的入学随想·赠言》，呈送了一份年级"冒号"。

"赠言"除了一点儿鼓励，主要是爸爸妈妈对小子的约法三章，和作为家长只有心没有水准的与学校的主动沟通，同时也是爸爸妈妈，专门向年级"冒号"和所有老师们，表示由衷的感谢和真诚的拜托。

爸爸妈妈在《对小子的入学随想.赠言》中这样唠叨：

下面一些不成文的话，是爸爸妈妈随着你小子到北外＾一到在短暂时间里的所见所闻，而后结合以往你小子走过的学习生活道路，特别是高考阶段的经历乃之油然而生的想法，唠叨下来赠言你小子，希望对你小子已经开始的大学生活有所帮助。

一、认真对待选修问题

第二门外语最好选修英语。在搞好法语专业、选修好英语的前提下，最好还要力所能及地自修点小语种，如意大利语等，其他选修课多选涉外方面的，因为你小子的本专业是经贸。

二、四年以后去向

(1)能够读研究生还是准备读研好，而且必须是读北外的研究生专业。读研以后参加工作更有竞争力，为时也不晚，人一生钱是赚不完的。

(2) 不能读研，就业选择目标顺序最好是：涉外方面的——文传方面的——经贸方面的。当然都要实事求是，哪怕跌倒了再爬起来。

三、就业，尊重、依靠学校是最佳途径

因为爸爸妈妈虽似"包打天下"但没有什么背景。你小子自己，爸爸妈妈想四年当中也不会掌握到什么很有把握的帮助力量，即是有背景有帮助的，尊重、依靠学校也不失为最佳途径。因为学校毕竟是这一行当的"专业及专家单位"，乃是最了解最理解你们的，更是最关心你们的，你小子能够考入北外，就是紧紧尊重、依靠学校的结果。

当然主要基础是，你小子自己的学业实力要拿得出手。

四、怎么当学生干部

(1) 自己的学业水平把握在上游区间，力争前几名是最大的说服力、凝聚力、号召力，不然徒有虚名、无人信服，有话行不通、有事推不动。

(2) 能力所能及地帮助同学，不要丢了学业，而为当学生干部而当学生干部去笼络什么"三朋四友"，那是虚伪的，最终也是无用的，因为你小子毕竟是学生，时间、精力、经济条件等都是十分珍贵，也是十分有限的。

(3) 在学生干部中你小子是一员，是班上的小小实验性"冒号"，哪怕是学生会顶级"冒号"也是如此，当然更是学生中的普普通通一员。不要提出与学校意见不一，或学校想办而一时受条件所限难以办到的，或简直就是有些似是而非的意见，特别是在福利、奖学金、活动报酬等方面。因为小子们你们毕竟是学生，不是教职工，是来刻苦学习的、是来深造提高的，不是来争福利的，更不是来挣钱的。

像某某说，最近跳了舞，别的学校都给了多少多少钱，而北外没有，有的同学可能自己，或者要你们学生干部之类的向学校提意见提要求。

像这类事，今后遇到听到可以像没遇到没听到一样，实在无法回避，也只宜说点"外交辞令"加以缓和：比如说学校自然会考虑的，比如还可以幽默一点说，那种说法是"天外之音"，即是传言不可轻信等，这样既给学校做了铺垫，又为下步工作留有了回旋余地。总之不能随声附和、乱来一通。

五、刚开始大学生活有一个适应过程

(1) 学校现在让你小子干小小实验性"冒号"班长，是对你小子的信任、鼓励与希望，是一个很好的起点，但不能把它当作包袱，要把它作为严格要求自己搞好学业的有利条件。因为多与辅导员、班级、年级乃至校"冒号"接触是有益无害的事情，更能够激励、鞭策自己，及时发现不足，改进学业、奋发进取。

（2）学业一时跟不上或处于中下游水平，也不能垂头丧气，更不能自暴自弃，要与学校老师结合找准原因奋起直追。

"人生之路，勤勉为纲。男儿自强，《论语》主粮。"爸爸妈妈唠叨在《论语》扉页上的这样两句话是管用的，高三时的最后冲刺，你小子就是那样干过来的，干得还可以嘛。当然保持稳步前行是上策的上策，大起大落总不是什么好事。对待其他挫折也大致如此，比如以后小小实验性"冒号"班长改选、落选等等，但千变万变，你小子自己的学业稳定在上游区间、力争前几名的奋斗目标不能变。

六、养成、保持一个良好的科学高效的学习生活习惯

（1）每天至少要保证七小时以上的睡眠，不能瞎拼命，中午有可能最好小睡半小时到一小时，课间十分钟休息不要待在教室里，走动一下活动一下是有效率的。

按学校规定定时入睡定时起床。养成良好习惯，保持充沛精力。

（2）每天必须坚持拉练弹簧器，即使再忙或有别的体育活动，也要坚持，因为它只需一两分钟（一天两分钟，10天就20分钟，没算错的话一年就12个小时，不可小看）简便有效易于长期坚持，不但练了臂力增强体魄，而且可以磨炼一个等闲之辈的意志，要达到不拉练不习惯的境界。

保护好视力和听力尤为重要。

（3）大学全靠自觉学习，没有老师讲课的大块时间，要合理安排好自学钻研。但再紧张，跟上大学前一样每个星期周末要抽出半天活动休整，可是不要过度狂欢，比如三朋四友、同乡同学，胡吃海喝、高谈阔论，那就适得其反，不但没有得到必要的放松休息，而且还会养成很坏的恶习，千万不能那样。有闲时练练小提琴，也是一积极的放松休息。

（4）花钱只要是学业上需要的、身体保健需要的，就不要也不能惜钱，不是爸爸妈妈很有钱也不是空口说空话，因为学业重要，身体更重要，该用就得坚决用。另外，必不可少的社交应酬花点钱，也是应该的，但要把握好分寸。记住：今后在社会上立足人际关系很重要，但学业实力更重要，不能本末倒置，特别像你小子没有什么背景的"草二代"，更是如此。

七、要积极要求进步

人生予之人类兴盛之好总是有限的，不严格要求自己、不积极要求进步，放纵自己，对人生是一种浪费，于事业是无补的。要诚恳接受学校的关心、培养、教育、考验，认真完成学校交办的各项任务。遇有政治风波、社会风波，要与学校保持高度一致，不能随什么"哥们"而冲动，切记不能偏离学校所把握的方向。自狂自大的"哪吒闹海"，往往是容易害人害己的。

八、有心事、有困难，全靠学校、老师，全靠爸爸妈妈

远离爸爸妈妈、远离家，只身在大学生活，有什么心事、有什么困难，不要无精打采、闷闷不乐，要及时向学校老师谈谈，虽然给他们增添了麻烦，爸爸妈妈想他们会把你们当作自己的子弟一样帮助你们的，当然也不能事无巨细都找学校老师的麻烦。

再一点，就是别忘了及时打电话跟爸爸妈妈"开诚布公"。俗话说，打虎还得亲兄弟、上阵还得父子兵，天下没有克服不了的困难，只有被困难吓破胆的无用之徒。爸爸妈妈从小就相信你小子，是一个坚强的小伙子，更相信在北外这样的知名大学里，有学校"冒号"和老师们的精心培养，你小子一定会成长为一名合格的大学生，一个坚韧不拔的男子汉，一个现在学业有成将来事业有成的"大丈夫"。

九、社会活动、借以锻炼检查自身的能力，不要向钱看、错把芝麻当西瓜

到大三大四，学校将要安排一定的社会实践活动，借以锻炼检查你们的实际能力，同时用人单位或将多少给点报酬。这个时候就要保持一个清醒的头脑，不要见钱眼开而不顾及学校的正常教学秩序，只要有钱挣就旷到不上课，或不服从学校安排的活动，这样就辜负了学校的初衷，更重要的是违背了上北外的学业志向，捡了芝麻丢了西瓜。

正确的做法，应该是自觉按照学校安排，有益有序地参加各种社会实践活动，真正达到锻炼检查促进学业的目的。更进一步的是，除了学校安排，自己也要主动争取一些实践机会，前提是必须取得学校同意支持，无碍学校统一安排，这样才能收到事半功倍的成效，为毕业就业，打下一个坚实而又良好的基础。

爸爸妈妈欣慰与向往交织担心与期待同在，而这些随想随说的话也可能你小子都"晓得"，那爸爸妈妈就更放心了。不过，对爸爸妈妈的唠叨，也要常放在心里琢磨琢磨，不要烦。常言道，不听老人言吃亏在眼前，更何况有些话，就是年级"冒号"老师们的经验之谈、肺腑之言。

耳边常有唠叨，心中更明坐标。

爸爸妈妈祝愿你小子：把握机遇，刻苦自励，一帆风顺！

把小子基本安顿好了，与学校沟通、拜托的事情也做了，31日中午，爸爸妈妈作为前辈们，在北外东校区东边临街的香叶酒店里，请水香及她同班沙市的小子们，还有上两届法语系的腾威，也是我们家在沙市熟人的一个小子。

本来还有小子寝室的几个小子们的，他们都要以自己的爸爸妈妈为中心开展活动，只好婉拒。

遗憾！经过一番盛情努力，最终只有四五个小子们，一起吃了个便饭，算是爸爸妈妈和小子一道做了做答谢及联谊的事。

吃完便饭回到小子寝室，已快四五点钟了。虽是夏秋之交，北京的天气白天一阵一阵还是很热很热的，就算爸爸妈妈给小子买了一台小电扇也不太管用。

小子也不管初来乍到，热得打起赤膊，若要扣文明分的话，爸爸"秀肌肉"热天赤膊晨跑的坏影响，和我们家久住蜗居的差条件，应该先打五十大板，总不好怪老天爷的"热情"给力吧？

爸爸妈妈给小子能办妥的都办妥了，对小子该唠叨的都唠叨了，第二天（9月1日）学校开学，小子的大学学业之路，就要迈出第一步了，爸爸妈妈也要赶31日晚上的火车回沙市。

依依不舍之时，小子只把爸爸妈妈送出寝室门口几步，便回转身往里去，爸爸妈妈回头一望再望，只是小子的赤膊背影。

爸爸妈妈想小子大概是，打着赤膊不好意思见"观众"和赶紧明早的开学准备而匆匆忙忙。

也可能是从此时此刻起，就算小子"哥们"自己一定意义上的正格"独立"了。

除了爸爸妈妈供学费生活费外，吃喝拉撒都得自己当家做主，"将在外君命有所不受"，十八年近距离轰炸式唠叨，也随之定格成为历史，小子们想必有一种说不出的别样"痛快"感觉吧！

另一方面，爸爸妈妈觉得也反映了小子们要求、向往独立，时之久、心之切的一种状态。

还有就是，莽撞小子的这般"干脆、利落"，与温顺丫头的那种"泪眼巴巴"，性情表露大不一样！

小子上大学的时候，爸爸妈妈对于陪读还只是有所耳闻，不像现在基本上已经成为有条件的家长们的一种督学方式。

利用报到之后的一点点闲暇时候，爸爸妈妈和小子一起在校区及周围街区逛了逛，既是浏览京城一隅也是憧憬未来一番。闲聊中，爸爸妈妈不由自主地提出了一个来北京开馆子同时也可以照顾小子生活的想法。

在北京开馆子谈何容易？照顾小子生活的心情倒是很强烈，有利督学自然意在其中，这又谈何容易？

爸爸妈妈"抱鸡母"似的一时兴起，产生了这么一个想法倒是真实的。可是小子还以为是爸爸妈妈接下来撸起袖子扑下身子的"真抓实干"，唯恐"势不可当"而当真了，说爸爸妈妈来北京开馆子督学，就让爸爸妈妈自己来读书。

对于小子的这个相当自然激烈的反应，爸爸妈妈在面子上淡淡一笑且较为理解的同时，也颇有深思。

当然爸爸妈妈不认为仅仅只是自己的小子一个"小哥们"的独立心态……即使现在陪读已成气候，以爸爸妈妈之见，其主要作用在保平安上，再怎么评价都不过分，要说在督学上，一定能起多大的作用，问号！

一个小子把书读不读得进去？学不学得好？

先天的种子是，争强好胜的鲜明个性和静心静气的沉稳性情。

后天的种子的成分就复杂了，期待实现某些目标的强烈愿望，不堪忍受某些欺辱的巨大激将，力图改变某种困境的坚韧恒心，非常具有某种攻坚的无比勇气，等等。

不管来自先天还是后天的，没有一颗富有生命力和强大活力的种子，靠陪读督学，有多大的收效？很难一定！

况且，小子们越长大，独立倾向可能就越自然越强烈，督学将军老在身边，生活是舒适一些，心情却可能老大的不自由，爸爸妈妈一提出来就遭到小子的"棒喝"，一点不是新闻……

其实，即使小子当时欣然赞同爸爸妈妈，来北京开馆子陪读，爸爸妈妈也不一定有这个量。

根据我们家的那点儿底子，当时爸爸妈妈第一位考虑的，是怎么保障小子的学费生活费，不发生经济危机。小子四年大学下来，够紧巴，包括去来路费大致也在十万多元。那时候十多万元，就是对于一般起了水的人家来说，也不是一个马虎数，而对于我们家则更是个"看菜吃饭"的数。

之所以后来连家里的"刘罗锅酒店"也没盘下去，主要原因当然是爸爸作为一家之主全凭兴趣极无定力，同妈妈一道从一开始就没有一个做大做强的雄心，其次仅有的一点儿周转银子，在保障小子上大学开销的前提下，就不敢再往馆子上投入了。

开馆子这玩意儿，或者说做类似生意的，店面不经常来个旧貌换新颜，客人们进门没有新鲜感舒适感，回数多了，自然会另觅高就、另择高枝。

一场持久的生意，总不能完全靠软关系顶住，主要是靠做出来的回头客支撑，"做功"当然靠各方面的投入，尤其是店面常新的投入。

但是，如果小子"哥们"当年独立倾向不强，非得要爸爸妈妈跟着照顾生活，那爸爸妈妈还是会量大无比、魄力无限，砸锅卖铁都得玩回北漂。

真可能就是天性，老子们可没有小子们那种，离开父母好自由、好自主的独立倾向。年轻时可能都差不多，抚儿抚女老了，则变成了抱鸡母的心态，小子们离开了，老子们人可能是"独立"了，心却永远永远独立不了。

是不是父母总在身边，小子们就一定独立不了呢？爸爸妈妈以为也不一定。

有的社会舆论，一味地把接送小子们，以及陪读甚至语重心长地唠叨之类的，都当成有碍小子们独立能力提升的天敌，似乎有点儿笼统简单之嫌。

其实，老子们对小子们，只要不到溺爱包办的程度，小子们独立之初，又有条件的话，能多带一步、多帮一把，对于小子们独立能力提升，应当是有益无害的。

就像小子们在崴崴学步的时候，总得要有人扶着牵着，才能慢慢独立走稳。

随着年龄的增长，慢慢融入社会，一个小子要慢慢独立走稳，同样也有一个"学步"的过程，除了学校社会的扶扶、牵牵，老子们更应责无旁贷，何许自家老子们的扶扶、牵牵，更直接、更细致、更及时。

老子们虽有个水准问题，但无故意不良之扶之牵，而来自学校社会方面的扶扶、牵牵，就不一定。可能不敢有明目张胆的不良之扶之牵，然而无影无形的，却无时不有、无处不在。若是社会处于剧烈的动荡变更转型之中，这种情形就更加令人堪忧。独立之初的小子们，如果不慎乃至不幸被扶之被牵之，看似在走甚至在跑在冲，实则不如不走原地踏步，等待良机。

若是自家的老子们有条件，便于及时发现、干预，予以扶稳牵好，这样小子们是不是在独立的路上，可以少摔点跤、少进点岔道、少走点弯路呢？

因而，处于某种社会舆论风口浪尖特别是何去何从十字路口的小子们也好，老子们也好，不宜把独立这个关乎人，终其一生的事情，来个以年龄划江而治。

无论哪个"初生牛犊"，从不会走路到学会走路，都有一个自然渐进的过程，独立亦是如此，且又有其不同之点。

最突出的是，独立在某些特定的情形中是标签又不是标签，具体到大事小事的时候，就由不得哪个是小子们，还是老子们了。只有具有相应的知识储备和历练积累，才有可能独立做出较为准确的判断和适当的处置。

　　不然，以为自己很独立，其实多有似是而非，造成一些本可以规避的失误，甚至损害。

　　尤其小子们，在这个侧面更应当谦虚一点儿，不要把年少轻狂年轻冲动，贴上独立标签，或者在独立大旗的掩护下，做出有损独立本来意义的荒唐事来。

　　真这样，摔了跤，栽了跟头，没伤筋动骨，事情不大还可以一笑而过，只当拜师学艺一回。事情大了，就得正骨疗伤，不哭得要命，还算个学艺的、还是个人物。

　　一个小子的独立倾向迟与早、强与弱，撇开年纪这个自然成分。小的时候，可能与家庭的稳定温暖适度直接相关，大了成年乃至渐老，则可能与社会的稳定和谐程度息息相关。所以爸爸妈妈以为，无论迟早强弱出现和处于哪个阶段及过程之中，独立之初不可小视。

　　随着年龄增长的独立之初时，要慎之进入角色。往后，不论年轻年长，面对具体事情的独立之初时，也得更加慎之又慎地进入角色。切莫本为"独立"而战，以望获得所求，却被"独立"所困，失去本应所有。

　　"独立"不是儿戏，更"儿戏"不得，比锅是铁打的，可能还要铁定。

　　（本节底稿于 2012 年 10 月 23 日 16 时 00 分至 30 日 9 时 05 分完成，于 2015 年 8 月 10 日至 11 日誊正）

失声之泣

2000 年，小子读大一下、大二上。

那年暑假小子没有回家，在北京接了两个外语家教的活。听小子说，一小时的辅导课人家老板们给 50 元钱。爸爸妈妈反复叮嘱小子，重要的是教学相长，促进自己的外语专业学习提高，不能把钱看得比它重。

有的小子们读大一大二之后，突发奇想激情创业，也有较为成功的。小子显然没到这个火候，爸爸妈妈这个导向性的叮嘱，对小子当时的目的性还是适当的不是"碍手碍脚"。因为即便是创业性的尝试，也得先有本分先有质量赢得口碑赢得人缘，方有立锥之地、方有生存之基、方有发展之道，也不能把钱看得比成就所事还重。

不管小子侧重在哪，当然少不了告诫小子，注意上课去来的平安，注意休息保障身体健康。

也就是在那年最热的时候，小子的奶奶因患肺病无治而永远离开了我们……永远离开了奶奶她老人家无时无刻惦念着的小子……

爸爸妈妈记得大学里有个说法，大一时好像什么都明白，其实什么都还不明白，大二时好像什么都不明白，但不知怎么去弄明白。

考虑到小子大学学业，正处在这么个青黄不接的卡口上，乃之正是既有点儿梦幻又有点儿上劲的时候，为不至于小子手忙脚乱出状况，爸爸和妈妈左思右想一番之后，便把奶奶永远离开了我们的沉痛之哀，一直对小子隐瞒了下来。

以爸爸妈妈当年的年纪和经历认为，这做法虽然对奶奶有愧疚，也没有什么特别说不过去的地方，即使是奶奶在天之灵，也是守望小子的平安与出息。爸爸妈妈现在检讨起来，当时的决定，不但对奶奶是蛮得罪的，在小子来说，对奶奶也是永远无法弥补的一个孝道之躬，这个板子当然应该打在爸爸考量欠妥未能"两全"的身上……

直到2001年春节小子放寒假回家，准备去盘龙村的亲友家里拜年，在快到我们家在盘龙村老屋的天江东路路口，爸爸妈妈才无比沉痛地将奶奶已经永远离开了我们的沉痛之哀，说予小子。

小子回来，心里装的就是看望奶奶，给奶奶拜年。

之所以快到老屋了才说，这是爸爸妈妈反复琢磨商量好了的，是想这样让小子似乎能够平缓一些的接受，不想小子还是泪流满面，失声而泣，大大出乎爸爸妈妈以为小子只是一惊的想象，倒弄得爸爸妈妈一时局促不安，不知怎么平复小子才好……在爸爸妈妈的一再解释下，小子才平缓下来。

小子两岁多和爸爸妈妈，离开与爷爷奶奶同住的盘龙村老屋，搬到妈妈单位的卧龙宿舍。

在对小家的顾全较为强烈与对父母之孝极为模糊之中，爸爸看来虽然搬到的房子不大，但妈妈上班，小子跟屁上托几所、幼儿园，以后上学都近得多，方便得多，应该算是乔迁之喜。

可是在我们收拾完家什，装好车离开的那一天、那一刻，奶奶还是眼巴巴地望着，泪水一个劲凡地止不住地流，之中的喜与念、忧与念，之中有多少喜、什么喜？有多少念、什么念？又有多少忧、什么忧？只有奶奶自己知道，爸爸妈妈当时只有沉默与木然，是不可能知道奶奶的复杂心事与情感的，现在或许明了了一些，但也可能只是一片浮云几点飞雨……

自从搬到卧龙宿舍，到小子上大学，在十五六年的岁月之中，虽说小子同爸爸妈妈一起，没少去老屋看望爷爷奶奶，爷爷奶奶也没少来宿舍看看小子，这些，毕竟与祖孙同住一起天天见面，所能享受的天伦之乐不可同日而语，没有任何"喜从天降"可以替代而言。

奶奶是个无论是在私人家里，还是在公家集体一起出工做事，都是无话可说、呱呱叫的角。

这样的一个老实巴交的妇道之尊，即使在家里有什么缺憾，也是自家的事，但在那个还叫生产队吃大锅饭的年代，就很难招八面玲珑之客的喜欢合得来。说白一点，集体出工"众目睽睽"，奶奶像卓别林干活儿，不想奉陪的，不说偷机躲懒，也是能"敬而远之"，则"尽力而为"。

换句话说，奶奶就只会认"死做事"，没有村里别的妇道人家那么有"心计"，那样能说会道地去笼络一帮子七姑八姨翻云覆雨。

乡村屋挨屋，地连地，鼻子杵眼睛，讲宗派势力讲家族势力，似乎有点儿根深蒂固。

别小看村上妇道人家没什么"黄袍加身"，但，在田间地头劳作之中，在房前屋后小坐之时，在东家西家客串之际，三三两两地嘀嘀咕咕，有的实际上就是一种宗派势力、家族势力的串通与整合，简直不亚于国际关系中大国小国、富国穷国、强国弱国之间的某种交易与博弈。

以爸爸穷小子在那个未成年时候的粗糙观察与茫然感受，奶奶可能从娘胎里，就没有带来这点"趋炎附势"的精准细胞，因而尽管战天斗地、无愧苍天无负大地，却难敌有的巧舌之妇的唠屁笼络、投机取巧，无事得不到真正的尊重，有事得不到应当的公道。

再加上，我们家是从邻近神龙村的一个小队合并到盘龙村的。之后没两年，这个小队可能是因"形势"需要，又全部重回了神龙村。

爸爸那时尚小刚刚记事，也不知什么原因就剩老实巴交的我们一家留在盘龙村成了"离群孤雁"，老街坊全走光，新街坊不熟悉，盲人瞎马，水土不服十分明显。

另外，不是爸爸反思爷爷的话，作为顶梁柱的男人，好比家里的武装部队，即使是该出手时不出手，但纸龙纸老虎的威风也得有点儿。而爷爷可能是有点硬性求平安，家里与外面的势利眼讨巧客发生什么纠葛，不论对错，只会拦堵"劝导"家里的人。

大事化小、小事化了、息事宁人、希冀平安，这本身没什么错，可最终要是牛头不对马嘴，一旦让有的势利眼讨巧客一传十、十传百地认定这主可欺好欺，那就是千错万错、一错再错。不说市井小民，哪怕就是英雄豪杰在风向不定、路径不明的时候，不自主自强哪个撑腰？不自主自强哪来公道？不自主自强哪有平安？

奶奶不"文"，爷爷不"武"，又是异乡异族，这样我们家当年在盘龙村，处于"一个鸡子瞎、十个鸡子爪"的愤恨愤慨状态，不足为怪。什么是世道？世道之中的安危冷暖又是什么？若要教材乃一页让人唏嘘的现实版……

在爸爸的泪光中，奶奶在入世七十二年的艰苦艰难生涯中受到的最不公道、最不人道的对待，有这么两件事。

有年，奶奶因家里出了点事，有的时候没能到村里生产队出工，等奶奶再去出工时，生产队的土皇帝，竟不准奶奶出工了，即使出工，也不给工分。

奶奶从"灵秀村姑"到"人老珠黄"在村里生产队一辈子，而那个土皇帝则是见盘龙村已处于城乡接合部，村民有农转非进工厂的希望，拖家带口，好像突然从地缝里钻出来而才在生产队没几天的蒙面过客。

过去看、现在看、将来看，这蒙面过客当年"突袭"盘龙村背后的神秘交易，天知地知鬼知……一旦假手成真"真手被假"，六月三伏天的红火大太阳，也没法比，能够一手遮天的土皇帝的威力大。

然而，奶奶不屈不挠，即使土皇帝号令不给工分，奶奶也坚持出工。

因为奶奶在村里这片田地，泼洒的汗水，比这个才在没几天蒙面过客喝的如血酒水还要多，因为奶奶对村里这片土地，淳朴之眷顾，比这个才在没几天蒙面过客的投机依托更为强烈，因为奶奶为村里这片天地，贡献的时光，比这个才在没几天蒙面过客的投注金银不知沉重多少……

一个地道农妇，只能以这么原始的方式，与村上的土皇帝进行终极抗争。

最终这个土皇帝不得不收敛了一点儿，但还是扣了奶奶不少时候的出工工分。那岂是扣的工分、扣的钱，就是抽的奶奶身上，无助的血、悲惨的血、悲哀的血。

那时村里的老老少少能进工厂犹如上天堂，而进工厂的指标，是按村里劳力比例安排的，这个土皇帝之所以对奶奶这样无所依仗的村民这么下狠手，之中一个重要原因，就是村里劳力越少进工厂的机会就越多，这个土皇帝的家小走得就越快，简直一个有权不为自私天诛地灭的活宝。

奶奶遭遇最不公道、最不人道的第二件事是，当年盘龙村还种大麦、小麦、水稻，收割时就捆成一捆一捆的，称为草头，一个草头至少五六十斤，成年劳力用千担挑草头，两个就是一百斤以上。村上十七八岁的大姑娘们虽如穿行在杨柳之中的杨柳，可当年算是成年劳力，也得挑草头。

挑草头的要领是，先用千担的一端撮起一个草头，顺势用一只胳膊钩住，然后用千担的另一端，再撮进一个草头，用两手趁势托起千担上肩，稳好起步挑走。

根据从田里到稻场的远近，一天下来，挑草头至少在二三十趟。有天在一趟中，奶奶见一个十七八岁的大姑娘，在用千担准备撮进另一个草头时，有点儿抖不住而慌神，便上前准备助一臂之力，没想到这姑娘一下子没撮到草头，反而把奶奶的脚背撮开了一个大口子，真是皮开肉绽，痛苦不堪。

奶奶受了这么重的伤，只是包扎了一下，仍然坚持出工，既没休息也没说什么，就因为这姑娘在村里有点儿宗族家族势力，无感激之情不说，倒说奶奶是自己找上来的。

"多情"而又可怜的奶奶面对这番"心底之言"，这是上苍可鉴人间能品的话吗？！岂不要命，且上天无路钻地无缝？！

就是在当时的社会氛围中，老农见小农、壮年见青年干活儿吃力帮一把，也是人之常情，谈不上什么高尚伟大，这姑娘这么说也是没有"心思"更无后顾之忧。可是让人怎么想，也觉得奶奶是自讨的，不上前帮帮，过得八百年。如此小看奶奶的人性与本分及社会觉悟，真是有伤天地良心与风俗人情及社会文明进步！

不在宗族家族势力范围内，奶奶连这么地道的热心善举，都是如此遭遇冷对，可见奶奶一生在外面，能有什么值得高兴的事？

家里，小子考上了大学又是在京城的知名学府，成了奶奶这一生中最高兴的事！可能还是爷爷奶奶祖辈几代以来的第一个小子有如此作为，但从奶奶从未有过的灿烂笑容中，也难以言状，奶奶究竟抚慰了自己艰苦艰难一生中的，多少惆怅与向往、多少不平与无助、多少创痛与忧愤……

爸爸正是吸取了爷爷奶奶的有些教训及缺憾，虽然一路走来，没有给妈妈和小子什么荣华富贵。但，男人，顶梁柱的男人血总是热的，男人，作为家里的武装部队之作用，还是有目共睹的。

有回，妈妈为单位办液化气的事，同宿舍的钢威叔叔觉得有不周到而气势汹汹。

那时液化气供应还相当紧张，妈妈即使天性温和善良，公家公事未必就能办得像"阿庆嫂"那般滴水不漏，钢威叔叔有点儿火气，爸爸完全可以理解，但扬言要动粗，而且还是"爷们"，这是爸爸绝对不能等闲视之的"紧急情况"。

所以爸爸下班归来闻知，便争分夺秒地赶到钢威"爷们"家里理论，多谢"爷们"降了火，明确表示误会请予谅解，不会再找麻烦，爸爸才"该收手时就收手"……

男人，一家之主，在闻到明显火药味之时，爸爸妈妈以为此时"文"不得、"冷"不得，先不管家里哥们爷们对错，把对方的火势先扑下来，再文再冷、再何去何从"和平过渡"不迟。

当然其用兵之道、借势之功、发力之度是得讲究分寸的。匹夫之勇非汉子，真男人干军万马看气场。

特别是一个良家弟子在自己常处的那个圈子内外，如果没有一点儿气场可言，富，且仗点小势，还马马虎虎，没不三不四七妖八怪轻易敢无事找事；穷，又没点儿气场，十忍九让五遇六躲则会惹来雪上加霜之扰。

因为穷，人家本来就有可能小看三分，再加一家之主的男人窝窝囊囊如惊弓之鸟，遇到有事，屁都不敢放一个响的、臭的，有得一回两回，原来还不敢怎么样的势利眼讨巧客，也会自觉不自觉地加入到欺负人的队伍。到了这种境地，要想突围、要想翻身，不经历"二万五千里长征"，几乎没有可能性。

社会势利、世态炎凉、人情纸薄，在一定的圈子内外更甚，但上了台面，哪个"变形金刚"都不会认账，不把牛皮往好处吹破，就算还是个正常人等。

爸爸总认为没什么不得了的自己，是较为吃准了这一套的，又是不吃这一套的。

对于小子的保护，不用说，什么时候都是一级战备状态，以至单位的同事们，不好恭维便给爸爸起了个讽刺性的绰号"大侠"。

当然爸爸纵是讽刺大侠，也有点儿雕虫小技，即于法理以正当防卫为底线，于情理以正常手段为底线，于天理以正好拿下为底线。

然而当年爸爸，年少乃之不英雄、雪恨不知向何处？！

因而对爷爷奶奶没有怎么给力，深感愧对，遗憾无限！

本来小子上大学时，爸爸妈妈极力劝说奶奶，一起把小子送到北京，顺便玩玩开开眼界舒舒心，也算爸爸妈妈借小子的光，给艰苦艰难一生的奶奶一点慰藉。可是奶奶坚持说，要是爷爷在就好，还是可以一起送小子到北京去上学的。

爷爷在 1994 年，就因患肝病无治而永远离开了我们。见奶奶执意不去，爸爸也没往别的事情想，还既"埋怨"又"赞叹"地说奶奶太忠于爱情了，爷爷已离开几年，还那样。

以后，奶奶病重期间，妈妈在陪伴照护的时候，奶奶对妈妈才说出不送小子到北京，是怕自己尿频路上不方便，耽误小子行程。

爸爸听妈妈一说，简直五雷轰顶又五味杂陈，只怪爸爸孝道不深用心则浅，如果当时能知道，动员奶奶坐有卫生间的大巴，不就自自然然地消除了奶奶的顾虑，不就自自然然地成行了吗，该有多好！

可惜，一切都无法弥补了。奶奶连武汉也没去过。也许奶奶在自知来日不多之际，惦记的不是自己没能随小子去趟北京，而是惦记着小子的安危冷暖……

奶奶在病重入院医治之前，仍在村里茶馆做保洁。

有天爸爸妈妈去看望奶奶，找到茶馆，见奶奶用左胳膊倒拐子，撑在水池的窄窄边沿上，用左手将就右手，边喘气边洗着茶杯，见爸爸妈妈来了，侧过脸用眼神招呼爸爸妈妈，神情刚毅中透出期许……

这是奶奶，一生都在用自己生命的极限，来支撑我们整个大家庭，所留给爸爸妈妈的最后一首《生命极限》之歌，最后一幅《生命极限》之画！

奶奶做事如此坚强、如此顽强，岂是因尿频不便、不肯同爸爸妈妈送小子去趟北京，而是奶奶仍在用自己生命的极限，支持、支撑着自己的后辈、支撑着未来、支撑着世界……

奶奶是那样高兴地看着小子离开家里，去北京上大学，这一刻，竟成为奶奶与小子的最后一别！到 2001 年奶奶只有七十二岁，完全不是应该离开我们的年纪，小子回来看望奶奶，不是闻讯而泣，而是子孙团聚，又该有多好、又该有多好……

爷爷奶奶一生抚育三男二女，如果我们整个大家庭少些事情，多点顺境，奶奶用不着总是用自己生命的极限做支撑，即使到 2003 年小子大学毕业、在北京参加工作，到 2007 年小子在北京成家，奶奶也只有七十八岁。爸爸或许老成老到多了，再和妈妈动员奶奶去北京一趟，也许会成功的，那是我们做后辈的共同荣幸与欣慰，乃也世代的精彩与耀人！

应该是这样，为什么不能如愿呢？

问天、问地，还是问神、问帝？也许都不是！

而应该问的，也只能问的是，爸爸这辈无论大或小、无论近或远、无论穷或富做出的努力有多少？尽力的孝道有多少？

再也见不到，奶奶沧桑而坚毅的身影，再也听不到，奶奶淡然而温暖的招呼，小子千里归来失声之泣，爸爸更是思过万千……

（本节底稿于 2012 年 10 月 30 日 15 时 30 分至 11 月 3 日 15 时 15 分完成，于 2015 年 8 月 11 日至 12 日誊正）

开发之首

爸爸从 2012 年 2 月 29 日早上过早，开始用左手吃面条。还有四十天，爸爸便跨入老哥们人生六十之旅，生命大学本科毕业在望，真不知道是何方缘由，促使这异军突起？仿佛使历史劲旅"左宗棠"的队部回师再战……有点意思！

爸爸自我安慰的理由是，防止老年痴呆症，有没有这个开发潜能的作用，爸爸妈妈也真没有考究过。但有一条，有些受小子老早就改用左手吃饭的"启发"，也乃迟到的开发，则毋庸置疑。

一说都是前几年了，爸爸妈妈无意中发现小子怎么用左手吃饭了，不免心里一紧，还以为小子"哥们"右手出什么状况了？小子脱口而出的理由是，为了电脑打字灵活一些，而开始的。

不管怎样，这招都可能有点开发潜能的作用！"上帝之手"，嬗变成为"开发之手"，好事！

小子也不向爸爸妈妈通报一下，来点邀功请赏，让爸爸妈妈倒是犹如过考瞎受吓，好无辜。

往事回放：2000 年是小子读大学的第二个年头，下半年大二上，把英语六级考过了关，小子的自我庆贺方式是，向爸爸妈妈申请买一台手提电脑。

这大概就是小子小时候就有点的贼精之处。不但这在当年，有点超前消费之嫌，还因为在这之前，小子已经和同寝室的小子们合作添置了一台台式电脑，放在寝室里公用。虽然没像现在的小子们上大学，作兴什么苹果手机、苹果手提、苹果电玩"三苹"必备，但也马马虎虎不算落伍。

尽管这样，既然小子战果"辉煌"、胜利歌声这么"嘹亮"……爸爸妈妈当然没得说，按"最高指示"办。

爸爸妈妈从股市账上抽了点银子，加上家里的一点儿备用现金，小子头天说的，爸爸妈妈第二天就给小子电汇去了 15000 元，由小子在北京自己去买，只说少了加，没说多了退，爸爸妈妈作为紧巴巴的投资方，也真够开放真够大方。

从那时算起，小子开发潜能用左手吃饭，已经有十一二年的"资历"了，相比爸爸刚学，绝对是个老贩子。

从 2012 年 2 月 29 日，爸爸别别扭扭坚持到 3 月 17 日，小子在巴黎例行打电话过来，给爸爸妈妈问安，爸爸才有点儿底气告知小子，自己开发左手潜能的这个特别行动。小子在万里之遥的电话那头，嘿嘿大笑。

不知小子"哥们"是觉得爸爸好玩，还是什么的？既没给个 OK，也没来个 NO，保持一贯的风格，对爸爸的什么做法，都不加评论，很有点贼精乃深！

也可能小子是觉得自己虽已成家立业单干去了，但在小子的心目中，爸爸一家之主的一点儿小威风，一点儿也没有哪儿扫地，一如在自己小的时候那样不可撼动，所以才总是来个"谦虚使人进步"的姿态。

就等小子谦虚，爸爸就是爸爸，新贩子也得伺机检查老贩子开发潜能的近况，问小子，还在坚持用左手吃饭没有？小子说还是的。听口气，乃有点儿老贩子的良好感觉。

爸爸又嘱咐小子，还得用右手吃吃饭，并有意推广爸爸自己没人帮忙捉刀的"先进经验"：早上过早赶时间用右手吃，速战速决、麻利，中午晚上吃饭时间宽裕点，用左手吃，慢点慢点，无所谓，爸爸真是这么做的。最主要的意思，是告诫小子，若长期不用右手吃饭，右手的这个功能恐怕可能退化，小子回答，那怎么可能！

真是有点爸爸"卖新萌"，小子"卖老到"之嫌？

　　长江后浪推前浪，小子能比老子强，像这些小小故事，爸爸妈妈只是想到了，就这么与小子们聊聊，一笑而过，顶不了真。

　　于是乎，爸爸妈妈则想到了有利于小子，把上帝之手娉变成为开发之手的事，另有两件，爸爸妈妈还是顶了真的，不过也是被顶真，驱动力主要来自学校来自老师们。

　　一件事是小子学拉小提琴。

　　小子刚上小学一年级不久，有天回家伸出两只小手，对爸爸妈妈，传班主任灵香老师的话，说小子手指还算修长，适合学拉小提琴。爸爸妈妈趁着接送小子，与灵香老师碰面之后，便定下来了。

　　那会儿灵香老师还有点儿担心爸爸妈妈舍不得花银子，碰面中，还着意讲了些关于教育投资的道道，第二课堂的好处。

　　其实，爸爸妈妈哪管得水深水浅，当然也不知道水深水浅，只要是学校老师们主张的，小子肯学就行。

　　不过，当时爸爸妈妈对教育投资这个理念，感觉倒挺新鲜，灵香老师不说，爸爸妈妈真没这么大的胸怀、这么开的眼界、这么高的认知。

　　然而，就是灵香老师说了，除了长见识，爸爸妈妈在当时和以后到现在，也从没把往小子学习方面花银子，当成那种"经济学意义上的投资"。唯一的目的与希望，就是只要能够有利于小子们学习，学得进去，学得好就行。前提是，银子多银子少，只要拿得出来，承受得了，爸爸妈妈都毫无顾盼在所不惜。

　　可能爸爸妈妈这样的心态，与什么教育投资，只是习惯性的说法不一样，爸爸妈妈还是认为在情感上在情结上，贝寸是大不一样的。

　　投资的基本原理是讲投入产出，基本法则是认赚认赔的，而往小子们的学习上花银子，是做父母与生俱来且无终考的一场使命，因而也就从来没有"疑价、计价"的市场。

　　从这个意义上说，不存在赚与赔的算计，又可以说，只要尽心尽力了，"赚了赔了"都应淡然面对，心无旁骛。

　　爸爸妈妈甚至还认为，为什么有的"虎爸虎妈"会在对小子们的教育方式方法上，走极端、出状况，根子可能就在这个"赚了赔了"上，思想不清，惶恐不安，纠结万般。

这样的"投资达人"真是不应该……真要弄出点什么状况，假虎爸虎妈，成了真"虎爸虎妈"，那才真是天下最不值得的……

因为即使假虎爸虎妈千千万万的成功龙凤之吹天喜地，也不能替代一个真"虎爸虎妈"，伤害乃至丧失一个失败龙凤的无尽悲痛。

天地良心，再说白一点这岂能是拿父母们自己的心头肉，来"试错"的天下大事又乃之又岂能当"凡人小事"……

小子的第一把小提琴，是在周末的一个晚上，爸爸妈妈和小子一起，到沙市中心商圈新开张不久的金冠商场买的。之后没几个月，爸爸竟成了这家商场与之有着隶属关系单位中的一员，随后便隐隐约约目击了金冠商场的沉浮，乃也有点开发与被开发的难分难解又难舍难分……

金冠商场处于沙市中心商圈中的黄金地段，最开始是自主经营，计划经济商场的传统营运模式，靠贷款几千万上亿元维持运转。没几年便危机四伏，工资开不出，贷款还不上、贷不到，急转直下，大幅减员，给百元生活补助费，"风雨送佳人"各回自家各奔紧张前程。从上千人，减到几十人，靠出租店面支撑余生。

本来到 2000 年之后金冠商场的年租金，从原先的百万元不到，正在向上千万元迈进，而且看涨，还债谋生，恢复生机，略显一线曙光。

可就在此时风云际会形势逼人，在一方之主之之主的主导之下，用买断安置员工的苦心，将几万平方米的金冠商场，以几千万元的价格卖给沿海落户本地的"金手地商"，并默许其超过合同罚则的最后期限近两年，区区几千万元才足额到账。

超级愚昧超级愚蠢的"考生"也可能有知个中之妙，即人家超人似的拿金冠商场作资本，买了金冠商场。

答案巧就巧在，金冠商场卖后，也没两年，"金手地商"便"一吐为快"，以颇丰收益转手给了下家。

是何等的"开发"传奇？

对一方之主之之主诚服的当家做主之主人不好说。若是，传奇之奇"奇"从何来？"岂"有此奇？对一方之主之之主诚服的当家做主之主人，更不好说，若不是，又是何故？对一方之主之之主诚服的当家做主之主人，视野有限终究不好说。

几万平方米的房地产"换了人间"，贷款本息几千万上亿的债务"烟消云散"。在员工易主谋生、房地产失守如水流金的情景下，一方之主之之主们不但稳坐钓鱼台还能高就，当然也就能高分贝地宣称，金冠商场卖后，作为单位如何如何"脱胎换骨"、如何如何"一举多得"。

到底如何？如何到底？作为曾经的"育花园丁、护花使者"，只要是初心尚存都会很有点觉得蛮有趣的是，只见"花前月下"的浪漫，未见"继续革命"的风云。真是"浪淘尽千古风流人物"，又"数风流人物，还看今朝"。

小子当时买第一把小提琴，只花了80元，随着小子渐渐长大，换的第二把、第三把小提琴，花的银子就翻出几个跟头。

最开始小子"哥们"学小提琴，真是第二课堂，放学之后在教室里学一阵子，再回家，另外出银子没有？爸爸妈妈已经不记得了。

这样大概学了一个学期，班主任灵香老师很关心，对爸爸妈妈说，小子在第二课堂还学得不错，有发展条件，因此建议爸爸妈妈给小子请专门的小提琴老师上辅导课。当然明说了，是要一定银子的。

这在当时，又是让爸爸妈妈长见识的事，专门请老师上课，这种做法，灵香老师不介绍爸爸妈妈根本不知道，更不说想到为小子专门请老师了。爸爸妈妈如梦初醒没得说，只要小子肯学，请就请。感谢老师，相信老师，至于银子，爸爸妈妈都没有算这种账的细胞。

说句开玩笑的话，以爸爸妈妈当时那种"天真无邪"的状态，弄到传销窝子里，真是举手之劳。幸好不是。看来现在有的"天真无邪"进了传销窝子才恍然大悟，不是什么"传奇"。

给小子请专门老师，学小提琴是一个星期到老师家里两次，每次学个一小时。开始是每月30元，后来到60元。

经灵香老师引荐，为小子请的专门老师是老沙市歌舞团的首席小提琴演奏家清香老师。

清香老师对人温和实在，教学生细致而不苛求进度，从不以自己的功利为算计，而对小子们吹胡子瞪眼睛。再说白一点，清香老师乃是重在传授技艺，不是像有的专门老师看似教学实是"绞钱"，重在生怕学生学得不怎么样，而有损自己的"商业"声誉——此乃或有"严师出高徒"的惊喜，或也不乏"摧枯拉朽"的剧痛？！

爸爸妈妈以为，人之心与"心之银"的度量，都是可以用天平检测的。不同的是，人之心可以用银子买通，然而没法用银子替代。

有鉴于此，通过接触，爸爸妈妈打心眼里是蛮敬重清香老师的人品的，比有的专门教小提琴的老师们，心要纯洁得多很多很多……

有年暑假，清香老师请到武汉音乐学院的专家跃威老师，原本是来为清香老师自己的公子专门开小灶的，也让小子搭伙，一起向跃威老师学几天。

中途，因跃威老师要赶回学院有事，在清香老师的建议下，爸爸又把小子和清香老师的公子，一起送到武汉音乐学院跃威老师的家里，跃威老师抽空给上了一个星期的辅导课。

送到武汉那天，把小子和清香老师的公子，安顿好之后，时间已经很晚，跃威老师很关心，建议爸爸小老弟在武汉过一夜，第二天赶早走，爸爸说没事，可以赶回沙市。小子在一旁听到，担心地问了句："爸爸晚上能赶回去吗？"

不料，小子有点难得糊涂地担心还变成了现实，那天晚上，爸爸真没能赶回去。

原来爸爸想坐轮船回去，在轮船上安安稳稳睡一觉，第二天早晨就到了，比在武汉住旅店，省时省事，岂不是爽多了。而且想象中，从跃威老师武昌家这边走到汉口船码头，了不起四十多分钟吧。结果边走边问路，一走便走了两个多小时，脚都打起了血泡。

这倒不算什么，到了船码头才知道，爸爸的想法早已成老黄历，那时根本就没有了到沙市的客轮航班，有也是旅游性质的，但晚上十一二点钟，也没船可乘。当然即使有，爸爸也不会舍得花那个冤枉银子当回"高人贵客"……

唉，爸爸"计划经济"的脑瓜子，远不及时代的变幻转得快，只好原地踏步，在附近摊点晚餐带宵夜，胡乱吃了一点儿东西，打听好第二天早上乘车的地方，便在船码头找位置坐一会儿，再站起来走一会儿，大热天只当乘凉过了一夜。

为小子们的事，爸爸这么脚踏热土、亲热江城……何谓"春江花月夜"，何谓"良辰美景时"，值此乐在其中，别有意味。

后来，将小子他俩接回沙市也是爸爸去的。引小子们玩，就是有意思。

赶到跃威老师的家，小子在迎门的位置练琴，见到爸爸自然波澜不惊。清香老师的公子在里面一点儿练琴，听到动静，手里拿着小提琴，冲到门口看都没看人，便大叫一声："爸爸！"等晃过神来，做了个鬼脸，见来的不是自己的爸爸，自己笑自己不止。

连爸爸也很是意外，小子们离开仅仅这么几天，就思家如此心切……真的天真无邪！真是天真烂漫！

小子在清香老师名下学小提琴，一学就学到初中毕业阶段，每天放学回家做完作业，练……周六、周日，空多更是加码练。

考级考到小提琴业余八级。十级才冠顶，可惜到高中，小子压根儿就没法抽空练琴了。绝不是银子的问题，爸爸妈妈同小子商量后，决定有所侧重：考虑到小子的文化课成绩比学琴成绩更优，意味着小子不宜向小提琴专业方向使劲，而还是要以文化课为主使劲。

清香老师虽有惋惜之心，更甚理解之情。从此，小子"哥们"业余学习小提琴，便成了业余的业余。

小子再难得有空练练，保持业余八级水准，爸爸妈妈也不好意思再念经、再督战了。高考冲刺，非同一般！

结果下来，小子大学考得还可以，在全省也是前百名方阵中的一员战将，教琴的清香老师便把小子好好抬举了一番，说小子小提琴拉得也不错，考大学考得又蛮好，还以此鼓励后来学琴的小子们，一活灵活现的新版教材。

学习小提琴，对于小子考大学考得还可以，不管有益成分占比多少，爸爸妈妈和小子，对专门教琴的清香老师，对推荐学琴的班主任灵香老师，对武汉音乐学院的专家跃威老师，都是有情难忘、有谢在心的。

小子学琴阶段的三把小提琴，第一把送给了妈妈娘家亲友中，虎威帅舅的千金情香发蒙学琴，曾在香港的一次赛事中夺冠，"击鼓传花"，喜结硕果。第二把一直放在爸爸妈妈身边，摆在书柜的最上格，成了最抢眼的装饰品。第三把小子带到上大学，取得了"悠扬之声传友谊，校园牵手结良缘"的浪漫佳绩之后，经过几次搬家运动，便把小提琴弄成了"运动专家"不知回家……

该打板子，爸爸妈妈抱鸡母们舍不得下手，请福尔摩斯去找，有点杀鸡用牛刀不靠谱，唉！只有把这悠悠往事中的"甜蜜蜜"，著述下来还可行。

小子现在手边的一把小提琴，是小子参加工作后的第二年在单位出节目时，单位专门添置的一把。

爸爸妈妈真有点儿担心小子的演奏水准，从业余八级不知回生了多少？上台还对不对得起有点听号令而来捧场的身边朋友？因为，自小子为冲刺高考，离开学琴"第二课堂"起，爸爸妈妈即使督战也只能来点温馨提示，叫小子有空还是练练，作为一种积极休息也是好的。

小子有没有空？有空有没有心情练练？爸爸妈妈没法检查验收，那完全是小子独立之后的一片自由天地。

学英文键盘打字机是有利于小子，把上帝之手嬗变成为开发之手的第二件事。

那是在小子上初中开始学英语的时候，班主任秀香老师，联手在老沙市"金元百货"做事的木威小子的家长，组织了一批英文键盘打字机。于是，秀香老师建议有条件的家长，为自己的小子们买一台练练打字、练练手，对促进英语学习有益无害。400多元一台。

和小子学小提琴一样，学校老师们有建议，爸爸妈妈没得说，给小子买。

学英文打字，小子在家里好像倒没怎么加码练，只是班上集中上课，就带到学校练练。可能是学了小提琴的有点"特异功能"，小子的打字速度还不错，便被选拔参加市级校园英文打字比赛，并取得了名次，收获了点小奖品——一个口径15厘米左右的小铝锅子。主办方大概是鼓励小子们今后能有与别人不一般的"饭碗"而想象不一般！

也和学小提琴一样，到小子冲刺高考阶段，都被叫停。

不过对英文打字机的退役待遇，与小提琴相比，好像很有点不公平。小提琴总是放在家里比较抢眼的位置，而英文打字机，则遭遇打包被储藏。

后来到小子成家时，为小子结婚回沙市办答谢事宜落屋时有个看相，在整房子之际需要坚壁清野，妈妈情急之下要把英文打字机当回收品卖掉，让屋里多腾点儿位置，这也难怪妈妈都是叫蜗居逼上梁山。爸爸还是觉得作为小子的练手伙伴，在情感上有点儿难以割舍，便当作玩具送给了同事吉香的小子们，也是一种延续吧！

现在看来，爸爸妈妈当初应当对英文打字机，与小提琴哥们一视同仁，都摆在书柜的最上格，成为最抢眼的装饰品，岂不也好，岂不美哉！这是爸爸妈妈脑瓜子一时没转过来，对助推小子成器的功臣有失公允而办的一大憾事。

开发左手潜能，小子虽然比爸爸先进一点，但在我们家还不能算老资格，老资格是小子的奶奶。

奶奶干什么活主力都是右手，20 世纪 70 年代以前，奶奶用右手拿着镰刀，在荒坡野地为我们家割的做饭柴火，要是把三四十年割的都堆积起来，可能不亚于一座海拔千米以上的小山，可是奶奶吃饭，却非得用左手。

还有小子的岳母大人，也是用左手吃饭，"恩准"小子做"乘龙，决婿"，是不是有点左手缘分？哈哈……

讲开发潜能的"资历"，小子在我们家不算最老，但讲关注开发的意识，小子"哥们"则很有点先进的地方，爸爸妈妈感觉无论从何谈起，都当可圈可点。

那就是，小子敏锐地关注到了国家房地产的开发前景。

小子大学毕业，一参加工作没几天，就要按揭买房子，爸爸妈妈听了先是一愣，然后才问情况、提建议。

小子 2003 年年底、2004 年年初动的手，北京三环以内即是精装修了的房价，每平方米还在八九千元，之后便日新月异、节节攀升到，每平方米两万出头，乃至以后到四五六万，爸爸妈妈才感到小子有意思、"有意识"。

不管小子刚毕业工作当初，是出于要房子住的现实需要，还是为过几年结婚成家作准备，意识到了位，就不简单。

当时爸爸妈妈"大手掌们"的意识还停留在小子先把工作干出点名堂，还得抽空准备读研读博，然后再考虑其他的事情，在爸爸妈妈的意识中，连房子的影子还没有。

开发"手脚"固然也重要，看来开发"意识"更重要，不然按爸爸妈妈这种按部就班的意思之"意识"，小子算是难有希望买得起房子了，连鞋奴都有可能没有资格只有奢望。

如果单从开发"意识"这点讲，爸爸妈妈以为，最最重要的是要开发"职业意识"。

说白了，就是一个小子从娘胎里弃暗投明之后，靠什么来立足社会？等到小子们一步一步到了该做事的年纪才着急，这可能不好怪小子们的"职业意识"不强，而应该责怪老子们的"职业意识"不强，或者老子们本来就没有这个意识，有点也可能多是随波逐流或是被赶鸭子上架，同时稍有周折便可能客观地客观一大堆，而无所坚持乃至前功尽弃。

爸爸妈妈长生不老似的之所以扯到"职业意识"，就是看到世界风云不管如何变幻，世纪交替不管如何演变，对于一个自然人作为个体来说，其职业若是具有不可撼动的稳定性，真还能以不变应万变。

在这点上，爸爸妈妈能想到的比方，就是技艺性世家，如医事世家、工匠世家等。

当然有类似基础的"长生不老"是少之又少，所以爸爸妈妈才说，开发这、开发那，先注重把"意识"，这个神秘莫测而又讲究志在必得的东西开发好，而在开发"意识"的意识之中，先把"职业意识"开发好。

老子们如果在这个事上没意识，那就是对自己小子们的最大的没意思。

至于能不能成功？也就是说，小子们肯不肯听？肯不肯信？听了、信了，能不能如愿以偿？以及能不能稳扎稳打一帆风顺？那是下一节的学问，可以另当别论。

如果在它的上一节就压根儿没这意识，能来得及的"后生可畏"就该注重开发了，就该奋起直追了……

爸爸妈妈是来不及了，只能扯到这点建议而已。

开发之手！开发之"首"？

（本节底稿于 2012 年 11 月 5 日 14 时 15 分至 11 日 16 时 25 分完成，于 2015 年 8 月 12 日至 13 日誊正）

无牌之怒

在流行玩牌带彩的年头，担心小子"哥们"染上赌博的习气，是爸爸妈妈时刻在心底里警醒的事情。

上大学之前，在爸爸妈妈的眼皮底下，小子是没有这个习气的，上大学之后在北京这方面的风气还好，但爸爸妈妈也并没有因此梦伴世外桃源而"游手好闲"。

每逢星期五、星期天的晚上，必打电话给小子，除了问问学习上的事情，其中想知道小子节假日，有什么活动安排，就有防赌的这层意思在里面。只是没有天天讲、月月讲、年年讲而已，这里说出来算是"解密"了。

有的社会风气，弄得有的"独行侠客"有点迷茫，并非稀奇。

比如玩牌普遍带彩，不"入乡随俗"玩玩，总好像有点与社会脱节乃至好似现代"古董"，大有被大浪淘沙一般地说不清道不明，因而不大好把握自己"何去何从"。

爸爸有个阶段，就曾经非常强势地认为，通过玩牌可以加强联络，扩大交际范围，多几个"志同道合"的朋友圈。

必须承认，通过玩牌一定是有这个功能，处理得当有益各方。但同时也必须承认，事情远远没有哪一个"理想专家"想象得那么理想，即使玩牌不带彩，老当"书记"也有个面子问题，这点对于年轻气盛的小子们来说，尤其不好消受。

何况带彩之后，不是"书记"，而成"支书"了，弄得不好争得脸红脖子粗，人性率真自然光顾，不欢而散，各自好自为之，算是烧了高香、积了大德。

如果，无论是哪个"理想专家"，将其代入了不应该代入的题目，谁也解不出正确的答案，即使有华罗庚陈景润这样世纪高手的解题水平也白搭，所以，爸爸妈妈很是担心小子陷入这种迷局而枉然。不说没钱财，就是有钱财也是另外一码事，当然也绝对不会是什么好事。

爸爸几经"转战"从中有了这么点觉悟之后，在玩牌方面就止步不前了。

比如玩麻将，就停留在作兴以二五八为将叫和的阶段，后来作兴的什么红中开杠、癞子甩将、倒铺算番，爸爸就像听段子，好玩然而不懂。不过一般地玩玩牌，没有什么高新技术难度，也不带什么彩，出于助兴，爸爸有时也当当"癞子"做做补差的配角，能推脱的则总是多谢有兴趣的友好人士的关照，只当个观众兼倒茶水的跑腿角。

当然，不管小子玩不玩牌，爸爸妈妈对小子玩牌的容忍程度，大概也只能到此止步、不得越"雷池"一步……

小子读大学时只要回家过年，总得和爸爸妈妈一起到祥香姑母家拜年。

祥香姑母对客人来拜年有个"惯例"，如果不肯在那里吃顿饭就告辞，好像是主人对客人们不真心似的，好不自在。

什么事，一旦成了惯例，真不好改变。

爸爸妈妈记得有次也是去祥香姑母家拜年，她们一家本是另有安排了，准备出去的，但听到我们一家子要去只得硬着头皮撑着面子应酬。爸爸妈妈见状，提出拜年到了，就不吃饭了。意思是客走主人安，让祥香姑母她们一家子，别耽误了已经安排好的日程。

可是，祥香姑母听了老大不高兴，还搏下了不吃饭就走改年就不要来了的气话。这样一来，其实相互都就那么匆匆忙忙地在应付。

爸爸妈妈以为亲友之间礼尚往来，出于真心实意地尊重就好，请与不请、去与不去、吃饭与不吃饭之类，如果一定要进入某种程式，主人客人可能都没有了自由与舒坦，表面上热闹而已，因此最需要、最适宜的那种尊重，则可能也会因此而黯然失色，乃至荡然无存，如此就有点本末倒置了，久而久之衍生轻忽、淡漠、疏远，倒还不好。

尊重，真不是一件蛮好到位的事情。

妈妈娘家亲友中的如香奶奶，快到九十高寿那阵子，凡是知道的亲友，不论老少，都兴致极高地表示要好好给如香奶奶做九十大寿庆典。

可是如香奶奶本人并不情愿，并对自己的大公子说了重话，谁若要做，她就出走。即使这样，有的亲友还在揣测，是不是如香奶奶怕麻烦了后辈的原因，直到如香奶奶的大公子多次解释，是老人个性使然，仍有亲友兴致不减，极力主张要做如香奶奶大寿庆典。

相持不下，爸爸妈妈想到了"尊重"这般武器，搬出来耍了耍，亲友们难得的"搭寿"兴致，才有所消停。

尊重与尊严还有点而不一样，尊严特别在乎自身维护，尊重则既在乎自己对于别人明了，又在乎别人对于自己的明了予以……换言之，爱，哪怕是无私的爱，做好事，哪怕是不图任何回报的做好事，离开了尊重，得不到接受对象不带任何负担的认同，真是很别扭的事一桩。

这次，我们一家子去祥香姑母家拜年，她们家没有外出安排，我们去之后，祥香姑母和击威姑父主厨，还有妈妈临时工帮厨，不亦乐乎地在忙拜年大餐，小子和祥香姑母的公子楼威，趁空玩起纸牌，什么玩法爸爸已不记得，反正没带彩。

爸爸由于妈妈"独霸"锅台插不上手因而厨艺很差一向不大入厨，没事可干，只得在小子他们玩牌这边观战。但似会不会还充老角，有的无的总是鼓噪，叫小子压着祥香姑母公子楼威的牌打。

有一盘，小子可能手里没抓到什么好牌，因形势吃紧，本来就有点窝火，便没好气地朝爸爸叫道："有毛窍啊，用什么压着打？"

爸爸虽然平常爱说不大满意的自己老了管子经常坏之类的自嘲话，妈妈有时会这么附和，责怪爸爸做家务事有的不利索，可当时小子这么没大没小、没上没下、没轻没重，心里还是不大好受的。

但并没有立马给小子上什么课。心想，这下小子真把爸爸当成哥们了，怒不可遏，任由性子来，还有点儿男子汉的火暴脾气？！

然而不分场合、不看对象地放任情绪，即不能恰到好处地控制住自己的情绪，就这点来说，不管在什么年龄段，不论处于什么社会地位身价如何，也不论在什么情形下理由怎样，都是一种修炼不到家、性情不成熟的表现。

爸爸妈妈这里著述下来，也算是借此给难知天高地厚的小子们补补课，对类似情形，爸爸妈妈可以见谅。

若是在外面牌桌上，对牌友对观战的江湖朋友不够客气，言重了，言多了，有可能因星星之火，失控出格，甚至有可能成为惹祸之源。

再说开一点，爸爸妈妈以为终其人的一生，"牌与怒"可能如影随形。

有牌、牌多牌好不用说多喜，无牌、牌少牌差，甚至牌烂，自然多怒。因此，爸爸妈妈又以为终其人的一生，"牌与怒"：弄得得当，相向而行，有可能形成正能量，可喜；弄得失当，逆向而行，又可能成为负能量，可怕。

怒发冲冠，为生存讲人情，为发展讲正道，这样抓的牌，这样出的牌，即使一时不看好不见喜，但能从本质上看，从终局上看，必然有用武之地，有收获在即。

问题在于，有的"幸运之星"就是没有这么点胸怀、远见与品质。有时抓到手的明明是好牌，但由于急于求成、急功近利，甩出去的不是时候，不在道上，七弄八弄，好牌成了差牌，有牌成了无牌，怒火中烧，怒气冲天，干不成什么事来，究其原因，是怪没牌？还是怪牌不好？很难。

有怪没牌、牌不好的，因为只有这样也许才好解脱一点。这类无牌之怒，似乎都是不知轻重不知北的自己不智不慎所形成的，也似乎只好自己来消化，也似乎相对而言好消化。

还有的无牌之怒，不但成因复杂，消化起来则更为复杂得多了。

人，也不管是"哥们爷们"，都有可能作为牌之上家和下家。

做上家，不伤天害理、未利欲熏心，即是不那么规矩地出牌，对下家没有什么大碍，也就对艺虽差德尚好的自己没有什么大碍，自然没有什么怒火遍野。

人，可是做上家的少之又少，做下家的却是多之又多。

从严格意义上说，没有哪个"哥们爷们"不是做下家的。皇上用膳为什么怕中毒，因为也是御厨、厨子的下家。再说谦虚一点，没有哪个"哥们爷们"，从今生到来世是没有做过下家的，就是三皇五帝登基之前，也不敢吹这个牛皮。

这样，也就恐怕没有哪个做下家的，不怕做上家的伤天害理、利欲熏心地乱出牌、出烂牌。

理是这么个理，然而，就是有时来运转的"哥们爷们"，一旦做了上家就不能自已。把乱出牌、出烂牌，当成靠山吃山靠水吃水的有之，当成投桃报李"礼尚往来"的有之，当成打水漂交学费的有之，当成"独家经营"吃五喝六的有之，当成过河拆桥卸磨吃"驴"的有之，等等。

在这类上家的底下做下家，到手的，能有什么"过得去"的牌，不怒才怪？

因而，爸爸妈妈以为，一个"哥们爷们"没有撞到这类做上家的，当然是三生有幸，求之不得，万一撞到了，光怒也不行。

……

如何是好？不少的"哥们爷们"于是想得最多的，以为最简单、最省心的办法是，另找上家，用时尚语汇即为跳槽，可这，又谈何容易？一是人还年轻可以，二是自己确实有两把刷子可以，三是手上银子多多可以，除此之外，爸爸妈妈以为要另找上家，几乎不可能。

但即使这样，也不是个个"哥们爷们"都可以承受得起的沉重。

因为光阴似箭日月如梭，论工作，一个"哥们爷们"的年轻资本，就那么十年二十年光景，消耗起来真是弹指一挥间。

人，一生要能够有两把刷子，主要就看这年轻十年二十年，如果遇怒就另找上家，可能"两把刷子"没到手，一根讨米棍却难以丢掉了。

人，等真有两把刷子，若不是天才怪才奇才，年轻资本可能已不复存在，最佳也许是人到中年壮年，这时如果遇怒另找上家，一样不轻松，上有老下有小，拖家带口，弄得不好，另找上家无着，"哥们爷们"自家则千疮百孔。

人，到了手上银子多多的程度，如果遇怒另找上家，比年轻的一无所有，比有两把刷子的一无是处，可能更加不容易。

一般而言，对手上已经银子多多的下家，做上家的，哪个不会照顾得有佳之照顾有加。之所以到了有怒要另找上家，无非是福也银子、祸也银子。古人云，是福不是祸，是祸躲不过。

由此可见，怒而另找上家，看似最简单、最省心的玩牌办法，弄得不好，可能一怒未消，一怒又起，慎之、慎之……

回过头来看，也许最简单、最省心，也可能是最聪明的玩牌办法：乃是一个"哥们爷们"，当自己抓到好牌之际，不能急于求成、急功近利。尽管没有伤天害理之心没有功名利禄之逐，也不等于可以随意出牌，弄得好牌变差牌、牌多变牌少、有牌变无牌。

要能把抓到手的好牌出好，爸爸妈妈以为先得识货。

识货不是凭想象的，就是凭感觉凭经验，也不一定靠谱靠牢。重要的一步，最好是把牌放到更大的牌局上去掂量掂量，是"纸牌"？是"金牌"？心里有底有数了，回头再出牌，自然收效不一样。

牌出对了，一局一局走顺了，自然怒气少了，喜气多了。

抓不到好牌，到手的尽是上家的乱牌、烂牌，另找上家也不可能，怎么办？震怒、愤怒难免，但总不是适宜、更不是终结的办法。

爸爸妈妈以为，"哥们爷们"与其如此，不如换个心态一有烦当好玩、西边出太阳一转怒为力、转怒为量。

力，则是下力仔细琢磨琢磨，上家之所以敢出乱牌、烂牌，一定不是孤立的，与外界，必然有着千丝万缕、千奇百怪的联系。找到了，上家乱出牌、出烂牌的来头，也就可以找到将其乱牌、烂牌，打回去的曙光。

量，则是不急于求成、不急功近利，找到曙光就有希望，把希望变成办法，有办法了，就有希望把上家的乱牌、烂牌打回去，上家再有乱牌烂牌，便不一定再敢乱出烂打。堵住了乱牌烂牌的来头，离抓到好牌就不远了。

"好玩"出力量，力量如此来，千回之百转，坚实金不换。这样即使有点江山易改本性难移的哥们爷们，也有迎来江山秀丽叠彩峰岭的风光一刻……

因而"哥们爷们"无论是初生牛犊还是山中大王，在无牌之际，另找上家也好，把上家的乱牌烂牌打回去也好，总之不好动不动就动怒，动不动就动怒总之不好。

（本节底稿于 2012 年 11 月 13 日 14 时 50 分至 17 日 16 时 30 分完成，于 2015 年 8 月 13 日至 15 日誉正）

情怀之真

2001 年，第二十一届世界大学生运动会在北京举办。小子因是学外语专业的，有幸与不少的"未来之星时代之宠"一起参加会务接待活动，假期也没有回家。

这是实打实地用外语，对于学外语的小子来说，真是千载难逢的学习锻炼机会，爸爸妈妈当然替小子高兴，持大力支持态度。

小子上大学之后，爸爸妈妈与小子"过招"，无论是打电话还是发短信，都是爸爸妈妈主动出击的多，小子"哥们"又像司令官又是兵。像司令官，是指小子没什么要事，一般不给爸爸妈妈打个电话拉呱拉呱，是兵，是说轮不到小子打电话，小子总是在爸爸妈妈的感觉"磁场"之内听训。

但大运会闭幕式那天晚上，小子主动出击的电话则给爸爸妈妈展示了一个神采飞扬的全新形象，放下了"司令官"的架子，告别了"兵"，用好大的气力，好大的声音，说自己和全世界的"小子们"在闭幕式现场参加联欢活动，非常热闹，非常高兴。

爸爸妈妈接听到的、伴随而来的声浪，不用小子解说，也能感受到那个欢腾的场面盛况空前。爸爸妈妈远隔千里如临其境，深切感受到了小子少有的激昂情怀、忘我情怀、幸福情怀、灿烂情怀，其情怀之纯真之生动，也让爸爸妈妈感到了些许震撼。

不禁使爸爸妈妈联想到，有次小子回家度假，曾淡淡地说过，总感觉蛮少有振奋人心的"风卷云飞、雷鸣电闪"……

看来，一个"天天向上"的小子是需要通过参加一定活动，来振奋精神的，来培养情怀、温暖情怀和抒发情怀的。

似乎也启发了爸爸妈妈，对有的家庭聚会活动，有了另一个层面的认识。

也就是说，在寻常人家，在平常的岁月流转之中，给家里人做做生日纪念，以及家里老老少少在取得什么显著成绩之际，适时庆贺庆贺。只要不弄到在形式上讲场面搞攀比的程度，对于活跃家庭气氛，尤其对于增添小子们的生活情趣，充实丰富小子们的胸襟情怀，其积极正面的作用，是不可估量的。

然而，这似乎又是有点儿让人难以把持，难以拿下的一块高地。

情怀！

因为一说到情怀，往往容易与博大伟大之类联想起来，不论是不是刻意，好像寻常人家无名鼠辈就没有情怀似的，甚至是不配用情怀描述似的。即使涉及有那么一点点，从口风、氛围看，也好像也算不得什么情怀，多半对其是一个，开朗、大方、老实、好人之类的看法，再深入下去，就好像没什么可述之言了。

情怀、情怀，就有那么神秘？就有那么不得了吗？

爸爸妈妈以为，情怀是一个只要还有生命迹象的人对于自己的生存状态，以及重要琐事的真实记录、消化、沉淀、形成，然后以各种各样的形式反映出来，并且必然是真实地展示在世人面前。哪怕那些有所掩饰，即不显山露水似的反应，也是真实，至于是不是善的美的，那就一言难尽，一言难定。

然而按照流行的说法，总是把真善美画上等号，爸爸妈妈以为，把真与善与美统统等量齐观，是不大准确的，也许是"痛定思痛"而对假的东西太过憎恶了的原因，所以在意识上情感上，把真就等同善和美了。本是"百家姓"成了"信一家"，本是"三分天下"成了"一统天下"。

哪个"天生我材"都是有情怀的，而且都是希望，都是看重有着善良的美好的情怀的，同时不但社会需要，个人自身也是一样需要善良的美好的情怀的。

人之初，性本善。可是善良的美好的情怀，并不是有种子就一定可以望天能收到的。

作为长辈，对于小子们的节假日和大块的业余时间，怎么做出有学有乐、有张有弛的精心安排与出色引领，从而使小子们的情怀，多多沐浴，善良之真美好之真的阳光，多多吸收，善良之真美好之真的养分。期待着善良之真美好之真的阳光养分，可以足足让小子们，够用一辈子、受用一辈子。

这也可能是，所谓金色童年幸福童年，不可或缺的阳光养分，这也可能比，给吃给喝给钱给物，还要上心，还要下功夫才行的事情。

小子们在学龄前，让他们参加家庭聚会之类的活动多少，无所顾盼是可以理解的，而到学龄后，虽然通过读书学习以及学校生活，自然可以使小子们的情怀，得到丰富与升华，但不等于就代替了参加有的家庭聚会，以及社会公共活动所能获得的养分。

好比一道精美大餐，主辅食材必然是搭配得当，才可以叫座。

可是，仍如学龄前一样对待，可能分散小子们读书学习的专注力和精力，显然不大适宜，应当有所节制有所侧重才好。因而在这些事情上，是爸爸妈妈时常感到有所纠结的地方，也总想有一点改变。

比如有的亲友做一个家庆活动，本来只一天的正期安排，可是前期筹备三五天，加上后期收场三五天，那么就意味着，十天半月他们家里家外都不会平静，而且一年不下三五回。

如果是在酒店餐馆操办还好点，遇到是在老兄们自家庭院安营扎寨的张罗，那就更不得安逸。这对于家里有上学读书的小子们，从静心学习这个层面来说，无疑是弊大于利。

爸爸妈妈觉得这样操办家庆活动，越频繁越不可取。

如果说频繁操办家庆活动还师出有名，多少还有丰富小子们情怀的可取之处。对于有的时常爱好在家里设麻将牌局的，精进国粹无可厚非，但其动静之大，"影响"之深，这对有上学读书的小子们的静心学习能力及耐力，简直就是一场场非常考试和特殊考验。

　　爸爸妈妈不敢想象，究竟有好多家庭的小子们，能够较为顺当地考过这一关。

　　父母们常情"热火朝天"地静不下来，小子们又怎么可能时时"冷若冰霜"地好好儿静得下来？

　　从有利学习的一般习惯看，有一个平静安静的家庭环境，应该是更好的，除非特别有抗干扰能力的旷世奇才，不在乎这一口，否则一定多半是因小失大。

　　基于这么个老老实实地认知，小子在家期间的上学读书阶段，我们家基本上没有搞过生日之类的家庆活动，即是应邀参加亲友生日之类的家庆活动，一般都是闪电战，不会"恋战"。当然这么一来，不能说没有什么缺失，有点儿懈怠人情世故就是一憾。

　　然而爸爸妈妈的侧重态度，还是较为坚决，目的性始终也很明确，就是想尽可能地给小子们，保持一个较为平静安静的家庭学习环境。

　　在社会上能不能做到这一条，父母们即使包打天下想争取，可能也无能为力，但是在我们自己的家里，爸爸妈妈的主张是竭尽全力。

　　爸爸妈妈的想法是，家里有小子们上学读书的，要搞家庭聚会活动，对于小子们来说，只当是让他们换换脑筋、换换频道，散散心、开开心，养养眼、定定神，所以适宜小范围内，时间不长，回数不多地弄弄。

　　达到了活跃活跃家庭气氛，增添小子们的生活情趣，充实丰富小子们的胸襟情怀的目的，就足矣！若是还有其他的附加追求，就容易过了……

　　小子们，善良之真美好之真的胸襟情怀，是需要父母"大手掌们"上心引导培养的，也是需要关注呵护的。

　　小子有回表现的"激昂情怀"，就让爸爸妈妈放心不下。

　　那是小子刚刚拿到小车驾照，放单飞的时候，早上六点多钟，爸爸正在晨跑中收到一条短信，是小子发来的，说在高速公路上能够开到一百二十码。新贩子"显本事"开到一百二十码，不是等于有点儿在玩飙车吗？！

　　小子玩飙车，老子玩小心"刹车"。爸爸停下晨跑，连忙回短信降温，"呵斥"小子不能开这么快，警告小子，车子过快打飘了不是好玩的。

　　其实，小子自学开车起，爸爸妈妈就没少给小子上平安课。就是不开车，打的、乘公交、坐地铁，包括用电梯的出行平安，爸爸妈妈也没少对小子唠叨。这回显然是，小子整个一个新贩子，有点儿按捺不住玩车的冲动。

情怀之真没得说，但是不是美好的，爸爸妈妈以为得话分两头。

对小子来说，有这么值得高兴的"成绩"，肯和爸爸妈妈"天地之尊玩伴之小"共同分享，这种情感这种做法，肯定是美好的。可是对爸爸妈妈来说，认为小子学开车就想开快车乃至飙车，存在冲动过头之隐忧，这又有点儿不那么美好。

这还仅仅是只关乎哥们爷们自己的事情，若是碰到社会上的有些复杂事情，架不住，产生一时"热血沸腾"的情怀，飙出去，保不准，也许会失去准头，而形成难以解开的大问号乃至栽跟头，那就不仅冤枉而且可能够惨……

因而，爸爸妈妈觉得，关注、呵护小子们的情怀，同样是件一辈子都得做的事情。

参加工作没多久，小子就要"出手"买车，爸爸妈妈闻之没有支持的积极性。

主要是爸爸妈妈觉得弄台车后保养维修、核证缴费，名堂多多一大摊子，多费时费心，年纪轻轻的"时光贵族"把时间精力多耗在车上，不值，还有好多正事不好干？

再说北京出门就堵车，有私家车也方便不了多少。有事！赶急，乘公交嫌慢，不如"约车"、打的，人家专业师傅轻车熟路，速度安全都有，比自己弄台车又省心又省事，还经济还靠谱。

实在要买，等人到中年壮年，家庭工作都有了一些头绪一定基础，对时间的"含金量"，也相对可以不那么计较一点儿，那时再买车，是不是更适宜一点儿？

遗憾的是，爸爸妈妈"没长后眼"的这点美梦坚果，同样没多久便被北京高速运转的小车车轮，碾得粉碎。到爸爸妈妈也认为小子确实需要买车时，限购、摇号，成了难购、"摇摇无期"的期待等待。

遗憾归遗憾，任何时候爸爸妈妈都明白，年轻哥们爷们有年轻哥们爷们的想法偏爱，有点儿冲动，有点儿激昂情怀，很自然很正常，生龙活虎争强好胜，当然也必要也很好。

但只要察觉小子们，有不实在、不周全、不在当口、不在火候的地方，还得敲敲打打、修修补补，做父母的就是有这个与生俱来的责任，没得什么客气好讲。

可是方式方法，必须要讲究，不然可能会好心难得讨到好报。既要有关爱子女的纯真情怀，更得有呵护子女的博大艺术。

诚然，征途漫漫，变数多多，但是，父母再怎么"行程匆匆、顾虑重重"，无论如何都得朝着这个方向努力前行！哪怕是为小子们增添一丝丝善良美好的"情怀之真"，乃也是人生之金，乃也是世代之幸！

（本节底稿于 2012 年 11 月 19 日 16 时 05 分至 23 日 10 时 00 分完成，于 2015 年 8 月 15 日至 17 日誉正）

比较之实

　　小子读大学回家度假，与初中高中的小老乡们聚会的一个主要方式，就是相约找地方去踢踢球，然后再聚聚餐，没聚餐就直接回家，一来二去几成惯例。

　　爸爸妈妈感到很有特点，也比较新鲜，便有感而发，唠叨了一篇自娱自乐的小稿子，其中不乏一点点浅显的思考。

　　大致意思是说现在的年轻人，至少是在外地读大学的这帮小子们回家度假，以踢球这种方式聚会，应是一种时尚，也是一个时代的印证。

　　如果不是随着国家经济社会文化建设迅速发展，随之带来的电视机等媒介的大普及，足球对于这帮朝气蓬勃激情澎湃的"时光贵族"，能有这么大的影响力吸引力吗？能够直观地了解欣赏到关于足球的方方面面乃至点点滴滴吗？

　　其他的"时光贵族"，包括在小子这拨上大学之前的学长们，以及之后的学弟们，回家度假，大多是以什么方式聚会？爸爸妈妈不得而知，也没有那个钻研精神去了解，但就小子朋友圈里的小子们，没有去跟风带彩打麻将、斗地主，也没去泡吧什么的，爸爸妈妈就认为是很好很好的事情，值得唠叨唠叨，加深印象乃之"载入史册"……

　　有次，小子应约去长江大学医学院聚会踢球，爸爸妈妈在家有空便作为"啦啦宝贝"兼安保陪伴而行，"哥们爷们"边走边聊。

在路过天祥北路天达门这块时，爸爸妈妈的兴致是拍拍小子的马屁，对小子与回沙市的小老乡们这样相约踢球的聚会方式，鼓励鼓励。便把爸爸妈妈就这事唠叨了个小稿子的事，说给小子听。

爸爸妈妈热情似火，小子则好似"烈火金刚"，而淡淡地倒问了爸爸妈妈一句："有什么用？"

爸爸妈妈当时"依然故我"，还是就赞赏鼓励之意，"鼓吹"了一番。然而，就小子这句"有什么用"的淡淡之言，硬是不详小子究竟何意？

或许小子认为不说全世界也是全中国的小子们现在都是这样，没爸爸妈妈认为的有这么好，"身在宝山不知宝"，所以对踢球聚会的方式，而淡然置之。

或许小子是认为爸爸妈妈唠叨的小稿子又没有发表，觉得没什么影响或者其他什么的，而淡然置之。

反正从小子的神态、口气，让爸爸妈妈觉察小子很现实很现实的样子。更隐隐约约地感到，是小子，对自己做事和看别人做事的价值取向的一种自然反应。

如果真能修炼到好钢用在刀刃上，不做"没什么用"的冤枉事情，也不失为一种可贵的见识和品质。

何况不也是爸爸妈妈给小子拍马屁，鼓励小子成才成器的一番期待所在？

爱之切思之深，小子"有什么用"的淡淡之言，对爸爸妈妈的触动还是蛮大蛮深的，乃至以为，还不能简单地用诸如代沟等字眼，聊作解释。

大干世界，在不断地变化发展，哪个要安身立命的哥们爷们又不是在不断地进行反思、比较、鉴别，从而希望做出实实在在地有用选择。然而，大干世界是纷繁复杂的，虚实转换玄妙非凡，令人眼花缭乱。

纵观世界，有的虚无缥缈，最终没什么用的东西，往往让人难以甚至无法绕开。

比如，种瓜得瓜，种豆得豆，这是多么实际的东西。

可是这世界上，就是有一拨超人，能把这么实际的东西，整得让另一拨凡人在那里守着瓜地，而以图收到豆子，甚至期待是金豆。

类似好玩的是，也是其中奥妙所在，前一拨超人，一开始就很实际，就是要种瓜得豆的，当然包括能得到金豆，而且这豆，也必须是要从后一拨凡人手里弄来的。

恰恰相反，后一拨凡人，不但自己，可能祖祖辈辈都在挥汗如雨地弄着豆子，可是他们却看不出是豆子，而是眼巴巴地守着前一拨超人把玩着的瓜地，以图收到豆子。

尽管前一拨超人，可能会走马灯似的变来换去，等后一拨凡人，通过反思、比较、鉴别，将要明白自己手里弄着的就是豆子的时候，前一拨超人又会、又可以，万变不离其宗地把后一拨凡人手里的豆子弄走。

巧就巧在，让后一拨凡人，好像还能"安分守己"，自觉自愿的在那里继续挥汗如雨地守着，人家把玩着的瓜地，以图收到豆子，一代一代、一辈一辈，周而复始……

朝夕相处，耳濡目染，听小子对爸爸妈妈的唠叨小稿子，"有什么用"的淡淡之言，似乎小子通过反思、比较、鉴别，有了那么一点点，要实际实在地自觉。

但至于何为有用的实？何为有用的用？并不见得就那么明了了，或许也是在守着瓜地，以图收到豆子。

爸爸妈妈以为，只要还是一个有点血性的哥们爷们，真要想把这点事情弄得明了那么一点点，第一位的是要对：人的实和势的实，事的实和势的实，时的实和势的实，势的实和势的实，尽可能地把持住。

人，无论是熟悉的人，还是陌生的人，无论是有利害关系的人，还是无关紧要的人，只要这个哥们爷们在还没有趁势逐利的状态之际，可能还是一个真实的人、完整的人。

人，一旦和除自己之外的人，无论是多是少，牵扯在一起就会无形中形成一种势力势头。

势力势头越大，原本这个人的真实性完整性，就越不确定，到了这个程度，对这个哥们爷们，作为人，或许可以实实在在地对待，亲疏远近，都不要也不宜问"有什么用"，入乡随俗也好，特事特办也好，都要当作人处之。

然而对其附和的势，乃至代表的势，就不能对其当作人的人，来等同对待处之，而且不论其附和、代表的势力势头大与小，真得先问问"有什么用"？然后再作抉择处置。

实际上，哪个只要还是一个有点血性的哥们爷们，不是自觉不自觉地在这么做，爸爸妈妈只是觉得，在这点上，越警醒越敏锐越明确，越有益于把持住。

对人的实和势的实，若是处于模糊状态、滞后状态、放任状态，靠撞运气，难免不撞墙、难免不吃亏、难免无悲哀。

人要生存就得做事，做事吃饭天经地义，好像与势毫不相干，其实远没想象中的单纯。

严格来说，任何事，都是某种势的一点力量聚集。尽管有的凡人的本意只是为了一口饭而为之，但对于那些承诺让人守着瓜地，可以收到豆子的超人来说，就是其势力势头的来源。

对于有的明知道是种的瓜，而不可能收到豆子的事。

如果一个凡人一味只为一口饭，不论伤多大的脑筋、花多大的力气、吃多大的苦、下多大的功夫，最终可能是，承诺可以收到豆子的超人，连自己也没有收到豆子。原本就没有豆子可收，当然不可能变出豆子，来奉送给守瓜地的凡人。

不同的是，他们那样的超人是有备而来的，从你这里没收到豆子，但从另外的瓜地，有可能收到豆子，不但可以生存下去，还可能活得够滋润。

而你则连一口饭也没了，若还有一口气，还有一点斗志，那就算很不错，可以"另谋高就"，有条活路。

可见一事当前怎么把持，对事的实和势的实？真得要问，这事做了"有什么用"？

比较比较，做与不做，哪个更实际实在？不然本来是冲着一口饭而为之的，结果到头时饭没有一口，还可能落得个不是。

这关口，只能指望自己觉悟自己把持，承诺让人守着瓜地，可以收到豆子的超人，是不管这些的。尽管他们的豆子，可能都是从瓜地里弄来的，尽管那可能就是，只为一口饭的凡人的血汗之豆，但是他们一旦豆子到手，便一切都得随他们解释了。

能让守瓜地的凡人，好自为之，算他们凭良心，同时算他们"别有远见"，不然群起而攻之，如何"了得"，也算守着瓜地的凡人，还有一线生机。

事的实？势的实？差之毫厘，相去万里。

时候，本身也是势，实得不能再实。

不说凡人即使超人皆得好好对待时候，转瞬即逝，永不回头，哪个又奈何得了？不可复制，无法挽留，哪个又能另有高招？

最折磨当然也是最折腾的是，等有的凡人，刚刚认清了前一拨超人承诺让守着瓜地，可以收到豆子的不可能嘴脸时，后一拨又出现了，而且一拨与一拨的嘴脸，是不可能重现的，比国粹"变脸戏法"高明 N 倍。

尽管都是承诺，让凡人守着瓜地可以收到豆子，手法即是雷同、老套，但无论如何嘴脸是不同的，即是李生，也得故作改扮"粉墨登场"。这就是时候，给这样的超人的势，纵然势力势头大小不等，同样实得不能再实。

一代又一代、一辈又一辈，饱读史书经诗的不可谓不多，但能把时的实和势的实，把持得平平整整的却为数不多，不然世界上哪还会有难了了的结怨与血淋淋的战乱？

有的哥们爷们可能说，管世界管不了，管自己得了，真能这样吗？绝对的这么认为，岂不等于，也是守着瓜地以图收到豆子吗？

真要尽力而为，也只能尽力而为，可能的是，活在当下全力以赴，只做种瓜得瓜种豆得豆的事。

哪怕是在受到某种势力势头裹挟的情形下，也能保持这么精准的认知、这么清醒的头脑、这么干净的手脚、这么坚定的抉择。

不是这样，哪怕是有些许模糊、些许奢望、些许动摇、些许迟钝，就有可能错过时候，种瓜得不到瓜，种豆得不到豆。

反过来，还会怀疑自己的某些坚持和做法"有什么用"？本来是实际实在的东西，由于没能把持时的实和势的实"平平整整"对接而丧失。

经不住自我自觉考验，没有大彻大悟比较，便又很容易回到原点，仍旧在某种势力势头裹挟之下，去守着瓜地以图收到豆子，直到各自时候到了，无奈一叹，不了了之。

人的实和势的实、事的实和势的实、时的实和势的实，不好把持。

势的实和势的实，就更不好把持。

不怕哪个像孔老夫子那么有学问像齐天大圣那么有招数，某种势力势头暗潮涌动之时之际，能够觉察到并且拿准了脉的，有几个？某种势力势头排山倒海之时之际，能够扛得住并且站得稳的，有多少？

势与势的角力，势与势的对峙，势与势的整合。

既由人又不由人，既迅速又漫长，既脆弱又强大，直面难知，回避难以，进退难及，深浅难测，终局难料，如何把持？

爸爸妈妈以为，小子对爸爸妈妈唠叨的小稿子，"有什么用"的沉沉意识，如果能将其移植到这方面来，作为反思、比较、鉴别的小小工具，以求实际实在之效。

不失为面世的风趣与幽默，不失为处世的坦诚与智慧，不失为经世的冷静与深沉。

之所以想到小子们如此作为，爸爸妈妈以为一个"身难由己"的哥们爷们，一生一世，难免不落入守着瓜地以图收到豆子的迷局，有个"有什么用"的反思、比较、鉴别工具，可能有希望，从这类迷局中尽快走出来，拨云见日。

对人，择正应尊重之实，不因卑躬屈膝而仗势，终让人不齿。

对事，择正当有益之实，不因弄巧成拙而附势，终所事无成。

对时，择正是火候之实，不因急功近利而趁势，终为时所抛。

对势，择正经恒久之实，不因一时冲动而玩势，终被势反吞。

"有什么用"？反思、比较、鉴别，纵观历史，从猿到人，从原始社会到现代社会，莫不是，这么一步一步过来的。

不作比较难明虚实，比较方向不正确，难明虚之何处？实从何来？

爸爸妈妈以为一个哥们爷们，只有勤勉地反思、得当地比较、极准地鉴别。

才有可能，不会轻信什么拍胸承诺，或者不会轻言什么追求梦想，而去守着瓜地以图收到豆子。

才有可能，不会等到两眼花花、两手空空、两脚凉凉之际，才知反思之需，比较之实，鉴别之重。

（本节底稿于 2012 年 11 月 27 日 10 时 10 分至 12 月 1 日 10 时 10 分完成，于 2015 年 8 月 17 日至 18 日誊正）

支撑之强

2002 年 4 月 3 日！

日月如梭，这本是一个平常得不能再平常的日子，可是对于我们家来说，却成了一个揪心记忆时刻的开始。

这天下午，爸爸下班回家，妈妈在做饭，爸爸见妈妈手里拿东西不听使唤，有时还掉到灶台下面，人也有点歪歪倒的样——贤淑的女人顾家"惊天地、泣鬼神"—爸爸问是怎么回事？妈妈说，在楼下做完和事佬刚刚上来，还吃了人家给的一个石滚蛋，就是头有点晕，人不是蛮舒服。

妈妈拉头有点晕的警报，倒是常情的事。

爸爸还以为妈妈是给人家说长论短的劝和，因激动或伤神引起的状况，只是淡淡地说，吃了饭去医院看看，妈妈毫不在意地说，不要紧，吃了饭睡会儿就行了的。

不想，妈妈把饭菜送到嘴里，都已经很吃力了。爸爸说，不行一定要去医院看看，妈妈还要硬撑，坚持认为吃完饭睡会儿就行了的。

幸亏爸爸不是个唯妈妈是从的哥们，"男子汉大丈夫说不行就不行"，坚持要妈妈马上到医院看看。后来证明，爸爸的坚持是对的，如果信了妈妈的，这一睡可能就睡成"睡美人"而"美不好受"……

但还是应该遭打板子的是，爸爸在这方面的医护知识及见识，极度匮乏，简直白痴。不然一回家，不等弄饭、吃饭，就得把妈妈弄到医院去看，或许会早早感动上帝恩赐峰回路转阳光一片。真乃"知识攸关命运"……痛哉！痛哉！！

当时碗筷未收，赶到沙市颐和医院，给妈妈急诊号一挂，CT 一做，连观察对象的"待遇"都没给，妈妈便被医生上了住院部的户口。

高血压、脑出血、中风，妈妈病的严重性，大大超出了爸爸完全不可能想象的想象程度，以为妈妈拿点药，回家吃吃就能一如往常……那些名堂，原来只是听说点点，不曾在意，没想到妈妈这回给来了个现行。

经过近一个月的医治，爸爸要上班是一方面原因，另一方面，爸爸还是没有意识到，高血压、中风病患的风险有多大。

加上妈妈惜钱，在感觉基本可以的状况下，和医生"讨价还价"，一再要出院，拿药回家养病。

为了免得小子们在学业上分心，妈妈这次生病的前前后后，都没有告诉小子。

妈妈娘家的亲友，也只是一般性地关心，问了问爸爸这事。爸爸把左右为难说明之后，亲友们再没怎么深说，相互理解，风平浪静。

妈妈出院后，有了医院这堂大课，虽然做和事佬的热情依旧，但从此把石滚蛋及蛋黄则当成了"不共戴天"之坏蛋，可是在其他方面仍没有当"鬼子进村"更无从谈"设防"，一如往常马马虎虎。

爸爸虽比妈妈强不了多少，倒时常还能提醒妈妈到就近诊所查查血压，妈妈却给爸爸来了个减压理论："搞得这么紧张，搞么之（当地方言即干什么之意）！"爸爸心想，妈妈如此淡然也有几分道理，弄得草木皆兵过于紧张，也有确实不利养病的可能性。

妈妈这次生病，让爸爸好哥们两个真没想到。一个真没想到，妈妈的身体一向都还不错，家里家外精明强干，怎么说生病就生病？二个真没想到，一生病就生这么重个病，高血压、中风，意味着终生吃药。

人家靓姐辣妹吃香的喝辣的，妈妈却要吃药，想到都替妈妈有点恨恨不平！心疼不止乃又无从取而代之……

在爸爸把真没想到，真还没想过来的时候，时隔仅仅三个半月不到，7 月 17 日，妈妈再次中风，俗称回风。

4月3日，妈妈初始生病半失知觉，给爸爸的强烈感觉是突如其来，7月17日的回风，便犹如晴天霹雳，这次妈妈昏睡了二十几天，才抢救过来。

阎王爷爷说妈妈四十六七、五十不到，人也漂亮心也善良，还得考验考验爸爸的忠诚，还得为小子办办事、享享小子的福，所以拒绝开户……

7月17日这天，爸爸中午上班走的时候，妈妈的状态，一切都很正常，还再三嘱咐爸爸从香梦红楼下班后，直接去盘龙村老屋收了房租再回家。

真是老天有眼，冥冥之中，爸爸又一次对妈妈没有唯命是从，加上本身玩性不大，不然真直接去了盘龙村再回家，或将会真的上演"睡美人"而"美不好受"……

因为每天下班都是直接回家，除非有公事"缠身"很少例外，爸爸在将去盘龙村之前，还是想给妈妈打个电话"查查哨"，放心些。

那时候，我们家还有座机 8560716，打过去通后，爸爸一接听，妈妈言辞不清，爸爸预感不好，立马赶回家。

结果妈妈孤军守城无力抗击已早出状况，平瘫在床上，枕头边上还剩着……吃不了了的西瓜……小便失禁……左手半拢着电话……右手已经扳起来发僵……

爸爸一边急忙拨打沙市颐和医院 120 救护车，同时给意香姨妈的公子雄威打电话赶过来帮忙，一边拉住妈妈的手，一直不由自主的"埋怨"妈妈，为什么不早给爸爸打电话？为什么不早给爸爸打电话……过后，不堪回首地想，爸爸也是个"人才"……妈妈在爸爸赶回家之前，已经是在做最后的斗争，能够把电话听筒弄起来"应付应付"，就是"很够意思很够意思的了"，就是爸爸伙计们的圣战勇士，就是"驰骋"小子的英雄妈妈……

送到医院后，妈妈就基本上不省人事了，呈昏迷状态。

在住院部重症室，医生一边做紧急处置，一边同爸爸商议抢救方案。这次通过 CT 检查，妈妈脑出血的面积有鸡蛋大小，医生告知做开颅手术清除积液快一些，当然风险也是蛮大的，挂瓶吃药保守治疗慢一些，同样也有蛮大风险。

既然风险皆有且大，爸爸凭直觉，感到做开颅，好好的脑袋用刀切开，多恐怖，想象中对妈妈都很残忍，所以爸爸坚决不同意，请求医生全力以赴进行保守治疗。

爸爸的依据也很朴素，对医生们说，上次妈妈脑出血的面积，指尖那么大小，比这次只是小点，保守治疗的效果见好不错，就跟唠叨稿子一样，小稿子大稿子，都是一句一句地唠叨出来，只不过，大稿子唠叨起来艰难一些。

医生们信不信这"歪理邪说"，爸爸近乎"勇士"，充满信心，反正像吃了扁担横了肠子，坚持不给妈妈开颅。

爸爸近乎顽固，但头脑还是清醒的，为慎重、周全起见，接着就把妈妈娘家的亲友请到医院，紧急商定对妈妈的抢救方案。娘家亲友虽是同胞，这事非大非小，一时也没有什么明确主张。

爸爸的主张仍是很肯定，坚持不开颅，心里老想上次保守医治不错，就怕妈妈挨一刀，情急之下，甚至口不择言地说，哪个同意开颅哪个负责到底，爸爸就不管了。

回想起来，这话不但有点霸道也很不礼貌，多有得罪。值此还一个深深的对不起……

时至半夜，抢救方案难定，老天也不给力，第二天妈妈仍处于昏睡状态。

为万无一失，爸爸又把妈妈的马威亲幺舅请来，再一次会商，爸爸仍是搬出上次治好的例子，认为一个医院同一批医生，这次也能治好，坚持不给妈妈开颅。

几度沉默沉思，几度叹息挣扎，几度叹息挣扎，几度沉默沉思，一如当天晚上，妈妈娘家的亲友，同样没有什么明确主张。

这次不同的是，妈妈的亲友有倾向，要小子从北京赶回来。妈妈的马威亲幺舅也有附和意思，但言之婉转，说了他自己有类似经历，最后未见到母亲一面的终生遗憾。

妈妈娘家亲友，当时的担忧程度、紧张程度，不言而喻，也完全在情理之中。

但在妈妈病成这样子之际，爸爸脑瓜子里确实不曾有过，高血压、中风、脑出血，就一定会怎么样，之所以坚持得让人堪忧的直接动力，也可能是来自这一点。

也因此压根几没从最不情愿想象的方向去想，坚信沙市颐和医院的医生们，跟上次一样会给妈妈治好的，妈妈也和上次一样，是可以挺过来的，所以关于小子回来的事，爸爸是在从最坚信的方向，在作安排。

本来，在妈妈这次回风的头一天晚上，即7月16日小子来电话说，已买好7月19日的火车票，准备回家。没想到，妈妈7月17日回风，一时让爸爸真有点"两头吃紧"。

因为那一段时候，爸爸的工作环境相当复杂，正与几个"江湖之客"斗智斗勇，考虑到小子回来后，有个居住、出行的平安百分百保障问题。爸爸可能无暇顾及，恐有闪失而担待不起……

经过一番前思后想，爸爸为集中全力抢救妈妈。7月17日当天晚上就给小子打了一个缓兵电话，说爸爸妈妈准备过去，要小子把火车票退掉，就在北京休假，一心搞好大学毕业复习备考。

这样，一边将小子稳在了北京，一边日夜配合医生们抢救妈妈。

自7月17日回风住进开放式重症室，一直处于昏睡状态的妈妈，在医生们的精心抢救过程中，若稍稍有点儿意识，便用仅有的一点点气息，耳语般地叫着小子的名字，念叨、念叨，妈妈要看看小子，妈妈要看看小子……何等的思子之切，何等的念子之深……多么惊人的顽强，多么惊天的忘我……又是多么的撕心裂肺，又是多么难以顺从……

可能在妈妈的潜意识中，有小子回来了的感觉。

然而爸爸心里明白，不管那种时候，妈妈能不能听清什么，既不能说小子回来了，也不能说小子没回来，因为根据医生们以往的病案教训，无论怎么说都有可能引起妈妈过度兴奋激动而加重病情，甚至突发意外。

这次妈妈回风也可能就是有听说小子要回来了而过度兴奋激动的因素？！

小子是妈妈的生命支撑……

那段时间，爸爸尽管心焦难耐，又不得不扛住，只有默默祈祷，小子做妈妈生命的强大支撑，期待妈妈能够早点挺过来……这样一直煎熬了十几天之后，有天妈妈的病情危急到瞳孔放大，生命体征微弱，经医生们全力抢救才与死神擦肩而过……

爸爸终于有些扛不住了……加之听到亲友中有两家的千金，结伴启程到北京办事，爸爸好像突然意识到，是不是该要小子赶回来……这才要她俩带信，要小子回来……

妈妈挺过瞳孔放大、体征微弱这关之后，医生们对妈妈已处于维持生命的救治状态。

爸爸虽人蛮木然，但丝毫没有放松对妈妈抢救的努力，带着一脸的问号与祈盼，泡在病房里，与其说是配合医生们，不如说是缠住医生们。

这次负责抢救妈妈的主治医生啸威医生，是位在沙市颐和医院进修的医生，我们家要记住并感恩，所有救治过妈妈的医护们，更要记住并感恩啸威医生。

啸威医生四十左右年纪，面目俊朗，中国男子"标高个子"标准身材，问诊答疑，一脸微笑而不失一种很负责任的肃穆。

在妈妈最危重的有天晚上，啸威医生来例行查房。爸爸也不知从哪里来的感触与灵感，也不知起不起什么作用，就只一个劲儿地再三地近乎哀求地向啸威医生保证，有什么药用什么药，不在医保报销项目内，由我们家自费的，如数及时缴费，保证不把他为一点难。

也许是妈妈好人好报、平安不弃，也许是医生们的良知使然、冲击禁区，也许是爸爸的忠诚所至、福门洞开，也许是小子的支撑之强、魔力所及……

在静静的、默默的等待之中，啸威医生才若有所思地说，就是常人一二十天没吃东西，也会饿得不行，莫说病人。爸爸似乎未通过大脑、条件反射般，急切地问啸威医生，有什么办法解决？

恨不得，一把抓到抢救妈妈的灵丹妙药。

这样啸威医生才说，有一种营养液医保不报销，得病人自己付费，而且有点儿贵。爸爸连连说，没问题、没问题，您给开、您给开。

奇迹从这里开始，从此刻开始。

啸威医生立即给妈妈开了处方、下了医嘱，护士们很快就给妈妈挂上这种营养液，进行鼻食抢救。

一到两瓶之后，明显生效，挂完五瓶，妈妈就基本清醒过来了，接下来便可以吃东西了。

开始恢复进食，妈妈好个"大家闺秀"一口等不得一口，狼吞虎咽，让爸爸有点儿震惊，乃至疑是反常，连连报告医生们"给说法"……有的病人和家属们还笑话爸爸，说妈妈不能吃，快吓死，能吃、要吃，又会吓死。

大家都以一种无比欣慰的心情，为爸爸妈妈有了新转机高兴，尽管他们入院的时间都比妈妈晚，有的还是一两天的"新贩子"。

妈妈能吃后，没过几天便从重症室，转入普通病房随大部队了。

"解放区的天是明朗的天"，爸爸喜出望外，一扫之前，看到后入院的病人，都一个一个比妈妈先转出去了的羡慕与"嫉妒"。

以后有几个类似的病友们，见到对妈妈的疗效神奇如获仙方，也向医生们提出自费给挂了这种营养液。

爸爸到给妈妈出院结账得知，这种名为肠内营养混悬液或叫"能全力"的营养液当时价格是 80 多元一瓶。相对命之贵，"小菜小菜"，即使再多也值……

小子得信从北京赶回来的时间，正是妈妈开始进行鼻食营养液抢救的时间，遵循医嘱，为以防妈妈过度兴奋激动突发意外小子亦不便久留和直接照护妈妈，只让小子在妈妈的病床床头，"窥视"尚在昏睡中的妈妈，默默地给妈妈以强大的支撑……

小子回家后，多了个重点保护对象，白天在医院张罗完，晚上，爸爸是前半夜要照顾家里，等小子复习、收洗什么的搞完入睡，看看外面没有什么异动，十二点多钟再赶到医院，接棒照护妈妈。

那阵子，前半夜是由凤香姨妈的干金和鸣香姨妈的儿媳，还有天达门妈妈亲姨的幽香干金帮忙轮流照护妈妈的，只有等她们之中的哪个来接了爸爸白天照护妈妈的棒，爸爸才好回家顾一顾，后半夜再赶去换她们回家休息，都很辛苦。

有个前半夜，轮到鸣香姨妈的儿媳接棒，一望再望，她没来又没事先说一声，弄得爸爸很是忙乱，当然也是手机尚未普及所添之堵及社会文明进步未到之憾，第二天不免啰唆了几句，她说是到恒和专科医院，照护她们家隔壁的谷香姨妈去了。爸爸干烦万烦，也不该烦帮忙照护妈妈的亲友，肯定不对。

　　鸣香姨妈的儿媳，为这事心里老大不舒服，也是真的，当然情有可原。

　　爸爸当年将近五十，应还算壮年之中，然而就是钢铁，恐怕也难挺一二十天的火炼，老虎也有打盹儿之时，在家等小子搞完入睡之前，有空的话，爸爸会乘机睡睡。那时天热，垫的凉席，爸爸脸上有时便有凉席格子印痕。

　　有天爸爸后半夜赶到医院接棒时，鸣香姨妈的儿媳见状，便气冲冲地、似对不对地对爸爸怨道："假搞呃。"意思是，爸爸对妈妈的救治，搞得蛮紧张，其实不怎么样。

　　鸣香姨妈的儿媳尽管有点儿怨言，不难理解，作为后辈能如此辛苦帮忙照护妈妈，已经是很不简单很不错了，爸爸对她们一直是心存感激的，小子们应予铭记，来日方长，感恩更应尽其之力。

　　妈妈通过鼻食营养液抢救，有点儿感觉后，为防意外，仍然没让小子与妈妈突然地直接见面。

　　为这事，爸爸似乎还得罪了舞香姨妈的美香干金。爸爸事先本是一再跟她嘱咐了的，小子回来了的消息，是万万不能突然地告诉妈妈，原因当然都是那个防意外的原因。

　　可是，美香干金可能是觉得妈妈病得可怜，便不由自主地向妈妈告诉小子回来了。幸好爸爸在场，把她的话头转移得快，连忙对妈妈说，小子随几个哥们，一起去庐山有事去了，过两天回来便会看妈妈的，以平复妈妈可能的急切心情。

　　也可能是妈妈刚有点儿感觉，不是那么有强烈的倾向性意识，不然像这么突然直接传话，引起过度兴奋激动，是容易突发意外的。

　　关于这点关口，是沙市颐和医院神经内科主任医生贯威，时常挂在嘴边，告诫类似妈妈这种病人家属的话，爸爸几乎天天可以听到，他在查房时念这个经，以致爸爸都形成了机械性的高度警觉。

　　所以当时一边稳定妈妈的状况，同时又悄悄给舞香姨妈的美香千金，上了点儿小课。她一时觉得委屈，还冲出病房到走廊里哭了鼻子。

　　爸爸也是没得法，与妈妈性命攸关，不得不信主任医生贯威的告诫，不得不为妈妈防意外，把把这点关口。就连天达门妈妈的仙香亲姨，要直接见妈妈，都被爸爸不客气地问过，是要妈妈好，还是要妈妈怎么的？！当时爸爸可能是怕不说重话，把不住关，确实有点儿得罪之嫌。

不过妈妈这次昏睡二十几天之后，能够死里逃生，爸爸这些得罪，妈妈娘家的亲友，还是能够理解宽容的。

妈妈刚出院那关口，一时没有找到在家的合适陪护，爸爸已请假个把月，不得不去上班，又怕妈妈一个人，初愈在家再出状况，为难之际，天达门妈妈的仙香亲姨，不但接纳了妈妈在她们家平静地度过了半月之久。待爸爸找到了合适陪护，把妈妈接回家之后，仙香亲姨二老，还有天大巷妈妈的虹香大舅娘，又先后到卧龙宿舍我们家看过妈妈，使爸爸甚是感动，长辈们如此上心、如此厚道，真是不容易。

同时，爸爸不得不说，相比较而言，亲情不等于真情真意，真情真意胜过真金白银……

经过妈妈死里逃生一役之后，爸爸妈妈一方面从心底里对曾经的所有有劳人士，包括由于种种原因曾经是"障碍"的人士，除了表示由衷的谢意及歉意之外。同时另一方面爸爸妈妈也算是有点儿看清了，情急之下而又"情有独钟"的好好先生好好女士们看病，可能遭遇到的铜墙铁壁。

如果病人及家属不长"后眼"，必要时不来点儿"天灵感应"，不来点"指点迷津"，不来点儿"势不可当"……完全一味指望医院医生方面怎样，完全一味指望医保主管方面如何，完全一味指望自己的单位方面如何，那就……那就……完全一味指望如此等等的方方面面……那就真叫"好好"好难受乃至"好好"不好消受……

先说医院医生方面。

如果用药超出医保规定的报销范围，病人付款不及时，甚至完全不认账，医生们可能要背过，弄出点事来，医生们有可能里外不是人。

在这种情形下，一位医生岂不是不但要背药典，还得要背"钱典"，无形中加重了医生们的负担，乃至束缚了他们的手脚不说，更要命的是，当一位医生在面对一个病人的好歹死活时，是用药典救人，还是抠"钱典"救自己？

爸爸妈妈说句公道话，即使排除"高药厚禄"的那种医患之患，也真为难医生们！

如此一来，负责点的医生们可能会有心与病人商量，朝好的方向共同努力，"不负责的"，可能就会照本宣科例行干活，病人好歹死活找他不着，铜墙铁壁之下，安逸自在。

妈妈垂危之际，得以挂营养液获救，如果不是这位啸威医生有点"科考"精神、有心尽力而为，爸爸再怎么跟踪追击地缠住医生，再怎么拍胸保证在自费付款上不为难医生，也可能是白搭。不然这事，因为有铜墙铁壁在前，就有可能雪地无痕般地过去了，妈妈的小命也可能就这么没了……就没了……

之后妈妈起死回生好了，连主任医生贯威也说，是个奇迹。

没想到，主治医生与病人家属看似漫不经心的一次交谈，看似可用可不用的一瓶营养液，竟然救了一条小命，一个奇迹病案乃之"辉煌成就"福音不幸之后……

同时不难看出，在医院里的相当权威如主任医生，也有可能会被诸如"钱典"之类的铜墙铁壁，弄得"晕头转向"，而后有失水准。

怪不得，难免有"医惊、医警""横空出世"，多少也可能与之无不相关……

再说医保主管方面，和妈妈自己的单位方面。

当时，妈妈单位医保就医的对口医院是沙市安和医院，在别的医院就医，存在沙市医保主管方面不认账的麻烦。

沙市颐和医院离我们家只隔一条天江路，"分分钟"可到，而沙市安和医院过了天江路，再上天北路，远上十里路。幸亏，爸爸当时对"医保对口"的这道铜墙铁壁，一无所知，不然舍近求远，耽误了抢救时间，那妈妈的小命，是好是歹又不好说了。险！

再说，妈妈三个多月前初始中风，是在沙市颐和医院救治好的，从信赖、熟悉的程度讲究，能上沙市安和医院吗？

然而，看病出钱、出钱保命，既是人之常情又是"情常知人"……

沙市颐和医院不做妈妈的医保户头，只认现银子，而妈妈的单位，因为单位在医保主管方面有户头，是不再给职工付现银子的，都是铜墙铁壁，都是"墨索里尼总是有理"。

好不容易争取到妈妈的单位同意在抢救时垫付一点，但等爸爸有空去要，就是找得到顶级"冒号"不推脱，同时碰得到会计在单位，那真是万幸，可每回顶多也只能给 1000 元。然而，对妈妈抢救最紧张的那阵子，一天就得几千元，最平缓的时候，一天也至少得 500 元。如果不是自家有点积蓄顶上，对于医保医院及妈妈的单位来说那就真是钱比命大了……

医院、医生差钱停药：铜墙铁壁。

妈妈自己的单位经营有困难，拿不出急需的现银子：铜墙铁壁。

还好"船到桥头自然直"乃天无绝人之路，妈妈的飞威大舅在妈妈的单位里好歹是个工会的"冒号"，于公于私不可袖手旁观，单位的顶级"冒号"可能多少看个面子，在一边挤牙膏给钱的同时，一边抓紧请求医保主管方面，对妈妈的抢救予以跨对□医院付款。

沙市医保主管方面铜墙铁壁、铜墙铁壁，病人死活难在意下、难在意下，在意的是，权权权、钱钱钱。

妈妈那阵子已经是奄奄一息了，沙市医保主管方面的火线战神，仍死扣就医医保对口医院，要得到划账付款，就得转院到沙市安和医院。

沙市颐和医院，见爸爸对妈妈的抢救钱虽然尚未断供，但看得出来相当吃紧。可能是，一怕后续救治钱无着落，二怕得罪医保主管方面不好见面，因而也看水流舟，同意为妈妈办理转院手续。

但爸爸痛之妈妈危在旦夕则是坚决不同意，直言：妈妈已经昏睡二十来天，命若游丝，转到沙市安和医院，在路上一折腾，到了医院来个全面检查，再一折腾，还有命吗？

天地悠悠情之凿凿，爸爸凭直觉，医保主管方面要把妈妈转到沙市安和医院，这招接受不得，保不了妈妈的小命，那不仅是爸爸的罪过，而且会死不瞑目。再无知再外行，也看得出来，好人这么折腾也易成病，病人这么折腾岂不要命，命都快没了这么折腾简直是催命……

对妈妈人民群众国家主人的抢救，沙市医保主管方面有权有钱要"对口"，沙市颐和医院已在抢救，为要钱也怕"权"，妈妈单位方面是既有权又没权、既有钱又没钱、既要钱又怕权，爸爸只认怎么有利保妈妈的小命，除此之外，不行！斩钉截铁，不行！

权、钱、命，相持不下，医保主管方面火线战神仍想"玩命"，要妈妈单位的顶级"冒号"，及妈妈的飞威大舅，加上主管方面的火线战神自己，同爸爸一起到沙市安和医院，"面对面过招"。

到那，当着他们和沙市安和医院"接火"医生们的面，爸爸直言：沙市安和医院哪个医生肯接收，妈妈要是出了三长两短，爸爸直接找接受医生了断。

这样，沙市安和医院方面的"接火"医生们，不免望而却步方才挂了拒收免战牌。妈妈的小命，也算挺过了又一道铜墙铁壁。

可是，抢救妈妈出钱的事，对于我们家来说还是原地踏步，继续得出现银子看病，然后在妈妈的单位，按医保主管方面的规定慢慢报账。

经过一番相持折腾，大大松了一口气的，倒是妈妈的单位，最终可以拿沙市颐和医院的票据，到医保主管方面冲"对口"账。

铜墙铁壁、森严壁垒、来来回回，足见，病了就医，尤其是危重病人的家属，与医院医生的互动多么重要！

要绕开"铜墙铁壁"，家属起码得拿准百分之六七十的把握，然后还得投入百分之 N 百的精力，关注病人病情和医生们的救治状况，遇到铜墙铁壁，随机应变，力争过去，不然出事的概率，大得不敢想象。

平心而论，一线医生、护士们，包括主治医生、主任医生们，这次大都还是蛮尽心尽力的，无论是在妈妈垂危之际，还是在后来的数次复查复诊之中，在爸爸妈妈的印象里，好像还没有撞到过蛮阴蛮黑的医生。

说来也是纯粹的医患关系，爸爸妈妈从没塞过红包，即使有这种忧虑，也没有这种经济实力以及这种人不人、鬼不鬼似的心境。

爸爸妈妈"没有好茶饭……"有的是真心尊重医生，真诚相信医生，真情配合医生。

爸爸妈妈以为在一个"真"真的面前，是人都可以感受到，一股不可抗拒的感动与力量。

换句话说，对自己女人的呵护乃男人"爷们"的专职，对妈妈的"保卫"爸爸当然常备不懈，如果谁要是对命悬一线的妈妈稍有不周，爸爸都会"积极配合、密切配合"。

何况要是哪个"无形杀手"超出常规，乃至还想靠山吃山靠水来点手艺寻租，爸爸是不会客气的……很可能是"先礼后兵"的伺候……

以真心换真心，以真诚换真诚，以真情换真情，妈妈能够起死回生，从一个侧面也可以说是爸爸和医院医生护士们，在这种"较"真的氛围中，创造出的生命奇迹。

　　同样，出于真心的感谢，而且要感谢的医生护士们太多太多，即使爸爸妈妈拿得出银子，也不知从何着手。于是，爸爸妈妈借助沙市颐和医院的公告墙，刷出了大幅"致谢"榜书！真是"五体投地、直抒心意"！

　　这面公告墙，虽说不大也有几十米长，爸爸妈妈一举刷下半壁江山，可能创下了对于沙市颐和医院的"墨宝"谢之最、真之最。

　　然而，爸爸通过照护抢救妈妈生死一线全过程的体验，"情不自禁"地有感而发或叫作为救治一线有的医生护士打个"编外民情民意报告"！

　　撇开医德医术不谈，由于医院、医保的运行等方面的原因，他们也有难以言明的胶着之考和难得把握的边际之关。稍有不周、稍有不慎，他们可能成了病人的铜墙铁壁，稍有不周、稍有不慎，他们又可能遭遇"铜墙铁壁"……对于他们的辛勤付出或辛酸委屈，岂是一个谢之可尽，岂是一句理解能了！

　　小子这次虽已回来十几天了，直到要返校开学，爸爸才不得不申请主任医生贯威，让小子与妈妈直接见面。

　　不用说，小子是妈妈生命垂危之际、生死一线之时的强大支撑，主任医生听到申请，望着爸爸几分期待几分忧虑的神情好一会儿，看得出，他既很理解，出于职业敏锐又很是难以担当意外风险。爸爸见状其忐忑、紧张程度也不亚于主任医生。最终，按照主任医生的安排，第二天早上，护士给妈妈打了一针镇静剂，之后半小时，小子才好与妈妈见面。

　　当天早上，爸爸亲耳听到，主任医生贯威在医务早例会上，对着一二十个医生护士们说，某病房某病人，即妈妈，小子要见面，恐怕过度兴奋激动发生意外，要多加注意，并直接安排了打针什么的。

　　虽是路过所闻，感激之情却永驻于心，每逢遇到主任医生、主治医生，和给妈妈看过病，熟悉的医生、护士，爸爸都会情不自禁地来一句，得亏了他们，妈妈才得以转危为安。

　　这天妈妈见到了小子，当然很高兴，小子也很配合，按爸爸编导的故事，对妈妈说昨天才从庐山回来，明天就要回学校准备开学了。只说开学，妈妈自然是很支持，见到小子就十分满足，顺心顺意地看着小子，笑意盈盈，好像未生大病的样子。

这天过后，妈妈说在小子来之前，睡得特别好，所以精神好好。其实，当时妈妈从重症室转入普通病房，才只有两天时间。

直到出院了好久好久，见妈妈生活上可以自理，心境也比较稳定之后，爸爸才对妈妈解密了与小子见面的前前后后全过程，妈妈来了一句："怪不得那么好的！"指打了针的原因。

小子到底就是小子，在回来探视妈妈的这些日子里，一直表现得很是平静。不但对爸爸，先前隐瞒妈妈的病情，弄得退火车票，未能及时赶回来的安排，没有流露出丝毫的那个……而且，回来后，不论是到医院"隐身"看看妈妈，还是在家里搞自习，都是配合爸爸的要求，自然、到位。

如果换个丫头，见到妈妈那个垂危样子，一定会伤心啼恸，不能自已，那会更加"乱套"，爸爸还不知忙哪一头了。

不过，小子心情特别沉重，爸爸心里是有数的。

在北京上海读大学，回家度假的几个小子们，来电话要约小子去踢球、聚会，小子婉言推辞了。

以前在爸爸妈妈阳光灿烂的日子里，这是不可能的事，只要有约，什么事都可以放下，到时候拍屁股走入，势不可当，万事由爸爸妈妈张罗、支持，踢球为大。

妈妈一下子病倒，日子里的阳光不再那么灿烂，虽然踢球，已经是小子和这几个要好小子们每次回家度假，都少不了的保留节目，小子也毫不犹豫地把它打上了省略号。用赤诚的静默之心，以满腔的母子之情，借孝道的神圣之守，支撑妈妈挺过生死一关！

后来，这几个小子们知道是小子的妈妈病了，要到医院去探视。小子告知爸爸后，因妈妈刚有点感觉不能兴奋激动，连小子自己都只能隐身背后看看妈妈，爸爸要小子谢谢他们的好意，不来医院。

为了妈妈，得以平安挺过生死一关，为了妈妈，能够平稳康复如常一般，小子对妈妈的强大支撑，最突出的一点，也是最要紧的一点，就体现在一切按爸爸战时"大手掌"说的办，好样的，没得说……不期之仗……支撑之强！

（本节底稿于 2012 年 12 月 1 日 15 时 55 分至 13 日 9 时 40 分完成，于 2015 年 8 月 18 日至 20 日誊正）

第五章
京城之路

在返回途中等红灯的时候，有行乞的朋友们把手伸向了小子，爸爸妈妈还没来得及问小子有无零钱，小子已经习以为常地给了人家一点零钱。

十字路口，闹市之中，此时此刻、此情此景想起过去有两句话，爸爸妈妈认为还是有欣赏之处的，一句是"讨米是好汉的后路"，再一句是"你再有些，我讨米都多弯一步，不从你家门口过"。

我家之拳

对于小子锻炼身体的事，爸爸妈妈和天下"抱鸡母"一样一直都是比较上心的。

至于上心的程度有点儿井喷似的飙升，是在妈妈 2002 年因脑出血大病一场死里逃生之后，"口诛笔伐"几乎成了常规武器，哪怕是，小子不在眼皮子底下，有点儿不知"中靶"与否，爸爸妈妈也毫不松懈。

自与小子商定了，小子必须天天坚持做俯卧撑锻炼，不仅每周例行通的电话，要常常检查小子在坚持做俯卧撑锻炼没有，为了怕小子忽悠爸爸妈妈，爸爸妈妈还通过当时的女朋友、现在的爱人，这个受委托的"特别检察长"进行了解。

电话、短信，检查督促了解还不行，爸爸妈妈还时常用专题家书的形式，进行系统一点的唠叨。

比如，已经发给小子的专题家书，《第一财富之一二三》告诫小子，一个对健康重要的意识要明确，一个对健康维护的氛围要浓厚，一个对健康保持的调整要自觉，且是铁板钉钉似的要求小子把健康，放在第一财富的位置对待。

专题家书《身心安康不仅仅是自己的本钱》则是提醒小子，注意锻炼、维护、保持好"老天爷"自己的身心安康，对于整个家庭而言，也是与生俱来的一种最基本的责任与贡献。

真可谓，保障身心安康，比肩金山银山。

强调做到这点，说来，既简单又不简单。

说简单，爸爸妈妈就是要小子们大致只要在这样三个方面注意到了就行：

一是有一个比较远大，并能够一步一步实现的人生奋斗目标，胜不骄败不馁，积小胜为大胜，且以此为乐，从而使自己始终保持旺盛饱满的精神状态。

二是在学习、工作，社交、娱乐、健身、应急等层面上，都有一个良好的性情习惯，使自己能够有一种既自主又自然的生活状态。

三是至少有一个比较适宜自己的各方面条件，并能够天天坚持进行锻炼的健身项目，使自己在意志上得到磨炼、在体能上得到补充、在性情习惯上得到保养，从而保证有一个较好的做事状态。

概括地说，饱满的精神状态是支柱，良好的性情习惯是基础，适宜的健身运动是保障。三者相互关联，相互促进，良性运转，安康常在。

说它不简单，是以上三个方面，都应做到八个字：恰到好处，持之以恒。尽管对于诸如此类的"远程轰炸"效果，爸爸妈妈还是有点自信的，但还是有不大放心的地方，倒不是怀疑小子不听话，而是怕小子和有的哥们一样，想起来重要，忙起来不要，给爸爸妈妈树起"客观盾牌"，所以，对小子特别强调，再忙也要坚持做俯卧撑锻炼，甚至出差也要坚持。

为了使小子不至于在这样的薄弱环节上掉链子，2007年8月7日13：02，爸爸妈妈还给正在国外出差的小子发了一条针对性短信，这样唠叨："爸爸妈妈建议小子出差也应坚持在早起或睡前做俯卧撑锻炼，正是因为它简便易行，可以一天不落地坚持，爸爸妈妈才选择了这个健身项目要你小子去做的。另外，即是在外面做，也不存在有什么不好意思的？这应该是个好习惯，其他人应该不会见外的。再说，坚持锻炼，身体好才能有好的精神面貌，工作起来更带劲，大家更称道。这点比什么都重要！"

强调锻炼健身，抓住对小子"哥们"有耳提面命的机会，爸爸妈妈也不会轻易放过，只要氛围轻松时间宽松就开讲。

有次小子回家度假，爸爸给小子讲起了自己的健身史：爸爸十一二岁时跟着村里的"大哥们"学玩单杠、双杠，还有摔跤，算是启蒙，当然学的都是"学前之学"，最基础的基础动作。以后保留下来的锻炼项目，就只拉单杠。

为了锻炼方便，爸爸就在盘龙村老屋门前的两棵大杨树之间横了一根钢管，就成了单杠。直体向上，拉得最好的成绩，一口气也不过四五十个，最上镜的动作，也就只收腹上杠。

那时不说难得一见高水平的师傅，因为没电视，连开眼界瞄学的途径也没有，一直就纯土八路的玩法。但天天都坚持拉，用风雨无阻、雷打不动"表扬与自我表扬"，乃之脸不红心不跳……

还有，那时奶奶为了贴补家用每年到春季，都要到湖里河里沟里扯好多好多的菱菜卖。现在回想起来，奶奶真是胆子够大、命也够大……不过奶奶"艺"也够高……

那个年代，天江路天玉小区一带满处都是大沟小河荒湖，有的水还是蛮大蛮深的，遇到雨多涨水的时候，还会汪洋一片，根本分不清哪是路，哪是大沟小河荒湖。奶奶又不会游泳，坐在直径不过两米的腰盆里，欠着身子伸手到水里扯菱菜，扯了又放回腰盆，一扯就是几个小时大半天，稍有闪失腰盆翻了，那小子还能见到奶奶吗？

不光扯菱菜，奶奶还到长江边夹河中的洲子上打粽叶，那是要蹚水过去的。

记得有一回爸爸尚小，跟着奶奶去打粽叶，奶奶只身一人蹚水过去了，淹没在芦苇丛中不见踪影。爸爸犹如外星来客小子一个孤零零地站在长江边上，等啊等、望啊望……虽然年纪小小，但担心奶奶的安危的心，却是大大的、沉沉的，直到奶奶带着成捆的粽叶，返回岸上，爸爸才会放下惦念之重消除"恐怕之忧"！

每每想到这些事，爸爸有庆幸，更多的则是心酸，奶奶跟爷爷一生操持家务、拉扯后辈，经历了多少艰辛、多少风险，难以数计感天动地。

奶奶扯菱菜，每回都扯得蛮多蛮多，爸爸帮着剥菱菜包叶，从头天下午，一直要剥到第二天天亮，回数多了，手指头都剥得发泡发白。

累了困了要打瞌睡，就跑到门口的大杨树底下，拉几个单杠，清醒清醒，再回堂屋里坐下来剥，要说偷懒的意思倒不一定有，坚持拉单杠锻炼也只是附产品，也不是什么穷人的小子早当家，感觉就是生活所迫，听话，替爷爷奶奶分担家务而已，不过相当相当的自觉。

1983年，我们家搬到妈妈单位的卧龙宿舍，没有了"大杨树"单杠，爸爸就把家里厨房带有亮窗的门框，当作单杠拉，一拉就是二十二三年。

到2006年，为小子成家整房子时，把厨房门框给拆了，"门框"单杠也随之下了岗，爸爸就在走廊过道里，横了一根钢管作单杠，继续拉。

2011年，在把盘龙村老屋改造成楼房准备从卧龙宿舍搬回去住时，爸爸虽已近六十的年纪，也没忘记在室内专门配置了一个单杠设施，为的就是一个坚持……

从2000年起，爸爸大概是为了配合晨跑而热身，除了必拉几个单杠外，还自编了一套伸伸腿、弯弯腰、出出拳的锻炼内容，时长二十分钟左右，慢慢地形成了程式，不成什么名堂，一起唠叨给小子的核心意思，也是强调健身锻炼要坚持。

那时妈妈大病出院之后自理还有些不便，爸爸白天要上班，就请了邻里中的思香干金在家陪护妈妈，她在一旁听到爸爸对小子们讲这些，将信将疑，又以略带好奇好玩的口吻，突然插问一句："您练的是什么拳？"

爸爸妈妈还没反应过来，小子已相机答道："爸爸练的是'我家拳'！"随后是嘿嘿一阵的笑声。不管小子"是褒是贬"？爸爸还自我感觉良好的补了一句："对！练的就是'我家拳'。"又是一阵谈笑，这堂"健身坚持课"自然就结束了……

然而，爸爸妈妈从与小子们这样的谈笑中，似乎有所隐忧与反省，以及醒悟与思索，我家拳、我家之拳？大到数千万上亿人口的国家，小到几口之家的小家，哪个没有一套"我家之拳"？

比如理论来理论去的，国富民强也好，民富国强也好，爸爸妈妈以为说白了，家是国之牵挂、国是家之倚重，亦互为牵挂与倚重——国家拳脚打得如何关乎小家，小家拳脚打得如何关乎国家。也就是说，把我家之拳当回事也得当回事，不当回事也得当回事，打得如何、应对怎样它都是个事。

有了这么个胸怀和境界，看"我家之拳"，就不单单只是健身养生了。之中可能更多的是，需要领悟、领教，来自国家的我家之拳和来自正在面对以及将要面对的，各不相同的小家的我家之拳。

国家的我家之拳，是和风细雨似的也好，是暴风骤雨似的也好，爸爸妈妈感到，有一副坦荡心肠、有一副硬朗身板，也许可以四两拨千斤，在和风细雨的情境下，力争顺风顺水到达既定彼岸，在暴风骤雨的情境下，仍可逆水行舟、稳中有进，终究能够到达既定彼岸。

但是，对应各不相同的、小家的我家之拳，不论是和风细雨似的，还是暴风骤雨似的，良家弟子仅凭一副坦荡心肠和一副硬朗身板是不够的，可能还得有不一般的细心与耐力和不一般的坚持与笃定。

小家的我家之拳，和国家的我家之拳相比，和风细雨似的，大多给人不会有杨柳拂动般感触，如果没有不一般的细心与耐力和不一般的坚持与笃定，要么是看上看下尽往好处想，要么是习以为常自以为是，被这类拳脚弄得晕晕乎乎，最终使自己挺不起腰板或站不稳脚跟，等到暴风骤雨似的来袭之时，纵有还手之力，也会为时已晚。

对应已在和将要面对的、小家的我家之拳，之所以需要不一般的细心与耐力和不一般的坚持与笃定，是因为这类拳脚，既传统又时兴，既光面又背地，既有情又无端，既熟悉又生疏，既慢悠又快捷，既温婉又要命。

尽管不是所有的小家都有像孔圣人一样的，可以有名有姓地，可数祖宗几辈几十辈，但哪个小家张三李四王五赵二，又不是由上数几辈几十辈之祖，缘化而来？因而没有不一般的细心与耐力和不一般的坚持与笃定：

难以发现他们，传统的精髓和时兴的端倪；

难以分辨他们，光面的饰花和背地的坚果；

难以把握他们，有情的进度和无端的变数；

难以整理他们，熟悉的面孔和生疏的背影；

难以招架他们，慢悠的假手和快捷的转身；

难以抵挡他们，温婉的俯首和要命的出卖。

小家的我家之拳，暴风骤雨似的，虽然没有国家的我家之拳，那么多那么大的不可逆转力量，但它分分钟的杀伤力和无所不及的"生化"反应，却足以让不具备不一般的细心与耐力和不一般的坚持与笃定的小家，遭到猝不及防的伤害，严重的可能还得历经弥久的整治，方可恢复元气……

小家，几口人的小小之家，怎么修炼"我家之拳"？

爸爸只是健身养生有点儿坚持有点儿心得，而在用什么"拳脚"，对应国家的我家之拳上，还可以说马马虎虎，至少是正数不是负数。

但在对应各不相同的、小家的我家之拳上，妈妈虽强点儿，但由于心太善，总是负伤在多数，而爸爸则是恍恍惚惚，伤痕累累。

这可能又跟爸爸的个性相关，对于小家的，暴风骤雨似的我家之拳，爸爸似睡如醒尚有点儿防范底蕴，所以在其欲来之时到达之后，可以敏锐觉察，还能兵来将挡水来土掩，无所畏惧，纵然有点小伤，也即擦而了，不会有什么后患之虞。

但对于小家的那些和风细雨似的我家之拳，则无所认识，更谈不上有所防范，即使有点小领悟、领教，也多是往"风雨过后有彩虹"的方向期待。正是因为这样，一旦期待的方向出现逆转的状况，爸爸的"我家之拳"便尚无应对之功力，只有中招受累的悲哀。

也正是有了这样的一些领悟、领教，爸爸妈妈觉得，把小子"哥们"戏称的我家拳、我家之拳的内涵外延作一点深化，还是件既有点儿好玩，而又有点实际意义的事情。

再说，这块空地闲着也是闲着，用点儿心、花点儿工、使点儿劲，把它开发一番、利用起来，收获和谐、收获进步……

这样，无论对哪个国家哪个小家，都是福分，何乐而不为？！何主而不为？！何以而不为？！

（本节底稿于 2013 年 2 月 8 日 11 时 30 分至 10 日 15 时 25 分完成，于 2015 年 8 月 20 日至 21 日誊正）

身边之师

　　小子参加工作没几天，就被单位调遣到首都机场去开办联络处，而不是去哪里驻联络处吃现成饭。

　　接受单位这"单打独斗"的考验，把与首都机场相关方面，比如融洽关系这些"软活"不谈，可是设置、使用电脑，这是最起码得拿下来的"硬活"，小子"哥们"一学外语专业的新贩子，按常理想象应是没有这个能耐的。

　　小子初来乍到，之所以能上手，这可得益于小子大学的横威同窗。

　　小子的同窗横威，开始是个电脑迷，逐步成了小子他们朋友圈里的电脑通。小子向这个身边之师，自然也学了不少，正好派上用场。

　　不到一年工夫，小子便将为单位开办的首都机场联络处交棒给了下任，算是通过参加工作后的头关考验，回到单位的大本营工作。

　　就使用电脑工作这方面的能耐而言，小子也是靠前一点点的，这与当时电脑在办公室普遍使用不久、不多，可能不无关系，毕竟小子是刚走出大学校门的两千年代新一辈，又曾受益于电脑高手同窗，才会有点优势可言。

　　听说小子由于还会点电脑，因此参加工作后的开局还可以、还顺，这下，爸爸妈妈犹如"捡了金元宝"也有自我感觉还好的地方。

不谈别的，至少在小子接触电脑这件事上，还算够开明的。虽然对会点电脑，对于小子日后工作有什么好处是模糊的，不能明确地给予建设性的引导，起码没有把小子学学电脑当成不务正业打压。

爸爸妈妈一商量，小子说要合作用台式电脑给钱买，以后说需用手提电脑给钱买，怎么学、怎么玩？全靠小子"土打土闹、歪打正着"。

那时网瘾这个词，不知是还没上市，还是爸爸妈妈没进朋友圈跟不上感觉，反正即使想给小子上上课、敲敲警钟，都没有针对性技术言辞可用，更没那个担心意识，不是难得糊涂，而是真正的糊涂难得。

幸好小子没糊弄爸爸妈妈走的是用电脑的正道，没有瞳进游戏网瘾的沼泽地带里去，这又是小子一个值得让爸爸妈妈欣慰的地方，不然爸爸妈妈可能会有盲目给力、该当何罪的嫌疑。

因为不少事情都有两面性，路子对了，可能少些麻烦，一顺百顺，误入歧途，则容易"失之毫厘，差之千里"。

老子们跟小子们，在诸如此类说小不小、说大不大的事上，怎么才能做到不打内战或少打内战，形成共识、形成默契，共同努力，最终争取有一个好果子吃，真不是一个"今天说了，明天就能吹糠见米"，也不是一个"今天不说，明天就马失前蹄"的事情。

就好像明知是一条看不见的战线、一根不好号准的脉搏，小子们或许可以误打误撞、歪打正着，老子们可是不得不悠着点儿。

对于小子们的动静征候，必须得睁大眼睛盯着点儿，张大耳朵听着点儿，端起心思想着点儿，提着胆子管着点儿。力所能及地帮着小子们，走对每一步、走好每一步、走稳每一步，少点窝心，多些舒坦。

小子对爸爸妈妈的种种苦心知多少，爸爸妈妈有数，却没个准数，但这绝对不重要。

重要的是，小子对身边之师还蛮敬重有加、礼数尽到，值得赞赏。那当然也完全是应当应尽的，这与小子向其学没学电脑，并没什么直接关系，只是爸爸妈妈想到这件事，就欣然想到小子与横威同窗的友谊如歌。

离大学毕业还有一点儿时间，免得为学弟学妹们腾寝室弄得手忙脚乱的，小子未雨绸缪，征得爸爸妈妈的同意，在外租了一间房子过渡，地方在离中央电视塔不远的八里庄"常青树嘉园"。

2003 年北京 20 平方米左右的二楼租屋，一个月租金就要 1200 元之多。爸爸妈妈那时一个月拿的工钱，凑起来也不够 1200 元，着实让爸爸妈妈得下决心支持小子，为有可能成为北漂一族作点准备。

不巧刚毕业，即将离开校园又立足未稳，小子身边之师横威同窗就因踢球，使脚严重受伤不能行走。小子便把同窗横威接进租屋养伤，自己尽地主之谊，吃喝拉撒、背上背下、背进背出，悉心照顾，情义难得……

在八里庄的租屋，是小子离开大学后的第一个遮风挡雨的地方。

因为当时在爸爸的工作单位里，有说不清白的"哥们"在不分场合的扯皮拉筋……怕影响妈妈大病之后需要的静养，于是爸爸就索性告假和妈妈一起去北京看看小子，同时也可以避开一些无谓的牵扯。这样爸爸妈妈过去在那里，大概待了两个星期，时间是九月份的样子。

刚到那里，行李还在小子的手上提着，妈妈看到从租屋大院里，蹦蹦跳跳出来的一对几岁的双胞胎小精怪，目不转睛，欣喜连连，小子"落后分子"自然明白妈妈的无限联想、美好联想，来了一句："想宝宝啊，还得有几年！"

爸爸"大老爷们"自然以为事业为重，没跟妈妈那样跟小子讨彩头，对小子说的还得有几年，究竟是几年？也没怎么往心里去，只当母子俩小热闹而已。

小子所住的租屋常青树嘉园朝北进门往左有一个卖小菜的地摊，不过样数还不少，家常小菜不挑剔，完全可以在这里买到。

爸爸有天早上在这个地摊上买菜，可能是由于蹲下去过快过猛的原因，一下子，扑倒在菜堆里全无知觉，又像弹簧似的，一下子爬了起来，前后在一两秒钟之间，爸爸就恢复了常态，继续选菜。

摊主吓得还在一旁，按北方称呼：老汉！老汉！没事吧？没事吧？不停地惊呼着。旁人看来可能简直是"秒杀""秒杀"！

爸爸一向骨头硬命根子还牢真没事，也还真没当事。只不过在心里一直有点儿纳闷儿，早上还刚晨跑完，到北京，在小子身边，心高气爽，怎么会出现这惊魂一秒？

2003 年，爸爸也刚过五十的年纪，不至于这么衰？！

这也算个小热闹而已，爸爸好像没跟小子讲过，只跟妈妈当笑话说了说。爸爸的身体状况一直棒棒，那天就是晨跑完，回到小子的租屋，洗漱收拾过后去买菜的，所以妈妈只来了一句："你不吓我！"便当看过的"故事会"打包储藏了，也没向小子唠叨，爸爸这"惊魂一秒历险记"。

小子标志经济独立的第一份工资单，就是在八里庄的租屋里，给爸爸妈妈看的。当然这不仅是小热闹，还是小温馨。

更温馨的，也是在租屋向北对面不远一家，叫洞庭湖食府酒楼的浏阳河包间里，爸爸妈妈与小子的女朋友初次见面，其乐融融地共进了晚餐。

"浏阳河弯过了几道弯，几十里的水路到'北京'"……

北京的随便一家酒楼，只要是中式风格，大到背景墙面、隔挡及屏风、窗棂、窗饰，小到落席所用餐具杂什，中国文化元素的品位和氛围，都是相当相当的到位，不愧为一国之都。这自然，给爸爸妈妈与小子的女朋友见面，更加增添了许多的温馨。

小子的女朋友，是小子上大学一个系的同窗，自打爸爸妈妈过去后，妈妈总在念叨要小子邀约女朋友过来玩，但这女儿还是蛮传统蛮矜持的，可能是由于尚未正式见面的原因，感觉有点遥远、陌生，而不大好意思，也就一直没有过来。

妈妈到底是大病初愈，有点经不住事，听说要到酒楼去与小子的女朋友见面，因高兴又略显紧张。为了缓解妈妈的这般复杂心情，爸爸故作正经地说，只有丑儿媳怕见靓婆婆的，哪有丑婆婆怕见靓儿媳的！小子听了当然是偷着乐。

其实，小子的女朋友，又是蛮现代蛮开朗的！

由于爸爸妈妈仓促出门过来，就没准备什么金啊银啊的见面礼，这女儿也毫无什么介意，倒不是爸爸妈妈做长辈的不厚道又要面子又要里子，爸爸妈妈以为从这么个细节，便可以看到这样的表现：

餐毕，爸爸妈妈要小子再上一道水果。小子的女朋友蛮体贴人的，示意小子不用上了，小子心里有数，不管餐后接着就吃点儿水果科学与否，爸爸妈妈肯定是专门为心疼、礼待自己的女朋友，要上的水果，但却借题发挥，说是爸爸妈妈餐后有吃水果的习惯。

小子将内政当外交还蛮会来点"菜刀切豆腐两面光"的说服，人才！爸爸妈妈会心，当然小子的女朋友也会心。

那阵子，小子的女朋友才刚到国航工作，在首都机场接受培训。

虽说还是小子的女朋友，不管能不能修成正果，爸爸妈妈执意要跟看自己亲生女儿一样的心情，去看看小子的女朋友在什么位置工作，那个地方又是一个什么样子？

要小子弄清乘车路线，小子要上班没时间陪，爸爸妈妈独自也要到那里看看，就是明知不可能见到小子的女朋友，爸爸妈妈看个大致方位，也是个踏实，也是个在意。

尽管出于不便、劳顿考虑，小子也没词说服爸爸妈妈了，只得照办、准行。

9月22日，星期一，气温在15摄氏度至24摄氏度之间，北京是个大好晴天。因来回都得倒三道公交车，爸爸妈妈早早出发，也算一路观光一路行，就是时间长点，到下午快天黑，才回到八里庄的小子租屋。

其实到那后，爸爸妈妈就只知道，在到首都机场的公交车终点站周围走了走，四处望了望，但也仿佛看到了小子的女朋友，看到了自己的女儿，蛮有幸福感，流连忘返，依依不舍之情油然而生。

那天小子下班后回到租屋，晚上自学到快12点了在爸爸妈妈提醒催促下方才睡觉，其间还接到"金纯译社"找临时工干活儿的电话，小子因上班保证不了译期便推辞了。

四年后，即在2007年的金秋十月，小子与女朋友喜结连理，开始一桩美好姻缘。

机缘巧合，小子女朋友的妈妈，就是他们读大学北外的老师，不用多说，这可是小子百分之百的身边之师哦！

说来仍是机缘巧合，爸爸还是20世纪七八十年代，对书法有过一阵十分执着的爱好与习练，以后随着兴趣的转移，以及工作的变更，岁月的流逝，而渐渐有点儿"忘恩负义"将哥们没有当成主力部队使用……原来的那点儿书法功底，应付应付偶尔的工作之需，也是原地踏步，纯属为混饭吃不得已而为之。

可是到2006年，也就是小子成家的前一年，爸爸已是五十三四的年纪，不知是因为要跟小子成家，动动笔来幅字，还是因为上班工作，没有以往那么牵扯人精力的原因，爸爸犹如醒狮又开始对书法，有了比年轻那段时光更加执着的爱好与习练。除了吃喝拉撒，几乎所有的业余时间都花在上面了，简直有点儿把"忘恩负义"的那段时光，再追回来补上去的疯狂。

小子见爸爸兴致极高劲头十足，了然于心。可是小子自己对书法，是没有什么兴趣的。这倒怪不得小子，是爸爸妈妈的指导有偏科，重视了小子练小提琴，忽视了练练字。

但小子爱人的爷爷，退休前是在北京做连环画编辑工作的，并有作品荣幸地被国家收藏，对书法也有一定的爱好与功力。退休后老人家便将书法当作自己的养生健身之道，一直在坚持习练。

于是，小子触景生情，不时会对爸爸妈妈提及自己爱人的爷爷习练书法的事。爸爸妈妈到了北京小子家里，小子自然会把老人家馈赠他俩的书作，给爸爸见习欣赏。

对小子来说，不说对书法有点儿什么想法，就是把汉字写得再像点样，那老人家自然是再近不过了的身边之师。

对于爸爸来说，老人家可也是名副其实的专业的身边之师啊！

到 2010 年，已是小子成家后的第四个年头了。那年爸爸妈妈到小子家过年，顺着给小子爱人的至亲们拜年，得以有时间去王府井东街爷爷的家里看望老人家。

爷爷已经是八十有六的高龄，虽在老伴奶奶的劝阻下，不再出远门去上书法辅导课了。但老人家在家里习练书法，却看得出来没有停过手，因为爸爸进门一眼就看到了，放在案头用的毛笔、宣纸、墨缸，还有墙上挂的不少习作。

趁拜年，那次爸爸也专门捡了几幅，连自己也不怎么满意的习作，带去请老人家指点赐教。爷爷说，久而久之写出自己的风格是自然的，但临帖，却是始终要坚持做的功课。

这样的指点，爸爸曾几何时在别的地方也有耳闻，然而听爷爷道来则大不一样，并且始终有记忆犹新之温暖。

倒不仅仅是因为老人家是不一样的身边之师的原因，其中更多的是有小子、小子的爱人、小子爱人的爸爸妈妈，还有小子爱人众多至亲们的情感，并连起来的情感，融合起来的情感，尚无瑕疵的情感，有望递进的情感！

这，却是一个身边之师的师之，怎么也承载不下的……

人，一生该有多少身边之师？

以三人行必有我师的亘古名言而论，可谓难计其数。

然而，值得爸爸妈妈要与小子们唠叨的是，像小子爱人的妈妈，像小子爱人的爷爷，以及像小子向其学到电脑能耐的横威同窗，这样的身边之师，则是不多的。

以爸爸妈妈的见识，像这样的身边之师，是无条件地真正忘我地在传授、指导、帮衬着他人，没有江湖颠簸波涛、没有市场翻卷浪潮。用一句时髦一点儿的话语总括，像这样的身边之师，奉献给他人的，可以叫着人生的绿色通道、无障碍通道。

人一生，如果能够多遇到一些像这样的身边之师，当然是件非常非常幸运的事，那绝不是客套之言的三生有幸。

只要人间还有烟火还需要烟火，这样不管一个哥们爷们的处世技巧如何高超，以及如何有基础、有来头，而人一生能够遇到的幸运的事，总是有限的，总是相对的。

以身边之师为例，更多的是，人要生存要发展，这对谁也必需，对谁也无可非议。因而可以说有的身边之师，让人当师也得"当师"，不当师也得"当师"。

爸爸妈妈从曾经的折腾中淘出的这话，虽然没有什么能耐进行修饰乃有点过于直白，但不管让人怎么挑剔，都绝对是在真理范畴。

所谓当师，就是有分辨、有取舍。这倒不是让人玩什么花哨，更不是让人玩世不恭，而在于，如果连这点直白的认识都没有，尽是挂在嘴上说说笑笑的什么师什么师，弄得不对，可能会弄得没有学到师之所长所益，或者师之所予不是所长所益，兴许是恰恰相反。这样的师，从场面上看往往更像模像样，更不可冒犯。不说涉世不深的小子们，经不住其折腾，就是似乎深谙世事的老子们，也不一定能够绕过其折腾，而后进退自如。

所以，爸爸妈妈以为，对于身边之师，值得庆幸一遇的，要珍重要珍惜。

对于不得不为伍的身边之师，尊重是必要的，但是有所戒备有点品位也是必要的，学习是必要的，但是有所质疑有点儿突破也是必要的，顺从是必要的，但是有所迂回有点坚持也是必要的。

或许能够恰好如此地去面对，才有可能多遇到一些可以值得庆幸的身边之师，与之相伴而行，相向而行，相长而行。

爸爸妈妈为小子庆幸，已经有了一些值得庆幸的身边之师，更希望庆幸小子们一路前行，多多遇到一些值得庆幸的身边之师……

（本节底稿于 2013 年 2 月 12 日 9 时 05 分至 13 日 9 时 50 分完成，于 2015 年 8 月 21 日至 22 日誉正）

唠叨之重

小子上大学之后寝室里有公用电话。

爸爸妈妈每个星期五和星期天，都会雷打不动地坚持给小子打电话，时间都是在晚上十点前后。如果寝室空城，无法知晓小子的去向，便会间隔十五到二十分钟的样子再打，一般快到十一点钟还无着落的话，爸爸妈妈便会自然作一些猜测，说小子上自习还没回来，或是学校有活动还没完，反正尽往平安无事的方面想。这样相互说服、安慰一番，好像只有这样"心系北京一族"也才甘心收工。因为再晚了继续打，怕影响其他小子们的休息。

爸爸妈妈打电话唠叨归唠叨，总的还是蛮用心思。

星期五晚上打电话，是要了解小子星期六星期天的活动安排，搞自习无话可说。如果是有外出活动，那得约法三章，无非是什么最好有伴、不跟人家结梁子、按时回学校之类，至于小子们听不听、烦不烦，也要进行例行轰炸。

爸爸妈妈的信念是，让小子们加深加深印象，总是有益无害。

星期天晚上打电话，是看小子，被学校松了两天"笼头"之后，状况如何？尤其是像鸡子那样到该归窝的时候、归窝没有？不然，一是担心小子影响第二天上课，也担心小子把心搞散了、把习惯性情搞坏了、收不住缰了，那就不好拦头了……更担心小子胡来，出安全状况。

和女几不同，男儿们就怕在外惹是生非，所以是自然地让爸爸妈妈多担心。虽说小子一向纯善，爸爸妈妈也免不了这种担心。

最折腾爸爸妈妈急不可耐之心境的莫过于在晚上十一点钟以前，还打不通电话。这样要到第二天中午，或者再熬到晚上九十点钟，才好再给小子打，还打不通，更急……直到打通之前，用热锅上的蚂蚁，来美化爸爸妈妈则是最恰如其分的"热词"。

这也是那个好像刚过去的昨天，赐以爸爸妈妈的一份特别厚礼，不像今天手机成了大学生的必备品，哪个都不用着这个急了，好玩！

四年抗战下来，小子休假日的大多数时候是在教室里搞自习，不能对时接爸爸妈妈的电话，也多是参加学校组织的时间比较长一点的活动去了。

小子有没有谎报军情、打埋伏，从小子回话的语气中，爸爸妈妈一般是能够听得出来的。再说小子也没这个必要，爸爸是个无牙老虎从来吃不了人，妈妈生性温和更不用说，连老虎影子都没有，有一说一没事。

在这方面，爸爸妈妈还是和小子们打成一片了的，都没有"擦枪走火"的顾忌，因为和谐，"自然"则如约而至。

到大四，爸爸妈妈给小子买了手机，打电话就更方便了，所以小子与爸爸妈妈"交心交底"的使者都是电话，没有用过传统的书信。

有手机后，小子在北京买的卡，用的第一个号码是13683234166。这个号子是小子听了爸爸妈妈的建议，最好选有小子自己的名字谐音隐含之中，是意义又好意思又好，用了大概三四年。

以后，小子觉得这样号子的卡资费偏高，没用之后换成新卡的号，小子就造反了，随便挑了一个号子。等爸爸妈妈接电话一看，问小子为什么不选一个类似原来的那个号，小子说没选到，就搪塞过去了。

爸爸妈妈虽然有点儿扫兴，但也有理解小子的地方，参加工作后时间更紧张，"哥们"没工夫不说，也可能没那个雅兴与耐力了。可是爸爸妈妈在心里还是希望，小子再换卡号时，还是能选得像第一个卡号那样的，意义意思双喜盈门，多好！

这是好玩的唠叨，还是说正题。

2003年上半年，小子大学毕业，2002年下半年，就开始了紧张的择业之战。

在这之前，小子的意思是，等毕业了，工作一段时间看，有一定倾向之后再读研，更切实际更为踏实，而且给爸爸妈妈树的盾牌是"不能为读研而读研"。

爸爸妈妈的意思，还是主张小子能读研尽量准备考研，一鼓作气把书读出来了，再找工作。免得把书本丢生了，捡起来再读难度大，做"插班生"乃之更受累。

再加到了岁数，结婚生子一淌子糊，再读研以及读博，有可能难打起手，落得个心有余力不足，而抱憾终生。此乃是正在不知着急抓住而过来着急抓住不知的人生短板！纵是荡气回肠、怒发冲冠，然无时光回流、机会倒转……

还有爸爸妈妈担心，小子们未经打磨可能不是那么接地气。不知道所谓第一学历即连续学历和第二学历即在职学历，在以后某些社会关卡中的，利害区别之大的厉害。

这样的讨论、争议，可能从小子大三下开始，就一直没间断过。小子有小子的坚持，爸爸妈妈有爸爸妈妈的坚持，坚持归坚持，但都是温和、理性的，没升级到爸爸妈妈断供，小子罢课的程度。

最终书还得小子"哥们"读，既然小子不准备直接读研，爸爸妈妈只得顺水推舟，给小子择业，划了个大框框：

能应聘到小子自己认为情愿的单位，学以致用，顺其自然，当然也好；不行，也不要过于慌张、忧虑，主张小子立足自主创业，从创办一小微专业公司岬一样学以致用，一样有面子。

爸爸妈妈并明确告知小子，如果小子走这一小微专业公司创业之路，起步资金已有所准备。

而且，爸爸的一贯态度是，不管小子是继续读研以及读博，还是自主创业，只要是走正道，爸爸哪怕就只剩下一条短裤，"老天们"也会倾其所有全力支撑小子闯世界。

关于这一点，爸爸妈妈还专门对小子作了"政府工作报告"：爸爸妈妈是认真的，不是戏言，不是安抚之举，包括怎么运作，自主创业的小微专业公司，也可以助一臂之力。

给小子划的框框里，之所以有自主创业这么一招。爸爸妈妈一来是凭直觉感到，未来的发展趋势是"八仙过海各显神通"的大好开放世界。尤其对男儿，这么说绝无重男轻女之意。因为性别不同顺其自然，男儿就应该有点血性，有点儿坚韧不拔乐于担当的气概。

不然，这世界上为什么只有两个人：男人和女人。为什么又要分别成两个人：男人和女人。

因而也可以说，男儿们，谁能够在自主创业这条道上闯出来，谁真是条汉子，谁就无愧男儿之神圣性别，于国于家，皆为顶天立地。

至于大款小款？金山银山？能够成就，合理合法，无话可说。没能成就，认拼服气，也无话可说。

横竖都是痛快。

以拼为酬，无须仰人鼻息，则是最大的值。好歹可以自主，比仰人鼻息，所来的大款小款、金山银山，不说强多少，起码是差不到哪里。

爸爸妈妈二来是想借此，给小子垫垫底、壮壮胆。

不管小子有没有自主创业的看法想法，至少有了爸爸妈妈这碗酒下肚，"浑身是胆"，出去应聘时的压力自然会相对小点儿，能够轻松上阵，临门一脚或许发挥得更好一点儿。

如果小子应聘不理想，一时又不想自主创业，爸爸妈妈给小子划的框框里的最后一招，是要小子，就是讨米，也先在北京待着。

虽不好说年纪大了，但也的确对新词热词反应迟钝，那时爸爸妈妈根本都不知道有北漂一说，却无意中成了北漂一族的啦啦宝贝。

如此"横刀立马"的总是想跟小子，给方向、给信心、给底数、给胆量。

关键时刻，老子们"好歹"必须得有招，不然小子们一慌神更糟糕。这点儿爸爸妈妈历来都是蛮看重的，自我感觉还是比较清晰、清醒的。

尽管爸爸妈妈划了框框，支了招、垫了底、给了量，小子在应聘之路首站失利之后，还是相当沮丧，感到有负爸爸妈妈的期待，很是难受。便提笔给爸爸妈妈写了长长一封信，并用特快专递寄到家里。

这是小子，从小到大自离开家后，给爸爸妈妈写的唯一一封信。

小子在应聘受挫之际，应该已是心烦不已，要紧的，本应是静下心来好好重做功课，以利再战、准备再战，而小子们没先顾这头，却反过来，先做安抚爸爸妈妈的事。

原来小子们，不但要扛自己有所出息这一头，还要扛，老子们有所期待这一头，说明唠叨之重，小子们扛起来并非若无其事更难轻而易举！

小子在信中检讨让爸爸妈妈有可能失望时，心情之沉重，以致动用了"自己是不孝子"一说，着实让爸爸妈妈感到意外至极，当然心情也随之沉重不少。

同时，小子在信中对社会、对相关的事情，包括对初现江湖的"哥们"自己有了更清晰一点儿的定位。

特别是从字里行间，看到了小子逐渐成熟的方面。比如小子认识到了，小子们20世纪80年代这辈人的竞争，才刚刚开始，从而也有了承受挫折接受历练的准备。

即使这样，看完信，爸爸妈妈还是难免有些担心小子的心思出现反复，毕竟小子们乃"人生初级产品"，入市社会初级阶段，未知数多着呢！

按小子在信中对爸爸妈妈所言，从上学到大学快毕业，一直大多顺风顺水，而择业之战刚上阵便受挫，看来小子们调整心态，还是需要视野和动力的。

2002年，一个难忘之年。

爸爸妈妈是11月27日下午快五点钟，收到的小子的特快专递信，虽说有些心理准备，也不免觉得有点突然，稍作整理之后，当即于下午5:48，便先给小子回了手机短信。

对小子说："爸爸妈妈很理解，'不孝子'的自我拷打之孝有点儿不当……倒让爸爸妈妈心生忧郁……继续静心报考应聘，认为合适就行，立足北京再图发展。"以此"应急"，稳定军心。

接着爸爸妈妈又挑灯夜战，给小子唠叨了"长篇大论"的快递家书，核心的核心是要小子首先放下爸爸妈妈唠叨之类这样的沉重包袱。

着重说明爸爸妈妈对于小子，永远不存在失望的情绪，除非是走歪门邪道了。即使那样，迅速归队一样是父母的永远小子……天下父母对于小子们，都是巴不得各方面越来越好……

经过电话、短信、长信自然沟通，小子基本上是很快就喘过气来了。

自然让爸爸妈妈也放心了不少、轻松了不少。

当然，见到小子的特快专递信之初，爸爸妈妈一时心情也特别沉重。

特别是爸爸觉得自己虽是当家"手掌"，然而对于小子择业只能处于"君子动口动不了手"的状况。说好说歹，都得小子直接去面对去应对。是好是歹，都得小子直接扛起来向前走向上走。

小子们牛犊虎崽容易吗……

那时已基本上没抽烟了的爸爸，一下子抽了三四支烟，先消化了小子的意思，才再给小子加油打气。

后来承蒙各方关照加上小子自己的一番努力，被合适的国家单位录用，也能学以致用，拿了毕业证，就走上了工作岗位，学业与就业无缝对接。

小子从此也信心满满的开始了工作之旅。

事情虽然已经过去了，爸爸妈妈以为，小子的那封特快专递信，也是给想包打天下而又不可能"打包天下"的爸爸妈妈上了一课，同时也似乎触及一个颇具共性的大课题：

望子成龙，望女成凤，父母好像天经地义地可以挂在嘴上，对小子们唠唠叨叨没完没了地灌。还可能想当然的认为，小子们消化了就消化了，没消化的，也没什么大不了。

其实，远远不是那么一回事，消化了的，是动力成活力，没消化的就成了压力，给小子们的是阻力。

看来父母们，要怎么把小子们没有消化的唠叨，回收过来再进行深加工才可以。不能是有限责任公司，而应是无限责任公司，不然，不如少开金口少唠叨。

甚至可以试想，如果小子们希望自己的父母们成大款、大星、大头、大侠，也挂在嘴上，一个劲儿地对父母们叫。那么想包打天下而又不可能"打包天下"的父母们，不仅仅是压力几何的事情了，那简直是没法活下去……

有鉴于此，所以爸爸妈妈以为，这是一个不小的课题一唠叨之重，小子们也有扛不起的时候——父母应了然于心才是，应用心对待才好！

"一言九鼎""驷马难追"，这岂能想说就说、说了就说了，像一阵风一吹而过，无影无踪，无所后忌？！

（本节底稿于 2013 年 2 月 13 日 16 时 40 分至 4 月 29 日 16 时 06 分完成，于 2015 年 8 月 22 日至 23 日誊正）

不可之由

自小子上大学到北京之后，除了小子在大二时，出风湿性疹子住进学校医院，爸爸有事不能分身，妈妈只好一个人赶过去照护，是唯一一次单边行动。

其他时候，只要是因家事到北京，都是爸爸妈妈一起去的，联合行动毫无例外。

2002 年妈妈生大病之后，再一个人去北京看看小子、照护照护，已经像是不可想象的登星计划。

爸爸为了激活妈妈的开心细胞，便常对妈妈说，要跟小子提出申请，说爸爸一个人去北京玩玩，顺便出个选择题，考证考证小子们"天然基因"是重父轻母、还是重母轻父！

妈妈心里有数得很，什么时候爸爸如是说，妈妈都像抖狠似的激将爸爸：只管给小子提出申请，只要小子答应爸爸一个人去，没关系。

像有意也像无意，有天，例行与小子通电话快说再见的时候，爸爸好像没忘记自己是个"大学问家"真一本正经地跟小子提出来，妈妈在家里，爸爸一个人过来玩一趟，可以不可以？小子说不行，要过来，跟妈妈一起过来。

其本能反应的速度，和斩钉截铁的程度，小子好像没有通过大脑指挥系统，就"蹦"出来了。

小子如此这般的不可之由，差点儿没把爸爸吓得笑翻天，妈妈在一旁"幸灾乐祸"，美滋滋的不用说。

有了小子"天然基因"一边倒、倒向妈妈的故事，爸爸从此多了个帮手。只要妈妈的情绪，不那么饱满的时候，就请出来用用，让妈妈回味回味，再美一回，再美一回……

当下有种说法，什么什么"不得了"是稀缺资源、财富是稀缺资源、美貌也是稀缺资源，通过如此考证小子们的"天然基因"……爸爸妈妈似乎得到一个引爆发掘——本能反应——是一种更宝贵的稀缺资源。

什么事情都有它的基本规律，或称轨迹，爸爸妈妈以为也可以叫本能反应。

比如商人就是以营利为目的的，任何促销手段，都是其营利目的的本能反应，以致连不道德的欺骗，也离不开这个。但是商人所用的不论价格战还是认知战，即使再"狡诈"的促销手段，除非能"秒杀"顾客，其最基本的东西还是得靠自己的商品，能赢得顾客的青睐，哪怕是一时能吸引顾客的眼球，也是人家顾客有所倾向，即有所需求的一种本能反应，不然商人的任何促销手段，都是白费力气。

人对某事的本能反应，往往是价值取向、秉性习惯、经验教训、观察比较、后续期待等各种因素，经过长期积累及沉淀的结果。

一事当前，本能反应都是有的，对于自身最终回馈如何难以确定，但原始的东西肯定是向好着力，贝寸确凿无疑。

对于可能涉及的相应方面，是好是坏、是多是少、是善是恶、是悲是喜，则一定是因人而异，因事而异。

对于一事当前的本能反应，是坚持，并在坚持的基本点上予以扩充完善？还是心神不定前怕狼后怕虎地放弃？之中最折腾人也乃最考验人的是，由于某种外部"魔力"的左右，而致使"原创者"不得不以自己也无法自己的方式去面对，故坚持与放弃其结局，一般都会有天壤之别。

人类最本能也是最本质的反应，多是求生存求发展。因而对于本能反应，爸爸妈妈觉得一般来说应当坚持。

尽管有的会面临各种各样难以言状的冲击，甚至是逆转性、颠覆性的冲击，也得坚持。即使某些在别人看来不怎么样的东西，对于自己来说则一定是有怎么样的讲究，因为本能反应的初衷一定是向好的。

至于手段、机遇，一定是十分有限的，难以以"原创者"意志为转移，只能靠坚持、靠奋斗，才可能有所斩获。

对于本能反应，不能坚持的原因，不涉及任何相应方面的，大多是道德使然、利益使然，比较单一。

然而，只要涉及任何一点其他的相应方面，不能坚持本能反应的原因，可能复杂得像魔方。

可以顶住的压力，想顶住也扛持不住了，可以拒绝的利益，想拒绝也抵挡不住了，可以拿捏的分寸，想拿捏也把握不住了。

而且，事情越大越重要，时间越长越急迫，越有可能出现这种状况。

爸爸妈妈对我们家在盘龙村老屋的打理，就是说明这类事情的支持案例。

我们家在盘龙村的老屋，即使被有心机的超人们糊弄走了一部分之后，连院落也仍有 300 平方米左右的天地。如果爸爸妈妈以另外一种本能反应的方式进行打理，对于我们家不论是宜居还是增效，都是极为可观的，这当然是现在回过头来看的话。

先前，爷爷奶奶在的时候，爸爸妈妈是这样一种本能反应，爷爷奶奶高兴怎么着就怎么着，用于过渡亲友的为难之际也好，用于出租也好，跟爸爸妈妈商量也好，不跟爸爸妈妈商量也好，给点钱也好，不给点钱也好，爸爸妈妈从不硬性主张，我们家理应主张的站。

本能的原始东西就是顺着老的，不算计亲友，过得去就行，没有什么深谋远虑，更无什么以防不测之虞。

爷爷奶奶不在之后，爸爸的本能反应是听妈妈的，出租也好，变卖也好，无所谓。

其间有个牛人只肯出价十四万元买，当时我们家喊价是十五万元。爸爸妈妈的本能反应是少一分钱不卖，也是爸爸秉性个性的一种本能反应。

后来房价一路看涨，这个牛人又反悔提出来肯出十五万元买。但爸爸妈妈不卖了，他还有点儿倒打一耙的怨意，爸爸妈妈就是不卖了……

之后，不断有牛人，有认得的，有不认得的，有的打电话，有的不打招呼，便直接登门拍门喊叫要买我们家老屋。也不知这样的一些牛人，从哪里听到的消息，有的可能就是单相思，来咋呼，来"撞运气"的，爸爸妈妈一口回绝不卖。

到后来，一听要买我们家盘龙村老屋，妈妈还耐烦客气点儿，爸爸回话都有点儿发火的意味了。

我们家盘龙村老屋隔壁邻居知香大姨，同我们家老屋基础面积相当。他们家没有跟风与人合作，改造老屋建楼一人一半，而是在 2007 年，自力更生，重新征用了他们家自己老屋的全部基础，做起了总面积有一千多平方米的五层楼楼房。

这件事，对爸爸妈妈的刺激很大，尤其对爸爸作为男人应有的雄心，似乎是一种难以言明的沉痛打击。

这个阶段仍不断有牛人要买我们家的老屋，都被回绝了。爸爸妈妈的本能反应：

一是要争一口气，既然隔壁邻居知香大姨都能把自己的老屋基础全做成楼房，而且他们做楼时，家里的顶梁汉子因病已经走了，只剩半边户带着一儿一女支撑，如此有作为！我们家队伍齐整，为什么不能同样把老屋基础都用起来自己做楼？

隔壁处隔壁，真是一口气了不得！

二是冀望升点值，其中主要成分是企盼以后小子若有兴趣，可以把它当作投资基础和投资工具使用，保住了老屋，便意味着给小子"哥们"保住了一个过日子兴家壮业的可能途径。

爸爸妈妈算过一笔大账，按当时村里的通行做法，找人合作，做个五层楼六层楼的样子，一人一半，就意味着省了 50 万到 60 万元。但是往后如果地段继续走旺，再花 50 万到 60 万元，就可能买回不了被合作人拿走的基础。

账怎么算是一方面，老街老坊的风俗输了志气的气，一口气难吞更是回事。这样的本能反应，爸爸妈妈前后坚持了八九年。

尤其是爸爸总认为我们家还没有到服输认败的程度，还很有点儿男人们又臭又硬的样子，而且看到隔壁邻居知香大姨全做之后，这样的本能反应，不是减弱了，而是更强烈了，大有大雨欲来风满楼之势！

可是到 2011 年前后形势急转直下，在亲友中有传闻，意思是像我们家盘龙村这样的老屋，如果自己没有能力改造，再拖下去，村里有可能不允许与人合作改造做楼了，还有可能进行大规模的老城改造，就是自己有能力一个人做，也不准做了。

这下爸爸妈妈有点儿抓毛了。

这时爸爸妈妈的本能反应，是准备通过贷款途径，尽快把老屋全做起来，就像隔壁邻居一样。

结果经过几番征战、一阵忙活，贷款不是数额太小，就是息钱太高，地下钱庄倒有又不敢碰。没有合适的贷品，加上小子在 2011 年过完年，"哥们"就奉命出门到国外忙事去了，得两三年才回来，上阵没有了父子兵……

贷款无望，又有点儿拖不起。接下来爸爸妈妈的本能反应是，村里真不让合作做了，还好说，那还有希望自己筹集资金自己做，还拖得起。如果真的遇到大规模老城改造，等自己有钱了也做不成，那老屋的还迁价值，可能远不及抖现的合作做楼之后，所得房产面积的增值价值，那就真叫亏得债儿不见娘。

另外，在亲友中又有和我们家合作做楼的意向，在这两方面情形的夹击之下，爸爸妈妈动摇了，服输认败，痛下决心，开始筹划与人合作改造老屋。

这时爸爸妈妈还是这样的本能反应，既然在亲友中有意向合作做楼的，比与毫不相干的不速之客合作做，输也输得舒服点，败也还败得败相好看点。

情真意切的爸爸妈妈，连做梦也没想到这个所谓亲友乃是"冰山上的来客"，论亲不暖和、论事不规矩、论利不本分、论人不地道。

原来他们只是虚晃一枪，仗着他们比爸爸妈妈对村里人脉熟识热络，有势可仗，先是暗中讨巧村里，让爸爸妈妈办事不顺。后是借助村里势力，公开耍弄、胁迫爸爸妈妈，他们好以此"入神庙吃贡果"……乃之"对冲"那种不吃白不吃的阴暗势利之心。

在犹如冰海沉船之中，此时的爸爸是两种本能反应在打架。

面对这个不好启齿的所谓亲友之"奇思妙想"，爸爸的本能反应是搁置合作改造老屋的事情，闪过一劫，以拖待变。面对妈妈通过合作改造老屋，而后住大点房子的期待之心和切之现实。爸爸的本能反应是男人们的负疚感，再拖下去，以后能做不能做大点的房子，对于大病在身的妈妈来说，都是有点残酷的，都是有点亏待不起的……前思后想于心不忍。

惆怅中，爸爸两种本能反应打架的结果是，把不好启齿的所谓亲友之"奇思妙想"，放在一边，"将计就计"。趁村里一路绿灯之际，另找陌路之客合作，继续改造老屋的事情，圆圆妈妈期待住住大房的梦想！

不然，爸爸这辈子，作为在我们家说一不二的大男人"大老板"，就太有愧于妈妈了！

妈妈虽然理解爸爸的心境，仍是在十分纠结、十分不情愿的状况里，好不容易才与爸爸达成一致。

2011 年 6 月 18 日上午，爸爸从正在购买家用的沙市天雪小商品批发市场，冒雨赶到我们家盘龙村老屋，与村里介绍的、素不相识、毫不相干的陌路之客开始接触，经过几个月的艰苦商议及筹备。由合作的陌路之客于 9 月 28 日开始拆除我们家盘龙村老屋动工，至 12 月 20 日完成总面积约 1200 多平方米的六层楼主体工程。

爸爸妈妈关于我们家改造老屋自己做楼，争一口气，或者等下去、拖下去，由小子当投资基础、投资工具使用的本能反应，彻底逆转告败。

在这件有点关乎我们家子孙万代的事上，爸爸妈妈初始的本能反应，最终没有得到坚持，是对是错？是大对是大错？是特对是特错？只有，由历史大师老天大爷来做判别，在阎王收编之前，爸爸妈妈可能没希望看到判别结果。

然而，对于认定好、把持好本能反应，也是获得一种更宝贵的稀缺资源，爸爸妈妈则坚信不疑并鼎力推崇……

由小子不让爸爸不陪妈妈独自到北京的不可之由，联想到的这点体验，尽管肤浅粗糙，然而它是原始的、油然而生的"精灵"！

爸爸妈妈"壮志未酬"在以后的岁月里，再有感触，总有它的影子现身，好多本能反应的可以不可以，尤其是不可之由，只要坚持得法，于人于己总是有益无害……

小子们看到爸爸妈妈这点儿唠叨的时候，有没有这个程度的体验很难说，但一事当前，对本能反应，要有一点儿敏锐和把持，倒是爸爸妈妈希望小子们，能够做到、能够做好的事情。

　　不可之由、本能反应，本能反应、不可之由……

　　（本节底稿于 2013 年 5 月 2 日 15 时 28 分至 3E）16 时 35 分完成，于 2015 年 8 月 23 日至 25 日誊正）

大连之缘

现在爸爸妈妈看电视只要出现有大连情调的镜头，都会眼前一亮，特来精神。

看得多的相亲节目，如江苏台的《非诚勿扰》，上海台的《百里挑一》，每每有大连的小伙子大姑娘出镜，就觉得特帅特靓特开放特美好，印象特别深刻。

爸爸妈妈一生宅守古城荆州，之所以与海滨美城大连这么结缘，大红娘就是小子。

小子的工作单位有时有旅行休假的奖励，即是本人忙于工作不便成行也可以馈赠家属，以示对常年支持员工工作的一点儿慰劳情义。

那阵子，小子又要忙于工作，又要攻读在职硕士研究生，有空还得接送在首都机场国航工作的女朋友，无暇休假是一定的，小子便商量爸爸妈妈安排一次出门玩玩。

对于小子这份美意，爸爸妈妈当然是理解，但做父母们的，凡是得替小子们尽量能够想得周全一些，才安心。

于是建议小子，先征求征求女朋友的意思，若女朋友的爸爸妈妈有空，这样去旅行度假最好。

一来无论是从小子的角度，还是从爸爸妈妈的角度，不管小子女朋友的爸爸妈妈，看不看得起这么点儿事情，但毕竟是点儿好事，出于礼貌礼节，也得先征求征求意思，把事做细点总好些。再说，小子女朋友一家子都在北京，衔接也方便，蛮合适。

二来爸爸在上班，虽不是蛮紧张，但出门得请长假，有点儿周折，再一个妈妈中风大病之后，虽说恢复得还算顺当，但爸爸还是怕妈妈旅途劳顿，不大牢靠，折腾不起。

商量来商量去，最终还是爸爸妈妈成行。

先到北京看看小子，而后还可以顺便去什么地方旅行玩玩，妈妈倒成了个勇敢战士不说，简直有点儿"迫不及待"。尽管爸爸一再降温，妈妈仍是高兴得让爸爸担心，因为高血压中风过的老病号是不能过于兴奋的。

经过一点简单准备，爸爸妈妈 2005 年 10 月 22 日到北京，和小子待了一个星期，才商量旅行到哪儿去的地方。

小子先征求爸爸妈妈的意思，妈妈随便，爸爸则有到重庆去的意向，而且是"补偿"似的喜好。

爸爸为什么好像机不可失地有喜好到重庆去的"补偿"情结，起因不只一个还是两个。第一个是胆子小，苕！第二个是，被有的"红眼八哥"做了一番任意想象性的通风报信而告吹，倒霉！

爸爸第一次有机会去重庆未能成行，是在 20 世纪 60 年代。那时爸爸刚刚小学毕业到中学，碰到那个"风起云涌"的年代兴起徒步长征串联，爸爸和同班的小子剑威跟着老三届的大小子正威，三个人的队伍，从沙市开始走向宜昌，历时三天。

第一天走到天黑，是在松滋新江口过的夜，食宿的位置，好像在一个大大的半坡上，晚上灯火一片，蛮干净清新，感觉蛮好记忆蛮深，至今难忘。中途还在什么地方过了一夜，没什么颇好的印象就记不得了。

就凭学校开的一纸介绍信，一路免费食宿，真还有点"环球同此凉热"的味道和"改天换地"的感觉。接待的是一副"改天换地"的姿态，食宿的，同样也是一副"改天换地"的姿态，尽管年龄及经历可能悬殊，但从氛围上看，在沟通上是没有什么情感上的障碍的。一个目标，就是"改天换地"……好生痛快现在想想，既有点反思又有所"反悔"……因为在那个年代那种气候中的小子们，大都实诚。如果放到如今造假币都敢的人，当年造一纸假介绍信，简直可以分文不花吃遍全中国，不搞"改天换地"，来趟神州神游岂不美哉。

不过按当年的那种"改天换地"气候，有这个胆也没这个量，一旦被抓现行当作"耗子"装进"笼子"，那岂不是成了"寸步难行、度日如年"的惨哉。这真是现在作为消遣说说的，当年都是蛮认真蛮自觉"改天换地"的。

就爸爸这趟三个人自由组合的队伍来说，又没有哪个打考勤，更谈不上有什么督察、监察、纠察，除了剑威"小哥"中途"投降"，扒了一段拖拉机代步，爸爸和老三届的正威"大哥"，坚持一步不假，走到宜昌，很有点儿当年红军长征的英雄气概。

不知是年纪小，还是满脑瓜子想的都是"改天换地"，就不像现在老老少少都兴跑出远门，走走看看开开眼界长长见识，反正第三天走到宜昌后，没怎么活动，龄紧去买好回沙市的船票。

凑巧，在售票厅里碰到几个重庆来串联的大小子们，提出来换票，他们几个到沙市，我们几个到重庆。

我们三个人的队伍中，老三届的大小子正威还有点倾向去，爸爸和剑威小子则有点哆嗦，回家心切，只好相互作罢。历史性的机缘，就在这么不经意之中，失之交臂。

重庆！山城之骄，雾都之美，何日"胆小怕'蜀'之君"有来一睹你的风采？

时过近二十年到 20 世纪 80 年代，爸爸参加单位所在行业举办的一个什么培训班，其中有项安排，就是到重庆对口行业参观学习。已经被通知作好第二天出行的准备，过了一夜却风云突变，紧急刹车，弄得大家伙稀里糊涂。后来才传出，原来是行业的顶级"冒号"笑纳了"红眼八哥"之气冲九霄的通风报信之果。

"蚂蚁"参观学习可能被游山玩水，"大虫"尽览名胜可以被友好象征。世界上的有些事情，根本就是无法说清道明。

爸爸有意拜访算是撞上了叫停之军，也是一次历史性的失之交臂。

重庆！山城之骄，便成了爸爸的伤感之焦，雾都之美，便成了爸爸的无端倒霉。

小子参加工作后到成都办过一回事，重庆没去，对重庆没什么实际印象，而刚好从大连办完一个什么要紧事回来不久，印象特好。提起大连兴致勃勃，感染力之强超乎"非典"，再加上妈妈还没见过什么正儿八经的大海，所以建议爸爸妈妈此行到大连去看看。

去大连就去大连，大连实际什么样，爸爸妈妈有心想象也没个影子，这时候爱大连不如说是爱小子。小子说了算，老子围着转，"别了，重庆！"

2005 年 11 月 7 日小子委托香恋旅行社，办理爸爸妈妈从北京启程到大连，从大连返程到武汉的火车票和住宿手续。

11 月 11 日为等旅行社送票过来，16：30 下班的小子一直在单位里等到 18：50 才接到票，再回到家已是 20：00，正是中央电视台发布 2008 年北京奥运会吉祥物五个福娃的时间，算是为爸爸妈妈跟小子准备的晚餐，加了一道大菜。

11 月 14 日等小子下班回家吃过晚餐，小子驾车 19：30 至 20：00 从长安街通过天安门，送爸爸妈妈到北京站乘 21：20 的 T81 次火车启程赴大连。

在温情而神秘的氛围里、在多情而神圣的想象中，爸爸妈妈平生第一次如此这般的欣赏到了长安街的流光溢彩和天安门在夜幕中的安然与壮观。

一路直击，比看电影电视镜头，更具震撼力，更添豪迈感，加上小子"哥们"在身边，爸爸妈妈更加甜蜜，更有回味。

带着如此美好情景，一梦之中，15 日早上 7：05 到达大连。出火车站，到事先安排好的大连香知国际酒店，办完入住事宜也才 8：00。

虽有劳顿，爸爸妈妈在入住酒店用过安排好的早点之后，便在酒店周围的街市逛了一圈，也是一上午，用刻不容缓，描述欣赏大连的心情，最好不过。刚回酒店，11：26 小子从北京打来电话，关注安排、了解返程武汉火车票的落实情况。

爸爸妈妈倒嘱咐小子：爸爸妈妈有事会报告的。要小子放心，爸爸刚过半百也还当年，能照顾好妈妈和自己。

香知国际酒店，居于大连市中心，乘公交前往景点也还方便。

想到多唠叨一句的是，与沙市不同，大连在酒店附近人流集中的这个站点，设有较长的、只能容纳一个人身子的铁栅子通道，而且直抵车门无可乘间隙。

这样即使是心急火燎地赶车赶事的朋友们，也只好排队也得排队、"等不得"排队也得排队，真乃"天有绝人之路"，上车、乘车秩序自然别有一番景象。

这天接完小子的电话，吃倒没讲究，但抓紧午睡到了14：00，出酒店，14：30乘公交到大连湾遛了遛。

大连湾的商业氛围不是很浓，只有一些一般的商铺，好像还不是大连的主要观光景点，远没有爸爸妈妈这等平原老乡们凭空想象中海湾的诗情画意。

为什么爸爸妈妈到大连，首选景点去了大连湾，是因为妈妈大病后腿脚不是很利索，到哪儿都不宜随大部队，最好是爸爸妈妈两个人的独立团，慢悠悠地自由行。

没有导游，请导游花费是小，由于不便好像有点犯不着这么周折，这样对路遇的热心快肠导游只好愧对人家的职业关照。因而爸爸妈妈开始完全是凭想象行动，一接触大连湾这个名字即刻动人心魄叩人心扉，想象中一定是很美很美的……

不过也并不太失望，不少的海洋作业渔船，远的、近的，靠在岸边的，有忙有闲的，还蛮有意思。这么零距离的观光，也是爸爸妈妈今生今世头一回。

爸爸还跳到一艘船上，一看究竟，有的鱼，爸爸根本就不知道"姓甚名谁"，指指画画，船老板们不但不在意，还能有耐心地回答爸爸很不专业的打扰式请教，令爸爸甚喜。当时爸爸还哦哦地记得清楚是什么，现在想来唠叨唠叨，一点儿也没法回放了，全还给了船老板们。

即使这样，也是爸爸妈妈对大连湾的向往之美，因贪婪而有点失望之后的不错捕捉。可惜妈妈那个腿脚，只好站在岸边眼馋爸爸一个顶俩似的"调皮"，融入蓝蓝大海的美意在大连湾里静静守候……亲亲守候……久久守候、守候

16: 20 回到酒店，吃了点儿东西，妈妈宣布投降，18: 00 就睡了。爸爸还有战斗力，独自到酒店周围的街市，逛了逛夜景，用心看了一些大商场的档次，总体感觉，可与省会城市媲美。

看来妈妈的投降有点道理，爸爸的顽强，受到了一点小小的惩罚。一天到晚，吃的一样的东西，妈妈安然无恙，爸爸从 0: 00，开始拉肚子三四次直到天亮，要查元凶，可能与爸爸因为喝了酒有关。有意思，在大连爸爸是假酒魁遇到真酒鬼而"原形毕露"。

有了到大连湾一美的讲究，爸爸打听到大连最该去的景点是老虎滩。

第二天，16 日早上，"拉不倒"的爸爸，虽经半夜时间的折腾照常进行晨跑锻炼。

爸爸说自己拉肚子"拉不倒"，是有历史记录的。有年同单位的五六个老兄们一起出差，在咸宁过夜，那一次，爸爸拉肚子的相隔时间，最短的不到十分钟，简直就是提着裤子过夜。但是到第二天早上，爸爸照常起床去晨跑，同行的老兄们都觉得惊讶？！说，没上医院就是算狠的，第二天早晨还能去跑，不是奇迹也是奇怪。

这是靠意志还是靠体能？爸爸自己也说不清楚，只是一笑，回老兄们的话，能爬得起来跑，就说明还可以，不严重。不到那个程度，爸爸是不会轻易吃药，更不说上医院。

相比之下，大连的这次拉肚子，就更不会成为"绊马索"！当然照常跑步不得有误，莫说还有侦察线路，为出门玩打前站的"重任"在身。

爸爸 6: 20 从香知国际酒店出发起跑，途经大连海军舰艇学睡！J 老虎滩，再跑到天仙桥时是 7: 36，弄清乘公交返回的站点，乘车回到酒店。9: 00，爸爸妈妈一起在酒店五楼用过早点后，乘公交 10: 00 到达老虎滩。

依爸爸妈妈之见，从香知国际酒店站点乘公交到老虎滩，径直向前靠右边的方向，有一面山岳，像是虎头遮住大海，而在它的前面，就是一片一泻而下呈内半月形的海滩，犹如虎爪，故名老虎滩。

这是爸爸妈妈胡编乱造的，大连本乡本土的文人墨客们怎么赋予老虎滩的传奇，爸爸妈妈不是做学问的，没有那个雅兴去打听，想象肯定更有意思。再有缘去大连，就地打听打听弄个明白才好，比查资料一定别有风趣。

　　从老虎滩开始，一直沿着海岸线向前走向远处走，爸爸妈妈的"贪婪"里程，是以妈妈的战斗力为准，能走多远走多远，这么近距离地观海赏景，对于多见平原湖泊的爸爸妈妈来说，都是一步一个"新禧"、一步一个畅快、一步一个开怀！乃之别有一番触动、别有一番感慨、别有一番憧憬！

　　11月的大连已经很有点儿冷，可是不但有垂钓翁，还有游泳的哥们，然而像爸爸妈妈"下马观花"这么以步兵的方式出来玩的则极为罕见，不时会有驱车的旅游团一呼而过。似乎也不足以打破这大海边，那种特有的宁静与神秘，而之中自然蕴含着驱车旅游团和步兵爸爸妈妈，互为各自心目中的一道风景特缀。真乃一步一景、一景一幻，爸爸妈妈心旷神怡美不胜收！

　　快到12 00，爸爸妈妈就把海边一个长廊的亭阁，当家坐下来吃午餐，没有高桌子低板凳，没有三盘两碗，边赏海景边品干粮，也足以让爸爸妈妈有重温蜜月的愉院。

　　小憩过后，继续向前走向远处，到了燕窝婚庆公园区，再往前面眺望、往远处眺望，山延海连之中有一座小城，宛如海市蜃楼。那既不是任意的想象，也不是着意赏析什么画作，而是一种清清静静的、真真切切的感触，令人动心一睹芳容。

　　爸爸有意前往，看看妈妈又不敢轻举妄动，望山跑死马，何况步兵，再何况，爸爸充其量算个老式步兵，妈妈还是个什么都难以达标的"老爷"步兵。这是其一。

　　其二，怕万一晚了，没有可乘之车返回酒店大本营。人生地不熟夜闯江湖，不说妈妈，爸爸就是曾经被友人戏称为"大侠"也没那个量。

　　只好原地踏步，美美多望几眼，任凭想象飞向那似乎已经能够触手可及的海市蜃楼，又依依不舍原路返回，再亲昵一番也仍旧流连忘返的海神天仙。

　　不过，爸爸妈妈虽不是新婚燕尔，但能在大连双双对对甜蜜时刻的"燕窝"里，重温"甜蜜蜜"的同时，相思"海市蜃楼"，亦如相聚世外桃源一般，美轮美奂情景交融也着实别有福分。

　　15：00回到酒店，算是收了早工，按妈妈的战斗力已是战果辉煌了。

这趟老虎滩之行，妈妈是在爸爸的一再"煽动"之下，拼搏上阵的。爸爸买了 3 元钱的软饼，1 元钱的花生米，2.50 元钱的烤鱼，16：00 就举办凯旋归来庆功宴。

妈妈休兵，爸爸继续战斗，19：15 至 22：30，有目标地逛了太平洋百货，大商男装，还浏览了天年路大足球特色夜景。

这趟看中一件港士龙风衣、一双白皮鞋、一件羊绒内裆短装，价格均在 1000 元以内，准备经妈妈审视后，至少买其中的一样。回酒店向妈妈通报，全被"打入冷宫"，封条是："沙市有的是，何必背石头上山！"大连的商家老板们因不便没跟你们做点有所付出的捧场，只好道一声不好意思，谢谢你们的热忱可嘉！

第三天（17 日）继续晨跑，带侦察出门玩的线路。爸爸早上 6：11 从酒店出发，经过在电视节目中见过画面的那个大足球所在位置——天年广场，跑到大连海码头，又迂回跑到大连市委机关所在地，才 7：21，再返回火车站到酒店时，7：50。

那时大连市委机关还是一片平房，要是不看招牌和整洁有序的程度，令爸爸外地的小小香客大大不敢相信是"大庙"。

大连城市气象，如此时尚、豪迈、兴旺发达，市委"冒号""王族"蜗居一隅，让爸爸一外地小小香客同时顿生诸多对比联想，这种兴了城市，未兴"庙"的地方，不是爸爸跑步直击，看资料听传闻，可能要打大大的疑问号……

侦察到大连海码头，周围还有不少欧式风格的建筑，随便一问，听说是原苏联建造的，在沙市难得看到，值得去玩玩，爸爸加足马力，鼓动妈妈连续作战。

9：35，爸爸妈妈从酒店往海码头方向，边走边逛沿途的商场，到了海码头，把能允许游入神探的位置都圈了圈，感觉就是比沙市长江边的码头，视野开阔无比，别的倒没什么，让爸爸妈妈能够眼前一亮的曼妙姿色。到 11：00，准备乘公交回酒店，边走边玩才用一个半钟头不到，等公交却费时不少，回酒店已经 12：00 过了。

下午妈妈挂了免战牌，喜欢在酒店看电视。爸爸从 14：00 到 16：00，用两个钟头狂扫麦凯乐、大连商场、香格里拉服饰一条街、望海五层服装批发大楼、大连地下商场、胜利广场过道商城，千里迢迢来一趟，扎在酒店亏大了，真有点妈妈的损失爸爸补的味道。

从下火车两三天来，以入住的香知国际酒店为中心，方圆十几里可以一看的，基本上被爸爸"跑马观花"，够朋友够意思、既够美也够累地打了照面，这天晚上休兵，陪妈妈边看电视边补瞌睡，梦伴大连。

第四天（18 日）是爸爸在大连的收官晨跑，早上 6：11 照样从酒店起跑，虽然没有了附带侦察线路出门好玩的必要，但爸爸"以跑带赏"的兴致依然。

这天经大连体育场，抵新希望花园，返回经解放军 201 医院、天颐公园观景台。最后跑的这一片，给爸爸的感觉，好像是大连老街、老宅、老景，风采依然地舒展在新街、新居、新景之中，又好像是新街、新居、新景，要与老街、老宅、老景一见高低，欲领风骚，一跑而过，很是难以分辨这等新朋老友谁是红花谁是绿叶！

7：50 回酒店，草草过早之后和妈妈一起收拾打包，准备再见大连，红花绿叶，也只好一起植入记忆随行。

有缘大连，所以觉得来也匆匆去也匆匆。

11：30 退房，12：30 到火车站，13：00 爸爸妈妈打通小子"热线"电话，报告返程动态，并嘱咐小子静心学习备考、不用分心。

过后 13：05，爸爸还一阵急行军，到香颜国际大厦的背面小巷，补充了 3.50 元钱的软饼和 3.20 元钱的香蕉，一来是留念大连软饼这口美食，二来是着意与火车上有点别无选择的"特别之餐"比美。

好玩，这下把妈妈"铁哥们"给坑铁了，软饼软饼，时间稍长，加上天气渐冷，便成了硬饼铁饼。爸爸一贯顽强，对付着没事，妈妈受不了了，造反要了一份 10 元的盒饭，爸爸还给妈妈扣了个"资产阶级大小姐"的高帽子，美得特别……

更好玩的是，不知是受了当时大连公厕还没"改天换地"需要 1 元钱方便一回的"高价"打击，还是爸爸苛政习惯的使然，爸爸妈妈纵是"天下无双"在大连连合影也没舍得来一张。

在大连好玩得多，不觉得，到了家再找感觉，爸爸妈妈才倍感这个"粗心大意"实在可以当段子着打……

特别该挨板子的是爸爸，愧对曾经的摄影爱好者"光辉"，愧对妈妈的百分百依从，也有点儿愧对小子的一片孝心，只好想象爸爸妈妈在大连的一个个决乐瞬间……

18 日 15：05，K368 次火车从大连站正点发车，夜间不知什么情况，停了很有一会儿，19 日晚上 21：10 才到汉口站。

爸爸妈妈打了 13 元钱的的士，多谢门童们的尚好礼待与助一臂之力，22：00 住进旅行社安排好的武汉香静国际假日酒店。刚进房用卡插亮灯，小子来电话关心行程，爸爸妈妈反而放心不下，22：06 又给小子发了个短信，嘱咐不用分心，静心备考硕士研究生。

然后和妈妈一起到酒店对面街上，端了水饺买了酒，为在火车上的"美得特别之餐"锦上添花，入睡时已是 23：40。

美餐一顿，浮想不少，爸爸老大不小虽说不上走南闯北但在武汉过夜不下三四十回，然而住正格的星级酒店，屈指为零，与曾经"望天躺地"过夜，真是"天上人间"。

这也是爸爸妈妈这趟遂小子之意，出门玩玩了的话把儿所在。

住的星级酒店"盘缠"也绰绰有余，却把软饼吃成硬饼铁饼，"影子"也没留下一个，但愿这种"一腔热情一毛不拔、一路风光一尘不染"下不为例，至少留个"光辉形象"看看，要给小子的孝心成绩打高分，有个图片说明，岂不更有说服力，岂不更爽更开心，大连之缘，岂不更圆满，更有源头可溯……

（本节底稿于 2013 年 5 月 6 日 7 时 49 分至 17 日 17 时 52 分完成，于 2015 年 8 月 25 日至 26 日誊正）

连心之妙

母子连心说法的准确定义，是在生理学意义上，还是在心理学意义上，爸爸妈妈没法定义，但从小子与妈妈远隔千里的有些不谋而合之"妙"，用母子连心唠叨唠叨再好不过，其妙所在，简直让爸爸觉得有点儿跟不上趟、合不上拍。

2006 年，妈妈看到同宿舍的富家旺族在整房子，有点儿借东风似的在家里嘀咕过几回，爸爸根本没当回事，但也有点儿揣测到妈妈的"别有用心"是把蜗居之所，也想整得有点儿看相，若小子的女朋友上家里来，也好都有点儿面子。

在这儿的前两年，妈妈趁小子回家过年也曾提出过这事，想挟小子以令"老子"，当着小子的面，也被爸爸一言堂的给否了。

爸爸还强词夺理地"威胁"小子"老乡"，也是对妈妈说，如果小子的女朋友上家里来看了，嫌房子很破很小而"急流勇退"，说明小子还算不上是只潜力股，还得加油修炼。不过爸爸还是留了点余地，"放下架子"说，要整只刮刮瓷粉，不铺地砖什么的。

小子趁机调停，顺水推舟地说也可以，一副超然自得无所谓的样子。这事就这么放着了。

你不说，只要小子稍稍有点"忽悠"女朋友的意思帮帮妈妈的腔，说不准爸爸就可能打退堂鼓而领旨照办了。

因为，整不整我们家在卧龙宿舍的房子，爸爸也没少盘算，也不是不理解妈妈巴心巴肝为小子们的一番苦心，问题是这破房子不到 50 平方米，全整也不中。

小子在北京工作又没在家里住，只是为小子的女朋友，上家来看看有个看相，爸爸觉得没多大意义。再说即使小子们回来也如"旅客"不妨住几天宾馆，虽有不便但比专门整房子或置房产要省事更经济更实惠。因而不如考虑长远点，把本来就不多的几个钱，慢慢积攒起来，假以时日，能够在北京或者附近郊县买点房子，这样两个"守巢凤凰"便可以丢掉坛坛罐罐轻车从简的最终向"凤凰山"靠拢，也可以免得小子们每年来回奔波，受春运大潮之累。

还有一个，妈妈 2002 年大病之后，弱不禁风的身体状况也可能经不起整房子闹来闹去的折腾。

这两方面，哪一方面爸爸都不能马虎，尤其是怕，整房子整房子，等房子还没整好，把妈妈的病给"整"犯了不好说。

为了不给小子造成什么压力，这事只在爸爸的心里装着。

爸爸甚至认为女同胞，包括"心上的人"妈妈在内，大多都很感性很现实，有时只顾眼前，还是男同胞们理性一点，虽然跟炒股一样，不少时候会踏空，但也不至于有太多的只顾眼前而"套牢"。

想是这么在想，整卧龙宿舍房子时，爸爸还是遭到了妈妈的"感动"，因为妈妈大概认为横竖为了小子便可以"无法无天"所以连招呼都没给爸爸打一个，就把师傅请到家里来了，兵临城下，爸爸只得硬着头皮上，结果兵败如山倒，连连失守。

原来只准备在厨房外墙，推个灶台出去，同时把卫生间外墙也推个窗台，好放洗衣机，再刮刮瓷粉就算了。

宿舍就这么几家平时好似天山南北，没什么事，出出进进大照面，只是点个头，笑笑，就没什么再多的热情释放……动手整房子可谓大事，惊动不小，楼下的刀威叔叔特地跑上楼来关心，因为他老兄在单位里曾搞过基建，跟爸爸比起来，对整房子算是内行的内行。同时也是受蜗居之困，总是想把房子有限的空间，弄得无限有用，所以欣然"指手画脚"

地建议我们家，如何如何地把卫生间扩大一点儿为好。

可能是见人家刀威叔叔难得这么真诚热情好心，爸爸妈妈原来的盘算防线荡然无存，好像只剩下笑纳的份了。

原来厨房与餐室隔墙和卫生间是一条线的，既然要扩大卫生间，就得把这道墙给拆了，卫生间向南扩了50-60厘米，厨房成了"开放式"厨房，要像个样子，又统统铺了地板砖。

本可以金盆洗手不干了，可是把厨房和卫生间弄了弄，相形之下，卧室不弄弄，好像有点儿不像样。接下来为了扩大面积，又把卧室与阳台的隔墙给拆了，统统铺上复合木地板。拆墙把门窗必然得拆，原有的窗机空调不好用了，只得换成挂机空调。

断断续续，连头带尾折腾了两三个月，花了近万元，虽然在大城市买不到一平方米的立足之地，但在爸爸妈妈这等"老传统"的当家眼里，却不是一个小钱。

就此打住，应该是马马虎虎有个看相了，也了却了妈妈的小小心愿，爸爸也算与大家伙打成一片了！

快到年底，我们家有次例行通电话时，爸爸对小子强调读研是大事得抓紧，没想到小子回话说，读研是什么大事，说要准备结婚，口气之坚定，不像是谎报军情。

说真的，爸爸当时听了觉得很有点突然，没有一点点思想准备。

小子与女朋友交往是有几年了，说谈婚论嫁，爸爸以为还有点时间，因为到2007年结婚时，他俩都还只有二十五六岁，大学毕业参加工作也就三四年，集中精力打打基础也还行。

这当然也是爸爸所谓以事业为重的婚姻观使然，但是从优生优育的层面来看，是值得大大"改造"的意识。

从十年树木百年树人的意义上讲，爸爸现在作为"落后的爷爷奶奶"队伍中的一分子，还想呼吁年轻的朋友们，在谈婚论嫁的事上，不能太"落后"了。

爸爸当年听了小子的报喜，可没有如今"先进"，回过头来看，妈妈倒是比爸爸要"先进"——房子刚刚整了整！——根本没给小子报告！——小子要准备结婚！爸爸心想，妈妈还真是个人才，钻到小子的心里面去了，感应如此灵敏，如此美妙！

说良心话，接下来是爸爸不是大款充大款不是大牌耍大牌而独断专行，大概也是妈妈和小子的母子连心之妙，把爸爸"妙"得有点"改革开放"，乃至忘乎所以。

即主张把爸爸妈妈结婚时自己亲手做的全套家具统统换掉，让小子结婚时回来看到气象一新，心情舒畅一点，仅此而已。妈妈极力投反对票，道理是小子的小家在北京、结婚的新房在北京，沙市家里的房子有点看相了，再这么大动干戈有点儿犯不着。

可是为了小子们的一个心情舒畅一点，爸爸真是刹不住车了，也有点像妈妈着手整房子时"无法无天"的样子，把原本值得称道的理性和"初心"统统抛到了九霄云外，与妈妈边"论战"，边了解沙市家具市场所有门店的家具款式。年头年尾，前前后后又折腾了将近大半年时间，好就好在，这事爸爸一个人单干足矣，不碍妈妈养病。

其实，在我们家卧龙宿舍北边，只隔一条马路，就是一溜十几个家具门店，若不讲究"档次"，本不会折腾这么长时候。

但这就是爸爸的"爱好"，买东西看到顺眼顺心的了，再贵，只要买得起，就会"全力以赴"地买。这样，如果只讲一新，爸爸妈妈花四五千元，本可"糊弄"小子的，结果最终花了四五万元，才善罢甘休。

真皮靠背液压床、钢琴烤漆的大衣橱、大书橱、床头柜、梳妆台以及鞋柜，还有香港品牌的皇巢餐桌餐椅、隔断、沙发等。其中大书橱这新贵一族，爸爸妈妈 2007 年上半年买时，身价才 8000 元多一点儿，到 2014 年上半年，爸爸有事再去了解别的家具，顺便看看买过的大书橱，不想他"老人家"身价已到 23000 元之多，翻了快三个跟头，水平！简直让爸爸有点儿半是欣慰当初"慧眼识珠"半是震惊银子如此经不起时光"考验"……

其实，这大书橱用了才知道，有点时尚不中用，最大缺憾是太开放，无门不遮灰。

看来买东西，凭"爱好"也会带来不好之处。

不管怎么说，爸爸妈妈为小子们的心情能够些微舒畅一点，买的家具还是当时沙市市场的一线大牌。

可惜我们家在卧龙宿舍的房子太小，将就放到屋里犹如受到"绑架"委曲求全，大牌家具便有点没有了，在店家秀场中舒展潇洒傲视群雄的"大牌"风头。

爸爸妈妈的心是尽到了，然而有点儿"白忙活"，因为小子的女朋友，大概认为小子是信得过的产品，又加上工作忙没时间，便把结婚前来家"考察考察"的程序给省了。这个，让爸爸妈妈很是心疼小子、心疼小子的女朋友，他俩太忙了、不容易……

2007 年 10 月 2 日，小子他俩在北京举办婚礼主场仪式后，10 月 5 日回沙市，第二天 10 月 6 日，在天北路若然香池国际酒店设宴答谢亲友，10 月 7 日匆匆早餐后，启程去黄山踏上蜜月之旅。

爸爸妈妈在家忙活两个年头，小子和爱人这趟回来在家就住了两个晚上，还让爸爸妈妈心疼了好久好久，为什么？

由于整房子换家具，把小子在家里生活了十几年的原生态给颠覆了，引起不适。原来我们家的窗机空调是在卧室与阳台隔墙的门窗上方，床也离得较远，冷风不会直接对着吹。后来拆了隔墙换成挂机空调，位置正在床的正当面，冷风正好直接吹到"老东家"的头上，把小子吹感冒了。

爸爸妈妈原来是担心，小子的爱人是"北方来客"适应不了，结果倒比小子还坚强，才松了口气！那年也是谢谢老天爷热情高涨，国庆黄金周期间沙市的气温竟还有 35-36 摄氏度之高。

在小子和爱人这次回家之前，爸爸妈妈在过年的时候，去过一趟北京。妈妈这次见了小子家里卫生间的木制卫生纸架，好像发现新大陆，便不时地唠叨在沙市，怎么没有看到这样的纸架卖。

爸爸对于老小皆乃护花使者不好"笑话"妈妈的好奇心，妈妈能够逛得最多是附近的天馨菜市场，专门卖家居厨卫器具的天星大市场难得去一趟。心想即使沙市没同样的，有别的样式，兴许更好些有什么不可以的？

再说爸爸在沙市，就是要买天上的星星也轻车熟路，在北京真要买这么点儿东西，就得东问西问地找向导。也许是，妈妈对小子的一切东西，都认为是最棒的缘故，因而也确实，没把妈妈的唠叨当回事。

可是到爸爸妈妈启程回家时，小子不但买了一个同他家里一样的木制卫生纸架，还专门买了一盒装配的东西，小子可能忘了爸爸还是个木匠出身。这下，不仅妈妈感到有些意外，爸爸也是同样地感到有些意外。

但爸爸另有点"吃醋"的是，妈妈跟爸爸闹腾着要把房子整整，根本就不知晓小子要准备结婚的事，小子只是察觉妈妈对那木制卫生纸架感兴趣，根本没在小子面前提及过，小子就给买了，真是母子连心之妙！

小子的一片孝心可鉴，又有这么灵贯，就更让爸爸妈妈开心。

爸爸忍不住还是"批评"小子说，妈妈真喜欢这款，爸爸在沙市买不是一样。小子说，那是在"宜家"家居专卖店买的，沙市可能还没有"宜家"的专卖店。

以后爸爸难忘妈妈发现的新大陆，再有事顺便了解沙市家具市场那时真还没看到"宜家"的家具卖。

好玩，这么看妈妈也是独具慧眼，小子是心有灵犀，爸爸是"坐收渔利"啰！

（本节底稿于 2013 年 6 月 6 日 6 时 55 分至 26 日 6 时 26 分完成，于 2015 年 8 月 26 日至 28 日誊正）

京城之路

鸟巢、水立方，是 2008 年北京举办奥运会的两个标志性建筑，2007 年过年去小子那里时，虽然还没完工，爸爸妈妈也很想去看看。

爸爸妈妈虽坐井观天倒有个奇特的想法，等完工之后，鸟巢也好水立方也好，包括其他历史性建筑，什么时候都可以去看到，而尚未完工时建设中的情景，以后就是天王老子们，想看也看不到，奇特就奇特在这里。

哪怕影视资料再逼真，终究不能替代曾经直击的原始印象，因而别有一番珍贵的感觉。

既然到了北京，爸爸妈妈想看看心之切，则不难理解。

那时，小子除了上班，业余时间在"人大"读研，有时间还得接送在国航上班的女朋友，时间显然不够用，所以爸爸妈妈压根儿也没想要小子陪着，去看看建设中的鸟巢水立方，只是要小子把乘公交的线路，告诉爸爸妈妈就行了。

小子听说后，"哥们"第一反应，"蹦"出的是不行两个字，这倒让爸爸妈妈很是出乎意料。

小子北京的小家，是在离西客站不远的天马茶道附近，因而小子说，那个地方很远，即是乘公交去，倒来倒去也要很长时间，而且当时连小子自己，也不知道怎么乘公交。

这事就这么打住了，爸爸妈妈当着小子的面，也没再坚持什么。但爸爸妈妈乘公交出去，买东西和逛逛的时候，顺便找售票员打听了一些，大致有个谱了，准备找空"擅自行动、先斩后奏"。

住了几天，正当"调皮佬"爸爸妈妈准备跃跃欲试，3月3日星期六，小子借了辆小车，要送爸爸妈妈去鸟巢水立方看看。

因为当天在下雨，不到中雨的样子，但也不是太小。小子虽然2003年就拿了驾照，在单位办事出去也没少开车，但爸爸妈妈对小子这个新贩子的"雨天驾艺"，还是有点儿担心，安全第一，就是不下雨，也得跟小子上课，所以执意要小子取消安排，作罢。

可是，小子说，还大的雨天都开过，要爸爸妈妈放心去看看。爸爸妈妈只好且行且看，不辜负小子的起心安排。

首都成了"首堵"，平平常常的双休日也不例外。

从小子住家天马茶道常青藤嘉园出发，过复兴桥再向左拐走了不远，就遇堵了。爸爸妈妈"小惊大怪"心想这下糟糕，只好傻等了。不想停了片刻，小子灵机一动，打盘子从一个小岔口进背街，七弯八拐地绕过去了。

爸爸妈妈觉得小子对这一带，不但路况熟悉，脑子也还是蛮灵活的，怪不得，小子女朋友的妈妈也说，她们在北京开车，还要向小子问路怎么走才好。

小子女朋友的爷爷奶奶姥爷姥姥，都已是八十多岁高寿的老人家，她们家起码是三代人的"老北京"了，看来小子女朋友的妈妈，跟爸爸妈妈唠叨时抬举小子还是跟当老师改作业一样，对就给OK……

"铁哥们"老天爷还蛮给面子，等我们一家子到了鸟巢，雨就没怎么下了，面对清新如画而又生机勃勃的"鸟巢"，爸爸妈妈感觉一个字，爽！那时，鸟巢的主体工程基本完成，虽还有施工隔离栅栏，但戒备好像不是那么严格。爸爸妈妈到鸟巢跟前，小子站在较远的地方，给爸爸妈妈拍了几个镜头，好像很是开放没有风景"障碍"。

再近一些，过了一节施工栅栏去拍，忽然出来有"无名天王"，因为没佩戴什么标志，说不准拍，样子还像挺紧张的，莫非还有什么秘密？

爸爸妈妈连忙上前为小子"保驾",消除误会解除"警报"。

与此同时,有个国内的知名团体,一行七八个老兄们也正准备进栅栏去拍,见状只好作罢,驾车"扬长而去"。

转到水立方后,拍照又没遇到任何阻挡,爸爸妈妈挺纳闷,都是国家工程,管理章法如此不同?不过,在水立方,可能是没有了什么隔离栅栏"护驾"的原因。

要说还是老天爷对有心之客的眷顾,到了鸟巢若仍风雨飘飘,自然就不会有拍照的小插曲了。爸爸妈妈也只能,雨中望"鸟水",雾里看"老板",不能留点"沙市老乡"自己的影子给鸟巢水立方的话,那将会有点儿大历史中小人物的大遗憾!

总算老天有眼,"老板"有量,爸爸妈妈乐得"快马加鞭未下鞍",潇洒走一回。

在返回途中等红灯的时候,有行乞的朋友们把手伸向了小子,爸爸妈妈还没来得及问小子有无零钱,小子已经习以为常地给了人家一点零钱。

十字路口,闹市之中,此时此刻、此情此景想起过去有两句话,爸爸妈妈认为还是有欣赏之处的,一句是"讨米是好汉的后路",再一句是"你再有些,我讨米都多弯一步,不从你家门口过"。

纵然现在有的可能是"职业"行乞之友,爸爸妈妈觉得只要不是行骗仍在这个意义之中。过后就只跟小子唠叨唠叨了这样两句话,个中之意小子应当明白,至少人家找上门来是行乞而不是来"行刺"的,认为找的还是个可找之人,即便有扑空之忧起码没"遇刺"之怕,相互都不是形同"洪水猛兽"。

回到家,爸爸妈妈的兴致还在鸟巢水立方上,自然关心起自己"千年之行"的影子怎么样!

这才想起小子是用手机拍的,需要下载什么的比较麻烦,立等可取没门。再加上小子那年,还有忙自己婚姻大事的一大头,跟爸爸妈妈拍的,与鸟巢水立方的"千年吻一回",没能及时弄出来,一时成了"忽悠之作"。

然而,爸爸妈妈有小子这么陪着,与鸟巢水立方历史性的"卿卿我我",也有"千年的荣光",也乃小子的永远"孝道之作"。

北京的路,要说不好找,也真还不好找。因为随便说个好玩的地方——比如到鸟巢水立方，听起来就在身边就在眼前，可真要去那里，若自己没备车动不动就得倒车。

可能是爸爸妈妈"老乡们"在家里待惯了的原因，在沙市说起到荆州城好像很远很远，乘公交最多不过三四十分钟，然而在北京去远点倒车，即使不堵车花三四个小时也是有的，时间不说，北京的路不好找也在这里。

其实，北京的路要说好找，也蛮好找，那时虽还没什么"手上卫星"导航，但只要拨打"北京交通台"，便方便不少。关于这点道道几，还是警察给的招。人民警察为人民，从中乃见温馨之情、温暖之光！

爸爸因为有书法方面的爱好，到了北京一直都有抽空去看看全国最大的书画市场潘家园及琉璃厂和最新的艺术园区 798 的未了之愿。四年之后，2011 年爸爸妈妈到北京小子家里过年，准备一定去"了愿"一饱眼福……

小子本身对书画没什么兴趣，没去过，同样也不知道乘公交的线路。爸爸妈妈有天出去买东西，路过小子的住家辖区派出所，心想警察们，一般都比较了解这方面事情的。真不好意思，那个值班警察真还不清楚，从驻地乘公交去潘家园、去 798，怎么走。不过，他马上来了一句："您拨打北京交通台就得了。"

警察到底是警察，人家"福尔摩斯"破案子的脑筋，"急转弯"快多了，爸爸这个笨脑筋，一下子真有众里寻她千百度蓦然回首那人正在灯火阑珊处的"惊艳之遇"……乃眼前一亮，有谢之心永驻！

在这之前，爸爸一直信奉嘴巴就是路，错是没错。近处、顺路还凑合，远了的就挺费周折，你看像是"自己人"，上前找他问路，不少时候人家两手一摊，或者滥摆头，结果是"老外"遇到"老外"了，而且往往越着急越容易撞上"老外"。

真要是北京本乡本土的"老北京"，若是遇到不熟悉那地方的，跟"老外"一样，热情归热情，不知道还是不知道，尴尬和好笑一番，接着还得再找下一个路人打听，希望好运，不是"老外"！

自从警察们给力之后，爸爸妈妈再要到陌生地方，便先问交通台，"嘴巴问路"退居二线成了替补。

有了警察们的指点，北京交通台当向导，妈妈是小子的队伍对书画没兴趣，在家留守，爸爸单枪匹马风驰电掣，如愿以偿，把潘家园及琉璃厂和798分别"狂扫"了一遍。

路在脚下，这当然是人家大大小小的老板的成功之道。但爸爸感到人家虽然都是让人仰慕的"风云人物"，仍旧既各有欢乐颂，也各有苦楚经。

爸爸对潘家园及琉璃厂的印象是，以书法卖作为例，只要胆量够大，不怕没有买家。

那时到处都有名家启功先生的字卖，原创的也好，"学赶"的也好，以爸爸"乡码头"的一点水准，反正是拿不定主意，买哪个店家、哪个老板卖的名家启功先生的字……

爸爸对798，好像有点"情有独钟"，过后还专门唠叨了一篇小稿子，以"孤芳自赏"，求"洞见之光"，题为《活下来靠经营 活得好凭实力》。

大意是，798虽是新军突起、"异军突围"，推陈出新，百花齐放，但也有无可奈何花落去，而"关张"谢客的艺术新贵。想必他们当初一定是意气风发、雄心勃勃，就书画艺术本身的实力而言，以爸爸胆小如鼠之辈的一孔之见，既然敢于挺进798，参加"星球大战"，总是有两把刷子的，为什么没活下来？经营路子有偏颇！

举个小例子，有"艺术大家"把自己的"小名"无偿敬主，乃广而告知，有"神秘大师"却非得人家众星捧月似的买了他的东西，才附加给点"不成敬意"——尽管"笑傲江湖"或为一招，但与"得人心者得天下"或逊一筹！

两相比较，哪个东家在经营上"势不可当"，不言而喻。

798如此，其他行当何不也是如此？同798的观感一样，在实力相当的前提下，即是在实力稍逊的情形下，哪个东家的经营路子"对症"，哪个就能活下来。然后再发挥实力优势，增强实力后劲，自然而然，就会活得越来越好，"花开富贵"。

如果是把经营不当回事，一味讲所谓"真本事"之类的实力，活下来都困难，不足为奇……当然，经营路子"对症"，本身也是一种实力，要想"花开富贵"，更是不可或缺的实力，按流行说法即是软实力。

但它没有"真本事"硬实力地支撑，那也是无本之木、无源之水，"软实力"哪能经得住"硬时空"长期拷打，同样难以活下来，不说活得好。

京城之路。

经营之路。

经营路子"对症"……爸爸妈妈建议小子们有空到798，即使时间仓促，至少像爸爸那样来一番"狂扫"，或许茅塞顿开，"锦上添花"！

（本节底稿于 2012 年 5 月 6 日 10 时 55 分至 7 日 15 时 35 分完成，于 2015 年 8 月 28 日至 29 日誊正）

第六章
山花之喜

爸爸妈妈在喜不自禁之际，"大浪淘沙"般地给小子他们将生的宝宝想好了乳名：要是生男儿就叫"山虎"！要是生女儿就叫"山花"！

之所以要是生男儿叫山虎、要是生女儿叫"山花"！爸爸妈妈以为如果一个小子从小就能，常怀河山之气度，长相山水之灵动，这对于培养始终充满阳光与活力的性情，都很有意念作用，其日积月累的孵化及催化功效，尤其不可小觑。

乡音之纯

　　小子向爸爸妈妈报喜准备结婚的事之后，爸爸妈妈问小子要不要点赞助的。小子"哥们"还蛮有担待的，说都由他自己来弄不用爸爸妈妈操心了。

　　既然这样，爸爸妈妈便与小子形成了铁路警察各管一段的"君子默契"，在北京办事的开销，由小子自己买单，回家在沙市办事的开销，由爸爸妈妈买单。

　　爸爸妈妈开始有组织一个亲友团到北京为小子热闹一番，回沙市就不再举办婚礼，只给亲友派派喜糖喜烟的想法，但爸爸又考虑到妈妈的身体状况，这么千里迢迢、兴师动众地往返，就是不要妈妈操持张罗，使得妈妈过于兴奋激动也不宜。

　　爸爸妈妈划来划去，最终与小子商定，还是只爸爸妈妈去北京参加小子的婚礼，然后小子和爱人再择日回沙市，举办仪式简单一点的婚宴，致谢亲友。

　　2007年10月2日，一个阳光灿烂的美妙时日，小子婚礼的主场仪式，上午吉时在北京海淀区苏州街"拜驾达园"宫廷酒楼举办。

　　"拜驾达园"宫廷酒楼，曾被评为国家特级酒店，隆重气派的中式婚礼，再现皇朝宫廷仪式和御膳佳肴的皇家文化氛围，是它显著的经营特色。

　　满园里全是格格装束的美丽候侍，只要是照面，"格格"便会训练有素的扣手微蹲，再一声："您吉祥！"使谁都有点当了回"钦差大臣"的陶醉感觉。就是找洗手间问到谁，谁也会给"百姓"以"万岁"般的礼遇，真有些犹如黄袍加身的不好意思！

爸爸妈妈是9月30日从沙市动身，乘捷龙大巴到武汉坐晚上的火车，10月1日早上，先到天马茶道常青藤嘉园的小子家落脚，帮小子整理整理了一下新房。

因为小子的小家新房，与小子举办婚礼的"拜驾达园"，那时还分属宣武区和海淀区，好像远隔"千山万水"，所以下午小子驾车就把爸爸妈妈接到了北外宾馆过夜，以便2日早上好不慌不忙清清爽爽地到"拜驾达园"参加小子的婚礼。

在北外宾馆住了两晚上，花了560元，跑上跑下了账全由小子操办，爸爸妈妈北外招录情报的曾朝地特工，乃真变身成了北外宾馆的"特地外宾"！

亲家就住在北外宾馆所在的北外西校区教工宿舍楼。小子岳母是北外的老师。

说来也真是缘分，那年小子有意报考北外后，爸爸妈妈为了咨询招录行情找北外的电话号码，还是通过同事石威在北京的亲友弄到的。当然也是那时资讯没有如今这么发达而被幸福的这般提前"进京赶考"……

上北外后，爸爸妈妈没少给小子上课，要求小子集中全力搞学习，不宜太早考虑个人"大事"。

天意，缘分到了"势不可当"。

其实刚开学没好长时间，小子就与同系的即喜结良缘的爱人好上了。在这事上，小子的"地下工作"，搞得还是蛮成功的，到了小子大四，爸爸妈妈通过小子同窗立威哥们的口风才略知一二。自然对小子上课归上课，支持归支持。

这一晃，宛然如梦，小子大学毕业、参加工作、读研、成家，中规中矩成了南来北漂落户的"北外"女婿。

爸爸妈妈当然高兴，感谢亲家、感谢北外，感谢北外、感谢亲家！

2日早上，是小子岳父驾车从北外宾馆，接爸爸妈妈一起到"拜驾达园"的。

按照婚仪策划，小子的女朋友头天晚上住进了离"拜驾达园"不远的香诗红楼，婚期当天早上吉时，小子随八抬大轿，把她迎到"拜驾达园"正殿拜堂，新郎新娘都身着专门定制的大红中式套装，精致有加，喜气非凡。

新郎新娘，八抬大轿，前呼后拥，摄影摄像，一路热闹，一道风景，爸爸妈妈在"拜驾达园"正殿迎候，虽然没能直击，但从婚碟里看后也甚是惊喜，隆重而无奢华，时尚而葆本色，光鲜而又得体，算得上是小子与婚庆公司联手打造的婚礼佳作。

婚宴在 13：36 礼毕。这是北京与沙市办喜事有别的地方，沙市大多从下午开始，到晚上万家灯火时礼毕，而北京则多是从早旭日东升开始，到中午阳光灿烂时礼毕，这可能是城市大了晚归不便，礼毕早些，让亲友来去从容一些的讲究。

爸爸妈妈 10 月 3 日离开北京 4 日到家，小子和爱人是 10 月 5 日回沙市，6 日在天北路若然香池国际酒店，举办婚宴致谢亲友。

由于爸爸妈妈都没有邀请老同事，之所以没有，是怕办得很简单，不够场面，恐有失礼数对不住人家同事拖步一场。所以来宾全部都是亲友，只 10 多桌酒席，也没准备婚车，小子和爱人，也是着便装打的到酒店的，仪式也很简单，爸爸妈妈致答谢之后，接着小子就与爱人，在喜气洋洋的迎候中，牵手走向礼台，接受亲友很是欣慰的祝福。

小子致答谢时，开头一句话便是："我就用沙市话讲啊！"在爸爸妈妈听来，小子颇有点突然换"频道"感到不顺溜，但又非得换"频道"才舒坦的味道。

小子从 1999 年上北外，到 2007 年成家，离开家乡整整八年了，爸爸妈妈想小子"哥们"的普通话不会太差，至少离"沙普"远点，而接近"北普"了。不知小子是出于对亲友们的礼貌，还是回家乡之后一种自然融入的反应，乃是人品的纯善。

不管怎样，爸爸妈妈都觉得小子这么做是对的，不然为什么有乡音难改、故土难离的美谈呢！

之所以这么有感慨，这么肯定小子的纯善，与爸爸妈妈曾经经历的一点事情，也有关系。

曾经与爸爸在一起工作过的一个很有心机的老兄，以后联系虽然不多，但有大的同事聚会还是碰面，说不上亲密无间，可不乏谈笑风生，至少不是形同陌路。后来这老兄随老了的人脉，离开沙市到沿海一带发展多年，成了对某行业比较"轻车熟路"的老兄之一。

过去在沙市时，这老兄没少找爸爸妈妈给他帮忙，可是有次爸爸妈妈电话联系这老兄，只是想请他对于一个信息的真伪，提提鉴别建议。

爸爸妈妈当然是用沙市话跟他讲，不想这个原来就很有心机现在更有心机的老兄，不但好像对爸爸妈妈毫无印象，还整个憋的沿海腔啊啊的有一句无一句。

还好爸爸妈妈有点儿自知之明，谢天谢地，只当把电话打串了，没有跟着鹦鹉学舌憋腔拿调，挂断电话节约资源，不然事没结果，好人憋出名堂出来了，真叫得不偿失。

退一万步不谈事，这老兄年纪三十四五才离开沙市，就把沙市话忘记得干干净净？即使说不好沙市话了，连听也听不懂了吗？要么沙市话"'香'不可闻"，要么沙市话莫非成了"外语"？真那样"沙市"也算跟这老兄沾光成了天下"奇葩"……

怪不得，外交界名嘴顶威"一览众山小"地说的是，世界之大什么样的鸟都有！

士别三日，当刮目相看。像爸爸妈妈这样的"守城老乡"与如此的"功成老兄"，再无下文可谈，再无交往可言，访遍全世界也自然是在情理之中。

爸爸妈妈之所以跟小子们提提这事，是想说，一个有点什么讲究的老兄怕"麻烦"是可以理解的，提防麻烦甚至是应当的，但拒之门外或防患于未然，计谋36策、武艺18般哪样不行，也不至于要像爸爸妈妈遇到的这等"老同事"、"老熟人"有点把自己的人性，都搭进去供"考研"、被"遗念"，如此这般的"断水、断电、断路"乃造"人极"冰川？

当然更是希望小子们，无论离开家乡多久多远，也无论是一般，还是"高端"，麻烦归麻烦，提防归提防，然而最终都应当，做个把乡音永远留存的"土八哥"，做个对乡亲永远淳朴的"洋八路"。

爸爸妈妈以为，只有这样才起码算得上还是人，还是一个仍在食人间烟火的人，还是一个继续能喝"海水"走天涯的人。

不然，让人家怎么看都蛮为难，乃"不堪设想"。尽管有横看成岭侧成峰的选择自由，乃同时有远近高低各不同的视角方便，也为难，也"不堪设想"。

小子们继续加油，不要让人为难！更不要让人"不堪设想"……

（本节底稿于 2012 年 6 月 15 日 10 时 50 分至 16 日 16 时 05 分完成，于 2015 年 8 月 29 日至 30 日誊正）

摄牛之狂

2009 年春节，小子虽然已经结婚两年了，但小子爱人的工作那时是飞国际航班，是没有春节休假这一说的，只有小子做全权代表，回家看望爸爸妈妈，陪陪爸爸妈妈过年。

小子他俩一个满世界地跑、一个满世界地飞，难得双双把家还，爸爸妈妈当然既心疼又理解，同时有期盼有担忧。

过年，给亲友拜年是少不了的节目。小子难得回来一趟，更不用说礼数应到。

奶奶娘家的亲友，小子叫兰香大姨，在沙市郊区，现在是城乡接合部了，离我们家住的卧龙宿舍乘公交得四五十分钟的时候，比较远，并不是每年都到兰香大姨家拜年。

电话方便了，更是电话拜年的时候在多数，平常时候，一般是有结婚生子和生日大寿等喜庆大事，我们一家子才随"大部队"一起过去。

爸爸妈妈带小子曾经去过，最有印象的一次，是在小子上小学不久的时候。

小子乃之城堡中的"小宅男"到兰香大姨那里，就是开眼界。大片的农田，从未零距离地亲热过，在田壤上跑跑跳跳好不兴奋，幼儿园练的"童子功"常常不够用，东倒西歪，踩到田里破纪录难免，好在不比在城里有车辆打扰，无安全之虞，小子尽情"奔驰"没事，爸爸妈妈不用护驾之劳，悠然殿后也无妨。

麦苗当韭菜，是城市"洋人们"到乡村闹笑话的著名段子。

爸爸妈妈有意识地要考考小子有没有"天才"？不料小子，真还把麦苗当韭菜了。小子也能让爸爸妈妈如此开怀大笑，先辈这段子是该著名！

一晃十好几年过去了，小子这次再到兰香大姨家来玩，已经完成大学毕业、参加工作、成家三大战役，重温小子自己"实践"麦苗当韭菜的故事，一路回放，一路欢笑，一路温馨，一路憧憬。

听说爸爸妈妈要一起远道"亲征"过去拜年，兰香大姨悍威姨父俩老甚是热情，悍威姨父专门在家翘首以待地迎候，而兰香大姨一大早，则专门赶到自家田里去弄新鲜小菜。兰香大姨知道我们每次去聚餐，最爱的就是这一口，按当下最流行的说法，是无污染无公害的有机蔬果、绿色食品。

其实也是相对吧，兰香大姨她们那里现在已有不少厂子了，最临近的"金霸电业"，规模就不小。

生态环境虽已渐变，但兰香大姨悍威姨父俩老捧亲如捧星的古道热肠，依旧一如以往！

虽是过年乘公交也还方便，那天早上 10：00 不到，我们一家子就兴冲冲地到了兰香大姨家，此时兰香大姨在田里弄菜还没回来。兰香大姨悍威姨父那时，都已是七十进八的寿星，真不好意思劳驾俩老。

于是，在悍威姨父的引导下，爸爸妈妈和小子便沿着一条水泥村道，从北向南奔菜田而去迎接兰香大姨，心想能帮一手，还可以帮一手，不好意思的意思，也会好点吧！

这条村道东西两边，开始一段二三百米的样子，都有两三层楼的乡间"小别墅"，隔路守望，迎来送往，城乡交融，风情万种！再远一点，两边就全是农田了，大片是蔬菜，偶有葡萄园，显然是近郊及城乡接合部的特色，曾经主角的大麦、小麦、棉花、大豆、高粱和水稻，已成历史画卷……再能听到麦苗当韭菜的故事，可能还得远征方可有这特别"享受"！

悍威姨父引导爸爸妈妈小子，兴致勃勃，不时讲着这带日新月异的变化，走着讲着，讲着走着，忽然，小子一阵供步流星，爸爸妈妈和陪着的悍威姨父，还没反应过来，小子这"牛哥"已经举起相机，对着拴在村道西边一棵随风晃动的垂柳上的一头水牛，狂拍起来。

牛哥这"小子"却受宠不惊，沉着应对，依然故我，潇洒走秀，整得小子拍了一张又一张，总觉得牛哥真有牛脾气，还不够配合，辈得让小子站不是蹲不是、左不是右不是、前不是后不是，"不屈不挠"地请求牛哥创造精彩瞬间。

这时兰香大姨提着篮子，正从菜田里返回，爸爸妈妈提醒小子，快迎上去喊兰香大姨拜年，帮忙提菜，以至等小子正要收手、迎上去帮帮忙，兰香大姨笑盈盈地已经接近了。

真是得罪，是怪牛哥这"小子"抢风头顶牛之狂，还是怪小子这"牛哥"抢镜头摄牛之狂！

兰香大姨当然是个能干人士、开通人士，退休之前的一二十年里，一直是村妇联的顶级"冒号"。

因为爸爸妈妈之前在电话里并没有告诉兰香大姨拜年时小子要来，没等小子迎上去接，倒是兰香大姨有些出乎意料的惊喜。

不说一下子见到小子，就是提起小子，每每总是又喜气又疼爱地对爸爸妈妈说道："珍香舅娘（即小子的奶奶）这辈子，只有提起小子到北京上大学，才看得到珍香舅娘一生难得少有的笑脸。"末了还总要来一句，珍香舅娘家里出人才了。

这当然是兰香大姨多年"冒号"经历，磨砺出来的宽广视角，也是为小子奶奶似乎从而得到了些许补偿性的一种欣慰及祝福。

那时兰香大姨家，在"奋斗之族"孙辈中已经培养出了两个研究生。爸爸妈妈这辈人崇敬兰香大姨悍威姨父，不仅仅因为兰香大姨悍威姨父年长，无论是在当家治业上，还是在做人做事上，都被视为"奋斗之族"的楷模。

悍威姨父虽是农家子弟，凭着自己的勤奋好学，在20世纪70年代初，悍威姨父人到中年鲤鱼跳龙门，通过层层选拔应聘为三甲医院沙市洋和医院的中药主任药剂师。悍威姨父退休后，不但办起了自家中医诊所，而且还自己种植葡萄，酿造农家葡萄酒。

小子回家喝了悍威姨父馈赠的自家葡萄酒，爸爸妈妈在大润发超市，专门为小子回家过年买的60多元一瓶的葡萄酒，小子也罢喝了。

60 多元买"几滴酒"，在爸爸妈妈看来就是大价钱了，竟不敢悍威姨父自家酿造的农家葡萄酒，看来小子如此"崇乡媚土"也够习的了，成为悍威姨父的酒粉丝，作为家乡礼品，回北京也没忘记带上两瓶，小子爱人因工作之需也算是了解不少"洋酒"的品尝之后，还专门给爸爸妈妈发了致意短信，说悍威姨父酿造的葡萄酒很是不错。

　　在爸爸妈妈这辈大本营中，像兰香大姨悍威姨父这么事业有成、家业兴旺，而人心仍古、本色不褪、友善至亲的，颇具代表性的还有，小子叫华威三叔花香三娘。

　　华威三叔原来是沙市知名国企"金蝶制衣"的运转普工，头脑灵活很有才气，花香三娘是从松滋远嫁过来，会裁缝手艺很有灵气，20 世纪80 年代起步创业，还是小两口。

　　开始是花香三娘加工针织内衣，华威三叔当帮手做第二职业。生意看好，华威三叔花香三娘于是下定决心趁势而上打造"华山之花"……从此租场地、招员工，大批进料，加工针织内衣，自产自销。

　　其间曾有起落，华威三叔花香三娘把他俩连院落有好几百平方米的私房，变卖之后应对危机，坚持创业——何谓世人皆为既欣赏又崇拜亦神秘的魄力，华威三叔花香三娘以这样将祖传房产或会打水漂地"坚持"当作解释，乃至比词典之说更为精彩……

　　经过二十来年的打拼，进入 21 世纪华威三叔花香三娘抓住创业机遇，在 2006 年迎来标志性的转折，新桃换旧符、旧貌变新颜，在荆州新区天龙购置了 15 亩地，兴建厂房，形成针织内衣织造、制衣、销售一条龙，创立并打响了自己的"华山之花"品牌，成为像模像样的针织企业，在天龙新区工业园里能有一席之地多不容易！

　　小子 2007 年在北京成家，10 月 6 日回沙市只是举办致谢便宴，又顾及华威三叔花香三娘远在天龙新区，企业又忙，便没有惊动他们俩，没想到那天华威三叔花香三娘双双而至，让爸爸妈妈顿生愧对之感。

　　2009 年，小子这次回家过年，爸爸妈妈着意要小子去一趟荆州天龙新区，一来给华威三叔花香三娘拜年，二来也是要小子实地感受感受、学习学习华威三叔花香三娘的创业精神，实地见识见识、领悟领悟华威三叔花香三娘的创业业绩。

　　那天 1 月 31 日，已是正月初六，爸爸妈妈一大早电话打过去，华威三叔花香三娘说都在天龙新区厂里，爸爸妈妈说要一起过去拜年看看厂子，没有告知小子回沙市了也去，怕添麻烦，因为爸爸妈妈是等辈无所谓，而小子毕竟是晚辈，人家难免不多点讲究。

　　这样说定，华威三叔花香三娘欣然迎候。等爸爸妈妈和小子乘公交赶过去，10：00 刚过点点，华威三叔驾车当采买兼"迎宾"，怕我们问路弯路老远就等着了，花香三娘在家调兵遣将，张罗美食，忙得不亦乐乎。

　　当然华威三叔花香三娘对北漂小子的到来，有些喜出望外，正好和华威三叔花香三娘两个双双读大学回家过年的公子"会晤会晤"、切磋切磋……

　　参观过后，酒叙一场，已过中午时分许久，在谢过告辞之时，爸爸妈妈才得知，再过两天即正月初八，华威三叔花香三娘的厂子就要开门红了，这天早上本是安排一家子，回花香三娘的松滋娘家拜年的，接到爸爸妈妈要过来的电话后，便推迟了行程。

　　按我们那带的习俗，正月初二就应拜岳父母大人，可见华威三叔花香三娘大过年的，仍是忙得不可开交。另从沙市到花香三娘娘家松滋，自驾车来回也得半天工夫，为招呼我们一家子，华威三叔花香三娘他们一家子，可能要加班加点开夜车了，爸爸妈妈很是有些过意不去，一再跟华威三叔花香三娘说，怎么不早说，爸爸妈妈完全可以改期成行嘛！

　　华威三叔花香三娘连连说，没事、没事，稀客难得，应当、应当。爸爸妈妈除了真诚地感怀和钦佩之外还能说什么，只有打住……

　　人生在世，所谓先做人后做事，已经是很不容易，像兰香大姨悍威姨父，像华威三叔花香三娘，他们这么坚持做成事之后，还那么低调在做人，更是不容易的不容易。

　　尤其是在"平平淡淡"的亲友中，对特别平平淡淡的亲友做人的不容易的不容易，恰恰就在这些小小不言的细致中，恰恰就在这些可以"推脱"而不推脱的真情中，其"牛"之处，爸爸妈妈和小子与他们无论是在天涯海角还是近在咫尺都够得学。

　　（本节底稿于 2012 年 6 月 9 日 16 时 40 分至 11 日 15 时 50 分完成，于 2015 年 8 月 30 日至 31 日誊正）

难咎之错

　　谈起回家过年，谈起春运，不论是在家里等的还是在路上奔的"十五月亮"，都有说不完的"酸甜苦辣"。

　　坐火车的巴不得一人一趟火车，坐汽车的巴不得一人一辆汽车，自驾车的巴不得一人一条路，明知不可能，想象还是有的，不然怎么会有理想主义的哥们爷们，总是"怨气连天、牢骚满腹"，但一冷静下来，又觉得还不知道找谁的错？虽很是无奈亦莫名惊诧，这样苦笑一番长叹一阵心里可能好受一点！

　　能说国家不重视吗？哪年春运前前后后，从中央到地方，不是像打一场大仗那么紧锣密鼓？"票贩子"黑吗？"黑车"黑吗？可是一票难求之时，求助无门之际，有张票、有趟车，钞票真的当纸了，连小命也顾不上了。

　　能够平安到家，一切的一切似乎烟消云散。

　　稍微有点状况，是"票贩子"错？是"黑车"错？还是"自投罗网"归心似箭的自己这个"上帝"错？又似乎一切的一切都得怪，又似乎一切的一切又都怪不着……

　　家之重情之真心之切，何人不有？何家不是！

　　所以，对于小子回家过年的事，特别是在参加工作之后，爸爸妈妈的主张是，爸爸妈妈能过去则尽量赶过去，即使不便过去，也可能来个善意谎言，把小子能够稳在北京则尽量稳在北京，好让小子安心在北京过年。

因为工作之后，与读大学更不一样。读大学放假时间长得多，年前早回家迟回家，年后早赶回去迟赶回去，在时间上相对有选择余地，而工作之后，就那么几天假，来回紧紧张张，上车下车挤来挤去，安全无法不让人担忧。

即使不受早赶回去迟赶回去的影响，就是"假日综合征"也让人有些犯不着。

对于小子回家过年之类游子们尽孝的善举，爸爸妈妈是这么认为这么主张的，也是这么做的，哪怕小子有所"跟风"，爸爸妈妈也"坚定不移"。

而且待小子明确答应不回来之后，还特别嘱咐小子，若是有"冒号"也好、同事同学也好，还是三朋四友也好，人家要是有所顾忌热心快肠地关心小子为什么不回家过年，要小子对他们说，谢谢关心！爸爸妈妈要过来过年！意思是免得人家好心误会小子不孝道。

爸爸妈妈一路走过来一路看过来把自己的孝道观，唠叨为 20 个字，即"儿女对父母，孝不在如仆，昂首向世界，阳光度贫富"。再进一步则认为，"问孝人脊梁，无所不担当。厅堂会掌管，下厨能刷碗。顺境不张狂，逆境不悲观。龙腾虎跃闯，始终如朝阳"。

还有点蛇吞象似的"自封"为关于孝道的"阳光贫富论"，比起诸如"洗脸洗脚论"乃至有所自己的"解放加开放"想法。

感觉一个小子如果无事像"懒虫"，有事像"害虫"，阴暗晦涩，就是一年三百六十五天，天天一天不落地给父母"洗脸洗脚"，也不好称之为孝道。不是啃老气老不是窝囊废，不像鼠屎坏汤不像鱼刺卡喉，就是父母老天们前八百辈子修的福，谢天谢地！

的确，面对"孝道"这个高度，可能让不少孝子贤孙们在回不回家过年，以及怎么回家过年的事上，难免前瞻后顾、左右为难，乃至最终油然而生千年一叹：做人难，做后人更难，做个"人前人后无所指指点点孝道"的后人，更是难上加难！

爸爸妈妈以为自己在这个事上，对小子们棋先一手、给小子们"网开一面"，大方向应该是对的。

　　尽管这样，小子只要决定回家过年，爸爸妈妈也是像打仗一样，指挥小子注意一些事情，真是国家发号施令打大仗，爸爸妈妈冲锋陷阵打小仗，事实证明不是"过于"。

　　比如 2009 年小子回家过年到武汉转回沙市的班车，爸爸妈妈从小子在北京家里准备动身起，到小子上火车之后，都一再打电话嘱咐小子，下火车后，一定要直接到宏基客运站的售票厅，去买到沙市天红路车站下车的宏基大客车车票，宏基小客车的票不要买，哪怕多等一两趟都可以。

　　因为从武昌火车站到宏基客运站的售票厅，还有蛮长一段路。从头到尾在路上揽生意的热心快肠不少，婉拒起来真得要"立场坚定斗志强"，稍一闪神，哥们就有可能上春运"编外之车"，受累事小，出点意外则悔之不及。

　　可是，小子把票买好后，电话告诉爸爸妈妈是到沙市天山路长途车站接站。

　　当时爸爸妈妈一听就很惊讶，因为宏基的客车，一直都是在天红路客运站下车，直接说，宏基就是天红路客运站的车，怎么搞到天山路长途车站去了？

　　于是，爸爸妈妈反复问小子是不是扛不住揽生意的热心快肠攻势而买错没有？是不是到宏基售票厅去买的？

　　小子肯定地回答没错，是到宏基售票厅里买的，并且说了票上写的就是宏基车票。平素小子在这方面是有些大意，但也不得不信是"照章办事"的。

　　这样，只好兵分两路，妈妈在家"留守"，免得小子万一是在天红路客运站下车，和爸爸接岔了，回家好有妈妈招呼，爸爸就提前赶到天山路长途车站里打听打听。

　　到了天山路长途车站，爸爸先是向售票大厅和出入口戴红袖标的"春运专员"打听，竟说法不一，有的像听段子干脆说，宏基客车应该在天红路客运站下车。而且爸爸七打听八串悠将近半个钟头了，在出入口，也没见到一辆再熟悉不过的宏基大客车。

　　爸爸再次给小子打电话，小子电话竟无人接听，更加加重了爸爸惊弓之鸟似的疑心。又拨了几通，前后将近一个钟头，小子才听到电话，小子看票后仍说没错。

爸爸这才如雷劈醒似的到车站调度室里打听，竟也有"春运专员"说不知道，直到问到一个小"冒号"，他才说有宏基的客车在他们的车站下车，爸爸说自己候了快一个多钟头了，怎么连一辆宏基客车也没见到，不想这个似乎不是题目的题目还把这小"冒号"给"考倒了"，支支吾吾说不明确。着急！

着急归着急，不管怎样爸爸这等"春运特工"好歹也像吃了颗定心丸，便在天山路长途车站出入口，站前广场来回盯车。

爸爸还是有点"非常"之常识，怕春运车多，有的车不进到站内，直接就在广场或周围空场子下客。结果左等右等，就是不见宏基客车，不说宏基大客车，中客车小客车也没见到。

离小子报的发车时间，距离到站时间早已过了好多。其间，爸爸又找调度室的小"冒号"核实，这哥们忙里偷闲还做起了爸爸的"统战"工作。因为承蒙关心爸爸告知小子已参加工作，而且出门到国外忙事也不是一次两次了，小"冒号"还开玩笑打了个官腔："那您还急什么？"

爸爸说，安全不在乎大人小人"神仙皇帝"？小"冒号"连连说："那也是的，那也是的。"好像生怕爸爸找麻烦，不好脱身似的。

爸爸返回出入口，继续盯车业务。来来回回又等了三四十分钟，小子已准备下车了，喊道："爸爸您还在看什么啊！"爸爸这才回过神来，原来在春运大潮旋涡中的小子们坐的是一辆白色小客车不说，根本就没有挂宏基客车的牌子——"票车剥离"，心想，爸爸就是神仙也不得而知啊？

回过头来想想，挂靠加班客车或者说"加塞"客车做了好事好事在，对天南海北匆匆归来的座上宾留下"尊姓大名"，当时及往后相互皆好照应有何不好？

碰上这做好事不留尊姓大名的"雷锋客车"，爸爸妈妈有生以来也是"尝鲜"！

小子买车票买错没有？！爸爸妈妈事前，对小子的嘱咐又嘱咐错没有？！天山路长途车站的"红袖标"、小"冒号"错没有？！天红路客运站错没有？！宏基班车错没有？！春运"大混仗"错没有？！

小子"哥们"平安到站了就好，也顾不得那些了！

这次小子是同崔北、曹上、沈广、毛深等几个高中在外读了大学，又都在外地参加工作了的小老乡，在武汉会合后一起回沙市过年的。

有了这次"尝鲜"，爸爸妈妈对北漂小子们回家过年的事，更加坚定了先前的主张及做法。

每逢年节，爸爸妈妈何不思念小子他们回家团聚！小子他们何不思念与爸爸妈妈欢度佳节！

但国情一定，民风一定，且时间有限，条件有限，"难咎之错"，"难圆之梦"，相互体贴当更理性更务实，相互眷顾当更淳朴更细微。把安全及平安，放在一切一切事情的事前考虑，什么时候也不为过！什么时候也不为错！

至于人家"达官贵人"怎么说？可欣赏，不宜"鹦鹉学舌"，更不要无形中成了媒介。人家神通广大怎么做？可借鉴，万勿盲目跟风，更不可无意中成为推手。

人与人不同，就在这里，人比人"强势"，也是就在这里。

有了这次"尝鲜"，爸爸妈妈自然又没少给小子上课，搭车买票，诸如此类，婆婆妈妈，知道的、想到了的，不说心里堵得慌横竖不自在，好像是老们的严重过失，小子们能听多少，爸爸妈妈并不计较。

重要的是，平安不是靠"相信"、靠"想象"保障，而要靠"将帅之魂、血肉之躯"自身方方面面、实实在在地周全细致保障，爸爸妈妈的唠叨，也正是其中之意。

（本节底稿于 2012 年 5 月 3 日 16 时 35 分至 5 日 16 时 55 分完成，于 2015 年 9 月 1 日至 2 日誊正）

时代之敬

　　爸爸妈妈不管是要"北巡一番"还是"奉旨进京"每次到北京小子那里去，几乎都是乘坐晚上9：00左右发往北京西客站的火车，早上7：00左右到北京。

　　小子参加工作后去接站，爸爸妈妈颇有点负担，每次都要三番五次地嘱咐小子不要勉强用车去接。

　　之所以说不要勉强，是小子因"大意失荆州"自己还没有车。先前是爸爸妈妈认为，小子刚刚工作要忙的事多，不能忙在车上而不主张买车，后来适宜买了，北京又限购又没摇到号而徒有"梦车"。

　　如此一来小子要是用车去接爸爸妈妈，一个可能是用单位的车，二个可能是用女朋友家的军，三个可能是用要好同事的车。

　　单位的车是公车，退一万步讲，不违规违纪，特殊情况"费用自理"照顾照顾都可以用，也有一个小子用了人家没得用、人家用了小子没得用的"狭路相逢"，如果因接爸爸妈妈时不凑巧都要用，因而产生争执，多难为情。即使无争执"好说好说"，正急用时用不上，心里总有点儿那个不爽，多犯不着。

　　用女朋友家的车，没结婚是女朋友，而男子汉得有点儿骨气，结了婚，也毕竟是爱人娘家的车，大丈夫得有点自觉。用得越多，肯定越使娘家人的感情淡然，是何感受，"明白人"都知道，多难相宜。

同事的车，再要好的铁哥们也是有限度的，一回两回可能无所谓，多了即使面子上能撑住，心里难不问号连连。没出什么麻烦还好交代，有点儿麻烦难以见面，麻烦大了，相互都有可能难以消化……多不值得。

以上种种，爸爸妈妈都不可能不替小子想想，而小子不论从孝心、从方便上，因为年轻风头正劲以至好面子，想用车去接很自然，爸爸妈妈事先打打招呼，绝对实在，小子们能够本本分分做到，绝对利多，爸爸妈妈反而少些负担。

再说，从西客站到天马茶道小子家，按爸爸走路的速度，不到30分钟足矣，就是妈妈大病之后不大利索，也不过是多加点遛弯时间的事。不用车代劳，一家老小有说有笑自个走走也是件蛮怡然自得的事。

真要用车，最省心省事的办法就是打的，十几元钱多痛快，多有天地。即使北京五洲四海风云际会人多如潮，打的排排队也没什么。

这些利好，也促使爸爸妈妈到北京动身之前，要给小子打招呼接站不用车，让小子无忧无虑一点，比什么都好！

有次，小子接到爸爸妈妈出站之后，就特地在麦当劳给爸爸妈妈买了两份"洋早点"。

一问大概花了三四十元，这当然是小子的细心加孝心。二千零几年，物价虽然还没"高不可攀"，爸爸以"落伍分子"传统思维习惯性地算了一下，对小子说，三四十元，爸爸妈妈在家里过早一个星期都差不多了。

小子对爸爸妈妈的这种唠叨，向来是笑而不答。

爸爸妈妈反正只管自己"负责"，就得继续上课。要小子最好少吃这类油炸、煎烤的东西，图了口感是小，对健康无益是大。这不是爸爸妈妈的专利，而是从"中央到地方"的电视养生节目里淘来贩卖的。

说起过早，小子上大学之前在家里的时候，都是由妈妈一手料理，爸爸这"大手掌"好像只有资格当观众而已，妈妈是专家自然不用爸爸"多管闲事"，担心垃圾食品什么的，扯不抻。

自小子离开家之后，过早，妈妈的"专家料理"自然断供，垃圾食品自然"伺机反扑"，且"洋垃圾"也日见增多还有点"来势汹汹"，爸爸这"大手掌"自然也再不好当观众了，和妈妈一起都成了"专家"，不仅仅是吃什么的事了，而更重要的是，担心分秒必争的小子们每天究竟过没过早的事了。

为这个，爸爸妈妈尽管把从沙市向北京喊话的电话费不当数，但收效如何？不是不相信小子，爸爸妈妈连自己也不敢恭维自己的喊话成绩。

年轻的哥们大多晚上拖得迟，早上多睡一分钟都是好的，难得起来，这恐怕是"阳光普照"的大时代小故事，怨不得哪一个癞子和尚难做好斋……小子能不能"超凡脱俗"，问号。

所以，读大学的时候，爸爸妈妈担心小子早上起来，抓起书包分秒必争赶着去上课，参加工作之后，爸爸妈妈担心小子早上起来，抓起挂包争分夺秒赶着去上班，过早打游击无规律，弄得不好，过早和午饭合二为一了。

其实，因为鞭长莫及，爸爸妈妈对小子过早的要求，远远停留在天天早上，一定要吃、一定要吃的初级阶段。即使到北京小子家了，面对面也提升不了水准，小子一句到单位去吃，就把爸爸妈妈给应付过去了，爸爸妈妈督战没有了队伍。

更可笑的是，妈妈这等"御膳专家"想再显显本事，也没有了机会，哪还有机会发展到督促小子吃贵吃便宜、吃合适吃好的高级阶段。

即使小子成家之后，有了贴身"特别检察长"，因为都是"时光贵族"都在争分夺秒赶事。所以爸爸妈妈不免仍是有点儿担心，小子过早犯马马虎虎吃吃，甚至不吃的"忌讳"。

过早不是小事，只要是常看养生节目的"上心老天"一定耳熟能详，可是几个"可畏后生"真当成了大事的？包括小子在内，爸爸妈妈真没信心打高分。

在北京，尽管小子特地给爸爸妈妈买的"洋早点"，有点贵。话说回来，要不是赶上改革开放的新时代，小子要想敬这点"洋孝心"，除非有可能把爸爸妈妈这等"中国制造"弄得漂洋过海，不然也是孝心之憾，因而爸爸妈妈有感慨于小子奉给的"时代之敬"！

同时，爸爸妈妈也有感慨于"早点之贵"，贵在一定天天得吃，贵在吃合适，方为最好，健康第"贵贱"次之。

或许有超凡脱俗气概的"超常之辈"会说，战争年代、动乱年代，莫说过早，平头百姓能够安身立命，就是谢天谢地了，爸爸妈妈也认同。然而，这岂可同日而语，"精神可嘉"，又岂可当成胡乱过早的"正当防卫"？

爸爸妈妈不知小子对此"高论"，作何感想？

关乎"长治久安"，爸爸妈妈无论如何是希望规规矩矩的小子们，对过早，洋也好土也好，自己也好家人也好，在阳光灿烂的日子里，都得阳光灿烂地度过，爸爸妈妈以为，此乃也是规规矩矩的"时代之敬"，何乐而不用乎！

（本节底稿于 2012 年 6 月 11 日 16 时 10 分至 12 日 17 时 00 分完成，于 2015 年 9 月 2 日至 3 日誊正）

知道之惑

先前北京的自来水，就是烧成开水也有较多沉淀杂质，是比不了沙市家里的自来水水质好，这是事实，爸爸妈妈也认账。但这不能成为小子"哥们"很少喝白开水，多数时候喝瓶装听装饮品的由头，爸爸妈妈因此与小子没少理论。

像这些生活小讲究、小贴士之类的东西，爸爸妈妈不论是打电话还是发短信，提醒小子要切切实实当回事，小子回话多数时候就三个字：知道了。

怎么"立竿见影"，爸爸妈妈就是把鸡颈项伸成鸭颈项架上望远镜，也见不着。可能不少的"最高指示"，都被小子以"最低姿态"和大智若愚的方式，给闪了、给屏蔽、给"贪污"了。

有年，爸爸妈妈去小子家过年，"多管闲事"，大扫除"清仓查库"，缴获的各种空饮品瓶子听子，就有超百之多。爸爸妈妈虽没有什么福尔摩斯那样的智慧，也大致可以推断小子在家里，没怎么喝白开水或淡茶。

因为小子成家之前，白天上班，完了除了读研上课，有空还得去接送女朋友，晚上到家之后，就只剩下洗漱睡觉的时间了。

成家之后，也是在岳父岳母那边待得多，到家同样也只有那么点时间，可想而知，哪还会烧什么水、冷白开喝，于是喝饮品的战果，便如此"辉煌"？

固然有劳顿、图省事的客观因素，但无论如何爸爸妈妈还是好奇，小子的"知道"水平究竟如何？

比如，出行安全、出门记得关好水电气等之类，爸爸妈妈相信小子是真知道。至于很少喝白开水或淡茶，代之而大量喝饮品的坏处，小子可能不知道的多。

爸爸妈妈虽然说不出一二三四五，可是爸爸妈妈却是北京卫视《养生堂》、上海卫视《卫生大讲坛》、荆州电视台《今天提醒您》的常客，每每听到专家关于有的饮品中超标的什么激素、添加剂之类，对人体有害的告诫，非常自然地巴不得把小子们拉到电视机跟前听听才好！可惜千里之外爸爸妈妈纵是"上帝之手"也抓不着……只能当个贪污了不少的二道贩子。

还有洋快餐、垃圾食品等，吃多了其害也是不得了！

食品安全，时有出事，电视报纸大呼小叫，即使从国家层面上升到了"舌尖上的安全"，仍旧难以万无一失……

常言"病从口入"，爸爸妈妈能不与小子"牛哥们"上纲上线的"斗争"吗？！

为了辨别小子是真知道，还是以"知道了"当天使，安慰安慰爸爸妈妈的爱子之心护犊之情，有时爸爸妈妈又回到"唠叨贪司令们"自己身上找原因。也许是唠叨多了一些小子能用"知道了"当天使，没有叫板、封堵爸爸妈妈的"烦人之音"也就够哥们了。

只要是个良家弟子在年轻的时候要顾及的事情太多了，学业、事业、家业，哪一样都不好马虎。之中什么"五子登科""六子登科"，乃至有如华山之道别无选择的什么"登科"，以及有形无形有意无意的撞击比拼，更加不好马虎，唯独对自己健康的保养和保持，容易马虎。这点，又跟年轻、正当年，好像有"本钱"马虎有关。

爸爸妈妈也是这么过来的穷家小户子弟，何尝不能客观？哪一个"奋斗之星"都年轻过，都或多或少地难免有不以为然的阶段。正是从这个角度爸爸妈妈才"超级"为小子操心，当小子保养身心健康的二道贩子，总是希望小子们真知道得早比迟要好得多。

即使小子真知道得早，爸爸妈妈仍有担心小子在时间上顾及不过来，所以爸爸妈妈当二道贩子，又兼义务参谋的积极性也特别高。

哪些应该提醒？提醒到什么程度？提醒用什么方式？在什么时间提醒最适宜？都是爸爸妈妈争取只能得 100 分的功课。

爸爸妈妈的底线是，即使是小子们真知道了，复习一遍也无妨。因为有些事情，一个在长途跋涉中拼搏的哥们，没到那个年纪、没到那个份上，就是好像真知道了，也不容易刻骨铭心而真当回事。

有次，小子就跟爸爸妈妈出题目了。

因为小子在天马茶道的家房子比较小，爸爸妈妈去了落脚之后，小子和爱人只好到北外小子爱人的娘家添麻烦。

有天，小子爱人办完事晚了，就直接回到了娘家。小子陪爸爸妈妈吃完饭，收拾收拾聊聊事，已经快 10 : 00 了，爸爸妈妈看很晚了，一边催促小子早点过去，一边嘱咐小子开车路上小心，到了家给爸爸妈妈发个短信过来。

小子不解地问："从天马茶道到北外，这么点路，又是自己开车过去，有么之（沙市方言即什么之意）要回短信啊？"意思是爸爸妈妈都在北京，又不是在沙市家里。爸爸妈妈说，小子等自己做了"老子娘"，就知道为么之了！小子到家后，如约及时给爸爸妈妈回了短信。

对儿女哪怕是一步路的平安，哪个父母"老天们"不是祈祷般地在兹念兹、念兹在兹！诸如此类鸡毛蒜皮的事，在谁也是"天命"、谁也有天地、谁也"天真"过的人生之旅中，那时小子们到底"知道了"多少？爸爸妈妈还只能用一句外交辞令作为期待：谨慎乐观。

知道，知道了，"知道之感"……爸爸妈妈以上只跟小子"哥们"聊了聊吃喝拉撒、居家、出行之类的安全及平安，应该真知道，及知道之感。

关于"知道之惑"，即好像知道其实不甚了了，即使不是不甚了了而是真知道却做不到。一时能做到却坚持不了，有的是有条件坚持而没有意志坚持，有的是有意志而没有条件坚持，有的还会是有条件有意志乃不可噂石头砸天而不可以坚持，等等。

面对如此等等知道之感，爸爸妈妈尽管"心比天高"也没什么"高招"，只想对小子们说，能真知道多少是多少，进而能做到多少是多少。

重要的是，在意思上、在意志上，不能"知道之惑"。

吃喝拉撒、居家、出行之类的安全及平安无恙，鸡毛蒜皮，凡人小事。一旦"有恙"，则有可能"鸡犬不宁"，成了"天下大事"。

说到天下大事，虽天有不测风云、世事难料以及难得糊涂等雄辩大论，无非也乃"知道之惑"。

因而爸爸妈妈建议小子们为避免眼高手低不接地气，不妨来点朴实的"三自一包"，把"大事化小"，以便多点"知道"，少点"之惑"。

即爸爸妈妈希望小子们无论是穷是富、是后是前，是兵是将、是右是左：一要"自然自尊"，爸爸妈妈以为这是一个哥们爷们做人的起点。

"自然"不是任人摆布，犹如羔羊，就得有自尊。自尊不是狂傲不羁，而让人"闻风丧胆"，乃至"臭不可闻"。

能有恰到好处的自尊，恰恰就是，秋风扫落叶时的绽放菊花可观，冰封大地时的傲雪梅花可赏。这样"自然"的自尊，自然包罗万象，万象也自然会对"自尊"，多多包涵。

二要"自觉自强"，爸爸妈妈以为这是一个哥们爷们做事的起点。

自觉不是猥琐，不是"杯弓蛇影"，自强不是霸道，不是不择手段，而是眼光独到、匠心独具，包括臣卜薪尝胆的刻苦，包括不屈不挠的坚持。

三要"自省自知"，爸爸妈妈以为这是一个哥们爷们成器的起点。没有自省自知，"自然自尊"就没有肥水沃土扎根，就没有阳光雨露滋润，"自觉自强"，就没有北斗星，就没有方向盘。

"自省自知"就是"东方不败"自己的青天包公，就是"西出阳关"自己"包打天下"的教科书、"讨米棍"、"金箍棒"。

唠叨来唠叨去，爸爸妈妈穷兵黩武也好黔驴技穷也罢，总的是希望小子们，也相信小子们，无论对"凡人小事"还是"天下大事"，都能从容应对，尽管"知道之就"难免，按小子常常安慰爸爸妈妈的天使"知道了"就好，能尽力而为地就更好。

（本节底稿于 2012 年 5 月 31 日 15 时 30 分至 6 月 1 日 11 时 15 分完成，于 2015 年 9 月 3 日至 5 日誉正）

出门之前

2011年春节一过，小子就要去巴黎做单位驻法国代表处的代表，至少得工作两年才能回到北京。

这事在2010年年底就基本定下来之后，要起身出门在外忙事，时间又有点长，小子便说要和爱人一起回沙市一趟，主要是看望爸爸妈妈，刚好也临近春节，顺理成章。

小子和爱人的这份孝心，爸爸妈妈不但理解而且也十分感激，可是爸爸妈妈比小子们考虑得更多。

小子自2003年大学毕业，应聘到这个单位工作已八九个年头，虽然没少出门到国外开会、办事、学习等。但随"大部队"的时候多，"单刀赴会"则少有，时间最多也只十天半月的，而这趟出门则大大的不一样。

根据单位的协调安排，小子爱人也得暂停在首都机场国航的工作，随小子一起驻巴黎协助工作。万里之遥，"拖家带口"，时间又长，各项准备工作，做得越充分越好。如果小子他俩都回沙市了，有什么遗漏的事项没办，就很不方便，弄得不好赶来赶去的，累小子们自己不说，为了一个孝敬而误了单位的事则不好。

有了这样的考虑，爸爸妈妈感觉小子他俩，要表示孝心固然重要，但为心疼他俩，更有利于他俩为出门作准备。爸爸妈妈商量好后，明确回话，要小子和爱人都在北京按兵不动，专心致志地做出门的准备工作，等爸爸妈妈从沙市过去过年，顺便也好送送他俩，免得在沙市待着上不沾天下不着地似的倒不踏实……

小子在出去读大学之前，一个尚未完全独立二来天天"会师"，好比在如来佛的手掌心看得见摸得着，好的不好的，爸爸妈妈与小子们"过招"，可以耳提面命，打错了板子，再拍拍马屁补偿补偿也不存在时差，乃有"弹无虚发"之踏实！

读大学之后，爸爸妈妈与小子"过招"的核武器，顶多也只能是电话遥控，"哥们"大了事也多了，小子打了什么埋伏，爸爸妈妈不得而知，顶多也只能是凭感觉唠叨一番而已。寒假暑假回家，小子也是回也匆匆走也匆匆，爸爸妈妈只有当外宾接待的份儿，题目或许不少还没等找到什么上课的火候，小子已经要打包返程了。

爸爸感觉备课良久的"金口玉言"没有机会"点石成金"，有时候难免不来点"发火炼钢"之叹："听天由命"，相信小子自觉革命！

在与小子"过招"的事上，多数时候，妈妈和爸爸虽是统一战线、是"盟友"。但"关键"时候，妈妈总是小子的特别保护神，常常给爸爸"发火炼钢"泼冷水降温，一句"小子晓得的"，言简意赅，让爸爸左右不得！

妈妈也算是中了小子的彩，小子对爸爸的"金口玉言""发火炼钢"予以定位的，用得最多的就是"晓得牌"GPS。

小子大学毕业参加工作、成家之后，怎么与小子们"过招"，一直是爸爸妈妈比较讲究的事情。因为爸爸妈妈觉得如果说在这之前与小子们好比哥们关系，因在"三八线"之内还能无所顾忌，即使有点得罪也无妨，可是过了"三八线"就是"国际关系"了，就得慎之又慎乃至必须力争万无一失！

紧箍咒念多了，怕小子们放不开手脚，没有一点锐气没有一定魄力，坏了胚子不像个年轻的哥们爷们，那岂不是帮了倒忙！

是不是有恰到好处的水准？尽管不好说，哪怕是"活学活用""鲜蒸热卖"地不唠叨点什么，又怕小子们，嫩，容易轻狂，号不准超人的脉而羊入虎口，抖不住事情的缰而马失前蹄。

妈妈因享有孔老夫子礼待女士的"豁免权"还好"过考"，爸爸就得挨孔老夫子的批：子不教父之过。

再一个传统家书又不作了，而老用电话唠叨，不系统不深入不说，小子们即使有耐心，也没那么多的时间，陪退居二线的爸爸妈妈"玩"了，这一点爸爸妈妈还是蛮有自知之明。

如何是好？！

冥冥之中，爸爸妈妈想到了，用手机短信发传统家书的方式，称之为《掌心杂志.若然酒会》。

大致意思是，这样爸爸妈妈与小子们的"过招"，就不仅仅聊聊家长里短，还可能聊聊"天南海北"。

一事当前或一事善后，尽其所知地议议"若然"，即如果能够这样去做、能够做到这样就好，如果能够那样去做、能够做到那样就好，而再尽力而为之，以期少走弯路、少费冤枉力。

之所以叫了"酒会"，爸爸妈妈想寻常人家"以酒会友、以会论道"在一起聊聊天开开心很寻常。除了在形式上，爸爸妈妈与小子们平起平坐，主要是"酒后吐真言"，敲敲打打、说点实在的，说点管用的。

更主要的是，爸爸妈妈怕自己水平有限公司出品的"中国特色"唠叨，无形中成为小子们的"负担"。酒会、酒会，喝酒吃饭之中，对于爸爸妈妈的唠叨，小子们可听可不听，只当消遣，再好点只当积极的休息，自然就不会有任何负担了，岂不有点"风景这边独好"！

爸爸妈妈有了这么一个与小子们"过招"的"杂志"方便、"酒会"随意，形式上打了擦边球，内容上也好打擦边球。既唠三唠四，有点解码当下的"工具性"，又大而化之，有些点拨今后的辅助性。

爸爸妈妈总的苕想法是"不打不成交、不打不成材"！对血气方刚的小子们"领口"是要抖的，但热血男儿的"自主权"也是要给的。

我们家《掌心杂志 · 若然酒会》，这个"现代版"的传统家书，始于 2008 年 5 月 23 日，到小子这次准备出门之前的 2011 年 2 月 19 日，爸爸妈妈一句一句唠叨的，已给小子发了 37 封信，约 20000 字。

不管小子"水平无限公司"能够接受多少，甚至可能由于匆忙不怎么仔细地看，但只要小子感到爸爸妈妈的一种关怀，就是有益无害的事情。

眼见小子们要出门忙事两年多，这《酒会》家书怎么跟踪追击，这唠叨"美酒"怎么"香飘万里"，让爸爸妈妈有点犯急。

因爸爸妈妈在沙市移动打听，法国能不能收到中国手机短信，他们不是蛮确定，到北京后问小子，小子也不能确定。爸爸妈妈便给小子说，手机短信不能通，爸爸妈妈要以笔墨家书的传统方式邮递《杂志·酒会》，乃至"不忘初心革命到底"……

小子不知是出于孝顺，还是默默中觉得有一种关怀需求，也没怎么反对，算是达成一致，爸爸妈妈仿佛有登上了珠穆朗玛峰之巅的畅快与热切……

小子和爱人出门收拾打包的事，爸爸妈妈即使想当临时工也帮不上什么大忙，春节也只有尾巴了，爸爸妈妈便决定了给小子他俩饯行之后回沙市的日子，优哉游哉起来。

有天下午临近吃晚饭之前，小子办事回来了，见爸爸妈妈坐在沙发上看书看电视，便从包包里掏出一个大信封，在地毯上半跪在爸爸妈妈跟前，向爸爸妈妈解释着怎么照抄上面密密麻麻的法文，填写地址邮寄传统家书，犹如上辅导课。然而，小子们这么半跪式的上辅导课，大概只有学生是"老子娘级别"的，才能享受到这个礼遇。

爸爸妈妈压根儿就没想到，这么个邮寄细节；压根儿也没想到，对于这么个通信细节，小子在紧张的收拾之中还考虑到了。爸爸妈妈不但要给小子们与爸爸妈妈"过招"的诚信打满分，给小子们做事注意细节"忙而不乱"还要加分。

不然，到时爸爸妈妈在沙市邮局把家书寄不出去，闹笑话不说，还得长话向"大师傅"小子告急，想想都麻烦大了。

2011 年 2 月 27 日，小子乘坐北京时间 14：00 的国航航班，从首都机场飞往巴黎，开始履行至少为期两年的驻代工作。

因从沙市寄给巴黎的挂号信，大致在半个月前后才能收到。按在北京时一个月给小子发一封《杂志·酒会》家书的惯例，所以爸爸妈妈 3 月 1 日下午，就到沙市天江邮局给小子发出了，题为"阳光给家人胜过一座城"的《杂志·酒会》第 38 封家书。

爸爸妈妈是 14：30 到邮局的，直到 16 比 20 才办好，本是为赶时间却成了有点磨洋工的"老外"。

说来也是爸爸妈妈老大不中用，按小子给的样本照抄填写法文地址，也给弄错弄漏。第一个信封填写报废，第二个信封才勉强过关，前后"倒腾"了快两个钟头，连邮局的师傅也替爸爸妈妈着急，不过他们还多卖了一个大信封，好笑是好笑也好玩，为他们田里多少有收的也不错。

爸爸妈妈这回"下基层"，算是体会到了未曾喝过一滴洋墨水的小子从零起步学外语的多少艰辛与甘苦。以后再给小子们念紧箍咒、抽鞭子，可能会自觉不自觉地悠着点了，谢天谢地，在爸爸妈妈看来，照着葫芦画瓢都不容易，莫说还要能和洋兄洋弟们对答如流又滴水不漏……

于是，爸爸妈妈开始琢磨复制法文信封，不然回回都这样，那还了得？不过，爸爸妈妈还是恋恋不舍，手机"短信家书"现代化的痛快！

小子因应急先赶赴巴黎，小子爱人随行，因与自己单位的交接还有扫尾要做，便在家里多待了几天。

2011年3月4日，北京时间17：24，小子爱人从北京的家里，给爸爸妈妈转来了小子在法国的手机号0033619094614，接着爸爸妈妈抱着试试看的心态，于17：36就发了个短信"小子：能通回短！爸爸妈妈嘱。"这也是爸爸妈妈平生第一次，从中国发短信到外国，"字字千金"！

只可惜，小子可以收到爸爸妈妈沁有故土芳香的短信，但小子从法国发过来带有异域温馨的短信，爸爸妈妈有时收得到，有时又收不到。

好在，远在万里的小子们，还是能够收到爸爸妈妈用心良苦意味深长的短信，爸爸妈妈当然喜出望外！欣喜若狂！这意味着，爸爸妈妈给小子们写笔墨传统家书的历史，刚刚开始便宣告结束了，那一刻是2011年3月1日，北京时间16：20。

2011年4月6日，北京时间18：00，巴黎时间中午12：00，爸爸妈妈给小子发了《杂志，酒会》的第39封短信家书，邮"执着加灵性四两拨千斤"。

到2014年，总共发到第75封，小子在巴黎期间收到的前后共37封，约20000字。算是现代化"拉救"了爸爸妈妈一把，"酒会"连带"土特产"，可以分分钟地飞到或许正在与"洋兄洋弟"会商切磋的小子们身边，捎去爸爸妈妈的一片心、一片情，一声声亲亲话语、一顿顿"唠叨盛宴"……

出门之前，为能够顺利地把笔墨传统家书邮寄到巴黎，小子对爸爸妈妈半跪着上"辅导课"的情景，时时刻刻映现在爸爸妈妈的脑海里，永永远远美滋滋着爸爸妈妈的心田，也是爸爸妈妈为"烦烦待哺"小子们制作"唠叨盛宴"，源源不断的食材产地。

（本节底稿于2012年5月16日15时10分至17日17时00分完成，于2015年9月5日至6日誊正）

山花之喜

　　自小子于 2003 年 7 月 8 日到单位开始工作之后，爸爸妈妈在每年的 7 月 8 日这天，都要给小子发一封短信，为小子的上一个年度，做个小小的回顾，同时对小子的下一个年度，提个小小的期待。

　　2004 年 7 月 8 日 16：36，爸爸妈妈在发给小子的短信中，这样为小子小小回顾，对小子这么小小期待：

　　拿驾照、备考研、忙转正、护女友、转租屋。

　　第一年：万事开头难，小伙子精明体验，梦幻冲击。

　　争组织、忙考研、创实绩、向未来、筹新宅。

　　第二年：凡事不怕难，男子汉机智谋划，欢乐进取。

　　2005 年 7 月 8 日 12：16，爸爸妈妈在发给小子的短信中，这样为小子小小回顾，对小子这么小小期待：

　　出机场（即小子结束了单位在首都机场新开联络处的工作，回到单位本部）、到三亚、赴"东邻"、探父母、进贷宅（即在北京按揭贷款买的房子）。

　　第二年：登攀几大步，小伙子华山探险，梦好成真。

　　钻专业、忙备考、争组织、帮女友、稳基础。

　　第三年：攻进几粒球，男子汉智海争锋，乐在其中。

2006年7月8日12：16至12：26，爸爸妈妈在发给小子的短信中，这样为小子小小回顾，对小子这么小小期待：

只身飞巴黎，代表中国参会，职低未忘任重。

第三年：冲出亚洲，走向世界，小伙子自然加油。

争取进组织，工作更加扎实，位尊尚待历练。

第四年：静下心来，打牢基础，男子汉科学登攀。

2007年7月8日22：12，爸爸妈妈在发给小子的短信中，这样为小子小小回顾，对小子这么小小期待：

考研过、赴五地（即小子根据单位安排办事，分别到罗马、佛罗伦萨、威尼斯、雅典、伦敦）、俯卧撑（即爸爸妈妈要求小子，开始天天坚持的健身项目）、定婚事。

第四年：受培养，图报国。家人梦的港湾。小伙子"攻城"得分，灵贯可嘉！

苦读研、好工作、强体魄、争组织。

第五年：奋力搏，筑爱巢。事业福之基础。男子汉《论语》常读，成就在谋！

小子是2007年10月2日，在北京拜的天地老爷、拜的父母大人、拜的心爱娘子。

那时，小子和爱人都在二十五六岁，论结婚成家，和"先进"的比，虽然落后了点点，但和还有"落后"的比，还算得上合适，爸爸妈妈的"满意度"还是蛮高的。

人生规律，不可抗拒。

一个"中国制造"到了那个年纪、那个份上，看到差不多的兄弟姐妹之中有"升格"，"急匆匆"的也好，"慢悠悠"的也好，爸爸妈妈自然羡慕不已，也巴不得早早"升格"，颐享天伦之乐！

然而，小子们北漂一族，一路走来，谈何容易！小子爱人虽是北京本乡本土，但有个"饭碗"，同样来之不易，同样艰辛不已！爸爸妈妈羡慕归羡慕，自然候待"升格"，虽求之不得，但也不好"操之过急"，"耳提面命"又"会面不及"，爸爸妈妈一方面理解、心疼小子他俩，一方面也"心有不甘"。

于"温情中暴发"，这样自然而然地就在每年为小子的小小回顾、对小子的小小期待中，塞进了爸爸妈妈的"催生动员令"。

现在爸爸妈妈可以对小子们，直来直去，"倒出心思"，"落地生根"，枝繁叶茂……

2008年7月8日12：56，爸爸妈妈在发给小子的短信中，这样为小子小小回顾，对小子这么小小期待：

组织履新，成人成家。

第五年：大事进入新境界，人生步入新殿堂。小子不容易，爸爸妈妈亲亲你，辛苦了！

读研争优，读博准备。

第六年：谨慎勤勉保转正，稳步"两读"兴家业。儿子勿"近视"，爸爸妈妈拍拍你，再加油！

上面之中的"兴家业"，就是爸爸妈妈候待"升格"，塞进的"催生动员令"。

2009年7月8日12：36，爸爸妈妈在发给小子的短信中，这样为小子小小回顾，对小子这么小小期待：

业务编著主笔，单位优秀青年。爱人升职乘长，春墨细语孝道（即当年春节小子爱人没假，不能回沙市过年，便把一片孝心写成长信，连带从国外捎回的礼物送给爸爸妈妈）。

第六年：敬业领家，小子用功用心用力，着眼有亮点！

读研毕业争优，读博准备抓早。生儿育女自然，国事家事顺势。

第七年：惜春胜金，儿子从难从严从实，后劲求持续！

上面之中的"领家""生儿育女"及"惜春胜金"，都是爸爸妈妈候待"升格"，塞进的"催生动员令"。

2010年7月8日12：16，爸爸妈妈在发给小子的短信中，这样为小子小小回顾，对小子这么小小期待：

读研着手论文，工作续获先进。爱人生病数月，爱护力尽所责。

第七年：平静平和，小伙子厚德载物，一如既往。

读研力争毕业，读博上心盘算。呵护爱人安康，保障优孕优生。

第八年：稳扎稳打，男子汉高瞻远瞩，一往无前。

这年上面之中的"优孕优生"，显然就是爸爸妈妈候待"升格"，塞进的"催生动员令"。

小子们何尝不知道爸爸妈妈候待"升格"之心之情，已经"照会"了爸爸妈妈，小子他们准备在 2011 年的时候，要祖国的未来花朵，爸爸妈妈自然是喜上眉梢，翘首以盼。

可是没过多久，小子就接到了出门忙事两年多的委派，不得不又让爸爸妈妈沉浸在候待"升格"之中，虽不好因此"老气横秋"地拖后腿，但哪怕是远隔千山万水，爸爸妈妈候待"升格"的"催生动员令"，却仍不依不饶地扑向小子们。

2011 年 7 月 8 日北京时间 17：26，爸爸妈妈在发给小子的短信中，这样为小子小小回顾，对小子这么小小期待：

硕士毕业显恒心，奉调驻法得信任。

第八年：稳中有进，基础建构上一档，工作历程变一局。贼笨熊、还算行！

计划读博要远见，不辱使命重全面。

第九年：把握转折，工作学习两不误，事业家庭两相宜。臭小子、更须稳！

上面之中的"事业家庭两相宜"，就是爸爸妈妈候待"升格"，塞进的"催生动员令"。

2012 年 7 月 8 日北京时间 16：06，爸爸妈妈在发给小子的短信中，这样为小子小小回顾，对小子这么小小期待：

法国国庆受邀观礼，顶头上司送老迎新。

第九年：工作环境家庭生活，多重转折波澜不惊。大笨熊，出门在外，入平实之旅见用心！

老练办事扎实做人，读博应在视野之中。

第十年：奉调驻法两年将至，继任凯旋顺势而为。好小子，关乎进退，扛慎待之重须上心！

上面之中的"家庭生活"及"慎待之重"，就是爸爸妈妈候待"升格"，塞进的"催生动员令"。

2013 年 7 月 8 日北京时间 17：16，爸爸妈妈在发给小子的短信中，这样为小子小小回顾，对小子这么小小期待：

考法国驾照留任依然履职，休年假回家受托自然接棒。

第十年：他乡历练成长看高，走进厨房孝道见重。好小子，担纲做事还行，担当持家尚可。

对工作不计去留一如既往，为读博创造条件储备后劲。

第十一年：出门欲归稳当转身，进门有盼承载兴旺。大笨熊，正当年华奋进，勿流时光则成！

上面之中的"进门有盼"及"正当年华、勿流时光"，都是爸爸妈妈候待"升格"，塞进的"催生动员令"。

2014年7月8日北京时间16：50，爸爸妈妈在发给小子的短信中，这样为小子小小回顾，对小子这么小小期待：

中国元首访法参与迎访协助事务，妈妈突发病患携妻疾归直抵医院。

第十一年：人生之旅国事难得一遇尽职尽责，孝道之路家境一好难求尽心尽力。小子：或因精在随和，打工虽有不爽但总体还顺；或是根于平和，孝敬纵在奔波而有心可鉴。

驻外交棒回到原点亦是新的起点，生育有喜香火望续荣光世代天职。

第十二年：职业生涯渐入重重跨栏赛段，小家春秋迈向连连登山征程。笨熊：干事宜静心静气更需有所之坚持、草率不得；顾家应不温不火更要相当的主见、天真不得。

天公着意架金桥，"升格"大喜终盼到。

2014年6月1日北京时间17：13，小子从巴黎打来电话，给爸爸妈妈报喜，小子爱人有孕了，并告知下周去做胎音检查。

大概候待"升格"期间积蓄的能量，在接到小子们由落后变"先进"的报喜之后，"骤然迸发"！

爸爸妈妈在喜不自禁之际，"大浪淘沙"般地给小子他们将生的宝宝想好了乳名：要是生男儿就叫"山虎"！要是生女儿就叫"山花"！

之所以要是生男儿叫山虎、要是生女儿叫"山花"！爸爸妈妈以为如果一个小子从小就能，常怀河山之气度，长相山水之灵动，这对于培养始终充满阳光与活力的性情，都很有意念作用，其日积月累的孵化及催化功效，尤其不可小觑。

男儿威武雄壮、虎虎生威，女儿沉静稳重、风姿婥婥，同时，山虎、山花，叫起来也还爽朗、明亮、上口，且平实、动听。

爸爸妈妈土里吧唧虽没有什么"取名工作室"之类的门庭背景光环，没有什么"专家学者"之辈的名声大、道道多。但凭爸爸妈妈一辈子的直觉感观，而后"出神入化"地对小子他们将生的宝宝，就是有这么点静思中的"无价予以"，就是有这么点尽情中的凝望无止……

小子于 2014 年 9 月 19 日，结束了一晃四个年头的出门忙事，乘坐北京时间 23：50 的航班，在 9 月 20 日 14：00 回到北京平安落地，15：00 到北外岳父岳母家里落脚，和先期回京的爱人与腹中宝宝幸福"会师"，自然，小子爱人与腹中宝宝，也需要小子无微不至的呵护。

从候待"升格"到迎候"升格"的爸爸妈妈，受小子他们将生宝宝的鼓舞，在 2015 年元旦新禧之际，即唠叨了：

蝶恋花 · 儿郎

兴邦自古皆思想，
香火延续，
福运天地祥。
种瓜树人佑平安，
心血永济乃爹娘。

良家弟子当自强，
风雨兼程，
悟道如换挡。
移山愚公之坦荡，
长城又迎吾儿郎。

2015 年 1 月 7 日 15：13，小子从北京用"短信天使"报喜，告知爸爸妈妈，小子爱人当天中午 11：30 顺产一个 7 斤之"嗨"的棒丫头，母女平安！

爸爸妈妈以心中的"长城"，迎来了心肝宝贝儿郎，喜悦满怀，接着，小子又告知爸爸妈妈，宝宝丫头的天然粮食一母乳充足，还有剩余储备！

又顺产又有奶水，爸爸妈妈自小子他们成家起，在心里的"两块大石头"就顺顺利利、喜滋滋地落了地！

爸爸妈妈如捧珍珠担心在月里有扰母女，嘱咐小子专门转告爸爸妈妈的祝福，特别是夸奖小子爱人的沙市话："还蛮行！"

爸爸妈妈当听到这喜讯连连的心情，用喜出望外的唠叨，远远不能足以表达。因为在爸爸妈妈的惦念中，小子爱人偏于苗条型仪态又不是"运动员"，就盼她顺产和产后有奶水这女人孕育中的"天下第一大两关"能够如愿以偿闯关成功，如今梦想成真，怎能不叫爸爸妈妈高兴万分、万分高兴……

北京的喜讯到"山寨"，爸爸妈妈一刻飞不过去，只有借助现代化"短信天使"，把爸爸妈妈化作祥云化作春风的祝福心声、喜悦心情，捎到小子、捎到她们母女身边：

——都市闻山花，如临高山下，爽气入心田，福运到吾家。
——都市育山花，山野伴繁华，楼台品诸葛，春华秋实驾。
——小鸟临窗跳，如见山花到，虽无好茶饭，锅台早热闹。
——门前过旺娃，遥盼今山花，虽是隆冬时，暖如温情夏。

接着，爸爸妈妈又以小子宝贝女儿的乳名"山花"，唠叨了"十六字令"《山》《花》，和《清平乐·山花》以志祝愿与期盼：

十六字令 · 山

山，
有惜仰止眷顾攀。
敬重主，
抬举百花放。

其二

山，
幸有海拔无自赏。
日月助，
坚守于安康。

其三

山，
同伴万千竞风光。
匠心独，
天地间倚然！

十六字令·花

花，
春夏秋冬会当家。
知短长，
根植阳光下。

其二

花，
风霜雨雪见才华。
展新姿，
平实起海拔。

其三

花，
慈眉善目走天涯。
过雄关，
烂漫迎朝霞！

清平乐 · 山花

一滴露珠，
数之乃无数。
依偎月亮静静舞，
伴随冉冉日出。

天南海北善主，
寒来暑往皆姝。
金枝玉叶香拥，
赤橙黄绿永驻。

"震撼之啼"，人世第一声，人间第一喜……
震撼之啼，世世代代，生生不息……
国家的小小主人，我家的亲亲公主，
山花旺旺，山花壮壮，"山花"烂漫，
爸爸妈妈永远的喜悦！爸爸妈妈永远的祝福！爸爸妈妈永远的美好！
爷爷奶奶永远的喜悦！爷爷奶奶永远的祝福！爷爷奶奶永远的美好！

附：《小子爱人给爸爸妈妈的拜年信》

爸爸妈妈见信悦：

由于工作原因不能一起回去看望爸爸妈妈，心中十分挂念。

虽要世界各处地飞行不便回去，但还是借着去各个地方的机会，买了一些各地的特产，托六六给带回去，希望爸爸妈妈能喜欢。

顺便冲洗了一些近年我们去国外，以及平时的生活照片，都是让我们良有感触的照片，就让六六把那些见闻讲给爸爸妈妈听吧，挺有意思的！

这次托六六带回去的"大山的四季"，是当地有名的"菓子"特产。他们的"菓子"，相当于咱们的小点心匣子，都是一些精致的带有其民族特色的小糕点，软软的，吃起来不费劲。但是，爸爸妈妈你们千万别舍不得，一定要尽快吃掉啊！因为点心的保存时间并不很长，而且放久了就没那么软了，口感就不好了。

"达饮酿"也是产自当地的"清酒"，用大米酿造而成，有些像中国的白酒，但是度数却没有那么高。东邻的"清酒"是当地独有的一个酒种，和中国的"花雕"一样，如果热到摄氏40度来喝，口感相当的好，有种淡淡的米的清香。我的酒量很差，也不适应中国老白干的辛辣、激烈的口感，但唯独对清酒还可以接受。爸爸您可以每次倒到小碗中一些，放到小锅里热一下，吃饭的时候，或者就着小点心，或者干脆来盘炸花生来，饮一小盅热热的清酒，都会感觉很惬意的。而且温暖的酒喝下去，也不会伤肠胃呢。妈妈也可以稍稍尝试一下呢！

袋子上有个鹦鹉标志的饼干，是澳大利亚的特产。在当地是个很知名的牌子。大人小孩，都愿意就着牛奶来两块。

余下的两包糖，产于德国。尤其是那软软的小熊糖，就连平素不大爱吃糖的我妈妈都很青睐呢！吃完嗓子不会发干，而且添加了对人体有益的维C，小朋友吃了也不会坏牙呢。如果咱家来了小客人，也可以拿来招待他们，但是软糖要小心嚼，千万不要卡到了。

粉色的圆圆的罐子，是含有可可油成分的润肤霜，洗完脸或洗完澡抹上一些，皮肤就不会干得难受了。如果身上痒，也可以在那儿抹上一些。是全身上下都可以使用的润肤油。妈妈冬天洗完手，抹上一些，再戴上手套待一会儿，手就会很滋润。经常这样，皮肤不容易皱，也不容易开裂呢。

还有四个各种颜色的小管，那是"泡腾片"。平常用来泡水喝，一般一片可以泡四杯水，爸爸和妈妈可以掰开来泡，倒好水放进去，等完全化开就可以喝了。冷热水都可以。这些泡腾片都对身体有益，可以补充身体每天所需的元素，而且泡的时候很有视觉效果呢。让六六给爸爸妈妈你们泡一个做示范吧！白色的瓶盖是补钙的，黄色、红色是补维生素C的，紫色是补充复合维生素的。提醒爸爸妈妈要注意的就是：千万不可拿来直接吃！因为泡腾片接触水，会瞬间产生大量的气体，如果吃到胃里、再喝水，后果可是十分严重的。如果家里来了小朋友，千万不能拿来当糖片吃啊！只要正确地使用就没问题了，经常喝可以补充平常摄取不足的元素。我们有时在飞机上，觉得口里没味，也经常拿一大瓶矿泉水，扔进去一片，化开来喝一路呢。

除此之外，还有六六单位发的干果和香菇什么的，多吃都对心血管、补益脾胃有很好效果呢。妈妈可以发几个，炒个菜、炖个肉什么的。

呵呵，啰唆了一大堆。我的父母托我给爸爸妈妈您二老带个好！

祝爸爸妈妈在新的一年里身体健康，福如东海，寿比南山！

（本节底稿于 2014 年 6 月 6 日 16 时 26 分至 2015 年 1 月 8 日 0 时 28 分完成，于 2015 年 9 月 6 日至 8 日誊正）

香火之旺

爸爸妈妈为何而著、著而为何（代后记）

已经发生的事情，不好的东西难以逆转，而好的东西却难以持续。

尚未发生的事情，不好的东西难以规避，而好的东西却难以争取。

父母即使再一无所有乃至一无是处甚至"一别不归"，但总是希望儿女旺旺子孙壮壮，持续好的东西，争取更好的东西。儿女则或多或少以太阳月亮为坐标、以荣华富贵为追求、以当下得失为定夺，所以往往又容易不以为然、知之甚少或似是而非。其中，既有大趋势的裹挟和小气候的搅和，也有对于父母"无所不能天下第一"的盲目崇敬和无端失望，更有自己成长中的困扰和修为中的缺失。

从古至今，自始至终，动用"代沟"二字都不足以描述，这一表面平静而深层激荡的状况。

任何一个与时俱进的哥们爷们之一生，都是以分分秒秒、点点滴滴的作为来累积的。可是，无论多么雄心勃勃谁又能完全以自己的意志为转移，而用好分分秒秒和做好点点滴滴？必须顺势做出某种选择。这里，既有刻不容缓的尴尬，也有适者生存的无奈，以及变数难定的追求。

然而，以什么标准和以什么方式来做出这一选择？若是一个哥们爷们良知未泯心地未黑眼目未盲，则是相对能够以自己的意志为转移的。至少可以不那么一边倒、一刀切、一根筋似的让人难受，让人不可思议，乃至天路不通天神无解……

能不能接地气，有没有出息，即从这里分野，而后又必然地终结于此。

对于善有善报、恶有恶报、不是不报、时候没到之类的东西，无论是从何处传来，中止何时，再去何方？

如果是从方式方法这个层面，去认识深浅、去把握分寸，无疑是很有必要，而且还应该尽可能地消化、精练到得心应手、炉火纯青。这样一个哥们爷们做人才有安身立命的基础，做事才有合作共赢的通道。

如果是从幻觉、错觉这个层面，去自我安慰、去自发憧憬，无疑是过于天真，而且还会附着的是 N 次方的自得，这样一个想圣如上帝而想入非非的哥们爷们，做人可能已经或者正在被耍弄，还在不断感恩连连，做事可能已经或者正在被坑害，还在谢意绵绵。

善之、恶之、报之、时之，是多么玄妙，又多么实际。一个食五谷杂粮靠丈量地球为生的哥们爷们岂可囫囵吞枣、鹦鹉学舌，乃至"照本宣科"、按图索骥。不然，就极易从《农夫与蛇》的噩梦中醒来时，自己已经进入了难知出处的沼泽地带。

之所以能产生"某某某，祖坟埋得好"这句话，爸爸妈妈以为这是一个如梦醒来的哥们爷们在之中，既有羡慕他人不是起跑，而是起飞的嫉妒，也有怨恨自己无棒可接、何谈起跑的感叹。

不管什么哥们爷们"千古"之后都自然成为一座"祖坟"，只是前来祭拜的"孝忠贤达"，有无？乃至多少而已。

因而，当一个哥们爷们，在金色年华之中，于"青山"不老之时，以至"千古"已近之际，可以只有羡慕或者怨恨吗？

难道不应该从自己做起、从眼下做起，用好分分秒秒、做好点点滴滴，都能这样，只有这样。也许有可能，把没有能够埋在风水宝地的"祖坟"，向风水宝地的方向，不说一步到位，至少可以挪动挪动、推移推移，亦如愚公移山似的，"愚公移坟"！

说"一代管一代"，"子孙自有子孙福"，等等。

爸爸妈妈以为，无论是把父母对儿女的关爱关切还是儿女对父母的孝敬孝道，作臆断性的无视或放大，皆是人性的一种膨胀或退化。若是这样似乎与关爱关切和孝敬孝道已无任何意义上的有益之予，顶多只是有的论战平台之吆喝或消遣。

所以爸爸妈妈又以为一位"香火之主",对诸如此类的金科玉律:

如果是对未知世界的看好和期许,则无可非议。

如果是对子孙后辈中大有作为者的尊重和信赖,也无可指责。

如果是一个仰人鼻息苟且偷生的哥们爷们,对自己的放任和妄为,那便是无可救药。

因而爸爸妈妈以为,无论时光怎么流转、世纪怎么交替,也无论是何先生,在什么境况下、以什么口气如是说,闻者都应有所取舍,不可照单全收,不可无端奉陪。不然,误了自己人生一场,还可能搭上后来力争上游哥们爷们的春秋之娇及"时代之梦"。

为何而著?著而为何?

爸爸妈妈一息尚存,若有所思,不着边际,探寻要义:做人做事、知人知事、踏踏实实!盲人摸象、误打误撞、从何好之?!

但愿心如止水一族心有灵犀之辈,有所斩获,而后有所作为,一路平安,一帆风顺,不辱使命,不同凡响

永远颐享"震撼之啼"的人世喜悦!

永远沐浴"香火之旺"的天地阳光!

（本述底稿于 2012 年 3 月 29 日 16 时 06 分至 31 日 18 时 08 分完成,于 2015 年 9 月 9 日至 16 日誊正）